Reisetipps A–Z

Die mittleren Vogesen

Landschaft und Natur

Strasbourg und Umgebung

Gesellschaft und Kultur

Die Elsässische Weinstraße

Wissembourg und der Outre-Forêt

Le Grand Ried und Umgebung

Haguenau, die Töpferdörfer und Sessenheim

Mulhouse und Umgebung

Naturpark Nordvogesen

Die Vogesen südlich von Ste-Marie-aux-Mines

L'Alsace Bossue

Der Sundgau

Saverne und Umgebung

Anhang

elsass_480 Foto: ti

Barbara C. und
Jörg-Thomas Titz
Elsass und Vogesen

„Hier oben möchte ich, in Stein gehauen, meine Freunde empfangen; hier mögen sie meiner gedenken und das Rauschen des Flusses hören, das den Flug meiner Gedanken so oft begleitet hat ... Hier fühlte ich mich ganz zu Hause."

Albert Schweitzer, 1953, über den Platz bei Gunsbach, wo heute sein Denkmal steht

Impressum

Barbara C. und Jörg-Thomas Titz
Elsass und Vogesen

erschienen im
Reise Know-How Verlag Peter Rump GmbH
Osnabrücker Str. 79, 33649 Bielefeld

4., neu bearbeitete und komplett aktualisierte Auflage 2009

Gestaltung
Umschlag: G. Pawlak, P. Rump (Layout); B. Bossinger (Realisierung)
Inhalt: G. Pawlak (Layout); M. Luck (Realisierung)
Karten: C. Raisin
Fotos inkl. Titelfoto: Barbara C. und Jörg-Thomas Titz
(TIPHO Bildarchiv, www.tipho.de)

Lektorat: M. Luck
Lektorat (Aktualisierung): Barbara Bossinger

Druck und Bindung: Wilhelm & Adam, Heusenstamm

ISBN 978-3-8317-1773-6
Printed in Germany

Dieses Buch ist erhältlich in jeder Buchhandlung Deutschlands, der Schweiz, Österreichs, Belgiens und der Niederlande. Bitte informieren Sie Ihren Buchhändler über folgende Bezugsadressen:
Deutschland
Prolit GmbH, Postfach 9, D-35461 Fernwald (Annerod)
sowie alle Barsortimente
Schweiz
AVA-buch 2000, Postfach, CH-8910 Affoltern
Österreich
Mohr Morawa Buchvertrieb GmbH, Sulzengasse 2, A-1230 Wien
Niederlande, Belgien
Willems Adventure, www.willemsadventure.nl

Wer im Buchhandel trotzdem kein Glück hat, bekommt unsere Bücher auch über unseren
Büchershop im Internet: www.reise-know-how.de

Wir freuen uns über Kritik, Kommentare und Verbesserungsvorschläge.
Alle Informationen in diesem Buch sind von den Autoren mit größter Sorgfalt gesammelt und vom Lektorat des Verlages gewissenhaft bearbeitet und überprüft worden. Da inhaltliche und sachliche Fehler nicht ausgeschlossen werden können, erklärt der Verlag, dass alle Angaben im Sinne der Produkthaftung ohne Garantie erfolgen und dass Verlag wie Autoren keinerlei Verantwortung und Haftung für inhaltliche und sachliche Fehler übernehmen. Die Nennung von Firmen und ihren Produkten und ihre Reihenfolge sind als Beispiel ohne Wertung gegenüber anderen anzusehen. Qualitäts- und Quantitätsangaben sind rein subjektive Einschätzungen der Autoren und dienen keinesfalls der Bewerbung von Firmen oder Produkten.

elsass_471 Foto: ti

Vorwort

Fachwerkhäuser mit üppigem Blumenschmuck, Storchennester auf dem Kirchturm, Weinberge so weit das Auge reicht, gemütliche Lokale, gastfreundliche Bewohner – so präsentiert sich das **Elsass** heute seinen Besuchern. Wein, Wälder und Wasser prägen das Land. Wanderwege und Straßen führen in die **Hochvogesen.** Die intakte Natur und das Panorama der schneebedeckten Schweizer Alpen locken auf einen der Aussichtsberge.

Als „Mutter des Elsass" beschützt die *Heilige Odilia* ihr schönes, aber auch geplagtes Land. Das Elsass war in der Vergangenheit stets ein hart **umkämpftes Grenzland,** das viele Herrscher sah. Seine wechselvolle Geschichte sorgte für eine bunt gemischte Bevölkerung. Bereits in der Stein- und Bronzezeit war das Land von Jägern besiedelt. 1500 v. Chr. ließen sich die Kelten hier nieder und rodeten den Wald. 58 v. Chr. eroberten die Römer das Elsass. Es folgte eine Zeit des Wohlstands und der kulturellen Blüte.

Da jedem römischen Legionär eine tägliche Ration von einem Liter Wein zugeteilt war, wurde damals die Grundlage für den **Weinbau** geschaffen. Den Römern folgten die Alemannen, dann die Franken. Im 9. Jh. unterwarf *Ludwig der Deutsche* das Land. Der 30-jährige Krieg im 17. Jh. brachte große Verwüstung und Not. Im Westfälischen Frieden kam das Elsass erstmals unter französische Herrschaft. 1870 wurde es wieder deutsch. Nach dem 1. Weltkrieg fiel es an Frankreich zurück, 1940 wurde es abermals von Deutschland besetzt, bevor es 1945 endgültig zu Frankreich kam.

Französische Lebensart, deutsche Gründlichkeit, Schweizer Qualitätsarbeit und Finanzgeschick sind die Erfolgsfaktoren für die Wirtschaftsregion am Oberrhein. Die günstige Verkehrslage im Dreiländereck und zwei Sprachen stärken die Wirtschaft zusätzlich. Doch diese schwächte sich in den letzten Jahren ab, obwohl das Elsass immer noch bessere Wirtschaftsdaten aufweist als andere Regionen Frankreichs. Das Elsass heute ist eine moderne aber auch eine alternde Gesellschaft. Der Wohlstand konzentriert sich auf die Städte, wo der Wohnraum knapp wird. Daraus ergeben sich Probleme, denn in den großen Städten leben auch Menschen, die mit dem Existenzminimum auskommen müssen. Die soziale Schere klafft im Elsass immer weiter auseinander.

Das Elsass und die Vogesen sind ein beliebtes Urlaubs- und Reiseziel. Rund 10 Millionen Besucher kommen pro Jahr hierher.

Das Elsass ist eine **moderne Region, die Traditionen pflegt** und ihre Geschichte bewahrt. Besuchen Sie mit uns dieses Land, in dem wir uns mittlerweile schon fast wie zu Hause fühlen. In unserem Reiseführer begeben wir uns auf die Spuren von *Albert Schweitzer*, dem Urwaldarzt von Lambarene und Friedensnobelpreisträger. Wir stellen mit den in Molsheim gebauten Bugattis exklusive Automobile vor und geben kulinarische Empfehlungen von der Haute Cuisine über deftiges Choucroute bis zum Carpe frite, dem gebackenen Karpfen aus dem Sundgau. Wir besuchen fröhliche Feste wie den Pfeifertag in Ribeauvillé und Bischwiller oder das Narzissenfest in Gérardmer. Wir führen Sie in Museen, auf alte Burgen und in die urtümliche Bergregion der Vogesen. Sie erfahren auch, was nicht jeder mit dem Elsass verbindet – dass die New Yorker Freiheitsstatue eng mit Colmar verbunden ist, dass der Weihnachtsbaum aus Sélestat stammt und dass Meisenthaler Glasbläser die Christbaumkugeln erfanden.

Der Norden

Der Norden des Elsass (franz.: *Alsace*) und der Vogesen gehört zum **Département Bas-Rhin.** Die Region wird auch als **Unterelsass** bezeichnet. Sie erstreckt sich im Westen vom Tal der Saar über den Donon bis Saales und im Osten bis zum Rhein, im Norden von der deutschen Grenze bis südlich Sélestat und Marckolsheim. Wirtschaftliches und kulturelles Zentrum sowie Verwaltungssitz der Region ist die Europastadt **Strasbourg.**

In unserem Reisehandbuch beschreiben wir auch touristisch interessante Gebiete und Orte, die auf der Westseite der Vogesen außerhalb der Département-Grenzen liegen. Bei den Ortsnamen und geografischen Bezeichnungen verwenden wir deren französische Schreibweise, so wie man sie auch auf Verkehrsschildern und in den französischen Karten findet. Wir schreiben folglich Strasbourg und nicht Straßburg.

Der Süden Der Süden besteht hauptsächlich aus dem **Département Haut-Rhin (Oberelsass).** Die Département-Grenze verläuft südlich von Sélestat und Marckolsheim. In diesem Kapitel beschreiben wir zunächst die Region zwischen Marckolsheim im Norden und Basel im Süden. Hauptorte sind **Neuf-Brisach** und **Mulhouse.** Daran schließen sich die Vogesen südlich von Ste-Marie-aux-Mines und der Sundgau an.

Das Elsass in Zahlen

- **Lage:** Das Elsass erstreckt sich westlich des Rheins auf ca. 180 km Länge und 50 bis 80 km Breite vom Lautertal und dem Pfälzerwald im Norden bis zur Burgundischen Pforte (Trouée de Belfort) und dem Schweizer Jura im Süden. Im Westen schließt sich Lothringen an. Die französische Region grenzt jenseits des Rheins an den Südwesten Deutschlands.
- **Städte:** Die größten Städte im Elsass sind **Strasbourg** (272.000 Einw.), **Mulhouse** (111.000 Einw.) und **Colmar** (65.000 Einw.).
- **Politische Gliederung:** Die französische Région Alsace besteht aus den Départements Bas-Rhin (Niederrhein, Nr. 67) im Norden (Verwaltungssitz Strasbourg) und Haut-Rhin (Oberrhein, Nr. 68) im Süden (Verwaltungssitz Colmar). Im Westen grenzt die Région Lorraine (Lothringen) mit den Départements Moselle (Nr. 57), Meurthe-et-Moselle (Nr. 54) und Vosges (Nr. 88) an, im Südwesten die Région Franche-Compté mit dem Département Territoire de Belfort (Nr. 90). Die französischen Départements sind amtlich nummeriert; die Nummern sind Teil der Postleitzahlen.
- **Fläche: 8280 km²;**
Bas-Rhin 4755 km², Haut-Rhin 3525 km²
- **Bevölkerung: 1,82 Mio. Einw., 216 Einw. pro km²;**
Bas-Rhin 1,08 Mio. Einw., Haut-Rhin 0,74 Mio. Einw.
- **Sprachen:** Französisch und Deutsch (Elsässisch)

Inhalt

Exkurse

Der Sundgau

Anhang

Karten

Übersichten:

Städte/Orte:

Wanderungen:

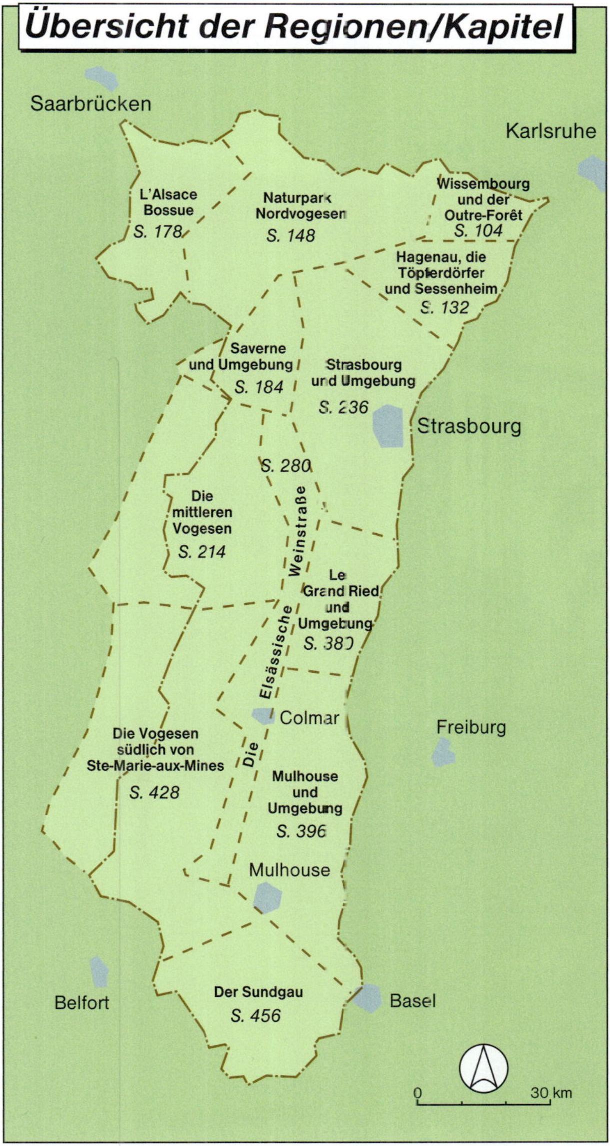
Übersicht der Regionen/Kapitel
Saarbrücken
Karlsruhe
L'Alsace Bossue S. 178
Naturpark Nordvogesen S. 148
Wissembourg und der Outre-Forêt S. 104
Hagenau, die Töpferdörfer und Sessenheim S. 132
Saverne und Umgebung S. 184
Strasbourg und Umgebung S. 236
Strasbourg
S. 280
Die Elsässische Weinstraße
Die mittleren Vogesen S. 214
Le Grand Ried und Umgebung S. 380
Colmar
Freiburg
Die Vogesen südlich von Ste-Marie-aux-Mines S. 428
Mulhouse und Umgebung S. 396
Mulhouse
Belfort
Der Sundgau S. 456
Basel
0
30 km

elsass_016 Foto: ti

Reisetipps A–Z

Anreise

Mit dem Auto

Von deutscher Seite gelangt man am besten auf der Rheintalautobahn, der **A 5** Karlsruhe – Basel, ins Elsass. Auf französischer Seite führt die linksrheinische, mautfreie **A 35** von Norden nach Süden durch das Elsass, die deutlich weniger befahren ist als die A 5. Für Reisende, die aus dem Raum Karlsruhe oder der Südpfalz ins Elsass fahren wollen, empfiehlt sich die gut ausgebaute Bundesstraße **B 9,** die über Kandel durch den Bienwald nach Lauterbourg führt, wo sie in die A 35 einmündet. Autofahrer aus dem Saarland gelangen auf der mautpflichtigen Autobahn **A 4,** auf der parallel verlaufenden Nationalstraße **N 61** und der **N 4** über Sarreguemines und Saverne oder auf der Nationalstraße **N 62** über Bitche und Haguenau nach Strasbourg.

Mit der Bahn

Für Bahnreisende **aus Deutschland und Österreich** besteht eine Anbindung an das französische Eisenbahnnetz über Saarbrücken oder Kehl. Strasbourg ist dabei der wichtigste Bahnknotenpunkt im Elsass und gut mit dem ICE-Bahnhof Offenburg verbunden. Das Angebot grenzüberschreitender Verbindungen mit Regionalzügen wurde auf dieser Strecke in den letzten Jahren erheblich ausgeweitet. Die seit gut 30 Jahren stillgelegte Strecke von Freiburg nach Mulhouse steht vor der Wieder-Inbetriebnahme. Ein TGV fährt täglich direkt von München über Augsburg und Ulm nach Strasbourg, von Stuttgart via Karlsruhe sind es fünf Züge am Tag. Ab Wien fährt jede Nacht der „Orient-Express“ bis Strasbourg. Nachtreisende aus Richtung Amsterdam/Köln, Hamburg, Dresden oder Berlin fahren bis Offenburg und steigen dort um nach Strasbourg.

Von der Schweiz geht es ab Basel mit der Regio-S-Bahn nach Mulhouse oder mit dem TER *(Train Express Regional)* nach Colmar und Strasbourg.

Für Bahnreisende gibt es eine **Vielzahl von Angeboten und Tarifen,** die zudem noch häufig wechseln. Wer sparen will, sollte die Hauptreisetage meiden und frühzeitig buchen. Informationen gibt es im Reisebüro oder bei der Bahn.

Mit dem Bus

Einen **Linienbusservice** ins Elsass bietet die Deutsche Touring an, ideal für Preisbewusste, die nicht schon lange im Voraus buchen wollen. Strasbourg wird von rund 25 deutschen Städten aus meist mehrmals pro Woche angefahren. Die Fahrt dauert von Hamburg oder Berlin rund 12 Stunden und ist als einfache Fahrt schon ab etwa 65 Euro zu haben. Im Reisebüro oder im Internet sind auch kurzfristig noch Tickets erhältlich.

Mit dem Flugzeug

Buchtipp:
„Fliegen ohne Angst"
Reise Know-How Verlag,
Reihe Praxis

Internationale Flughäfen sind der EuroAirport Basel-Mulhouse-Freiburg und Strasbourg-Entzheim; in Colmar-Houssen gibt es einen kleineren Inlands-Flugplatz. Flugverbindungen nach Strasbourg mit Linienfluggesellschaften aus dem deutschsprachigen Raum bestehen nicht mehr. Von Düsseldorf, Frankfurt und München kann man mit der *Lufthansa* und von Wien mit *Austrian Airlines* nach Basel fliegen. *Easy Jet* fliegt preiswert von Hamburg, Berlin und Amsterdam nach Basel (www.easyjet.com).

Ausrüstung: Kleidung und Karten

Kleidung

Für Ausflüge in die Städte und Dörfer empfiehlt sich **übliche Freizeitkleidung.** Wer schick essen gehen will, sollte sich entsprechend anziehen, wobei Jackett und Krawatte für den Mann angebracht sind. Für Wanderungen in den Vogesen ist **Wander- oder Trekkingbekleidung** zu empfehlen. Leichte Wanderschuhe sind meistens ausreichend; auf den „Gebirgspfaden" in den Südvogesen raten wir zu festen Bergstiefeln. Wir empfehlen bei Bergtouren stets eine **Regenjacke** oder einen Regenponcho und eine Regenhose sowie einen Pullover (Fleece-Jacke) mitzunehmen. Am besten verstaut man dies in einem kleinen Rucksack. Auch etwas zum Essen und Trinken sollte man dabeihaben, denn in den Vogesen liegen Einkehrmöglichkeiten nicht immer am Weg. Auf den schattenlosen Höhenwegen sollten **Sonnenhut, Sonnenbrille** und **Sonnencreme** nicht fehlen.

Karten

Buchtipp:
„Richtig Kartenlesen"
Reise Know-How Verlag, Reihe Praxis

Obwohl die Wanderwege überwiegend gut markiert sind, raten wir grundsätzlich dazu, eine **Wanderkarte** mitzunehmen. Am besten geeignet sind die topografischen Karten im Maßstab 1:50.000 oder 1:25.000 („blaue Serie") des Institut Géographique National (IGN). Sie sind in den elsässischen Buchhandlungen und in großen Supermärkten erhältlich. Der Vogesen-Club (Club Vosgien) hat acht spezielle Kartenblätter im Maßstab 1:50.000 herausgegeben, die das gesamte Elsass abdecken und in denen die markierten Wanderwege eingezeichnet sind.

Für Autoreisende empfehlen wir das Blatt 242 „Alsace et Lorraine" der gelben, französischen **Michelin-Straßenkarte** oder die deutsche Generalkarte „Elsass und Vogesen" von Mairs Geographischem Verlag, beide im Maßstab 1:200.000.

Essen und Trinken

Lebensart

Gut und reichlich essen, dazu ein gutes Tröpfchen trinken – das ist typisch für das Elsass. Man trifft sich in einer gemütlichen **„Winstub"**, in einer **„Auberge"** oder diniert in einem **Spitzenrestaurant,** von denen es im Elsass einige gibt. Im Verhältnis zur Größe der Region gibt es nirgendwo mehr mit Sternen ausgezeichnete Restaurants als im Elsass. Allein an der Elsässischen Weinstraße gibt es 20 davon. Allen gemeinsam ist, dass man genügend Zeit mitbringen sollte, denn Eile und Fast-Food gehören nicht zu einem typischen elsässischen Essen. Folglich besteht selbst in den kleineren Gaststuben ein Menü mindestens aus drei Gängen: Vorspeise, Hauptgericht und Nachspeise. Es wird erwartet, dass man dazu auch etwas trinkt.

Frühstück

Im Süden und Westen des Elsass ist das Frühstück, ganz nach französischer Art, meist **recht mager.** Zu einem Croissant oder einem Stück Baguette mit Butter und Marmelade gibt es Milchkaffee *(café au lait),* Tee oder Kakao. Im Norden oder entlang der Weinstraße, wo viele deutsche Touristen hinkommen, kann das Frühstücksbuffet im Hotel mit Obst, Quark, Schinken, Käse, Ei und Kougelhopf reichlicher ausfallen.

Mittag- und Abendessen

Die Elsässer essen mittags und abends recht früh, um genügend Zeit für das Essen zu haben. Mittagessen wird üblicherweise von 12–14 Uhr serviert, das Abendessen gibt es zwischen 19 und 21 Uhr. Das Abendessen ist für die Elsässer die wichtigere Mahlzeit, weshalb sie meistens etwas üppiger ausfällt. Den Tisch im Restaurant sollte man auf jeden Fall vorab reservieren.

Wer nur etwas trinken möchte oder wem ein kleiner Imbiss genügt, sollte nicht in eine der gehobenen Weinstuben oder in ein Restaurant gehen. Eine **Bar,** eine **Brasserie** – beide entsprechen unseren Wirtschaften – oder ein **Salon de Thé** (Café, wo es kleine Snacks, Kaffee und Kuchen gibt) sind dafür angebrachter. Hier geht alles auch etwas zwangloser als in den Restaurants zu, und man kann sich sein Menü selbst zusammenstellen.

Elsässische Weine

Die *Heilige Odilia,* Schutzpatronin des Elsass, blickt zufrieden auf die Weinberge zu ihren Füßen. **14.500 Hektar Rebflächen** erstrecken sich heute auf etwa 100 km Länge und 5 km Breite zwischen den östlichen Ausläufern der Vogesen und dem Rheintal. Die Berge schützen die elsässischen Weinberge vor kaltem Wetter und Stürmen.

Die 200 bis 400 m hoch liegenden Rebzeilen werden von der Sonne verwöhnt. Das Klima ist besonders mild und trocken, nur 400 bis 500 mm Niederschlag fallen hier im Jahr. Böden aus Granit, Kalkstein, Gneis, Schiefer und Sandstein lassen Rebsorten gedeihen, deren Trauben zu Weinen mit vielfältigem Geschmack gekeltert werden. Elsässer Weine sind **überwiegend trocken,** charaktervoll, körperreich und aromatisch. Überwiegend werden Weißweine angebaut, die zu den besten Frankreichs gehören.

Vin d'Alsace

Sieben Rebsorten bestimmen den berühmten Vin d'Alsace: Der **Riesling** gilt als „König" der Elsässer Weine. Ein vornehmer, rassiger Wein mit edler Frucht, der zu Meeresfrüchten, Fleisch und Geflügel, aber auch zum Choucroute gleichermaßen passt. Der **Gewürztraminer** (auf Elsässisch mit „u" geschrieben) ist ein schwerer Wein, gleichsam gehaltvoll und mit betont würzigem Bukett. Mit ihm lässt sich eine vornehme Feier trefflich beginnen oder ein festlicher Abend beenden. Er harmoniert mit edlen Fischgerichten, Gänseleber, Käse und süßen Desserts. Der **Pinot Blanc** (Weißburgunder) ist frisch und spritzig. Er passt zu Vorspeisen und leichten Fisch-, Geflügel- und Fleischgerichten. Der **Tokay Pinot Gris** (Grauburgunder) entwickelt ein charakteristisches, etwas rauchiges Wald-Aroma; er begleitet kalte Vorspeisen ebenso gut wie Ente und Wildgerichte. Der trockene **Elsässer Muscat** (Muskateller) ist aromatisch und voller Frucht; Kenner trinken ihn gerne zum Spargel. Der **Sylvaner** ist ein milder, leichter Wein mit frischem Geschmack. Besonders gut passt er zu Fisch, Geflügel und Kalbfleisch.

Pinot Noir

Einziger Rot- und Rosé-Wein des Elsass ist der Pinot Noir (Spätburgunder). Sein kirschartiges, fruchtiges Aroma harmoniert zu gebratenem Fleisch, Geflügel und Käse.

Neuerdings befassen sich einige der **7000 Elsässer Winzer** mit edelsüßen Weinen. „Vendanges Tardives" sind Spät- und Auslesen aus Grand-

Cru-Sorten, „Sélections de Grains Nobles" Trockenbeerenauslesen. Diese Weinkostbarkeiten passen auch gut zur modernen asiatischen Küche.

Edelzwicker

Der Edelzwicker ist keine eigenständige Rebsorte, sondern ein leicht süßer **Verschnitt aus verschiedenen weißen Trauben.** Dieser Tafelwein begleitet ein deftiges Elsässer Choucroute mit Sauerkraut, Kartoffeln, Wurst, Pökelfleisch und Speck ebenso wie eine Tarte Flambée (Flammkuchen) oder eine gesellige Runde in der Weinstube. Der rubinrote **„Rouge d'Alsace"** aus der Region um Obernai und Barr reift im Eichenfass und gewinnt dadurch eine Spur von Holzton mit rauchigem Aroma. Der **„Gentil"** ist mehr als nur eine trockene Variante des Edelzwicker; er ist eine alte Elsässer Wein-Mischung, die lange Zeit in Vergessenheit geraten war. Der „Gentil de Katz" besteht beispielsweise zu je 25 % aus Pinot Blanc und Sylvaner, zu 20 % aus Gewürztraminer und zu je 15 % aus Tokay Pinot Gris und Riesling.

In Heiligenstein wird auf 30 ha Klevener angebaut. Ebenfalls nur in kleinen Mengen werden im Elsass neuerdings auch Eisweine und honigsüße Weine, so genannte Strohweine, erzeugt.

Crémant d'Alsace

Die Elsässer **Schaumweine** heißen seit 1976 „Crémant d'Alsace". Sie werden hauptsächlich aus Riesling, Pinot Blanc, Pinot Gris und Pinot Noir hergestellt. Wie beim Champagner gären die Crémants in der Flasche und müssen mindestens neun Monate auf der Hefe gelegen haben. Etwa jeder zehnte Winzerbetrieb hat heute seinen Crémant im Angebot.

Die meisten Elsässer Weine werden jung getrunken mit 8 bis 10 °C, Crémants noch etwas kälter mit 5 bis 7 °C. Spitzenweine sind zehn Jahre und länger lagerbar.

Die „Appellationen", Bezeichnungen für Qualitätsweine

AOC

Qualitätsweine tragen in Frankreich die Bezeichnung „AOC" für **„Appellation d'Origine Con-**

trôlée". Seit diese Herkunftsbezeichnung als Prädikat 1962 eingeführt wurde, hat die Qualität und Sortenreinheit französischer Weine noch weiter zugenommen. **„Grand Cru"** klassifiziert ein Edelweinanbaugebiet, dessen Rebflächen sich durch eine besondere Qualität, Lage und Bodenbeschaffenheit auszeichnen. Nachdem 1975 die Appellation „Alsace Grand Cru" geschaffen wurde, haben sich die Elsässer Qualitätsweine zu Spitzenprodukten entwickelt. In den Jahren 1983 bis 1992 wurden im Elsass 50 Spitzenlagen ausgewählt, deren Weine das Prädikat „Grand Cru" tragen dürfen. Erste Grand Cru-Lage war der Schlossberg bei Kientzheim. Für solche Spitzenlagen gelten besonders **strenge Vorschriften:** Nur Riesling, Gewürztraminer, Muscat und Pinot Gris sind zugelassene Rebsorten, deren Hektarertrag zudem 60 Hektoliter nicht überschreiten darf. Ein „Grand Cru" muss nicht unbedingt eine höhere Weinqualität bedeuten, meistens tragen aber nur Spitzenweine dieses Prädikat. Mittlerweile sind rund drei Viertel der Winzer im Elsass nur noch Kleinbetriebe, die jeweils höchstens 1 ha Rebfläche bewirtschaften. Da führte das Weinprädikat schnell dazu, dass im gegenseitigen Wettbewerb aus den Grand Cru-Lagen nur die allerbesten Weine gekeltert werden.

Infos

Im Internet findet man unter der Adresse **www.vinsalsace.com** des Conseil Interprofessionnel des Vins d'Alsace (CIVA), Avenue de la Foire aux Vins, F-68012 Colmar, Tel. 0389201620, weitere Informationen über den Wein sowie viele Tipps von Sommeliers und Rezepte. Die Pflege der elsässischen Weinkultur obliegt seit dem Mittelalter der „Confrérie Saint-Etienne", der „Stefans-Bruderschaft". Dieser elsässische Winzer- und Weinhändlerverband hat seinen Sitz im Schloss von Kientzheim.

elsass_025 Foto: ti

Hochprozentiges aus Obst

Eaux-de-vie

Auch für seine edlen **Obstbrände,** die „Eaux-de-vie", ist das Elsass bekannt. Nach dem Essen wird Hochprozentiges wie Kirsch, Himbeergeist („Framboise"), Williamsbirne („Poire"), „Quetsche" (Zwetschgengeist), Mirabelle oder ein Marc (Tresterbranntwein) besonders geschätzt. Viele Landwirte bieten ihre selbst gebrannten, edlen Tropfen auch direkt ab Hof an.

Elsässisches Bier

Bière d'Alsace

Neben all den guten Weinen gibt es aber auch ein gutes „Bière d'Alsace", ein elsässisches Bier, das nach alter Tradition gebraut wird. **Im Norden des Elsass wird Hopfen angebaut,** daraus wird in mehreren Brauereien Bier gebraut. Die erste elsässische Brauerei („Brasserie") wurde bereits 1260 gegründet; im Jahr 1664 entstand in Strasbourg die „Brasserie du Canon", die nach dem 2. Weltkrieg zur „Brasserie Kronenbourg“ wurde. **Kronenbourg** ist heute die **größte Brauerei Frankreichs.** 60 Prozent des französischen Biers stammt aus dem Elsass.

Die bekanntesten elsässischen **Biermarken** sind neben Kronenbourg Fischer, Meteor und 1664. Fischer gehört schon seit einigen Jahren zu Heineken; nach Angaben des Konzerns soll die Sorte Ende 2009 vom Markt genommen werden. Außerdem gibt es kleine **Privatbrauereien** wie die Brasserie d'Uberach, die Brasserie de Saint Pierre oder die Brasserie de la Lanterne im Zentrum von Strasbourg. Auch Heineken-Bier wird im Elsass gebraut, und die saarländische Karlsberg-Brauerei ist mit ihrer Marke „Licorne“ erfolgreich. Zu Weihnachten wird ein aromatisiertes **„Weihnachtsbier“** („Bière de Noël“) hergestellt, das wie Glühwein auch heiß getrunken werden kann.

Brauereibesichtigungen

Brauereibesichtigungen **mit Bierprobe** bieten an:

- **Kronenbourg,** 68, Route d'Oberhausbergen, in Strasbourg, Tel. 0388274159.
- **Meteor,** 6, Rue du Général Leboq, in Hochfelden östlich Saverne, Tel. 0388022222.
- **Heineken,** 4, Rue St-Charles, in Schiltigheim, Tel. 0388195755.
- **Fischer,** 7, Rue de Bischwiller, in Schiltigheim, Tel. 0388338200.
- **Brasserie d'Uberach,** 30, Grand Rue, in Uberach, Tel. 0388070777.
- **Karlsbräu France,** 60, Rue de Dettwiller, in Saverne, Tel. 0388021999.

Elsässische Küche

Flammkuchen

Flammkuchen finden wir auf zahlreichen Speisekarten und bei vielen Festen nicht nur im Elsass. Die **„elsässische Pizza“** hat auch weit über die französischen Grenzen hinaus ihre treuen Anhänger gefunden. Seinen Ursprung hat der Flammkuchen im Kochersberger Land. Traditionell wird Flammkuchen im **Holzkohleofen** zubereitet und auf einem dünnen Holzbrett serviert. Zum Backen werden die ersten Flammen nach dem Anfeuern genutzt, daher rührt auch der Name. Erstmals schriftlich festgehalten wurde das Rezept für den Flammkuchen vor etwa 100 Jahren, doch die „Tarte flambée" entstand erst rund 50 Jahre später, als das Rezept seinen Weg von Deutschland über den Rhein fand. Für den klassischen Flammkuchen wird ein dünn ausgewellter Brotteig mit Rahm, Zwiebeln und Speck zubereitet. Aus diesem Rezept haben sich zahlreiche Variationen entwickelt, die Elsässer Spezialität ist auch vakuumverpackt und gekühlt im Laden erhältlich.

Choucroute

Die Elsässer lieben es **deftig:** Choucroute, **Sauerkraut mit verschiedenen Würsten** und einem deftigen **Stück Schweinefleisch,** wird von Einheimischen und Besuchern gleichermaßen geschätzt. Auch die Spitzenköche, von denen es im Elsass einige gibt, und nicht nur die, verwenden die traditionellen Zutaten. Sie haben das Sauerkraut hoffähig gemacht und auf unzählige Weisen verfeinert – mit Crémant d'Alsace abgeschmeckt und mit Fisch oder Geflügel kombiniert.

Bæckeoffe

Zu den traditionellen Speisen gehört auch der Bæckeoffe, ein **Eintopf,** der mit drei Sorten Fleisch – Schwein, Rind, Lamm und evtl. Gans – Kräutern und Kartoffeln im Tongefäß langsam köchelt. Sein Namen erinnert daran, dass er früher traditionell am Sonntagabend aus den Fleischresten vom Wochenende vorbereitet und am Montag zum Bäcker gebracht wurde, der die Speise in seinem Ofen garte. So musste am traditionellen Waschtag nicht mehr gekocht werden, der Eintopf wird deshalb auch **„Montagsspeis'"** genannt.

Foie gras

Zu den besonders edlen Vorspeisen gehört die „Foie gras", die **Gänsestopfleber.** Mit Kalbfleisch, Trüffeln, Madeira und Gewürzen entsteht eine sehr geschätzte Pastete. Was den Gaumen der

elsass_024 Foto: ti

Feinschmecker erfreut, erweckt den Protest der Tierschützer. Den Gänsen wird beim Stopfen ein kalorienreicher Brei mit einem Trichter zugeführt.

Coq au vin

Auch **„Huhn in Riesling"** („Coq au vin") ist eine elsässische Spezialität. Das Hühnchen wird meist mit hausgemachten Spätzle oder Nudeln serviert.

Käse

Französischer Käse ist bekanntlich sprichwörtlich gut. Der **„Münsterkäse"** („le Munster") mit seinem kräftigen Duft stammt aus dem Munstertal (Münstertal) und ist die einzige rein elsässische Käsespezialität. Das Rezept geht auf Benediktinermönche zurück, die sich im 7. Jh. im Münstertal niederließen. Zur Zubereitung wird frische Milch etwas angewärmt und mit Lab versetzt. Gesalzen und in Formen gefüllt, tropft der Käse ab. Nach spätestens zwei Tagen kommt er in den Vorlagerraum, wo er noch einmal Flüssigkeit verliert. Die Laibe werden dann zur Reifung mindestens zwei Wochen gelagert und dabei immer wieder mit lauwarmem Wasser gewaschen. So bildet sich die typische „Rotschmiere“. Der Munsterkäse zeichnet sich durch kräftigen Geschmack aus; im Munstertal wird er besonders gerne „pur“ mit Brat- oder Pellkartoffeln verzehrt.

Von den Bauern in den Vogesen werden auch verschiedene **Bergkäse** („les bargkas“) hergestellt, Hartkäsesorten die relativ lange haltbar sind. **Süßkäse** („le siesskas“), der jeden Tag frisch zubereitet wird, ergibt mit Crème fraîche und Kirschwasser verfeinert ein köstliches Dessert.

Carpe frite

Besonders im Sundgau schätzt man den „Carpe frite“, **gebackenen Karpfen.** Gleich mehrere Feinschmeckerstraßen, die nach dem traditionellen Fischgericht benannt sind, führen durch diese Region. In zahlreichen Gasthöfen finden wir hier „Carpe frite“ auf der Speisekarte. Zur Zubereitung werden die Karpfen, die im Sundgau in vielen Teichen gezüchtet werden, frisch geschlagen, von den Gräten befreit und in dicke Scheiben geschnitten. Diese werden in Bierteig getaucht und in Fett schwimmend ausgebacken, dazu werden eine hausgemachte Mayonnaise, eine Scheibe Zitrone, Pommes frites und grüner Salat gereicht.

Kougelhopf

Auch unter den Süßspeisen gibt es eine bekannte Elsässer Spezialität. Der Kougelhopf ist ein leckerer **Napfkuchen** aus Hefeteig und Rosinen, der mit gerösteten Mandeln und Heidelbeermarmelade verfeinert werden kann. In den Töpferstädten Betschdorf oder Soufflenheim gibt es die passenden dekorativen Backformen aus Ton dazu. Auf den Weihnachtsmärkten werden traditionell „Bredele“ (Weihnachtsplätzchen) und „pain d'epices“ (Lebkuchen) angeboten. In den Fremdenverkehrsorten an der Weinstraße werden diese Leckereien das ganze Jahr über in den Backstuben gebacken und ofenfrisch verkauft.

elsass485 Foto: ti

Bretzel Sehr geschätzt wird im Elsass auch die Bretzel (Laugenbrezel); in der „Bretzelerie" gibt es Laugengebäck in den verschiedensten Varianten.

Weinstuben

Winstub Bekanntlich schmecken das Essen und der Wein dort am besten, wo die Speisekarte kurz und die Gaststube urig, gemütlich und voll ist. Die elsässische „Winstub", die „Weinstube", ist nicht nur ein beliebter Treffpunkt der Einheimischen, der Lokalprominenz und von Touristen, sondern sie erzählt oft auch ein Stück aus der Geschichte und Tradition des Elsass. Die hölzernen Wände einer alten Winstub sind dann mit Bildern, Gerätschaften oder Orden aus vergangenen Epochen geschmückt, und die Einrichtung mag schon manch harte Zeit überstanden haben. Wo viele Touristen hinkommen, kann eine Winstub auch schon einmal ein Restaurant der gehobenen Klasse sein. Entsprechend deftig sind dann oft auch die Preise.

Berühmte Küchen/Restaurants

Köche von Weltruf

Das Elsass ist bekannt für seine **Spitzengastronomie.** Die weltbesten Köche und Sommeliers kümmern sich um das Wohlergehen der oft von weither anreisenden Gäste. Etwa **30 Restaurants** tragen mindestens einen der berühmten Sterne des Guide Michelin oder Auszeichnungen anderer Gourmet-Führer. Bei vielen dieser Restaurants ist der Andrang so groß, dass man **rechtzeitig** einen Tisch zum Abendessen **reservieren** muss. Für ein Fünf-Gänge-Menü sollte man in einem der Gourmettempel 50–80 Euro pro Person einplanen. Der obligatorische Aperitif ab 10 Euro und eine Flasche Wein ab 30 Euro kommen zusätzlich hinzu.

Dokumente

Personalausweis

Für deutsche, österreichische und Schweizer Staatsbürger genügt zur Einreise nach Frankreich der **Personalausweis.** Nach dem Inkrafttreten des Schengen-Abkommens wird an den Grenzen nur noch stichprobenartig kontrolliert. In Deutschland, Österreich oder der Schweiz lebende Staatsbürger anderer Länder sollten sich bei der **französischen Botschaft** nach der Notwendigkeit für ein Visum erkundigen:

Botschaften

- **Deutschland:** Pariser Platz 5, 10117 Berlin, Tel. (030) 590 039000, Fax 590039100, www.botschaft-frankreich.de.
- **Österreich:** Technikerstraße 2, 1040 Wien, Tel. (01) 502 750, Fax 502177, www.ambafrance-at.org.
- **Schweiz:** Schosshaldenstrasse 46, 3006 Bern, Tel. (031) 3592111, Fax 3592191, www.ambafrance-ch.org.

Kougelhopf in einem Café vor dem Straßburger Münster

Buchtipp:
„Verreisen mit Hund"
Reise Know-How Verlag, Reihe Praxis

Autofahrer müssen ihren national gültigen **Führerschein** und den **Kraftfahrzeugschein** mitführen. Empfehlenswert ist es, die grüne **Internationale Versicherungskarte** dabeizuhaben, da bei Verkehrskontrollen im Land häufig der bestehende Versicherungsschutz nachgewiesen werden muss. Kraftfahrzeuge müssen entweder ein EU-Kennzeichen oder ein Nationalitätskennzeichen tragen.

Für die Einfuhr von Hunden und Katzen muss ein **EU-Heimtierausweis** (übergangsweise der bisherige Impfausweis) vorgelegt werden. Darüber hinaus muss das Tier mit einem **Microchip** oder übergangsweise bis zum 2. Juli 2011 mit einer lesbaren Tätowierung gekennzeichnet sein.

Elektrizität

Die Netzspannung beträgt wie bei uns **220 bis 240 Volt/50 Hz Wechselstrom.** Da die französischen Steckdosen einen Erdungs-Kontaktstift haben, passen nur die Europa-Flachstecker und Schukostecker mit entsprechender Aussparung in die Steckdosen. Für ältere Schukostecker ist ein Adapter notwendig.

Feste und Feiertage

Französische Feiertage

- **1. Januar** (Neujahr).
- **Karfreitag und Ostermontag.**
- **1. Mai** (Tag der Arbeit).
- **8. Mai** (Tag der deutschen Kapitulation 1945).
- **Christi Himmelfahrt.**
- **Pfingstmontag.**
- **14. Juli** (Nationalfeiertag, Sturm auf die Bastille während der Französischen Revolution 1789).
- **15. August** (Mariä Himmelfahrt).
- **1. November** (Allerheiligen).
- **11. November** (Tag des Waffenstillstands 1918).
- **25. und 26. Dezember** (Weihnachten).

Im Elsass

Im Elsass gibt es über das Jahr verteilt **zahlreiche Feste** *(fêtes)*, **Umzüge** *(cortèges)* und **Festivals.** Viele haben historische Wurzeln. Hinweise auf die Feste gibt es bei den Ortsbeschreibungen; die genauen Termine können bei den Tourist-Infos oder im Internet unter www.alsace-en-fete.com erfragt werden. Die schönsten Feste sind:

Januar, Februar

- **Géradmer:** Festival des Fantastischen Films.
- **Offwiller:** Schiweschlaje (Scheibenschlagen); mit brennenden Holzscheiben wird der Winter ausgetrieben.
- **Mulhouse:** Karneval.

März, April

- **Masevaux:** Passionsspiele.
- **Gérardmer:** Fête des Jonquilles (Narzissenfest).
- **Altkirch:** Frühlingsfest.
- **Thann:** Ostereierausstellung.
- **Obernai:** Zirkusfestival in der letzten Aprilwoche.
- **Osenbach** bei Colmar: Schneckenfest Ende April/Anfang Mai; beim Schneckenrennen werden auf der 50 cm langen Rennstrecke die schnellsten Weinbergschnecken Frankreichs ermittelt; die Verlierer wandern in den Kochtopf.

Mai, Juni

- **Fréland** bei Kaysersberg: Forellenfest.
- **Rouffach:** Ökotage ab Christi Himmelfahrt; Kunsthandwerk und Öko-Produkte.
- **Thann:** Crémation des Trois Sapins (Tannenverbrennung) am 30. Juni.
- **Breitenbach:** Kirschenfest.
- **Westhoffen:** Kirschenfest.
- **Ribeauvillé:** Fest des Kougelhopf.
- **Saverne:** Rosenfest.
- **21. Juni: Fête de la Musique,** Musikfeste in ganz Frankreich.
- Um den **24. Juni: Feu de St-Jean,** Sonnwendfeier mit Johannisfeuer in vielen Orten.

Juli, August

- **Dambach-la-Ville:** Nacht des Weins.
- **Barr:** Weinmesse.
- **14. Juli:** Volksfeste mit Feuerwerk in der Nacht zum **Nationalfeiertag.**
- **Obernai:** Schneckenfest.
- **Rosheim:** Schneckenfest.
- **Mulhouse:** Oldtimer-Parade.
- **Saint-Pierre-Bois** bei Villé: „Sommernachtstraum", Klang- und Lichterfest unter freiem Himmel.
- **Seebach:** Streisselhochzeit am 3. Sonntag im Juli; elsässischer Hochzeitsumzug.

elsass483 Foto: ti

- **Marlenheim:** Le Marriage de l'Ami Fritz, Hochzeitsumzug des l'Ami Fritz.
- **Saverne:** Internationales Folklorefestival.
- **Sélestat:** Corso Fleuri, Blumenkorso mit Folklorefest und Feuerwerk.
- **Bischwiller:** Pfiffersdaj, Fête des Fifres, Pfeiffertag Mitte August; historischer Umzug mit Fanfarenzügen aus verschiedenen europäischen Ländern, Gauklern und Volk.
- **Eguisheim:** Storchenfest.
- **Munchhouse:** Fête de la Carpe Frite, Fest des gebratenen Karpfens.
- **Weinfeste** in vielen Orten an der Elsässischen Weinstraße.

September, Oktober

- **Ribeauvillé:** Pfifferdaj, Pfeiffertag am 1. Sonntag im September; großer mittelalterlicher Umzug mit Gauklern und Volk.
- **Soufflenheim:** Töpferfest.
- **Betschdorf:** Töpferfest.
- **Molsheim:** Bugatti-Schau.
- **Krautergersheim:** Sauerkrautfest am 26. und 27. September.
- **Meistratzheim:** Sauerkrautfest.
- **Oberbronn,** Kastanienfest.

November, Dezember

- **Weihnachts- und Christkindlmärkte** in vielen Orten im Elsass; die schönsten sind in Strasbourg, Colmar, Kaysersberg, Mulhouse, Riquewihr, Altkirch und Wissembourg.

elsass484 Foto: ti

Buchtipp:
„Reisefotografie"
Reise Know-How Verlag,
Reihe Praxis

Selbst ernannte „Weihnachtshauptstadt" Frankreichs ist Strasbourg mit fast zwei Millionen Besuchern in dieser Zeit. Wie auch in Colmar finden an mehreren Orten Weihnachtsmärkte statt, in Strasbourg werden auf den Plätzen Benjamin Zix und des Meuniers regionale Spezialitäten und Kunsthandwerk angeboten. Wer es beschaulicher liebt, geht am 2. Adventswochenende auf den ländlichen Markt in Hunspach. Die Elsässischen Weihnachtsmärkte, die es schon seit dem 13. Jh. gibt, sind etwas ganz Besonderes. Hier herrscht eine urtümliche Stimmung voller Romantik. „Weihnachten und das Elsass sind ein Liebespaar – sie sind füreinander bestimmt", sagen die Elsässer. Obwohl die Weihnachtsmärkte heute moderner und kommerzieller geworden sind, verkörpern sie immer noch Tradition und Brauchtum im Elsass.

Früher wurden die Weihnachtsbäume mit Hostien als Symbol für die Vergebung, Nüssen und Äpfeln als Zeichen der Versuchung geschmückt. Nach einer schlechten Ernte sollen Glasbläser aus Meisenthal die „Christbaumkugeln" erfunden haben, mit denen sie den Baum verzierten.

Im Villétal wird die Elsässer Geschichte alljährlich in dem eindrucksvollen Freilichtspektakel „Sommernachtstraum" dargestellt

Trachtengruppen begleiten den Umzug beim Blumencorso in Sélestat

Geldangelegenheiten

Euro

Seit 2002 ist auch in Frankreich der Euro die offizielle Währung. Die nationalen Rückseiten der 1-, 2- und 5-Cent-Münzen wurden von *Fabienne Courtiade* entworfen und zeigen das Porträt der französischen Nationalfigur „Marianne". Die 10-, 20- und 50-Cent-Münzen stammen von *Laurent Jorio.* Sie zeigen die von den alten Francs bekannte Säerin. Die 1- und 2-Euro-Münzen wurden von *Joaquim Jiminez* gestaltet. Auf ihnen wurde ein Baum als Sinnbild für Leben und Wachstum eingraviert, der umgeben ist von dem Freiheitsmotto „Liberté, Égalité, Fraternité" (Freiheit, Gleichheit, Brüderlichkeit).

Maestro- und Kreditkarten

Mit der Maestro-(EC-) und den gängigsten Kreditkarten (Mastercard, Visa, Diners, American Express) bekommt man an den französischen Geldautomaten **(Bancomat)** Bargeld (Pin-Nummer muss eingegeben werden). Am preiswertesten ist die Barabhebung per **Maestro-(EC-)Karte.**

elsass_036 Foto: ti

Medizinische Infos im Internet unter der Adresse:
• **www.travelmed.de**

Gesundheit und ärztliche Hilfe

Gute Versorgung

Das französische Gesundheitssystem ist gut. Die medizinische Versorgung ist im ganzen Land flächendeckend gesichert. Die **gesetzlichen Krankenkassen** in Deutschland, Österreich und der Schweiz garantieren eine Behandlung auch im akuten Krankheitsfall in Frankreich, wenn die medizinische Versorgung nicht bis nach der Rückkehr warten kann. Im Krankheitsfall besteht ein Anspruch auf ambulante oder stationäre Behandlung bei jedem zugelassenen Arzt und in staatlichen Krankenhäusern. Als Anspruchsnachweis gilt die von den Krankenkassen ausgestellte **Europäische Krankenversicherungskarte.**

Krankenhäuser und Ärzte

In den Krankenhäusern *(hôpital)* gibt es Notfall-Ambulanzen, die rund um die Uhr dienstbereit sind. Pflicht- und Privatversicherte müssen die Dienste von niedergelassenen Ärzten zunächst selbst bezahlen, können sich aber die Auslagen von ihrer Kasse je nach Vertrag erstatten lassen. Da die niedergelassenen Ärzte ausländische Patienten wie Privatpatienten behandeln und eine sofortige Bezahlung ihrer Leistungen verlangen, kann es sein, dass die gesetzliche Krankenkasse nicht alle Kosten zurückerstattet. Aus diesem Grund wird zusätzlich der Abschluss einer **privaten Auslandskrankenversicherung** empfohlen. Bei Abschluss der Versicherung sollte man auf einen vollen Schutz ohne Summenbeschränkung und auf den Rücktransport bei schweren Erkrankungen oder Verletzungen achten, da dieser oft von den gesetzlichen Krankenkassen nicht übernommen wird. **Zur Erstattung** der Kosten benötigt man ausführliche **Quittungen** (mit Datum, Namen, Bericht über Art und Umfang der Behandlung, Kosten der Behandlung und Medikamente).

Apotheken

Apotheken sind mit einem grünen Neonkreuz gekennzeichnet. Ein Aushang nennt die Bereitschaftsdienste. Bei Notfällen hilft auch die Gendarmerie weiter (Tel. 17).

Informationen

Französische Fremdenverkehrsbüros

Internet

Folgende Internet-Adressen (auf Deutsch) sind zu empfehlen:

- **www.visit-alsace.com**
- **www.franceguide.com**

Deutschland

- **Französisches Fremdenverkehrsamt, Maison de la France,** Zeppelinallee 37, 60325 **Frankfurt am Main,** Tel. 0900 1570025, Fax 0900 1599061 (beide 0,49 Euro/Min. aus dem deutschem Festnetz), E-Mail: info.de@franceguide.com.

Österreich

- **Französisches Fremdenverkehrsamt,** Lugeck 1–2/Stg. 1/Top 7, 1010 **Wien,** Tel. 0900250015 (0,68 Euro/Min.), Fax (01) 5032872, E-Mail: info.at@franceguide.com.

Schweiz

- **Französisches Fremdenverkehrsbüro,** Rennweg 42, Postfach 3376, 8021 **Zürich,** Tel. (044) 2174600, Fax (044) 2174617, E-Mail: info.ch@franceguide.com.

Fremdenverkehrsbüro Elsass

- **Comité Régional du Tourisme d'Alsace,** 20a, Rue Berthe Molly, F-68005 Colmar, Tel. 0389247350, Fax 0389247351, www.tourisme-alsace.com, crt@tourisme-alsace.com.

Fremdenverkehrsbüro Nord-Elsass

Département 67

- **Agence de Développement Touristique du Bas-Rhin,** 9, Rue du Dôme, F-67061 Strasbourg, Tel. 0388154580, Fax 0388756764, www.tourisme67.com, info@tourisme67.com.

Informationen und Reisehinweise im Internet:
- **Deutschland:** www.auswaertiges-amt.de
- **Österreich:** www.bmaa.gv.at
- **Schweiz:** www.eda.admin.ch

Fremdenverkehrsbüro Süd-Elsass

Département 68

- **Association Départemental du Tourisme du Haut-Rhin,** 1, Rue Schlumberger, F-68006 Colmar, Tel. 0389201068, Fax 0389233391, www.tourisme68.com, adt@tourisme68.com.

Fremdenverkehrsbüro Region Vogesen

Département 88

- **Comité Départemental du Tourisme des Vosges,** Avenue du Général de Gaulle, Epinal, Tel. 0329824993, Fax 0329640982, www.tourismevosges.fr.
- **Club Vosgien (Vogesenclub),** 71, Avenue des Vosges, Strasbourg, Tel. 0388353076, Fax 0388220472, www.club-vosgien-strasbourg.net.

Fremdenverkehrsbüro Region Moselle

Département 57

- **Comité Départemental du Tourisme de la Moselle,** Hôtel de Département, 1, Rue du Pont Moreau, Metz, Tel. 0387375757, Fax 0387375707, www.cg57.fr, adt@cg57.fr.

elsass_419 Foto: ti

Fremdenverkehrsbüro Region Meurthe-et-Moselle

Départe-ment 54

- **Comité Départemental du Tourisme de Meurthe-et-Moselle,** 48, Rue du Sergent Blandan, Nancy, Tel. 0383945190, Fax 0383945199, www.cdt-meurthe-et-moselle.fr, cdt@cg54.fr.

Die Anschriften der regionalen Touristinformationen sind bei den jeweiligen Orten aufgeführt.

Notfälle

In ganz Frankreich gelten die folgenden **Notrufnummern:**

- **Notarzt und Krankenwagen:** Tel. 15.
- **Polizei:** Tel. 17.
- **Feuerwehr:** Tel. 18.

Pannenhilfe / Unfall

- **Pannenhilfe:** Tel. 0800089222.

Mitglieder wenden sich direkt an ihren Automobilclub:

- **ADAC-Notruf** (in Frankreich): Tel. 0825800822, oder in Deutschland: Tel. 0049-89-222222 bzw. 0049-89-767676, hier gibt es auch Adressen von deutschsprachigen Ärzten in der Nähe des Urlaubsortes (Liste kann auch vorab angefordert werden).
- **ÖAMTC-Notruf** in Frankreich: Tel. 0472171223, oder in Österreich: Tel. 0043-1-2512000 bzw. 0043-1-2512020 für medizinische Notfälle.
- **TCS-Notruf:** Tel. 0041-22-4172220.

Verlust von „Plastikkarten“

Bei Verlust oder Diebstahl der der Kredit- oder Maestro-(EC-)Karten sollte man diese umgehend sperren lassen. Für deutsche Maestro- und Kreditkarten gibt es die einheitliche **Sperrnummer 0049-116116** und im Ausland zusätzlich 0049-304050 4050. Für österreicherische und schweizerische Karten gelten:

- **Maestro-(EC-)Karte,** (A)-Tel. 0043-1-2048800; (CH)-Tel. 0041-44-2712230, UBS: 0041-848-888601, Credit Suisse: 0041-800-800488.
- **MasterCard,** internationale Tel. 001-636-7227111.
- **VISA,** Tel. 0043-1-71111770; (CH)-Tel. 0041-58-9588383.

- **American Express,** (A)-Tel. 0049-69-97971000; (CH)-Tel. 0041-44-6596333.
- **Diners Club,** (A)-Tel. 0043-1-501350; (CH)-Tel. 0041-58-7508080.

Ausweisverlust / dringender Notfall

Wird der Reisepass oder Personalausweis im Ausland gestohlen, muss man diesen bei der örtlichen Polizei melden. Darüber hinaus sollte man sich an die nächste diplomatische Auslandsvertretung seines Landes wenden, damit man einen Ersatz-Reiseausweis zur Rückkehr ausgestellt bekommt (ohne kommt man nicht an Bord eines Flugzeuges!).

Auch in **dringenden Notfällen,** z.B. medizinischer oder rechtlicher Art, Vermisstensuche, Hilfe bei Todesfällen, Häftlingsbetreuung o.Ä. sind die Generalkonsulate in Strasbourg bemüht, vermittelnd zu helfen.

Konsulate

- **Deutschland:** 15, Rue des Francs-Bourgeois, Tel. 0388 150340. 6, Quai Mullenheim, Tel. 0388246700 und in dringenden Notfällen auch 0607193087.
- **Österreich:** 29, Avenue de la Paix, Tel. 0388351394.
- **Schweiz:** 23, Rue Herder, Tel. 0388350070.

Öffentliche Verkehrsmittel

Bahn und Busse

Das Elsass ist mit öffentlichen Verkehrsmitteln gut erschlossen. **Bahnverbindungen** gibt es vor allem in Nord-Süd-Richtung zwischen den größeren Orten. In Ost-West-Richtung führen nur wenige Bahnstrecken durch die Täler der Vogesen. Alle wichtigen Orte werden mehrmals am Tag von Überland- oder **Regionalbussen** angefahren.

Fahrpläne

Das Verzeichnis **„terALSACE – Guide Régional des Transports“** mit den Fahrplänen aller Überlandbus- und Bahnlinien erhält man an den Bahnhöfen oder bei den überregionalen Tourist-Informationen der Départements 67 und 68 (s.o.). Die Fahrpläne der Stadt- und Regionalbusse der Städte Strasbourg, Colmar und Mulhouse sind bei den dortigen Fremdenverkehrsbüros erhältlich.

Im Internet:
- www.voyages-sncf.com
- www.ter-sncf.com/alsace

Öffnungszeiten

Keine strikte Regelung

Große **Einkaufszentren** *(centre commercial)* sind Mo bis Sa von 9–19 Uhr, Mo bis Fr z.T. bis 21 Uhr geöffnet. Kleinere **Lebensmittelgeschäfte** *(épicerie)* und **Bäckereien** *(boulangerie)* öffnen oft schon zwischen 7 und 8 Uhr, schließen über Mittag („heilige" Mittagsruhe von 12–14/15 Uhr, Schild „fermé" an der Tür) und bleiben abends meist bis 19 Uhr geöffnet. Viele sind auch am Sonntagmorgen für einige Stunden geöffnet. Auf dem Land bleiben montags viele kleine Geschäfte geschlossen.

Banken sind in den Städten meistens Mo bis Fr von 9–12 und 14–16 Uhr geöffnet, auf dem Land bleiben viele montags geschlossen. **Behörden** sind Mo bis Fr 9–12 und 14–17 Uhr geöffnet. Die **Post** hat in der Stadt Mo bis Fr von 8–19 Uhr und auf dem Land von 8–12 und 14–18.30 sowie Sa 8–12 Uhr geöffnet.

Post und Telefon

Post

Die Post *(la Poste, P.T.T.)* bietet folgende **Dienstleistungen:** Verkauf von Briefmarken *(timbres)* und Telefonkarten *(télécartes),* Aufgeben und Abholen von Briefen und Paketen, Telefonieren, Faxe *(télécopie)* versenden und empfangen, Minitel-Service. Beim **Minitel-Service** kann man sich an einem **Selbstbedienungsterminal** über eine Telefonleitung in verschiedene Datenbanken einloggen, die Zugang zu Diensten wie Autovermietung, Reservierung von Hotelzimmern usw. bieten. Die einheitliche Zugangsnummer lautet 3611. Briefmarken und Telefonkarten sind auch in Tabakläden *(bureau de tabac)* und Bars mit Tabakverkauf *(Bar-Tabac)* erhältlich.

elsass_444 Foto: ti

Telefon – Festnetz

Öffentliche Telefone sind **überwiegend Kartentelefone. Telefonkarten** *(télécartes)* gibt es in Postämtern, Tabakläden und Bars mit Tabak-Verkauf. Achten Sie darauf, dass die verschweißte Originalverpackung der Telefonkarte nicht beschädigt ist. Auch innerhalb eines Ortes müssen alle zehn Ziffern einer französischen Telefonnummer gewählt werden (0 + 9-stellige Telefonnummer; Ausnahme sind die zweistelligen Notrufnummern). Werktags zwischen 19 und 8 Uhr, samstags ab 12 Uhr sowie an Sonn- und Feiertagen gelten reduzierte Tarife.

Die **Vorwahlnummer** von Deutschland, Österreich und der Schweiz **nach Frankreich** lautet **0033.** Daran schließt sich die 9-stellige französische Telefonnummer ohne die Anfangs-0 an.

Die **Vorwahlnummern von Frankreich ins Ausland** lauten: nach Deutschland 0049; nach Österreich 0043; in die Schweiz 0041.

Telefon – mobil

Das eigene Mobiltelefon lässt sich in Frankreich problemlos nutzen. Wegen **hoher Gebühren** sollte man bei seinem Anbieter nachfragen oder auf dessen Website nachschauen, welcher der Roaming-

elsass_042 Foto: ti

partner günstig ist und diesen per manueller Netzauswahl voreinstellen. Nicht zu vergessen sind die passiven Kosten, wenn man von zu Hause angerufen wird (Mailbox abstellen!). Die teure Rufweiterleitung ins Ausland zahlt nämlich der Angerufene.

Preiswerter ist es sich von vornherein auf **SMS** zu beschränken, der Empfang ist dabei meistens kostenfrei. Tipp: Man lässt sich von wichtigen Personen eine SMS schreiben, sodass man im Ausland nicht zu wählen braucht, sondern nur auf „Antworten“ drückt. Der Versand und Empfang von Bildern per MMS ist relativ teuer oder je nach Roamingpartner auch gar nicht möglich. Für den, der sich per Einwahl ins Internet über das Mobiltelefon Daten auf das Notebook laden will, wird es noch kostspieliger. Da lohnt sich der Gang in das nächste Internetcafé.

Falls das Mobiltelefon SIM-lock-frei ist (andere Provider nicht gesperrt sind) und man viele Telefonate innerhalb Frankreichs führen möchte, kann man sich eine **örtliche Prepaid-SIM-Karte** besorgen.

Reisezeit

Beste Reisezeit

Buchtipp: „Wann wohin reisen“ Reise Know-How Verlag, Reihe Praxis

Die besten Reisezeiten im Elsass sind der **Frühsommer** zur Zeit der Obstbaumblüte, der **Herbst** zur Weinlese und die **Vorweihnachtszeit,** um die Weihnachtsmärkte zu besuchen. Die Vogesenberge ziehen im Sommer und Herbst vor allem Wanderer und von Dezember bis Februar Wintersportler an. Zur Narzissenblüte im April ist die Gegend um Gérardmer ein beliebtes Reiseziel. Städtetouren und Schlemmerreisen lohnen sich das ganze Jahr über, denn das kulturelle Angebot ist riesengroß. In den Sommerferien (Juli/August) sind viele Unterkünfte und Campingplätze belegt, und in den Ausflugszielen drängen sich die Besucher.

Wanderer am Ballon d'Alsace (Vogesen)

Sicherheit

Sicheres Reiseziel

Obwohl das Elsass ein sicheres Reiseziel ist, besteht an viel besuchten Touristenorten und auf einsamen Waldparkplätzen - vor allem während der Haupturlaubszeit im Sommer - die Gefahr, dass Autos aufgebrochen werden. Lassen Sie deshalb keinerlei Wertsachen im Auto zurück.

Buchtipp:
„Schutz vor Gewalt und Kriminalität unterwegs"
REISE KNOW-HOW Verlag, Reihe Praxis

Im Gewühl der Touristenorte sind **Taschendiebe** unterwegs. Verzichten Sie am besten auf eine Handtasche und tragen Sie alle Wertsachen versteckt am Körper.

In den großen Städten wie Strasbourg und Mulhouse gibt es **soziale Brennpunkte,** wo es immer wieder zu Krawallen kommt, besonders in der Silvesternacht. **Randalierer** stecken Autos in Brand, errichten Barrikaden und liefern sich Schlägereien mit der Polizei. Am besten meiden Sie solche Wohngebiete.

Sport und Aktivitäten

Viel geboten

Das Elsass und die Vogesen sind **Naherholungsgebiet und Urlaubsregion.** Es wird viel geboten, so dass jeder das findet, was er sucht! Auf eigene Faust oder geführt kann man wandern, Mountain-Biken, Rad fahren, reiten, Boot fahren, golfen, angeln, jagen, Gleitschirm fliegen und Ski laufen.

Reiten

Für Reiter wurden mehrere hundert Kilometer **Reitwege** ausgewiesen. Näheres erfährt man bei:

- **Délegation Départementale Tourisme Equestre Bas-Rhin**
4, Rue des Violettes, F-67201 Eckbolsheim,
Tel. 0388773964, Fax 0388760546.
- **Délegation Régionale et Départementale Tourisme Equestre Haut-Rhin**
Maison des Associations 6, Route d'Ingersheim,
F-68000 Colmar, Tel. 0389244318, Fax 0389231508.

Boots-fahrten

Organisierte Bootsfahrten, auf denen man das Elsass von der Wasserseite aus entdecken kann, vermittelt:

- **Alsace Croisières**
12, Rue de la Division Leclerc, F-67000 Strasbourg, Tel. 0388764444, Fax 0388324996.
- **VNF**
5, Port du Rhin, B.P. 20, F-67016 Strasbourg Cedex, Tel. 0390410606, Fax 0388603177.
- **Strasbourg Fluvial**
15, Rue de Nantes, F-67100 Strasbourg, Tel. 0388841313, Fax 0388843313 (Bootsfahrten durch Strasbourg).

Kabinen-boote

Auf den Kanälen dürfen motorisierte Kabinenboote auch **ohne Bootsführerschein** gesteuert werden. Die Boote mit 2 bis 6 Schlafplätzen sind 5,5 bis 11 m lang. Sie haben eine kleine Küche, einen Kühlschrank, Heizung und Toilette. Ihre Geschwindigkeit ist auf 3 bis 5 Knoten/h begrenzt (5 bis 10 km/h). Nach einer technischen Einweisung durch den Vermieter kann's losgehen! Näheres dazu bei:

- **Aqua-Plaisance**
3, Rue des Vignes, F-67990 Osthoffen, Tel. und Fax 0388965804.
- **Chemins Nautiques d'Alsace**
Port du Canal, F-67303 Schiltigheim, Tel. 0388813939, Fax 0388813512.
- **Nicols**
11, Rue de l'Orangerie, F-67700 Saverne, Tel. 0388913480, Fax 0388913380.

Wasser-sport

Viele Wasserläufe dürfen im Elsass mit einem Ruderboot, Kanu oder Kajak befahren werden. Freunde des Wildwassersports wenden sich an:

- **Ligue d'Alsace de Canoë-Kayak Maison des Sports**
15, Rue de Genève, F-67000 Strasbourg, Tel. 0388211066, Fax 0388241403.

Golf

Die **schönsten Golfplätze** im Elsass befinden sich in Soufflenheim (18-Loch), Kempferhof in Plobsheim bei Strasbourg (18-Loch), Illkirch bei Strasbourg (27-Loch), La Wantzenau bei Strasbourg (18-Loch), Ammerschwihr (9- und 18-Loch), Mulhouse (18-Loch), Hagenthal-le-Bas bei Basel (18-Loch) und Mooslargue bei Basel (18-Loch).

Angeln

Angeln ist ein sehr beliebter Sport der Elsässer. Es gibt viele künstlich angelegte Angelweiher und auch die Bäche und Flüsse sind reich an Fischen. Zum Angeln wird grundsätzlich eine **Genehmigung** benötigt, die der jeweils zuständige Angelverein erteilt. Adressen und Ansprechpartner gibt es bei den regionalen Tourist-Infos oder den Ortsverwaltungen. Auskünfte erteilt auch die „Féderation pour la Pêche et la Protection du Milieu Aquatique":

- **Bas-Rhin:** 33A, Rue de la Tour, F-67200 Strasbourg, Tel. 0388105220, Fax 03885229.
- **Haut-Rhin:** 29, Avenue de Colmar, F-68200 Mulhouse, Tel. 0389590688, Fax 0389427082.

Jagen

Die Forstämter des Elsass bieten Jägern und solchen, die es werden wollen, jagdkundliche Kurse an und stellen Jagdscheine für die Hochsitzjagd, Pirschjagd und Treibjagd aus. Die großen Wälder des Elsass sind reich an Hirschen, Rehen und Wildschweinen. In der offenen Flur leben Kaninchen, Hasen, Rebhühner und Fasane.

Gleitschirmfliegen

Gleitschirmflieger zieht es zu den baumlosen Vogesengipfeln um Le Hohneck, um im Anblick der Alpenkette ihre luftigen Runden zu drehen. Freunde des Luftsports – auch für Fahrten im **Heißluftballon** oder Rundflüge mit dem **Helikopter** und **Sportflugzeug** – wenden sich für weitere Informationen an:

- **Ligue d'Alsace de Vol Libre,** Secrétariat
81, Rue Charles de Gaulle,
F-68550 Saint-Amarin, Tel. 0389821390.
- **Aérovision**
4, Rue de Hohrod, F-68140 Munster,
Tel. 0389772281, Fax 0389772570
(Fahrten im Heißluftballon).

elsass_049 Foto: ti

Gleitschirmflieger in den Vogesen

Wintersport Im Winter locken 36 Skiorte, 170 Bergbahnen und über 1000 km Pisten und Loipen die Wintersportler in die **Vogesen.** Am Col de la Schlucht ist man mitten drin im Skigebiet der Hochvogesen, das nicht so überlaufen ist wie der Feldberg im nahen Schwarzwald. Den Schnee-Informationsdienst erreicht man im Winter unter Tel. 0389413476.

Wandern und Radfahren

Wanderwege Der Vogesenclub (Club Vosgien, Adresse s.u. „Informationen") hat im Elsass und in den Vogesen **16.500 km** Wanderwege markiert. Zur Kennzeichnung verwendet er geometrische Symbole

(Rechteck, Dreieck, Raute, Kreuz, Kreis und Ring) in den Farben Rot, Blau, Gelb und Grün. Die 300 bis 400 km langen Fernwanderwege, die mit GR für „Grand Randonné“ gekennzeichnet sind (z.B. GR 5, GR 531, GR 532 und GR 533) führen durch die gesamten Vogesen. GR 5 (rotes Rechteck) verläuft von Wissembourg nach Belfort entlang der Westseite der Vogesen, GR 533 (grünes Rechteck) entlang der Ostseite; GR 5 führt im Süden hinauf zum Grand Ballon und Ballon d'Alsace, auf GR 533 geht es unterhalb der Kammlagen über Gérardmer nach La Bresse. GR 531 (blaues Rechteck) verläuft über 343 km von Soultz-sous-Forêts nach Leymen im Sundgau. GR 532 (gelbes Rechteck) führt auf 358 km von Wissembourg über La Petite Pierre, Schirmeck und die Vogesenbelchen nach Mulhouse.

Außer den vom Vogesenclub markierten Wanderwegen gibt es zahlreiche kürzere und längere **Rundwanderwege,** die von den Gemeinden unterhalten werden. Im Sundgau verbindet der Drei-Länder-Weg Frankreich, die Schweiz und Deutschland.

Die 50 schönsten Rundwanderungen im Elsass haben wir in unserem **Wanderführer „Elsass“** beschrieben, der auf Deutsch und als französische Ausgabe beim Bergverlag Rother erschienen ist. Signierte Bücher können Sie auch direkt bei uns bestellen (Internet: www.tipho.de, E-Mail: tipho@tipho.de).

Wanderzeit

Wanderzeit ist **vom Frühjahr bis zum Spätherbst.** Die schönsten Wanderregionen des Elsass liegen in den Vogesen und den Vogesentälern, entlang der Weinberge im Osten und am Rhein. Wer vom Tal hinauf auf die Gipfel der Südvogesen wandert, hat mitunter steile Wegabschnitte vor sich, denn der Höhenunterschied beträgt über 1000 m. Die beliebten Höhenwege, die auf den Vogesengipfeln verlaufen, sind ohne größere Steigungsstrecken, aussichtsreich, sonnig aber oft auch sehr windig.

elsass_050 Foto: ti

Radfahren

In den Vogesen sind zahlreiche Strecken für **Mountain-Biker** markiert. VTT *(Vélo á tout terrain)* erfreut sich großer Beliebtheit. Für Radwanderer gibt es etwa **1200 km markierte Radwege.** Die schönsten Strecken verlaufen auf ebenen, gut befahrbaren Radwegen (asphaltiert oder mit festem, feinem Schotterbelag) entlang alter Kanäle und im Rheintal.

Radwege

Uns gefallen besonders folgende Radwege:

- Der **deutsch-französische Radweg von Wissembourg durch das Lautertal nach Lauterbourg** (20 km).
- Der **deutsch-französische Radwanderweg „Rheinauen" von Neuburg zur Staustufe Iffezheim** (30 km).

„Hexentisch" bei Saverne

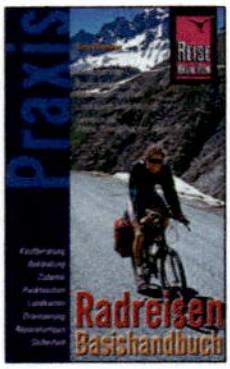

Buchtipp:
„Radreisen Basishandbuch"
REISE KNOW-HOW Verlag, Reihe Praxis

- Die 90 km lange Strecke **entlang des Canal de la Marne au Rhin** (Marne-Rhein-Kanal) von Strasbourg über Saverne und Lutzelbourg zum Schiffshebewerk in St. Louis-Arzwiller.
- Der **Radweg entlang des Canal de la Bruche von Strasbourg nach Avolsheim.** Dieser Radweg ist ein Teilstück des europäischen Fernradwegs, der von Molsheim über Strasbourg nach Offenburg führt. Wegen des idyllischen Kanalverlaufs und der vielen alten Schleusen mit blumengeschmückten Schleusenwärterhäuschen gefällt uns dieser am besten im Elsass.
- Von Strasbourg **entlang des Canal du Rhône au Rhin** (Rhône-Rhein-Kanal) über Krafft nach Boofzheim (30 km) - unser zweitschönster Radweg!
- Vom Wildwasserpark in Huningue nördlich Basel **entlang des Kanal von Huningue in die Kleine Camargue** und weiter nach Kembs (15 km) - genauso toll wie der vorherige!

Infos

Weitere Infos und **ausgearbeitete Routenvorschläge** zum Mountain-Biken und Radwandern erhält man bei:

- **Comité Départemental de Cyclotourisme du Bas-Rhin**
Maison des Sports, 15, Rue de Genève,
F-67000 Strasbourg, Tel. 0388211058, Fax 0388241403.
- **Ligue d'Alsace de Cyclotourisme**
Maison des Jeunes de Colmar,
17, Rue Schlumberger, F-69000 Colmar,
Tel. 0389412687, Fax 0389232016 (Region Haut-Rhin).

Sprache

Elsässisch gehört zum **alemannischen Sprachgebiet;** der elsässische Dialekt, der nördlich von Haguenau gesprochen wird, hat rheinfränkische Wurzeln. Die elsässische Mundart kennt zahlreiche lokale Dialekte. **Französisch** verdrängt immer mehr die deutsche Sprache, obwohl die französische Regierung 1993 Deutsch als zweite offizielle Sprache für das Elsass anerkannt hat.

Sprachhilfen

Nützliche Sprachhilfen sind die praxisnahen und handlichen **Kauderwelsch-Bände „Elsässisch", „Französisch"** und **„Französisch kulinarisch"** (REISE KNOW-HOW, Bielefeld).

Im Anhang des vorliegenden Urlaubshandbuchs findet sich eine kurze Sprachhilfe Deutsch/Französisch.

Souvenirs

Töpferwaren

Typische elsässische Souvenirs sind Töpferwaren **aus Soufflenheim und Betschdorf.** Das meist mit bäuerlichen Blumenmotiven und Personendarstellungen in Elsässer Tracht bemalte ockerbraune, blaue oder grüne Soufflenheimer Gebrauchsgeschirr ist spülmaschinen- und mikrowellenfest. Die überwiegend blauen Betschdorfer Töpferwaren sind meist etwas schlichter bemalt. Sehr schön sind auch Zimmerbrunnen und Blumenampeln aus Keramik. Gebrauchsgläser und künstlerisch gestaltete Vasen, Figuren und Leuchter aus Kristallglas werden auf der Westseite der Vogesen hergestellt.

Antiquitäten

Antiquitäten kann man **in den historischen Vierteln von Strasbourg und Colmar** kaufen, wo es zahlreiche Antiquitätengeschäfte gibt. Gute Stücke haben jedoch ihren Preis, und echte Schnäppchen sind selten. Wer Schnäppchen sucht, könnte mit ein wenig Glück noch in den Vogesendörfern fündig werden, wo auch nicht professionelle Händler manchmal alte Stücke am Straßenrand anbieten, die noch nicht restauriert sind.

Spirituosen

Entlang der elsässischen Weinstraße werden Wein und selbst gebrannte Obstwässer in fast jedem Ort das ganze Jahr über **direkt vom Erzeuger** verkauft. Auch in den südöstlichen Vogesen werden Spirituosen hergestellt und direkt verkauft.

Kulinarisches

Hausgemachte Marmelade aus Wildfrüchten, Kougelhopf, verschiedene Tartes mit Äpfeln oder Heidelbeeren, zur Weihnachtszeit die Bredele und andere Backwaren, Gänseleberpastete, Wildpasteten und Käse aus dem Munstertal sind ebenfalls typisch für das Elsass.

Wenn wir im Elsass sind, fahren wir meistens in einen der großen **Supermärkte** am Stadtrand zum Einkaufen (Auchan, Cora, Carrefour, Leclerc). Dort findet man neben elsässischen und anderen französischen Lebensmitteln auch ein **reichhalti-**

elsass_052 Foto: ti

ges Angebot an Weinen, Elsässer Bier, Käse, Pasteten, frischem Fisch, Baguette und die großen Becher Frischquark, womit man zu Hause mit Freunden einen Elsässer Abend stilgerecht gestalten kann.

Kunst

Auch zahlreiche lokale Künstler, Maler und Bildhauer, bieten ihre Werke an. Es lohnt sich, über einen der zahlreichen **Flohmärkte** zu schlendern, die am Wochenende in vielen Orten stattfinden. Dort findet man häufig auch Nachdrucke von alten elsässischen Karikaturen oder alte frankierte Postkarten und Briefumschläge aus den ehemaligen französischen Kolonien.

Storchen-Souvenirs

Etwas kitschig hingegen muten die Storchen-Souvenirs an, die überall dort verkauft werden, wo viele Touristen hinkommen. Ob man das Wappentier des Elsass wirklich aus Plüsch, Keramik oder Kunststoff zu Hause in seinem Wohnzimmer haben möchte, muss jeder selbst entscheiden ...

Trinkgeld

5 bis 10 %

Für Dienstleistungen ist es in Frankreich üblich, dass ein Trinkgeld **(pourboire)** gegeben wird. Im Restaurant soll es 5 bis 10 % des Rechnungsbetrags ausmachen, auch wenn auf der Speisekarte „Service inclus“ (Bedienung inbegriffen) steht. Hotelangestellte, Taxifahrer, Fremdenführer, Platzanweiser im Theater oder der Schleusenwärter, der beim Bootsurlaub auf den Binnengewässern die Schleuse bedient, erwarten ebenfalls ein Trinkgeld. Wie viel gegeben wird, richtet sich wie überall nach der Leistung. Für einfache Dienste (Kofferträger, Platzanweiser) ist 1 Euro angemessen. Nur wenn sie unzufrieden sind und dies auch kundgetan haben, sollten Sie auf ein Trinkgeld verzichten.

Unterkunft

Das Elsass und die Vogesen bieten zahlreiche Unterkunftsmöglichkeiten vom **Campingplatz** über günstige **Privatzimmer** bis zur **Luxusherberge.**

Campingplätze

Über 100 Plätze

Die über 100 Campingplätze im Elsass sind je nach Komfort mit **1 bis 4 Sternen** gekennzeichnet. Zur Haupturlaubszeit im Sommer können vor allem im Süden des Elsass und entlang der Weinstraße viele Campingplätze belegt („complet“) sein, weshalb man hier unbedingt **vorausbuchen** sollte. Auch viele Bauernhöfe bieten Zeltmöglichkeiten oder Abstellplätze für Wohnmobile und Wohnwagen an („Camping à la Ferme“). Bei den

Fremdenverkehrsbüros (s.u.) ist das Verzeichnis „Camping Caravaning" erhältlich, in dem alle Campingplätze aufgelistet sind.

Preise

Die Übernachtungspreise betragen 3–12 Euro für den Stellplatz (Pkw + Zelt) sowie zusätzlich 2,50–3 Euro je Erwachsener und 1,50 Euro je Kind. Die meisten Campingplätze im Elsass sind von April bis September geöffnet.

Jugendherbergen

Auberges de Jeunesse

Jugendherbergen („Auberges de Jeunesse") gibt es in Cernay, Colmar, Lautenbach, Mulhouse, Saverne, Strasbourg, Ventron und Wœrth. Hat man einen **internationalen Jugendherbergsausweis** aus dem Heimatland, schläft man auch bei den Jugendherbergen der französischen *Féderation unie des Auberges de Jeunesse (FUAJ, www.fuaj.org)* zum günstigeren Tarif, sonst muss man eine Tagesmitgliedschaft erwerben. Informationen zur Jahresmitgliedschaft bei den Jugendherbergsverbänden gibt es in Deutschland unter www.jugendherberge.de, in Österreich unter www.oejhv.or.at und in der Schweiz unter www.youthostel.ch. Tipp: Eine Mitgliedschaft gibt es auch für Familien.

Spartipp: Wer einen **Internationalen Studentenausweis (ISIC)** besitzt, bekommt bei bestimmten Unterkünften, Veranstaltungsorten, Museen, Tourveranstaltern, Sportstätten etc. Rabatt (siehe Stichpunkt „Discounts" unter www.isic.de). Mit Einschränkungen gilt das auch für den Lehrerausweis (ITIC) und den Schülerausweis (IYTC).

Privatzimmer/-wohnungen

„Chambres d'Hôtes" sind Privatzimmer, in denen meistens auch ein französisches Frühstück ange-

Hinweisschild für Ferienwohnungen

elsass_054 Foto: ti

boten wird (Bed & Breakfast). **„Les Gîtes de France“** kennzeichnen möblierte und voll eingerichtete private Ferienwohnungen und Ferienhäuser im Grünen, die je nach Komfort in Klassen mit 1 bis 4 Ähren eingeteilt sind. **„Gîtes Rurales“** sind Ferienwohnungen auf dem Land; **„Gîtes d'Etape“** sind einfache Unterkünfte für Wanderer und Radfahrer.

Im Internet:
- www.gites-de-france.fr/de
- www.chambresdhotes.fr

Fermes-Auberges

In den Vogesen

„Fermes-Auberges“ sind **Bergbauerngasthöfe** in den Vogesen, die meist etwas abseits der Hauptverkehrswege in der schönen Landschaft liegen. Übernachtung bieten jedoch nicht alle Fermes-Auberges an.

Preise

Die Übernachtungspreise für die drei zuvor genannten Kategorien liegen für zwei Personen im Zweibett-Zimmer bei 40–50 Euro incl. Frühstück, bei 60–70 Euro mit Halbpension und 80–90 Euro mit Vollpension.

Essen und Trinken

Der Gast bekommt überall **elsässische Spezialitäten** aus der bäuerlichen Küche serviert. Oft gibt es hausgemachten Käse und Kuchen. Ihm wird die Viehzucht näher gebracht, und er kann einen landwirtschaftlichen Betrieb kennen lernen. In vielen Fermes-Auberges gibt es keine Speisekarte, sondern es wird zu Mittag oder abends ein Gericht für alle Gäste gekocht. Spezialität fast jeder Ferme-Auberge ist die kalorienreiche **„Malkermahlzeit"** („Le repas marcaire"), das traditionelle Menü der „Malker", der Landwirte, die in den Hochvogesen Milchvieh für die Herstellung von Käse halten. Es besteht meistens aus einer „Tourte" (gefüllte Fleischpastete), geräuchertem Schweinefleisch, „Roïgebrageldi" (Bratkartoffeln mit Speck und Zwiebeln), Münsterkäse und einem Dessert. Wir empfehlen, **in der Ferme-Auberge** einen Platz zum Essen zu **reservieren,** denn der Andrang ist meistens groß.

Hotels

Französische Hotels sind je nach Komfort mit **1 bis 4 Sternen** gekennzeichnet. Ein Stern steht für ein einfaches Hotel, vier Sterne bezeichnen die oberste Kategorie; darüber hinaus gibt es noch Luxushotels, die mit einem zusätzlichen „L" gekennzeichnet sind.

Preise

Ein Doppelzimmer ohne Frühstück kostet in den Hotels pro Nacht für zwei Personen 35–60 Euro (1 Stern), 45–120 Euro (2 Sterne), ab 60 Euro (3 Sterne). Im Einzugsbereich der größeren Städte kann man auch preisgünstig in Billighotels wie Formule 1 übernachten. Hier kostet ein Zimmer etwa 30 Euro, es kann mit bis zu drei Personen belegt werden.

Buchung

Die Unterkunft kann man entweder direkt buchen, über das Fremdenverkehrsamt oder bei einem der überregionalen Büros:

Buchtipp: „Unterkunft und Mietwagen clever buchen" REISE KNOW-HOW Verlag, Reihe Praxis

Campingplätze

- **Agence de Développement Touristique du Bas-Rhin – Maison du Tourisme**
9, Rue du Dôme – B.P. 53, F-67061 Strasbourg Cedex, Tel. 0388154580, Fax 0388756764, E-Mail: info@tourisme67.com.
- **Association Departementale du Tourisme du Haut-Rhin – Maison du Tourisme**
1, Rue Schlumberger – B.P. 60337, F-68006 Colmar Cedex, Tel. 0389201068, Fax 0389233391, www.tourisme68.com, E-Mail: adt@tourisme68.com.

Fermes-Auberges (Vogesen)

- **Association des Fermes-Auberges**
1, Rue Schlumberger – B.P. 337, F-68006 Colmar Cedex, Tel. 0389201068, Fax 0389233391; im Internet ist eine Liste mit allen Fermes-Auberges abrufbar: www.alsace-info.com.

Trois Vallées

- **Creux-Chêne,** 6, Vallée de la Hingrie, 68660 Rombach-le-Franc, Tel. 0389589543, ganzjährig, außer 1. bis 15. März, 5 Gästezimmer.
- **Pierreusegoutte,** Val d'Argent, 68160 Rombach-le-Franc, Tel. 0389589512, täglich von Ostern bis Mitte November, 5 Gästezimmer.
- **La Graine Johe,** Col des Bagnelles, 68650 Le Bonhomme, Tel. 0389475155, ganzjährig, außer 1.10. bis 11.11. und 24. bis 26.12., 2 Schlafsäle für 12 Personen.
- **Brézouard,** 207, Le Brézouard, 68650 Le Bonhomme, Tel. 0389472380, 15.2. bis 15.12., Mo geschlossen, 6 Gästezimmer.
- **Pré-Bracot,** 331, Pré Bracot, 68370 Orbey, Tel. 0389 712529, Februar bis Dezember, Mo geschlossen, 2 Ferienwohnungen.

Region Munster

- **Lac du Forlet,** 68140 Soultzeren, Tel. 0389774922, 1.5. bis 1.11., Di geschlossen, keine Übernachtung.
- **Seestaedtle,** 68140 Soultzeren, Tel. 0389774142, Mitte April bis Ende Oktober, im September und Oktober Mo geschlossen, keine Übernachtung.
- **Gaertlesrain,** 68140 Soultzeren, Tel. 0389774477, Mitte Mai bis Mitte Oktober, keine Übernachtung.

● **Musmiss,** 68140 Soultzeren, Tel. 0389713233, ganzjährig, keine Übernachtung.
● **Glasborn-Linge,** 68140 Soultzeren, Tel. 0389773778, Ende April bis 1.11., keine Übernachtung.
● **Bichstein,** 68140 Soultzeren, Tel. 0389775964, ganzjährig, Fr geschlossen, keine Übernachtung.
● **Gaschney,** 68380 Muhlbach, Tel. 0389776053, ganzjährig außer 15 Tage im März und November, Mi geschlossen, keine Übernachtung.
● **Schiessrothried,** Le Hohneck, 68380 Metzeral, Tel. 0389776363, 1.5. bis 15.10., Mo geschlossen, keine Übernachtung.
● **Braunkopf,** Route du Gaschney-Muhlbach, 68380 Metzeral, Tel. 0389776053, ganzjährig außer 15.12. bis 15.1., Do geschlossen, keine Übernachtung.
● **Schnepfenried,** Schnepfenried, 68380 Metzeral, Tel. 0389776161, ganzjährig, keine Übernachtung.
● **Au Grand Hêtre,** Schnepfenried, 68380 Mittlach, Tel. 0389776195, Ende April bis 1.11. und in den Februarferien, Do geschlossen, Camping à la Ferme, sonst keine Übernachtung; Besichtigung der Käserei.
● **Hunleskritt,** Petit Ballon, 140, Hunleskritt, 68380 Sondernach, Tel. 0389776022, 1.2. bis 15.12., Mi geschlossen, keine Übernachtung.
● **Landersen,** Petit Ballon, 68380 Sondernach, Tel. 0389 776070, 15.1. bis 30.11., Fr geschlossen, Appartements für 2 und 4 Personen ab 3 Nächten.
● **Rothenbrunnen,** 68380 Sondernach, Tel. 0389773308, ganzjährig, Mo und 1.12. bis 20.12. geschlossen, 7 Gästezimmer und 2 Schlafsäle für 40 Personen; Besichtigung der Käserei.
● **Christlesgut,** 160, Stamlisberg, 68380 Breitenbach, Tel. 0389775111, 1.5. bis 1.11., 6 Gästezimmer; Besichtigung der benachbarten Käserei Ferme du Stemlisberg.
● **Geisbach,** 4, chemin du Geisbach, 68140 Luttenbach, Tel. 0389773263, 16.1. bis 14.12., Do außer im Juli und August geschlossen, 5 Gästezimmer, Übernachtung erst ab 3 Tagen.
● **Lameysberg,** Petit Ballon, 68380 Breitenbach, Tel. 0389 773530, 1.2. bis 30.11., Mo Abend und Di geschlossen, keine Übernachtung.

Blumengeschmückter Wagen
mit alten Weinfässern an der Elsässer Weinstraße

elsass486 Foto: ti

●**Wassmatt,** Le Petit Ballon, 68230 Wasserbourg, Tel. 0389772555, 1.3. bis 1.12., keine Übernachtung.
●**Kahlenwasen,** Petit Ballon, 68380 Luttenbach, Tel. 0389 773249, Ostern bis 1.11., Mi geschlossen, 11 Gästezimmer für 2 bis 4 Personen; Besichtigung der Käserei.
●**Buchwald,** 68380 Breitenbach, Tel 0389773708, Ostern bis Mitte Mai am Wochenende, dann bis Mitte Oktober täglich, bis Mitte November am Wochenende, keine Übernachtung.
●**Strohberg,** Le Petit Ballon, 68230 Wasserbourg, Tel. 0389775600, Ostern bis Mitte Mai am Wochenende, dann bis Mitte Oktober täglich, bis Mitte November am Wochenende, keine Übernachtung.

Route des Crêtes

●**Breitzhousen,** 88400 Gérardmer, Tel. 0329632292, 1.1. bis 30.11., 3 Schlafsäle für 40 Personen; Besichtigung der Käserei.
●**Kastelberg,** 68380 Metzeral, Tel. 0389776225, Anfang Mai bis Ende Oktober, keine Übernachtung; Besichtigung der Käserei.
●**Firstmiss,** Le Rainkopf, 7, Route des Crêtes, 88400 Gérardmer, Tel. 0329632613, 15.5. bis 15.10., keine Übernachtung; Besichtigung der Käserei.
●**Steinwasen,** Le Rothenbachkopf, 68610 Lautenbach, Tel. 0389776268, 1.5. bis 31.10., keine Übernachtung; Käsespezialität „Vacherin des Chaumes".

- **Huss,** Wildenstein, 68610 Lautenbach, Tel. 0389822720, 25.5.–15.10., keine Übernachtung; Besichtigung der Käserei.
- **Hahnenbrunnen,** Route des Crêtes, 68610 Lautenbach, Tel. 0389776899, Ende Mai bis Mitte Oktober, keine Übernachtung; schöner Blick ins Thurtal.
- **Salzbach,** Herrenberg, 68380 Metzeral, Tel. 0389 776366, Pfingsten bis zum 25.10., Camping à la Ferme, sonst keine Übernachtung.
- **Uff Rain,** Le Herrenberg, 68380 Metzeral, Tel. 0389 776768, 1.6. bis 15.10., keine Übernachtung; Besichtigung der Käserei.
- **Haag,** 68760 Willer-sur-Thur, Tel. 0389489585, ganzjährig, Mi geschlossen, Schlafsaal, am Fernwanderweg GR 5 gelegen.
- **Grand Ballon,** 68760 Willer-sur-Thur, Tel. 0389769579, 15.12. bis 15.11., Di geschlossen, keine Übernachtung; Besichtigung der Käserei; 1 Std. Fußweg zum Grand Ballon.
- **Kohlschlag,** 68760 Willer-sur-Thur, Tel. 0389823128, 1.1. bis 30.11., keine Übernachtung.
- **Freudstein,** 68760 Willer-sur-Thur, Tel. 0389823163, ganzjährig, keine Übernachtung; Besichtigung der Käserei, in der Nähe liegt Ruine Freudstein.
- **Molkenrain,** 68700 Wattwiller, Tel. 0389811766, Ostern bis 11.11., Mo geschlossen, 2 Schlafsäle für 25 Personen; Besichtigung der Käserei.

Region Guebwiller

- **Glashutte,** Rimbach, 68500 Soultz, Tel. 0389768804, ganzjährig, 5 Gästezimmer (nur im Sommer).
- **Gustiberg,** Nähe Lac du Ballon, 68160 Lautenbach-Zell, Tel. 0389740501, 15.2. bis 15.12., Di geschlossen, keine Übernachtung.
- **Hilsen,** 181, Rue du Hilsenfirst, 68610 Linthal, Tel. 0389 740315, ganzjährig, Di geschlossen, keine Übernachtung; 1 Std. Fußweg zum Petit Ballon.

Region Thurtal

- **Ostein,** 68760 Willer-sur-Thur, Tel. 0389823619, ganzjährig, Di geschlossen, keine Übernachtung, nur kleine Gerichte.
- **Thannerhubel,** 68290 Masevaux, Tel. 0389381193, Ende Mai bis Anfang Oktober, So ganzjährig außer Weihnachten, Neujahr, Ostern, Allerheiligen, keine Übernachtung; nur zu Fuß erreichbar.
- **Rossberg,** 68690 Moosch, Tel. 0389815091, 15.5. bis 15.10. an Sonn- und Feiertagen keine Übernachtung, nur kleine Gerichte; nur zu Fuß erreichbar.
- **Gsang,** 68690 Moosch, Tel. 0389389685, ganzjährig, So ab 18 Uhr geschlossen, außer Juli und August Fr geschlossen, Schlafsaal für 15 Personen.
- **Belacker,** 68690 Moosch, Tel. 0389823420, ganzjährig, außer Juli und August Mo geschlossen, keine Übernachtung.

- **Gustiberg,** 68121 Urbes, Tel. 0389827525, 1.6. bis 15.10., Mo geschlossen; Ostern bis 11.11. an Sonn- und Feiertagen, keine Übernachtung.
- **Felsach,** 68470 Fellering, Tel. 0389827771, 1.5. bis 5.11., 2 Schlafsäle für 10 Personen.
- **Schafert,** Wildenstein, 68820 Kruth, Tel. 0389822546, 25.5. bis 31.10., Mo geschlossen, keine Übernachtung.

Ballon d'Alsace, Dollertal, Tal der Moselotte

- **Buissonnets,** 68290 Bourbach-le-Haut, Tel. 0389388587, 1.3. bis 31.12., Mo, Di geschlossen; 1.1. bis 28.2. Sa, So, 3 Gästezimmer, 1 Schlafsaal für 14 Personen.
- **Entzenbach,** 68290 Niederbruck, Tel. 0389824549, ganzjährig, Mi geschlossen, Camping à la Ferme, sonst keine Übernachtung.
- **Bruckenwald,** Nähe Lac de Lachtelweiher, 68290 Niederbruck, Tel. 0389388750, 15.5. bis 15.11., keine Übernachtung.
- **Lochberg,** 68290 Kirchberg, Tel. 0389820788, 1.5. bis 30.11., keine Übernachtung; ohne Vorbestellung nur kleine Gerichte, im Herbst Schlachtplatte.
- **Fennematt,** 68290 Dolleren, Tel. 0389820722, ganzjährig, keine Übernachtung.
- **Hinteralfeld,** im Dollertal, Route du Ballon, 68290 Sewen, Tel. 0389829844, 1.3. bis 15.12., keine Übernachtung.
- **Baerenbach,** Nähe Lac d'Alfeld, 68290 Sewen, Tel. 0389 820365, ganzjährig, keine Übernachtung.
- **Gresson,** 68290 Oberbruck, Tel. 0389820021, ganzjährig, Fr geschlossen (außer Juli und August), 8 Gästezimmer, 2 Schlafsäle für 30 Personen; nur zu Fuß erreichbar (1 Std. von Rimbach-Ermensbach).
- **Grand Langenberg,** 68290 Sewen, Tel. 0389489698, ganzjährig, Mi geschlossen, keine Übernachtung, Besichtigung der Käserei.
- **Ballon d'Alsace,** 90200 Lepuix-Gy, Tel. 0384239721, ganzjährig, 4 Gästezimmer.
- **Alisiers,** 62, Route de Planois, 88250 La Bresse, Tel. 0329 255536, ganzjährig, 5 Gästezimmer, Übernachtung ab 4 Nächten; Skilanglauf.
- **Liezey,** 9, Route de Saucefaing, 88400 Gérardmer, Tel. 0329630951, ganzjährig, 6 Gästezimmer, 1 Schlafsaal für 7 Personen, 6 Pferdeboxen für Reiter.

Sundgau

- **Paradiesvogel,** 68210 Bernwiller, Tel. 0389253107, ganzjährig, Mo, Di geschlossen; in der 1. Maiwoche sowie 15 Tage im September und Dezember geschlossen, keine Übernachtung.
- **Paradis,** 68580 Strueth, Tel. 0389072146, ganzjährig, Mi abends und Do geschlossen, 4 Gästezimmer.

Verkehrsvorschriften

In Frankreich gilt für PKW die **Anschnallpflicht** auf allen Sitzen. Bei Regen und Schneefall muss das **Abblendlicht** angeschaltet werden. Die Promillegrenze liegt bei **0,5 Promille,** Alkoholkontrollen sind jederzeit und überall möglich. Es gilt am Steuer ein grundsätzliches **Handyverbot,** auch das Telefonieren mit einer Freisprechanlage ist nicht erlaubt. Motorradfahrer müssen immer mit eingeschaltetem Abblendlicht fahren, außerdem besteht **Helmpflicht.** Es gilt – wenn nicht anders geregelt – „rechts vor links", an weniger befahrenen Straßen weisen häufig Schilder mit der Aufschrift **„Priorité a droite"** (Rechts hat Vorfahrt) darauf hin. Vorfahrtsstraßen sind vor Kreuzungen mit dem Schild „Passage protégé" gekennzeichnet. Fahrzeuge im Kreisverkehr haben ebenfalls Vorfahrt.

Geschwindigkeit

Auf Autobahnen beträgt die Höchstgeschwindigkeit für Kraftfahrzeuge 130 km/h, auf Schnellstraßen 110 km/h, auf National- und Landstraßen 90 km/h und innerhalb geschlossener Ortschaften 50 km/h. Bei Regen gilt auf Autobahnen 110 km/h Höchstgeschwindigkeit, auf den übrigen Straßen 100 km/h. **Fahranfänger,** die den Führerschein noch kein Jahr besitzen, dürfen nicht schneller als 90 km/h fahren, Radarkontrollen sind häufig.

Parken

In den Innenstädten sind die meisten Parkplätze **gebührenpflichtig.** Die Parkzeit muss vorab an einem Parkscheinautomaten *(horodateur)* entrichtet werden. In der so genannten „Zone bleue" („blaue Zone", mit entsprechender Markierung am Fahrbahnrand) ist kostenloses Parken mit einer Parkscheibe möglich. Eine gelbe Linie am Fahrbahnrand bedeutet Parkverbot.

Strafen

Verkehrsverstöße, insbesondere Geschwindigkeitsübertretungen und Fahren unter Alkohol, werden in Frankreich wesentlich strenger geahndet als in Deutschland!

Versicherungen

Egal, welche Versicherungen man abschließt, hier ein Tipp: Für alle abgeschlossenen Versicherungen sollte man die **Notfallnummern notieren** und zusammen mit der Nummer der Police gut aufheben! Bei Eintreten eines Versicherungsfalls empfiehlt es sich, die Versicherungsgesellschaft sofort anzurufen!

Der Abschluss einer **Jahresversicherung** ist in der Regel kostengünstiger als mehrere Einzelversicherungen. Günstiger ist auch die Versicherung als Familie statt als Einzelpersonen. Hier sollte man nur die Definition von „Familie" genau prüfen.

Zum Thema **Auslandskrankenversicherung,** siehe Kapitel „Gesundheit".

Ist man mit einem Fahrzeug unterwegs, ist der **Europaschutzbrief eines Automobilclubs** eine Überlegung wert. Wird man erst in der Notsituation Mitglied, gilt die Mitgliedschaft auch nur für dieses Land und man ist in der Regel verpflichtet, fast den ganzen Jahresbeitrag zu zahlen, obwohl die Mitgliedschaft nur für einen Monat gültig ist.

Ob es sich lohnt, weitere Versicherungen wie eine Reiserücktrittsversicherung, Reisegepäckversicherung, Reisehaftpflichtversicherung oder Reiseunfallversicherung abzuschließen, ist individuell abzuklären.

Die **Reiserücktrittsversicherung** empfiehlt sich nur für teure Reisen.

Die **Reisegepäckversicherung** lohnt sich nur selten, da es viele Ausschlussklauseln gibt. Z.B. wird verlorenes Gepäck bei Flugreisen oft nur nach Kilopreis und auch sonst nur der Zeitwert nach Vorlage der Rechnung ersetzt wird. Gepäck im unbeaufsichtigt abgestellten Fahrzeug ist ebenfalls nicht versichert. Häufig deckt die Hausratversicherung das Eigentum bei Einbruch, Raub und Beschädigung auch im Ausland. Im Schadensfall muss der Versicherung ein **Polizeiprotokoll** vorgelegt werden.

Eine **Privathaftpflichtversicherung** hat man in der Regel schon. Hat man eine **Unfallversicherung,** sollte man prüfen, ob diese im Falle plötzlicher Arbeitsunfähigkeit aufgrund eines Unfalls im Urlaub zahlt.

Auch durch manche **(Gold-)Kreditkarten oder eine Automobilclubmitgliedschaft** ist man für bestimmte Fälle schon versichert. Die Versicherung über die Kreditkarte gilt jedoch meist nur für den Karteninhaber!

Zeitungen, Radio und Fernsehen

Zeitungen

Die **Dernières Nouvelles d'Alsace** (DNA) ist die wichtigste französischsprachige Tageszeitung des Elsass. Es gibt zahlreiche Lokalausgaben, die das gesamte Elsass abdecken. Die Rubrik „DNA-Freizeit" berichtet Freitag, Samstag und Sonntag über Reisen. Die **Online-Ausgabe** zählt zu den besten Online-Publikationen Frankreichs. Sie wird mit der Internet-Adresse **www.dna.fr** aufgerufen.

In der Region südlich von Strasbourg bis zum Sundgau ist die französischsprachige Tageszeitung **l'Alsace** verbreitet (www.alsapresse.com). Auch sie hat mehrere Lokalausgaben. Die zweisprachige, alle 14 Tage erscheinende Zeitung **Neues Elsass-Lothringen** ist die Zeitung der Nationalisten, die sich für ein freies Elsass-Lothringen in einem vereinigten Europa einsetzen (Internet: www.neues-elsass-lothringen.com). **Le Journal des Enfants** ist eine Zeitung für Kinder, die in der Region Mulhouse erhältlich ist (www.jde.fr).

Das deutschsprachige **Schweizer Monatsmagazin Regio** berichtet aus der Nordwestschweiz und dem Südelsass. Es wendet sich an die ganze Familie, berichtet über Menschen aus der Region, kulturelle Veranstaltungen, Gesundheit, Gastronomie, Immobilien, Handwerk und gibt Ausflugstipps.

elsass_062 Foto: ti

Restaurant in den Vogesen

Radio

Folgende **Rundfunksender** können im Elsass **auf UKW** empfangen werden:

- **Radio France Alsace,** mehrere Frequenzen, gesamtes Elsass, französisch.
- **Accent 4,** 99,6 MHz, Strasbourg, französisch.
- **Baden Radio,** 88,9 MHz, Nordelsass, deutsch.
- **Europe 2,** 89,5 MHz, Strasbourg, französisch.
- **Radio Arc-en-Ciel,** 90,7 MHz, Strasbourg, französisch.
- **Radio Breisgau,** 88,9 MHz, Südelsass, deutsch.
- **Radio Salü,** 101,7 MHz, Strasbourg, deutsch.
- **Radiophare,** 95,3 MHz, Mulhouse, französisch.
- **S4 Ortenau,** 88,9 MHz, Strasbourg und mittleres Elsass, deutsch.

- **S4 Supermelodie,** 88,9 MHz, Nordelsass.
- **SWR3,** 98,4, Strasbourg und Nordelsass, deutsch.

Fernsehen

France 3 Alsace ist das französische Fernsehen im Elsass. **Arte** ist ein deutsch-französischer Kultursender in Strasbourg.

Zollbestimmungen

In allen EU- und EFTA-Mitgliedstaaten gelten weiterhin nationale **Ein-, Aus- oder Durchfuhrbeschränkungen,** z.B. für Tiere, Pflanzen, Waffen, starke Medikamente und Drogen.

Zollfrei einführen darf man persönliches gebrauchtes Reisegut, Reiseproviant sowie alkoholfreie Getränke. Für Waren, die zu **gewerblichen Zwecken** verwendet werden, muss beim Finanzamt Umsatzsteuer gezahlt werden. Sofern sie der Verbrauchssteuer unterliegen, müssen sie auch beim Hauptzollamt angemeldet werden.

Freimengen innerhalb der EU

- **Alkohol** (für Personen über 17 Jahre): 90 l Wein (davon max. 60 l Schaumwein) oder 110 l Bier oder 10 l Spirituosen über 22 Vol.-% oder 20 l unter 22 Vol.-% oder eine anteilige Zusammenstellung dieser Waren.
- **Tabakwaren** (für Personen über 17 Jahre): 800 Zigaretten oder 400 Zigarillos oder 200 Zigarren oder 1 kg Tabak oder eine anteilige Zusammenstellung dieser Waren.
- **Anderes:** 10 kg Kaffee und 20 l Kraftstoff im Benzinkanister.

Freimengen für EU-Reisende aus einem Drittland

- **Alkohol** (für Personen ab 17 Jahren): 1 l Spirituosen (über 22 Vol.-%) oder 2 l Spirituosen (unter 22 Vol.-%) oder eine anteilige Zusammenstellung dieser Waren, und 4 l nichtschäumende Weine, und 16 l Bier.
- **Tabakwaren** (für Personen ab 17 Jahren): 200 Zigaretten oder 100 Zigarillos oder 50 Zigarren oder 250 g Tabak oder eine anteilige Zusammenstellung dieser Waren.

Pfaffenhoffen – Turm der Kirche Sts-Pierre-et-Paul

elsass_177 Foto: ti

- **Anderes:** 10 l Kraftstoff im Benzinkanister; für Flugreisende bis zu einem Warenwert von insgesamt 430 €, über Land Reisende 300 €, alle Reisende unter 15 Jahren 175 €.

Freimengen bei der Rückkehr in die Schweiz

- **Alkohol** (für Personen ab 17 Jahren): 2 l bis 15 Vol.-% und 1 l über 15 Vol.-%.
- **Tabakwaren** (für Personen ab 17 Jahren): 200 Zigaretten oder 50 Zigarren oder 250 g Schnitttabak oder eine anteilige Zusammenstellung dieser Waren und 200 Stück Zigarettenpapier.
- **Anderes:** Neu gekaufte Waren für den Privatgebrauch bis zu einem Gesamtwert von 300 SFr. Bei Nahrungsmitteln gibt es innerhalb dieser Wertfreigrenze auch Mengenbeschränkungen.

Nähere Informationen

- **Deutschland:** www.zoll.de oder beim Zoll-Infocenter, Tel. 069 46997600.
- **Österreich:** www.bmf.gv.at oder beim Zollamt Klagenfurt Villach, Tel. 01 51433 564053.
- **Schweiz:** www.ezv.admin.ch oder bei der Zollkreisdirektion in Basel, Tel. 061 2871111.

elsass_066 Foto: ti

Landschaft
und Natur

Geografie

Grenzen

Das Elsass grenzt im Norden an die Bundesländer Saarland und Rheinland-Pfalz, im Osten bildet der **Rhein** die Grenze zu Baden-Württemberg. Im Süden grenzt es an die Schweiz und im Westen an Lothringen. Die 180 km lange Region ist im Norden etwa 80 km, im übrigen Teil 50 km breit.

Landschaften

Die Landschaften des Elsass sind vielfältig. Die **oberrheinische Tiefebene** links des Rheins, die sich vom Lautertal im Norden bis zur Burgundischen Pforte und dem Hügelland des Sundgaus im Süden erstreckt, ist ebenso ein Teil des Elsass wie die 125 km lange und 6900 km² große **Bergkette der Vogesen** im Westen. In der Oberrheinebene beträgt die mittlere Höhe 250 m ü.NN. Die Südvogesen sind das Land der Vogesentausender; die **höchsten Berge** sind **Grand Ballon** (Großer Belchen) mit 1424 m, **Hohneck** mit 1362 m und **Ballon d'Alsace** (Elsässischer Belchen) mit 1247 m Höhe. Die mittleren Vogesen liegen durchschnittlich 800 m hoch, das Champ du Feu ist mit 1100 m die höchste Erhebung. Die Nordvogesen sind durchschnittlich 580 m hoch. Die bewaldeten **Buntsandsteinberge** der Nordvogesen gehen fließend in den Pfälzerwald über. Die Zaberner Senke (326 m) durchschneidet bei Saverne die Vogesen und trennt die Nordvogesen und den Pfälzerwald.

Flüsse

Im **Kammgebirge der Vogesen** entspringen viele Flüsse. Die **Moselle** (Mosel) hat ihren Ursprung am Col de Bussang und mündet nach 545 km bei Koblenz in den Rhein. **Sarre Rouge** (Rote Saar) und **Sarre Blanche** (Weiße Saar) haben ihre Quellen im Donon-Massiv; die **Saar** mündet nach 246 km bei Konz in die Mosel. Die **Bruche** (Breusch) entspringt am Berg Le Climont; sie mündet bei Strasbourg in die Ill. Die **Meurthe** beginnt beim Col de la Schlucht und mündet nach 170 km bei Nancy in die Moselle. Einige Flüsse wie die

Ognon, die im äußersten Südwesten der Vogesen ihren Ursprung haben, fließen der Saône, die bei Lyon in die Rhône mündet, und somit dem Mittelmeer zu. Die **Burgundische Pforte,** die 30 km breite und 300 bis 350 m ü.NN. liegende Senke zwischen den Vogesen im Norden und dem Schweizer Jura im Süden bildet die Wasserscheide zwischen Rhein und Rhône.

Geologie

Vogesen

Vor 240 Millionen Jahren, im Erdzeitalter des Devon und Karbon, waren die Vogesen und der Schwarzwald ein zusammenhängendes Gebirge, das von einem urzeitlichen Meer bedeckt war. Auf dem alten kristallinen Grundgebirge aus Vulkangestein, Graniten und Gneisen, lagerte sich eine dicke Schicht aus rötlichem Buntsandstein ab, der von urzeitlichen Flüssen angespült wurde.

In ihrer heutigen Form entstanden die Vogesen und der Schwarzwald im Tertiär vor rund 60 Millionen Jahren. Infolge des **Kontinentaldrifts** brach damals das Gebirge auseinander, und der **Oberrheingraben** entstand. Gleichzeitig gab es Hebungen, wodurch große Landschollen auch in Ost-West-Richtung aufbrachen und sich die Schichten weit über 1000 m hoch auftürmten. Die Ränder dieser Gesteinsschichten sind treppenartig gestuft. Zur Rheinebene hin sind die Stufen steil, nach Westen verlaufen sie flach.

Man hat errechnet, dass die **„Urvogesen“** einmal bis zu 3000 m hoch waren. Die Verwitterung (Wind, Wasser, Frost) hat im Süden den Buntsandstein abgetragen und die Gesteine des kristallinen Grundgebirges freigelegt. Im Norden blieb die Buntsandsteindecke erhalten.

Der **nördliche Teil der Vogesen** besteht überwiegend aus den Sedimenten und dem Vulkangestein des Bruche-Tals, den Graniten aus der Gegend um Andlau und Hohwald, dem Vulkange-

elsass_070 Foto: ti

stein des Champ de Feu sowie dem Schiefergestein von Steige. Darüber liegt eine Decke aus Buntsandstein. Die **mittleren Vogesen** sind das kristalline Grundgebirge der Vogesen. Sie bestehen aus Gneisen und Graniten. Hier liegt im Lièpvrette-Tal bei St-Marie-aux-Mines das größte Silbervorkommen Frankreichs. Die **Südvogesen** und das ihnen vorgelagerte Becken bestehen aus Karbonaten und Grauwacken sowie Sedimenten vulkanischer Herkunft. In ihnen sind urzeitliche Pflanzenreste gut erhalten geblieben.

Während der Eiszeit vor 10.000 Jahren waren die Vogesen bis auf unter 800 m Höhe von flachen **Plateaugletschern** bedeckt, die das harte Gestein kaum abtrugen. Die Gletscher weiteten nur einige Hochtäler und rundeten die Bergkuppen der Hochvogesen. Auch die runden, mit Wasser gefüllten Kare wie der Lac Blanc und der Lac

Noir in den mittleren und südlichen Vogesen entstanden während der Eiszeit.

Für die regenreichen Wolken, die vom Atlantik heranziehen, bilden die Vogesen die erste Barriere, an der sie abregnen. Auf der Westseite der Vogesen haben die Flüsse die Täler deshalb tiefer und länger eingeschnitten als auf der regenärmeren Ostseite. Dort sind die Täler kürzer und haben steile Talschlüsse.

Im Gebiet um Merkwiller-Pechelbronn kommt **Erdöl** vor. In der Region um Mulhouse wurde bis ins Jahr 2002 **Kalisalz** (Kaliumcarbonat, Pottasche) abgebaut.

In den Niederrungen von Rhein und Ill entwickelte sich ein artenreicher **Auwald** mit sumpfigen Wiesen und zahlreichen kleinen Wasserläu-

Wie das duftet – blühender Bärlauch im Auwald am Rhein

fen. Auf den Schotterterrassen des Rheins wächst **Niederwald.** Die Hügel und Terrassen zu den Vogesen hin bestehen aus **Löss.** Der fruchtbare Boden und das im Windschatten der Vogesen günstige Klima sichern der Landwirtschaft eine gute Ernte. Der Anbau von Wein, Obst, Gemüse, Weißkohl und Hopfen prägt die Landschaft.

Klima

Halbkontinentales Klima

Das Elsass hat ein halbkontinentales Klima mit **warmen Sommern** und **kalten, in den Vogesen oft schneereichen Wintern.** Da die Vogesen im Westen und der nahe Schwarzwald im Osten des Oberrheintals Wind und Regen abhalten, zählt die Region um Colmar zur trockensten ganz Frankreichs. Auf der Westseite der Vogesen hingegen fallen ergiebige **Niederschläge,** da die vom Atlantik heranziehenden, mit Feuchtigkeit gesättigten Wolken sich auf dieser Seite des Gebirges abregnen. Die Niederschläge steigen hier mit zunehmender Höhe von durchschnittlich 1000 mm/Jahr auf 1960 mm/Jahr an, während auf der Ostseite nur noch etwa 500 mm Niederschlag im Jahr fällt. **Zwischen der West- und Ostseite der Vogesen** besteht auch ein deutlicher **klimatischer Unterschied.** Auf der Westseite ist es im Jahresmittel deutlich kühler als auf der Ostseite. Aus Südfrankreich können warme Luftströmungen ungehindert durch die Burgundische Pforte ins Oberrheintal einströmen. Hier beginnt der Frühling deshalb oft zwei bis drei Wochen eher als anderswo, und im Sommer gibt es immer wieder heiße Tage mit Temperaturen bis über 30 °C. Im Jahresmittel betragen die Temperaturen im Juli, dem wärmsten Monat des Jahres, in Strasbourg 19 °C, auf dem Vogesenkamm 11 °C. Im Januar liegen die Temperaturen bei 0 °C bzw. −4 °C. In den Hochvogesen fallen die Temperaturen im Winter an zwanzig bis dreißig Tagen unter −5 °C und an fünf bis zehn Tagen sogar unter −10 °C.

elsass_073 Foto: ti

Inversionswetterlage

Ein charakteristisches Wetterphänomen ist die Inversionswetterlage. Hier ist es **in der Höhe deutlich wärmer als im Tal,** wo frostige Temperaturen herrschen können. Normalerweise nimmt die Temperatur alle 180 Höhenmeter um 1 °C ab. Bei einer Inversionswetterlage, die vor allem im Spätherbst und Winter auftreten kann, liegt das Rheintal unter einer dicken Wolkendecke verborgen, während auf den Vogesengipfeln die Sonne scheint und es herrlich warm ist. Dann herrscht dort oben eine fantastische Fernsicht zu den schneebedeckten Gipfeln der Alpen. Solche Tage locken zum Wandern in den Hochvogesen!

Von Anfang Dezember bis Ende Februar können die Hochvogesen tief verschneit sein. Ende Mai blühen in den Weinbergen die Reben, und das Vieh wird auf die saftigen Hochweiden der Vogesen getrieben, auf denen es bis Ende September bleibt.

Weißstörche

Flora und Fauna

Wälder

Vogesen

Die Vogesen sind das **größte, zusammenhängende Waldgebiet Frankreichs.** Die steilen Hänge verhindern den Einsatz von Maschinen, wodurch große Waldgebiete nicht oder nur begrenzt forstwirtschaftlich genutzt werden können. Dies hat dazu geführt, dass die Wälder der Vogesen ihre Ursprünglichkeit bewahren konnten und viele alte Bäume erhalten geblieben sind.

Auf der wärmeren, trockenen Ostseite der Vogesen ist bis etwa 500 m Höhe, der Höhengrenze der **Flaumeiche,** eine Flaumeichen-Buschwald-Gesellschaft mit Trockenrasen vorherrschend. Im lichten Flaumeichenwald wächst der **Diptam,** eine bis zu einem Meter hoch wachsende Pflanze, die nach Zitrone und Zimt duftende, ätherische Öle absondert. Wo es feuchter ist, wird die Flaumeiche von der Traubeneiche verdrängt; ein **Traubeneichen-Niederwald** bestimmt jetzt die Landschaft. Ist der Boden tiefgründiger, mischen sich Feldahorn, Hainbuche, Winterlinde, Eberesche, Vogelbeere und Mehlbeere darunter. In diesem artenreichen **Mischwald** leben zahlreiche Waldtiere, Hirsche, Rehe, Wildschweine, aber auch Wildkatzen und Luchse. Die Vogesenwälder sind **reich an Wild!**

Mit zunehmender Höhe und damit steigender Niederschlagsmenge bilden sich Mischwälder aus **Eichen,** die aus dem Tal empor steigen, und **Buchen und Tannen,** die von der Höhe herabsteigen. In mittleren Höhen drängt die Tanne die Buche dabei vielfach zurück, so dass es hier zu einem **Übergangswald** kommt, der überwiegend aus Eichen und Tannen besteht. In Höhen zwischen 500 und 1000 m findet man in den Südvogesen ausgedehnte Wälder aus Weißtannen und Buchen. Dazu kommen vereinzelt andere **Laub-**

bäume wie Berg- und Spitzahorn, Bergulme, Sommerlinde, Birke und Espe. Oberhalb 1000 m werden die Tannen zurückgedrängt, und die Buchen überwiegen. Ab 1200 m werden die Buchen knorriger und kleiner, oftmals sind die Bäume nur noch 2 m hoch und vom Wind gebeugt. Die Baumgrenze der Buche in diesem **Niederwald** liegt bei 1380 m.

Erst durch die Forstwirtschaft wurden die natürlichen Baumvorkommen mit schnell wachsenden **Fichten** vermischt. In den Vogesen erreicht die Fichte ihre westliche Verbreitungsgrenze. An ihre Stelle tritt die Tanne. Bedingt durch die hohe Luftfeuchtigkeit und Nebel in den Höhenlagen tragen viele Bäume Bärte aus Flechten.

38 % Wald

38 % der Fläche des **Elsass** sind mit Wald bedeckt. Dies entspricht 2 % der gesamten Waldfläche Frankreichs. 57 % davon sind Laubwald, in dem mit jeweils 21 % Buchen und Eichen überwiegen. Die verbleibenden 43 % sind Nadelwald mit jeweils 14 % Tannen und Fichten und 11 % Kiefern. Das Holz gibt 12 % der in den Vogesen lebenden Menschen Arbeit. In den Westvogesen um Neufchâteau hat die **Holz- und Möbelindustrie** ihren Schwerpunkt, in Epinal die **Papierindustrie.**

Orkan Lothar

Der Orkan Lothar richtete Weihnachten **1999** in den Wäldern des Elsass und der Vogesen **verheerende Schäden** an, die noch Jahrzehnte sichtbar sein werden. Stellenweise wurden 30 % des Baumbestandes in einem Wald vernichtet; wo die Orkanböen ein Waldstück mit voller Wucht trafen, blieb kein einziger Baum mehr stehen.

Auwälder an Rhein und Ill

Wasserwildnis

Zu einer Zeit, da der Rhein noch nicht für die Schifffahrt reguliert war, suchte sich das Wasser seinen Weg dort, wo ihm das Land den geringsten Widerstand entgegensetzte. In unzähligen Mäandern floss das Wasser nach Norden. Während es an der Außenseite jeder Flussschleife ständig Land mit sich riss und dadurch die Schleife erweiterte, lagerte sich an der ruhigeren Innenseite mitgeführtes **Schwemm-Material** ab. Dadurch entstanden **immer größere Windungen;** der Weg des Wassers wurde länger und seine Fließgeschwindigkeit geringer. Nach dem jährlichen Hochwasser wurden diese Flussschleifen vom Hauptstrom abgeschnitten. **Tote Seitenarme** entstanden, die keine unmittelbare Verbindung mehr mit dem Rhein hatten. Nur der Regen und das Grundwasser sorgten dafür, dass diese Gewässer nicht völlig austrockneten. Andere Seitenarme, die noch teilweise mit dem Fluss verbunden waren, wurden zu stillen Altrheinarmen. Im Verlauf vieler Jahre entwickelte sich entlang des Rheins eine „Wasserwildnis" aus klaren Bächen, kleinen Seen, Sümpfen und Inseln.

Treibhausklima

Im Sommer wird es im Rheintal oft **subtropisch heiß und schwül.** Tagelang herrscht dann ein Treibhausklima, welches das Wachstum der Pflanzen begünstigt. Wo viele verschiedene Pflanzen vorkommen und überall Wasser in der Nähe ist, finden sich auch zahlreiche Tiere ein. Auf engstem Raum entwickelte sich eine Tier- und Pflanzenwelt, die zur artenreichsten zählt, die es in Mitteleuropa gibt.

Rheinschifffahrt

Der Einfluss des Menschen veränderte das Gesicht dieser Landschaft. Die aufkommende **Industrialisierung** und die Schifffahrt forderten ihren Tribut von der Natur. Der Rhein wurde in den Jahren 1817 bis 1882 nach Plänen des badischen Wasserbau-Ingenieurs *Johann Gottfried Tulla* (1770–1828) begradigt und kanalisiert. Von Basel bis Mannheim hat sich der Flusslauf dadurch von 324 auf 255 km verkürzt. Die Ufer wurden befestigt. Zum Schutz vor dem Hochwasser baute man

Helm-Knabenkraut (Orchidee) am Rheindamm

elsass_077 Foto: ti

Deiche. Aus sumpfigem Land entstanden Äcker und Wiesen. Durch *Tullas* Rheinkorrektur und weitere **flussbautechnische Maßnahmen** in den Jahren 1907 bis 1974 wurde der Rhein auch für große Schiffe befahrbar. Die Auenlandschaft am Rhein veränderte sich. Die charakteristischen Auwälder verschwanden größtenteils. Nur an wenigen Stellen blieben sie in größeren Flächen erhalten, wie südöstlich von Lauterbourg, bei Erstein und bei Rhinau.

Rheinhauptdamm

Heute trennt der Rheinhauptdamm die flussseitige **Weichholzau** von der **Hartholzau.** Die Weichholzau mit den charakteristischen Silberweiden, aber auch Grau-, Silber- und Schwarzpappeln ist durchschnittlich an hundert Tagen im Jahr überflutet, die trockenere Hartholzau nur an zehn Tagen. Hier wachsen Stieleiche, Schwarzpappel, Feldulme und Esche.

Silberweide

Die Silberweide ist der **Charakterbaum in den Rheinauen.** Früher wurden die Weidenzweige zu Reisigwalzen – so genannte Faschinen – gebunden, mit Steinen beschwert und im Wasser versenkt, um die Verlandung zu fördern, die Ufer zu befestigen oder die Dämme zu sichern. Mit Silberweiden wurden großflächige Faschinenwälder angelegt. Nach der Rheinregulierung verloren diese ihre Bedeutung; verstärkt wurden die Weichholzaue jetzt mit Pappeln bepflanzt.

Hochwasserdämme

Die Hochwasserdämme in der Auenlandschaft sind vom Menschen geschaffene **Biotope.** Auf engstem Raum bieten sie Standorte für verschiedene Tier- und Pflanzenarten. Die **Artenvielfalt** am Hochwasserdamm ist deshalb besonders groß, da je nach Besonnungsgrad, Bodenverhältnissen, Alter, Pflegezustand und Wasserhaushalt unterschiedliche Nährstoffverhältnisse und Lebensbedingungen herrschen. Auf den mageren und nährstoffarmen Wiesen der Dämme wachsen Orchideen, Heilkräuter und Gräser. Auch in den ungedüngten Stromtalwiesen, die meist nur einmal im Jahr im Spätsommer oder Herbst gemäht werden, kommen solche Pflanzen vor. Viele dieser Wiesen sind in Ackerland umgewandelt oder aufgeforstet worden. Die wenigen Restbestände ursprünglicher Stromtalwiesen benötigen wie die Auwälder daher **besonderen Schutz.**

Auch entlang der Ill, insbesondere zwischen Illhaeusern und Sélestat, findet man heute noch Reste der ursprünglichen Auwälder, die von zahlreichen Flussarmen durchzogen werden.

Die Chaumes-Hochweiden

Unter Naturschutz

Wo die Wälder der Vogesen im Mittelalter durch Bauern und Mönche gerodet wurden, um Sommerweiden für das Vieh zu schaffen, breiten sich heute auf den bodensauren Magerrasen **baumarme Hochweiden,** die Chaumes, aus. Das Weidevieh fraß die bevorzugten Futterpflanzen ab, während sich die Weideunkräuter wie das Borstengras (Nardetalia-Arten) ausbreiteten. Aber auch Pflanzen, die von den Kühen verschmäht wurden, siedelten sich an: Wacholder, Arnika, Gelber Enzian, Küchenschellen, Alpenbärlapp und Orchideen. Die Chaumes stehen unter Naturschutz. Damit sich Bäume und Sträucher nicht allzu sehr ausbreiten und die besondere Artenvielfalt dieser Hochweiden erhalten bleibt, müssen sie „gepflegt" werden. Noch heute werden viele Chaumes von Kühen beweidet und von den Bergbauern traditionell bewirtschaftet.

Kalk-Magerrasen

Artenvielfalt

Auch die tiefer liegenden Kalk-Magerrasen (Trocken- und Halbtrockenrasen) sind durch Beweidung und Mahd entstanden. Auf den nährstoffarmen, basischen **Kalkböden** des Elsass findet man eine große Artenvielfalt an Tieren und Pflanzen, die man eher in den wärmeren Gegenden des Mittelmeers vermutet: Gräser wie die Aufrechte Trespe, das Pyramiden-Schillergras und Zittergras;

elsass_080 Foto: ti

Kugelkopf-Lauch, Wilder Thymian, Karthäuser-Nelke, Sonnenröschen, Ragwurz-Orchideen, Pyramidenorchis, Knabenkraut-Orchideen und Bocks-Riemenzunge.

Mediterrane Tierarten

Die Burgundische Pforte war der Einwanderungsweg für Wärme liebende mediterrane Tierarten wie die Gottesanbeterin oder die Smaragdeidechse in die klimatisch begünstigten Teile des Oberrheintals. Die Kalk-Magerrasen sind auch der Lebensraum von Vögeln wie dem Zippammer und Ziegenmelker, zahlreicher Schmetterlinge, Bienen, Wespen und Deckelschnecken. Viele Tiere und Pflanzen dieses Biotops stehen auf der Roten Liste.

Rundblättriger Sonnentau

Die Kalk-Magerrasen müssen ebenfalls **gemäht und gepflegt** werden, und es darf kein stickstoffhaltiger Dünger eingetragen werden, damit die Magerrasen nicht verfetten. Sonst siedeln sich schnell andere Tier- und Pflanzenarten an, welche die typische Flora und Fauna der Kalk-Magerrasen verdrängen. Der Bollenberg bei Rouffach und das benachbarte Zinnköpfle bei Soultzmatt sind Beispiele für einen solchen **schützenswerten Naturraum.**

Moore

Nieder-, Zwischen-, Hochmoor

In dem niederschlagsreichen Klima der Hochvogesen gibt es zahlreiche Moore. **Niedermoore** (Flachmoore) sind Moore, die noch vollständig vom Grundwasser durchtränkt sind. Die Moorpflanzen gewinnen daraus die zum Leben notwendigen Mineralien. Typische Zeigerpflanzen des Niedermoors sind die Moor-Birke, Fieberklee und Pfeifengras. Wächst die Pflanzendecke des Moores höher, können nur noch Pflanzen mit tief reichenden Wurzeln das Grundwasser erreichen. Die Flachwurzler sind auf das Regenwasser angewiesen. In einem solchen **Zwischenmoor** wächst die Schwarze Krähenbeere. Wächst die Pflanzendecke des Moores noch weiter in die Höhe, werden die Pflanzen vom Grundwasser abgeschnitten, und ein **Hochmoor** entsteht.

Torfmoose

Auf dem ständig durchfeuchteten Boden eines Moores siedeln sich vor allem Torfmoose *(Sphagnum sp.)* an, die das Wasser wie ein Schwamm speichern können. Die Torfmoose entnehmen dem Wasser die darin gelösten Calcium-Ionen und geben Wasserstoff-Ionen ins Wasser ab. Dadurch sinkt der pH-Wert in der Umgebung der Torfmoose, und das **Moor wird zunehmend saurer.** Auf solch sauren Böden sind andere Pflanzen nicht mehr lebensfähig; die Torfmoose verdrängen sie und werden Biotop beherrschend. Die einzelnen Torfmoos-Polster wachsen mit der Zeit zu geschlossenen Decken (Schwingrasen) zusammen – ein Hochmoor entsteht. Die untersten Schichten sterben mit der Zeit ab und werden von Bakterien und Pilzen zu einem sauren (pH 4), dunkelbraunen Hochmoor-Torf zersetzt. Nur die oberen Schichten der Torfmoose wachsen weiter in die Höhe. Ein altes Hochmoor kann sich uhrglasförmig bis zu 8 m über den Grundwasserspiegel emporwölben. Solche Torfmoosdecken sind nicht mehr vom Mineraliengehalt des Grundwassers abhängig. Ihnen genügen die Nährstoffe, die mit dem Regen und Wind (Staub) eingetragen werden. Hochmoore sind ausgesprochen nährstoffarme und saure Biotope, in denen außer Torfmoosen nur wenige andere **charakteristische Pflanzen- und Tierarten** vorkommen: Wollgras, Moorbeere und Sonnentau; Libellen wie die Torf-Mosaikjungfer, die äußerst seltene Hochmoor-Mosaikjungfer und Schmetterlinge wie der Hochmoorgelbling und der Hochmoorbläuling.

Ein typisches Hochmoor besteht aus der nahezu baumlosen, immer feuchten **Moorweite** mit einem Moorsee im Zentrum. Es ist von einem Randsumpf umgeben, in den das Wasser aus dem Moor abfließt. Daran schließt sich ein höher liegendes, trockeneres Waldgebiet mit Krüppelkiefern an. Anders als die Moore im Alpenvorland, die nach der Eiszeit durch die Versumpfung von Wäldern entstanden sind, bildeten sich die Moore in den Vogesen durch das Verlanden von ehemaligen Gletscherseen. Ein typisches Hochmoor liegt nordwestlich von Hohneck am Lac de Lispach.

Wird ein Hochmoor entwässert oder werden durch landwirtschaftliche Nutzung der Umgebung verstärkt Nährstoffe eingetragen, verheidet es. Die typischen Moorpflanzen werden zurückgedrängt, und mit der Zeit wird aus einem Hochmoor eine **Heide** mit Pfeifengräsern, Heidekraut, Heidelbeere, Sträuchern und Bäumen. Durch Pflegemaßnahmen und künstliche Bewässerung kann eine Verheidung rückgängig gemacht werden und das Hochmoor erhalten bleiben.

Weinberge

Pflanzen

In den Gassen **zwischen den Rebzeilen** siedeln sich zahlreiche Pflanzen an, die sich den besonderen klimatischen Bedingungen, Bodenverhältnissen und Bearbeitungszeiten in den Weinbergen anpassen. Weinbergtypische Pflanzen sind Traubenhyazinthe und Wildtulpe, Sichelmöhre, der Rundblättrige Storchschnabel, die Gemeine Osterluzei, Weinberglauch und Frühblüher wie der Dolden-Milchstern und der Acker-Gelbstern.

Tiere

An den Trockenmauern und Felsbrockenbiotopen am Rand der Weinberge kann man Wärme liebende Tiere wie Mauereidechsen, Blindschleichen und Schlingnattern entdecken.

elsass_083 Foto: ti

Naturparks und Naturschutz

Pfälzerwald und Nordvogesen

Im Elsass gibt es zwei große Naturparks und eine Vielzahl kleinerer Naturschutzgebiete. Der 1975 gegründete Naturpark Nordvogesen (Parc Naturel des Vosges du Nord) umfasst eine Fläche von **120.000 Hektar.** Er wurde 1989 zusammen mit dem angrenzenden Pfälzerwald von der UNESCO als **Biosphärenreservat** Pfälzerwald und Nordvogesen anerkannt. Ein Biosphärenreservat ist mehr als ein Naturpark. Hier sollen in einem größeren, zusammenhängenden Naturraum wirtschaftliche Nutzung, Tourismus und Naturschutz wie gleichberechtigte Partner das gemeinsame Ziel verfolgen, den Naturraum für heutige und nachfolgende Generationen zu erhalten.

- Im Elsass hat die **Naturpark-Verwaltung** ihren Sitz im Schloss von La Petite-Pierre: Maison du Parc, Château – B.P. 24, F-67290 La Petite Pierre, Tel. 0388014959, Fax 0388014960, www.parc-vosges-nord.fr und www.biosphere-vosges-pfaelzerwald.org, E-Mail: contact@parc-vosges-nord.fr.

Vogesen-Belchen

Der 1989 gegründete Naturpark der Vogesen-Belchen (Parc Naturel Regional des Ballons des Vosges) ist der **zweite große Naturpark im Elsass.**

- Die **Parkverwaltung** befindet sich in: 1, Cour de l'Abbaye, Maison du Parc, F-68140 Munster, Tel. 0389779020, www.parc-ballons-vosges.fr.

Naturschutzgebiete

Die Naturschutzgebiete **Großes Ried** (Grand Ried) bei Sélestat, **Kleine Elsässische Camargue** (Petite Camargue Alsacienne) bei St. Louis nördlich von Basel und das **Altrheingebiet Munch-**

Schlüsselblumen

hausen südlich von Lauterbourg können **zu Fuß** auf markierten Wegen oder **mit dem Boot** erkundet werden.

Grüne Brigade

Freundliche **Ranger** der Grünen Brigade (**Brigade Verte**) kümmern sich um die Belange des Naturschutzes und der Besucher. Für weitere Infos sowie naturkundliche Kurse und Führungen kann man sich an folgende Stellen wenden:

Infos

- **A.R.I.E.N.A., Association Régionale pour l'Initiation à l'Environment et à la Nature en Alsace**
36, Ehnwihr – 67600 Muttersholtz, Tel. 0388851130.
- **Office National des Forêts**
14, Rue du Maréchal Juin, 67084 Strasbourg Cedex, Tel. 0388767640.
- **CINA, Centre d'Initiation à la Nature de l'Au Maison de la Reserve**
1, Rue de la Pisciculture, 68300 St. Louis, Tel. 0389897859, Führungen durch die Kleine Camargue So Nachmittag.

elsass_450 Foto: ti

elsass05_090 Foto: ti

Gesellschaft
und Kultur

Geschichte

Grenzland

Das Elsass hat eine **wechselvolle Geschichte** voller Gegensätze hinter sich. Ein halbes Dutzend Mal wechselte die Zugehörigkeit **zwischen Frankreich und Deutschland**, in den Jahren zwischen 1870 und 1945 allein vier Mal. Lange Zeit war es ein blutig umkämpftes Grenzland.

Die Region war bereits zur Stein- und Bronzezeit von umherziehenden Jägern bewohnt, wie Ausgrabungen belegen. Die Rheinebene und die Gegend am Fuß der Vogesen waren schon in vorchristlicher Zeit dicht besiedelt. Um 1500 v. Chr. ließen sich **Kelten** nieder und rodeten das Land. Von 58 v. Chr. an gehörte das Elsass, nach der Eroberung durch *Caesar,* als Gallia belgica zum **Römischen Reich.** Wohlstand und kulturelle Blüte stellten sich ein. Damals war es von Kelten und Germanen bewohnt. Ab 90 n. Chr. kam das Elsass zur Provinz Germania superior. Im 4. Jh. wurde das Christentum im Elsass eingeführt. Ab dem 5. Jh. hatten die **Alemannen** dann vollends die Herrschaft übernommen, ihre Sprache bildet bis heute die Grundlage für den Dialekt, der im südlichen Teil gesprochen wird. Nachdem die Alemannen Ende des 5. Jh. vom Frankenkönig *Chlodwig* besiegt worden waren, folgte die merowingische Zeit. Dabei gehörte das Elsass als selbstständiges Herzogtum der Etichonen zum **Frankenreich.**

Ursprung des Namens

Der Name Elsass **(Alsacius)** tauchte erstmals um **630** bei der Gründung des Herzogtums Elsass auf. Es gibt zwei Erklärungen für seine Herkunft: Entweder wurden die Bewohner der Ill, die „Illsass“, oder die Bewohner aus der Fremde, die „Alisass“, so genannt.

Nordgau und Sundgau

750 teilte der Karolinger **Pippin der Kleine** das Herzogtum Elsass in **zwei Grafschaften,** den Nordgau und den Sundgau, der zum Bistum Basel gehörte. Diese Aufteilung entspricht in etwa den heutigen Départements. 843 wurde das Frankenreich im Frieden von Verdun aufgeteilt. 870 ergriff *Ludwig der Fromme* die Macht, bevor das Elsass zum Herzogtum Schwaben zählte und Teil des Heiligen Römischen Reiches wurde. **1020** breitete sich hier der Einfluss der **Habsburger** aus. Der elsässische *Papst Leo IX.* modernisierte die katholische Kirche. **1079** kamen das Elsass und Schwaben an die **Staufer.** Im 12. Jh. dehnte sich ihre Macht vom Elsass aus. Es wurden zahlreiche Städte gegründet, darunter auch Haguenau als Hauptstadt. Mächtige Burgen entstanden. Die *Habsburger* erweiterten ihren Machtbereich im Sundgau, dem Oberelsass; 1359 übernahmen die Straßburger Bischöfe das Unterelsass. Nach dem Tod des Stauferkaisers *Friedrich II.* 1250 zerfiel das Elsass. Den habsburgischen Herrschern folgten die von Burgund, die wiederum den Schweizer Eidgenossen unterlagen.

Dekapolis

Die elsässischen Städte hatten unter den *Staufern* zahlreiche Privilegien erhalten, auch nach 1250 konnten sie diese erhalten oder sogar noch ausdehnen. **1354** entstand die Dekapolis. Dieser **Zehn-Städtebund** mit Colmar, Mulhouse, Kaysersberg, Munster, Turckheim, Sélestat, Obernai, Rosheim, Haguenau und Wissembourg diente zur weiteren Sicherung der Rechte, bot den Städten gegenseitige Hilfe und bestand bis zur Französischen Revolution.

Im **15. Jh.** wurde das Elsass zum **Zentrum des Humanismus** und der Reformen. Nach der Reformation breitete sich der protestantische Glaube hauptsächlich in den Städten aus, auf dem Land und im habsburgischen Oberelsass war die Mehrheit katholisch.

Im **30-Jährigen Krieg** (1618–1648) wurde das Elsass zum Kriegsschauplatz, der vorher erzielte Wohlstand hatte ein abruptes Ende. Durch den Westfälischen Frieden im Jahr 1648 kam das Gebiet von habsburgischer erstmals unter französische Herrschaft. Die deutschen Sitten, Gebräuche sowie die Sprache blieben jedoch erhalten. 1681 wurde Straßburg von französischen Truppen eingenommen, der Rhein war die Grenze. Im 18. Jh. erfolgte durch Wiederaufbau ein Aufschwung, die katholische Kirche gewann an Macht.

Während der **Französischen Revolution** wurde das Elsass 1789 Teil der neu entstandenen Republik; ein Jahr später lösten die neu gegründeten **Départements Haut-Rhin** und **Bas-Rhin** die Provinzen ab. Die französische Sprache setzte sich immer mehr durch. Nach 1815 litt das Elsass unter einer schweren Wirtschaftskrise, der industrielle Aufschwung setzte um 1850 ein. Nach dem **Deutsch-Französischen Krieg** (1870/71) wurde Elsass-Lothringen Teil des Deutschen Kaiserreichs.

1. Weltkrieg

Während des 1. Weltkriegs fanden unter anderem in den Südvogesen erbitterte, grausame und auf beiden Seiten verlustreiche Schlachten statt. Am Vieil Armand, dem Hartmannsweilerkopf, fanden damals 30.000 Soldaten den Tod. Elsässer wurden in die deutsche Armee zwangseingezogen. Durch den Versailler Vertrag kam das Elsass nach Kriegsende 1919 an Frankreich zurück. Die Bevölkerung lehnte sich durch autonomistische Bestrebungen gegen die zentrale französische Verwaltung auf, was von Frankreich unterdrückt wurde.

2. Weltkrieg

1940 wurde das Elsass noch einmal von Deutschland besetzt. Das elsässische Grenzland war während des 2. Weltkriegs hart umkämpft, 1942 wurden rund 130.000 Elsässer in die Wehrmacht zwangsrekrutiert. Ein Großteil kam an die Ostfront, Zehntausende verloren ihr Leben. 1945 wurde das Elsass endgültig französisch.

Europa

Das Elsass setzte sich mit als erstes in Frankreich für eine Europäisierung der Wirtschaft ein. 1949 und 1958 erhielten der **Europarat** zusammen mit dem **Europäischen Gerichtshof** für Menschenrechte und das **Europäische Parlament** ihren **Sitz in Strasbourg.**

1988 entstand die **Pamina-Region,** ein Zusammenschluss der Südpfalz, dem mittleren Ober-

elsass_451 Foto: ti

rhein (Baden) und dem Nordelsass. Das „grenzüberschreitende Technologie- und Kooperationsnetz" setzt sich für eine Förderung der Wirtschaft durch überregionale Zusammenarbeit ein. Auch Frankreich, die Schweiz und Deutschland rücken immer näher zusammen. Der Europa-Gedanke gewinnt ständig mehr an Bedeutung, Frankreich und auch das Elsass sind hier mit tonangebend. **1989** gründete sich die **Euroregion Elsass, Baden-Württemberg und Baseler Land.** Zusammen mit Brüssel und Luxemburg ist **Strasbourg Europa-Hauptstadt.** Noch einmal verstärkt wurde die europäische Einheit durch die Einführung einer einheitlichen Währung.

Sport

Auch im Sport gibt es bereits ein geeintes Europa. Zur Fußball-WM 2002 wurden am Europäischen Parlament in Strasbourg zehn Europa-Fahnen mit den gelben Sternen auf blauem Grund gehisst, welche die zehn teilnehmenden europäischen Länder symbolisierten. Kam ein Land in die nächste Runde, wurde dessen Fahne höher gezogen. So konnte jeder, der am Parlamentsgebäude vorbeikam, sehen, dass ein europäisches Land erfolgreich war – welches, war aber nicht zu erkennen, nur Europa insgesamt zählte.

Ehrenfriedhof bei Sigolsheim

Wirtschaft

Wohlstand

Bedingt durch seine günstige Verkehrslage im Drei-Ländereck und die beiden Sprachen nimmt das Elsass eine führende Stellung in der Wirtschaft Frankreichs und der Europäischen Union ein. Bei ausländischen Investoren ist diese Region beliebt. Das Elsass erreicht mit 26.532 Euro pro Einwohner das **dritthöchste Bruttoinlandsprodukt in Frankreich** und wird nur von der Île-de-France um Paris und der Region Rhône-Alpes überrundet. Das Elsass hat sich schon früh für eine Europäisierung der Wirtschaft eingesetzt. Über 60.000 Elsässer arbeiten als „Grenzgänger" in den benachbarten Ländern, 31.000 haben ihren Arbeitsplatz in der Schweiz, 25.300 in Baden und 4300 in der Südpfalz. Etwa ein Drittel der Arbeitnehmer ist in den Betrieben ausländischer Firmen beschäftigt. Der Großteil der exportstärksten Firmen kommt aus dem Ausland, aber die größten Arbeitgeber sind französische Firmen. Die Arbeitslosigkeit im Elsass beträgt 8,6 % (Bas-Rhin 8,3 %, Haut-Rhin 9,0 %). Sie ist niedriger als im übrigen Frankreich. Doch Wohlstand und Armut liegen eng beieinander. Die Wirtschaft schwächte sich in den letzten Jahren ab. Die soziale Schere klafft im Elsass immer weiter auseinander. Nach Angaben des Elsässischen Rats für Wirtschaft und Soziales (CESA) leben in Mulhouse 26,2 % der Haushalte unterhalb der Armutsgrenze; in Strasbourg sind es 22,2 %, und im gesamten Elsass gelten 11 % der Bewohner als arm.

Industrie

Die Industrie hatte im Elsass schon immer eine wesentliche Bedeutung. Mitte des 18. Jh. begann die **Textilproduktion** in Mulhouse, in der Vogesenregion etablierten sich die ersten Webereien. Schon früh wurde Porzellan hergestellt. Federführend beim **Fahrzeugbau** waren die **Bugatti-Werke** in Molsheim. **Peugeot-Citroën** bei Mulhouse ist heute ein wichtiger Arbeitgeber. Wirtschaftlich von Bedeutung sind neben dem Automobilbau die mechanische, Elektro-, chemische,

Kunststoff-, Nahrungsmittel, Papier- und Textilindustrie. In Reichstett und Herrlisheim gibt es große **Erdölraffinerien,** die über eine Erdölleitung vom Mittelmeer nach Karlsruhe mit Nachschub beliefert werden.

Dienstleistung

Auch der Dienstleistungsbereich gewinnt immer mehr an Bedeutung, ist mittlerweile doch mehr als die Hälfte der Bevölkerung hier beschäftigt. Dazu trägt der **Tourismus** entscheidend bei.

Landwirtschaft

Im Elsass werden Wein, Getreide, Tabak, Hopfen, Weißkraut für die Sauerkraut- und Obst für die Schnapsproduktion angebaut. Auch Zuckerrüben, Kartoffeln, Mais und Sonnenblumen findet man auf den Feldern. Strasbourg, Colmar und Sélestat sind für den Gemüseanbau, Krautergersheim für Kraut und Hœrdt für seinen Spargel bekannt. Etwa zwei Drittel der landwirtschaftlich genutzten Fläche sind Äcker. Es wird Holz- und in den Hochvogesen Almwirtschaft betrieben. Die Käseherstellung ist teilweise industrialisiert. Obwohl im Elsass durch gute Böden und ein mildes Klima gute Bedingungen für die Landwirtschaft gegeben sind, können nur noch 1 % der Elsässer von der Landwirtschaft im Haupterwerb leben.

Tourismus

10 Mio. Besucher

5,8 Mio. Hotelübernachtungen und knapp eine Million Übernachtungen auf Campingplätzen wurden im Jahr 2007 im Elsass registriert. Etwa die Hälfte der Gäste kam aus dem Ausland. Insgesamt schätzt man die Zahl der Besucher auf 10 Millionen pro Jahr; in dieser Zahl sind etwa 2,8 Millionen Tagestouristen enthalten. Doch heute kommen nur noch etwa halb so viel Touristen ins Elsass wie vor 20 Jahren. Immer mehr Gäste reisen kurzfristig an und bleiben mit durchschnittlich knapp zwei Tagen auch nicht mehr so lange wie früher. Strasbourg und die Elsässer Weinstraße mit ihren Weindörfern und Burgen sind besonders bei älteren, zahlungskräftigen Gästen beliebt, die hier ihren Zweit- und Dritturlaub verbringen oder ein kulinarisch-kulturelles Wochenende genießen. Die Vogesen locken Naturliebhaber, Wanderer und Wintersportler an. Der Tourismus im Elsass hat sich in den letzten 20 Jahren gewandelt. Früher kamen 40 Prozent der Besucher aus Deutschland, heute sind es nur noch 20 Prozent. Das Publikum ist internationaler geworden. Viele Touristen kommen heute aus Japan, Korea, den USA und anderen europäischen Ländern, auch aus den ehemaligen Ostblockstaaten.

Bevölkerung

Bunt gemischt

Die wechselvolle Geschichte sorgte für eine bunt gemischte Bevölkerung. Die meisten Elsässer stammen von den Alemannen ab, die im 5. Jh. hierher kamen. Schweizer, Schwarzwälder, Österreicher, Lothringer und Menschen aus anderen Teilen Frankreichs siedelten sich im 17. Jahrhundert im Elsass an. Bis heute haben sich verschiedene **„außerelsässische" Einflüsse** bewahrt, keltische im Weißtal, alemannische am Rhein, fränkische bei Wissembourg und schweizerische im Sundgau. Sprache und Brauchtum wechseln oft von Ort zu Ort. Der typische Elsässer besitzt bis heute deutsche und französische Eigenschaften; man sagt über ihn, er vereine in sich deutsche Gründlichkeit und französische Lebensfreude.

1,7 Mio. Einwohner

Etwa 1,7 Millionen Menschen leben derzeit im Elsass, knapp 10 % von ihnen sind Ausländer, darunter viele Deutsche. Etwa ein Viertel der Bewohner entfällt auf den Großraum Strasbourg.

Im 19. Jh. entwickelten die Elsässer ein neues Bewusstsein für ihre Geschichte, ihre Mundart und ihre Wurzeln. Nach dem 2. Weltkrieg dagegen wurden Kultur und Tradition über lange Jahre im Elsass nur wenig gepflegt. Die französische Regierung unterstützte diese Haltung. Etwa in den

1970er Jahren setzte eine Rückbesinnung auf die alten Bräuche ein.

Tracht

Als elsässische Tracht wird die traditionelle Kleidung zusammengefasst, die vor allem auf dem Land verbreitet war. Die bürgerliche Tracht weist Ähnlichkeit mit der deutschen, die Tracht des Adels mit der Pariser Kleidung auf.

Bei traditionellen Festen kann man bis heute die alten Trachten bewundern. An dieser Kleidung kann man erkennen, welcher Konfession, sozialen Schicht oder welchem Dorf ihre Träger angehören. Verheiratete Frauen kann man anhand ihrer typischen Kleidung von unverheirateten unterscheiden. Typisch ist die **Elsässer Schlupf,** die Flügelhaube mit großer schwarzer, roter oder gemus-

Mädchen in elsässischer Tracht

terter Schleife (Schlupf). In katholischen Gegenden sind rote, in protestantischen blaue, grüne und violette Röcke mit Saumborten verbreitet. Die Farbe der Kopfbedeckungen wechselt auch mit den Konfessionen, Rot steht für katholisch, Schwarz für protestantisch. Über weißen Blusen werden Mieder mit Ausschnitt und verzierten Tüchern getragen, außerdem gemusterte Strickstrümpfe. Zur Festtracht tragen die Frauen bestickte oder bedruckte Seidenschürzen und Schultertücher mit Fransen. Männer tragen lange oder knielange, dunkelblaue Tuchhosen, einen kragenlosen Rock mit vielen Knöpfen und bunte, meistens rote Westen. Dazu gehört ein Hut, auch mit zwei oder drei Spitzen, Pelz- oder Strickmützen.

Religion

Katholische Mehrheit

Wie im übrigen Frankreich auch ist die Mehrzahl der Elsässer katholisch, etwa ein Fünftel protestantisch. Gebiete, die früher kirchlicher Herrschaft unterstanden, gehören meistens dem katholischen, die ehemaligen Reichsstädte eher dem protestantischen Glauben an.

Die Bewohner des Oberelsass sind in der Mehrzahl katholisch, das Unterelsass besteht etwa zu einem Drittel aus Protestanten. Im Norden gibt es auch Gemeinden, in denen die Mehrheit dem protestantischen Glauben angehört. Das Miteinander beider Glaubensrichtungen zeigt sich dadurch, dass bis heute **Simultankirchen** bestehen, die von beiden Konfessionen genutzt werden.

Etwa 10.000 Angehörige hat die **jüdische Gemeinde** in Strasbourg, im gesamten Elsass leben etwa 15.000 jüdische Bürger. Stark verbreitet ist auch der **islamische Glaube,** wobei Bewohner türkischer Abstammung die Mehrheit unter den etwa 50.000 Anhängern des Islam bilden. Aus den ehemaligen Kolonien sind viele Schwarzafrikaner und Nordafrikaner ins Elsass gezogen.

Literatur

Mundart

Die elsässische Mundartliteratur hat ihren Ursprung im beginnenden 19. Jh. 1816 entstand „Der Pfingstmontag", ein Lustspiel von *Georg Daniel Arnold.* Zu Beginn des 20. Jh. kam es zu einer Erneuerung, auf der Bühne waren hier *Gustave Stoskopf* und in der Lyrik die Gebrüder *Mathis* von Bedeutung. *Nathan Katz* wird sogar als bedeutendster Nachfolger von *Johann Peter Hebel* berühmt. Seit den 1970er Jahren werden die regionalen Dialekte wiederentdeckt, dabei gewann auch die Mundartliteratur wieder an Gewicht. Die neue Mundartdichtung kann mit dazu beitragen, dass diese alte elsässische Tradition bewahrt wird. Die Hauptvertreter sind *André Weckmann, Adrien Finck, Conrad Winter,* der Publizist *Eugène Philipps* und der Kabarettist *Germain Muller.*

Folligsong

Wichtig sind auch **Gedicht und Lied,** der Folligsong. Bei dieser Lyrik in Mundart werden die Sprache der modernen Poesie, aber auch regionalpolitische oder sozialkritische Elemente verwendet. *Roger Siffer* bringt als Barde die Mundartliteratur auf die Bühne des Polit-Kabaretts.

Malerei

Hans (Jean) Arp (1887–1966) aus Strasbourg war Mitbegründer der revolutionären Kunstrichtung **Dadaismus** in Zürich und zählte zur Gruppe „Der Blaue Reiter" sowie zu den Pariser Surrealisten. Er betätigte sich als Maler, Bildhauer, Grafiker und Lyriker. Nach seiner surrealen Phase arbeitete er vor allem als abstrakter Bildhauer.

Jean-Jacques Waltz (1872–1951), besser bekannt als „Hansi", stellte als Karikaturist und Grafiker das Elsass als heile Welt mit Störchen, Gänsen oder Elsässern in Tracht dar. Durch ihn entstand das **Postkartenklischee** des elsässischen Dörflers. In seinen Gemälden hielt er viele Ortschaften im

Bild fest. Der begeisterte französische Patriot malte böse Karikaturen über die Deutschen, war aber auch an einer Annäherung beider Völker interessiert. Zu den bekanntesten Werken gehört der „Professor Knatschke", eine Satire auf einen preußischen Colmarer Lehrer. Von 1923 bis 1939 leitete *Waltz* das Unterlindenmuseum in Colmar, seiner Heimatstadt.

Tomi Ungerer (geb. 1931) ist wohl der bekannteste elsässische Gegenwartskünstler. Der Zeichner und Cartoonist stammt aus Strasbourg und studierte dort an der Kunstgewerbeschule. Seit 1976 lebt er in Irland und Strasbourg. Seine frühen Werke sind durch aggressive Komik, (erotische) Provokation, Zynismus und Sadismus charakterisiert. In seinen Bildern drückt sich auch eine sarkastische, gesellschaftskritische Haltung aus. *Ungerer* hat sich außerdem als Kinderbuchautor, Fotograf und Illustrator von Büchern einen Namen gemacht. Er schuf Plastiken und gehört zu den bekanntesten, aber auch zu den **umstrittensten zeitgenössischen Zeichnern.** In den USA standen seine Bücher bis 1993 auf der schwarzen Liste.

Architektur

Burgen

Beeindruckende frühe Zeugen Elsässer Architektur sind die mittelalterlichen Burgen, die vor allem vom **11. bis 13. Jh.** entstanden. In den Kriegen im 17. Jh. wurden sie, von denen es einmal Hunderte gab, größtenteils zerstört. Durch die wiederentdeckte Burgenromantik wurden sie renoviert. Ein Beispiel ist die Haut-Kœnigsburg, die Kaiser *Wilhelm* geschenkt bekam und wieder instand setzte.

Kirchen

Bedeutende Kirchen wie die von Rosheim oder Wissembourg entstanden bereits in der **Romanik.** Entlang der „Route Romane", der „Romanischen Straße" zwischen Wissembourg im Norden und Feldbach im Süden, lernen Kunstinteressierte bedeutende Sakralbauten aus der Zeit der Romanik kennen. Ein besonders schönes Beispiel für einen romanischen Bau ist die Kirche von Ottmarsheim, die der Pfalzkapelle des Aachener Doms nachempfunden ist. Auch zur Zeit der **Gotik,** die ab dem 12. Jh. die Architektur beherrschte, entstanden bedeutende Sakralbauten, allen voran das **Straßburger Münster,** das bereits im romanischen Stil begonnen und als gotisches Meisterwerk fertig gestellt wurde. Die spätgotische Stiftskirche von Thann oder St-Pierre-et-Paul in Wissembourg sind weitere wichtige Beispiele für gotische Bauten. Es entstanden bedeutende **Glasmalereien**, aber auch religiöse Werke wie „Madonna im Rosenhag" von *Martin Schongauer* oder der Isenheimer Altar von *Matthias Grünewald.*

Fachwerkhäuser

In der **Renaissance** wurden zahlreiche öffentliche Gebäude und die Mehrzahl der für das Elsass so typischen Fachwerkhäuser gebaut. Verzierte Erker, Giebel, Balkone oder Arkaden schmückten diese Häuser. Prächtige Beispiele sind das Maison Kammerzell in Strasbourg, das Kopfhaus in Colmar oder das Maison Katz in Saverne.

Auch **klassizistische Bauten** finden wir im Elsass wie die Rohan-Schlösser in Strasbourg oder Saverne. Die barocke Bauweise ist hier weniger stark verbreitet, zu den barocken Bauwerken gehört die Kirche von Ebersmunster. Orgeln im barocken Stil erbauten der aus Sachsen stammende *Andreas Silbermann* und sein Sohn *Johann.*

Nach dem Vorbild von Versailles entstanden in Strasbourg und Saverne **Stadtschlösser.** Der „höfische Pomp" beeinflusste auch den Stil der Möbel und des sonstigen Interieurs. Adlige ließen sich in den Städten elegante Palais, „hôtels", erbauen.

Im **19. Jh.** wurden **klassische Baustile** nachempfunden. Zum Ende des 19. Jh. ließ Kaiser *Wilhelm* die Ville allemande, die wilhelminische Neustadt in Strasbourg, aufbauen.

Auch im **20. Jh.** entstanden beeindruckende Bauten wie der Europapalast in Strasbourg, der Europaturm in Mulhouse oder die zweite Rheinbrücke bei Strasbourg.

elsass05_104 Foto: ti

Wissembourg und der Outre-Forêt

Outre-Forêt

Der Outre-Forêt – **„jenseits des Waldes“** – erstreckt sich von der Linie Wissembourg-Lautertal-Lauterbourg im Norden bis zum Forêt de Haguenau (Wald von Hagenau) im Süden. Im Osten bildet der Rhein die Grenze, im Westen der Naturpark Nordvogesen. Die Landschaft wird von sanft geschwungenen Hügeln und Feldern durchzogen. Bedeutendste Stadt im Outre-Forêt ist Wissembourg.

Wissembourg (Weißenburg)

Nördlichste Stadt im Elsass

Die nördlichste Stadt im Elsass liegt direkt an der Grenze zu Deutschland. Zum Deutschen Weintor in Schweigen ist es nicht weit. Mehrere Arme der Lauter prägen das Stadtbild. Der Ort hat sein **mittelalterliches Aussehen** mit Fachwerkhäusern, engen Gassen und der alten Stadtmauer erhalten. Mittelpunkt der Altstadt ist der Place de la République. Wissembourg ist auch ein geschätztes **Feinschmeckerziel** für Gourmets. In den Caves de Wissembourg (Weinkellerei) wird der Wein aus der Umgebung zum Kauf angeboten. Maschinenbau und Baustoffindustrie sind von Bedeutung. Wie früher, als die Königsstraße, die „Voie royale“, die auf *Ludwig XV.* zurückgeht, von Wissembourg nach Bitche führte, ist die kleine Stadt bis heute ein **Verkehrsknotenpunkt** geblieben. Für ihre 8400 Einwohner und viele Grenzgänger ist sie das Einkaufszentrum der Region.

Als sich Napoleon in Wissembourg aufhielt, wurde ihm ein Stück schwarzes Brot angeboten. *„C'est bon pour Nickel“* („Das ist gut für Nickel“), soll er gesagt haben, womit er sein Pferd *Nickel* meinte. So war der Name **Pumpernickel** entstanden.

Geschichte

Wissembourg entstand aus einer **Abtei,** die im 7. Jh. vom fränkischen Adel unter König *Dagobert* gegründet wurde und sich dem Benediktinerorden anschloss. Die Abtei wurde zu einer der mächtigsten und reichsten des Landes und gewann im 9. Jh. europäische Bedeutung durch ihre **Klosterschule.** Hier verfasste der Mönch *Otfried von Weißenburg* eine Evangelienharmonie in fünf Bänden, die das Leben Jesu beschreibt. Dieses Werk ist für die deutsche Dichtung durch seine Reimform von großer literarischer Bedeutung. Wissembourg trat 1254 dem Rheinischen Städtebund bei, 1354 dem Zehn-Städte-Bund Dekapolis der elsässischen Reichstädte.

Danach begannen leidvolle Jahrhunderte, die viel Zerstörung durch **Kriege** brachten. Im 16. Jh. wütete der Bauernkrieg, im 17. Jh. der 30-Jährige Krieg, in dessen Folge Wissembourg 1648 im Westfälischen Frieden zu Frankreich kam, 1870 der deutsch-französische Krieg und zuletzt der Zweite Weltkrieg.

Die Kirche St-Pierre-et-St-Paul

Zweitgrößte gotische Kirche im Elsass

Die Stiftskirche St-Pierre-et-St-Paul (St. Peter und St. Paul), die seit 1803 als katholische Stadtkirche dient, ist nach dem Straßburger Münster die zweitgrößte gotische Kirche im Elsass. Sie wurde im 11. Jh. aus dem roten Sandstein der Nordvogesen gebaut. Der romanische quadratische West-Glockenturm entstand um 1075, der achteckige Vierungsturm stammt aus der Gotik. Eine lateinische Inschrift am Fuß des Glockenturms besagt, dass Abt *Samuel* diesen Turm errichtete („Sacmuel abbas hanc turim fecit"). An der Außenfassade auf der Südseite kann man eine weitere Inschrift „Hie vor ist diss gemichet" entdecken, die ausdrückt, dass „dies hier geschehen ist". Was geschehen ist und wer die Inschrift anbrachte, weiß man nicht. Kam hier jemand ums Leben, war es ein Unfall, Krieg oder gar ein Gottesurteil, das vollstreckt wurde? Im Vierungsturm hängt eine Nachbildung des Leuchters, den Abt *Samuel* 1070 bauen ließ.

Das Original ist während der Französischen Revolution eingeschmolzen worden. Der Leuchter hat einen Durchmesser von 6 m und eine Krone aus Kupfer mit 12 runden und 12 rechteckigen Türmen. Er stellt das himmlische Jerusalem mit seinen 24 Toren dar. Im Chor leuchtet die Sonne durch prachtvolle Glasfenster (Nachbildungen), das berühmteste und wohl auch älteste in Frankreich ist der **„Christus von Weißenburg".** Es entstand um 1065; das Original ist im Museum de l'Œuvre Notre-Dame in Strasbourg zu sehen. Im Seitenschiff stellt ein fast 11 m hohes **Wandfresko** den **Hl. Christophorus** dar, der in ein langes, rot-weiß kariertes Gewand gekleidet ist. Auf seinem linken Arm trägt er das Jesuskind. Das Fresko ist das **größte gemalte Bildnis eines Menschen in Frankreich.** Von der Abtei sind nur Überreste erhalten geblieben, Teile des unvollendeten Kreuzgangs sowie die ehemalige Dechanei (Dekanswohnung) und Wohnhäuser. An den Kreuzgang schließt sich eine kleine romanische Kapelle aus dem 11. Jh. an. Die Kirche ist täglich von 9–17 Uhr zu besichtigen, im Sommer bis 18 Uhr.

Stadtrundgang

(1), (2), (3) usw. siehe Stadtplan

Die **Kirche St-Pierre-et-St-Paul (1)** ist Ausgangspunkt unseres Stadtrundgangs. Vorbei am **Deutschordenshof (2)** gelangt man zur **Zehntscheuer (3)** aus dem 13. Jh., wo einmal der Zehnte, der Tribut an die Kirche, gelagert wurde. Das **Salzhaus (4),** das Maison du Sel, an der Salzbrücke über die Lauter, trägt ein mehrstöckiges Giebeldach. Im 15. Jh. erbaut, diente es zuerst als Hospital, später als Salzspeicher und im Krieg als Lazarett. Den **Mittelpunkt der Altstadt** bildet der **Place de la République,** wo samstags der Markt stattfindet. Das **Rathaus (6)** mit seinem dreieckigen Giebel und Uhrturm stammt aus dem 18. Jh.

Kirche St-Pierre-et-St-Paul

elsass_452 Foto: ti

Das spätgotische, viergeschossige **Haus Holtzapfel (7)** wurde 1506 erbaut und war einst die Stadtburg eines kaiserlichen Vogts. Später diente es als Poststation. Aus der ehemaligen **Dominikanerkirche (8)** entstand das Relais Culturel Régional de Wissembourg (Gemeinde- und Kulturzentrum).

Von der **Schlupf (9)** genannten Brücke über die Lauter sieht man auf ein idyllisches Fleckchen, das ein wenig an Klein-Venedig erinnert und hier auch wirklich sehr klein ist. Das **Maison Stanislas (10)** war die einstige Residenz des polnischen Königs *Stanislas Leszcynski*. König *Ludwig XV.* heiratete dessen Tochter.

Der **Schartenturm (11)** ist ein letzter Überrest von der im 11. Jh. errichteten Klosterbefestigung. Der Tour des Husgenossen oder **Turm der Münzer (12)** bewacht seit 1420 den östlichen Stadteingang. Ein Besuch des malerischen **Bruch-Viertels (13)** mit seinen Fachwerkhäusern ist lohnenswert. Das **Maison de l'Ami Fritz (14)** mit seinem Erker aus der Renaissance diente als **Filmkulisse** des 1932 verfilmten Romans „L'Ami Fritz" von *Erckmann-Chatrian*. Am Quai Anselmann ist das alte **Gasthaus Zur Krone** (l'Ancienne Couronne; **15**) sehenswert, in dessen Innenhof alte Steinskulpturen stehen. Es diente als Gilde- und Gästehaus der Kaufleute. Das Haus Vogelsberger **(Maison Vogelsberger; 16)** erinnert mit seinen Fresken an den unglücklichen General *Sebastian Vogelsberger*, den *Karl V.* 1548 enthaupten ließ, weil er auf dem falschen Fest tanzte: der Krönungsfeier des französischen Königs *Heinrich II.* in Reims, der ein Konkurrent *Karls* war.

Kirche St-Jean

Mit dem Bau der großen Kirche St. Jean, der **St. Johannis-Kirche (17),** wurde bereits um 800 zur Zeit der Staufer begonnen. In ihrer heutigen Form wurde sie im 16. Jh. von der nahen Abtei errichtet. Die bis heute erhalten gebliebenen ältesten Teile stammen aus dem frühen 13. Jh. St-Jean ist die

protestantische Stadtkirche. Am Platz vor der Kirche (Place Martin Bucer) erinnert eine Bronzetafel an den Reformator und Humanisten *Martin Bucer,* der im Jahr 1491 in Sélestat geboren wurde, 1551 in Cambridge starb und in dieser Kirche einige Jahre lang Pfarrer war.

Nördlich der Kirche treffen wir auf die alte Stadtmauer (Remparts). Vom Fußweg auf der Stadtmauer (Promenade des Remparts) hat man einen guten Blick auf den Ort mit seinen Fachwerkhäusern und hohen Kirchtürmen. Entlang der Stadtmauer verläuft die enge Straße Rue du Musée. Das **stadtgeschichtliche Museum Westercamp (18),** das in einem Renaissancegebäude mit Holzschnitzereien und reich verzierter Fachwerkfassade eingerichtet wurde, ist benannt nach dem Notar *Paul Westerkamp,* der das Haus der Stadt übereignete.

Am östlichen Ende der Stadtmauer steht der runde **Pulverturm (19).** Der Tour de la Poudrière stammt aus dem 13. Jh. und ist ein Überrest der Stadtbefestigung. Südwestlich davon steckt in der Wand des Hauses Rue de la Laine 31 eine große **Donnerbüchsenkugel aus dem 14. Jh. (20).**

elsass_107 Foto: ti

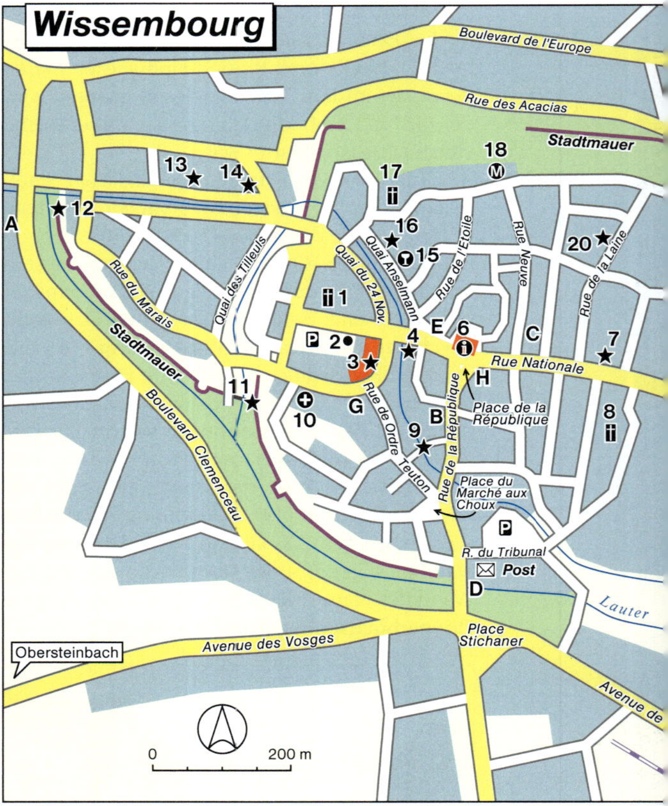

Östlich davon gelangt man zum großen **Place de la Foire,** dem **Festplatz.** Er ist der **zentrale Parkplatz** der Stadt, auf dem man sein Auto zeitlich unbegrenzt und kostenlos abstellen kann. Zur Stadt hin gibt es eine öffentliche Toilette.

Am Anfang der von Geschäften und Cafés gesäumten Hauptstraße, der Rue Nationale, steht das **Maison Holtzapfel (7).** Das 1430 aus rotem Sandstein errichtete Haus fällt durch seine vier kleinen Ecktürmchen auf. Es war Sitz des kaiser-

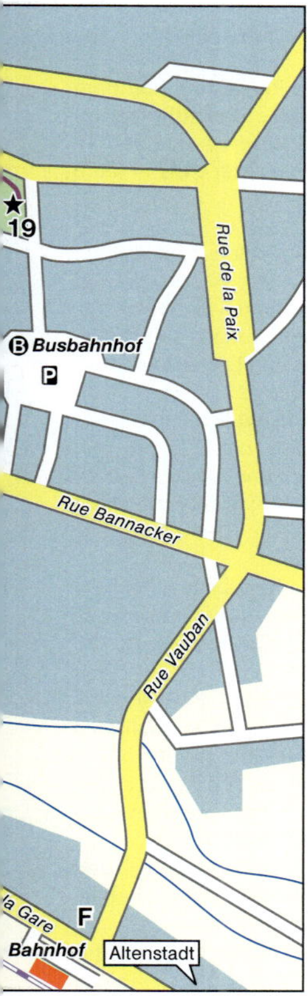

1 St-Pierre-et-St-Paul
2 Deutschordenshof
★ 3 Zehntscheuer
★ 4 Maison du Sel, Salzhaus
6 Rathaus, Tourist-Info
★ 7 Maison Holtzapfel
8 Rélais Culturel Régional de Wissembourg, Gemeinde- und Kulturzentrum
★ 9 Schlupf
10 Maison Stanislas
★ 11 Schartenturm
★ 12 Tour des Husgenossen
★ 13 Bruch-Viertel
★ 14 Maison de l'Ami Fritz
15 Ancienne Couronne, Gasthaus "Zur Krone"
★ 16 Haus Vogelsberger
17 St-Jean
18 Musée Westercamp, Museum
★ 19 Tour de la Poudrière, Pulverturm
★ 20 31, Rue de la Laine

Restaurants

A Hotel-Restaurant Au Moulin de la Walk
B Restaurant à l'Ange
C S'Kaechele
D La Mirabelle
E La Vignette
F Hotel-Restaurant Weiss
G Au Saumon
H Hotel-Restaurant de la Couronne

lichen Amtmanns und Zunfthaus. Auch *Napoleon* soll 1806 hier schon übernachtet haben.

Praktische Tipps

Infos

- **Tourist-Info** im Rathaus, 9, Place de la République, 67163 Wissembourg, Tel. 0388941011, Fax 0388941882, www.ot-wissembourg.fr.

Museum

- **Musée Westercamp,** 3, Rue du Musée, Tel. 0388542814, Lokal- und Militärgeschichte, Mobiliar aus dem 17./18. Jh., Trachten, Bildersammlung Wentzel; geöffnet April bis Okt.

Mo, Mi, Do 14–18, Fr, Sa 9–12 und 14–18, So 10–12 und 14–18 Uhr, Di geschlossen, Erw. 2,50 Euro, Kinder 1 Euro.

Stadtrundfahrt

- 45 Min. Rundfahrt ab Place de la République mit dem **Touristenbähnchen** von April bis Okt., **Stadtführung** auf Französisch, Deutsch und Englisch. Reservierung und Tickets bei der Tourist-Info, Erw. 5 Euro, Kinder 6 bis 14 Jahre 2,50 Euro, Kinder unter 6 Jahren frei.

Transport

- Bahnhof und Busbahnhof am südöstlichen Stadtrand. **Zugverbindungen** mit Strasbourg und Winden in der Pfalz, dort Anschluss nach Karlsruhe und Mannheim. Tgl. **Busse** nach Schweigen und Dahn in der Pfalz, an Schultagen auch nach Lemberg, Betschdorf und Lauterbourg.

Bewirtung

- **Hotel-Restaurant Au Moulin de la Walk,** 2, Rue de la Walk, ehemalige Mühle an der Lauter; Foie Gras, Fischgerichte und Wildspezialitäten, für gehobene Ansprüche, von Restaurantführern empfohlen; Tel. 0388940644, Fax 0388 543803, www.moulin-walk.com; Menü 30–40 Euro, à la carte 8,50–28,50 Euro; gefällt uns gut!
- **Restaurant à l'Ange,** 2, Rue de la République, Tel. und Fax 0388941211, www.restaurant-ange.com; Elsässer Spezialitäten, Küche für gehobene Ansprüche, Menü 30–55 Euro, à la carte ab 12 Euro.
- **S'Kaechele,** 20, Rue de Juifs, Tel. 0388543879, gemütliche Weinstube in der Altstadt mit Elsässer Spezialitäten und kleinen Gerichten, à la carte 5,50–16 Euro; oft voll!
- **Restaurant La Mirabelle,** 3, Rue du Gal Leclerc, Tel. 0388543341; große Terrasse, Crêpes ab 2 Euro, Flammkuchen 5 Euro, Grillspezialitäten.
- **La Vignette,** 17, Rue due Marché aus Poissons, Tel. und Fax 0388941764; kleine Elsässer Gerichte, Flammkuchen, à la carte 6,50–15 Euro.
- **Hotel Weiss,** 23, Avenue de la Gare, Tel. 0388941367, Fax 0388940688; Elsässer Spezialitäten, auch kleine Gerichte und Flammkuchen, Gartenterrasse, Menü 9–23 Euro, à la carte 5–15 Euro.
- **Au Saumon,** Place du Saumon, Tel. 0388941760; am Wochenende Flammkuchen, Terrasse am Wasser.

Unterkunft

- **Hotel-Restaurant Au Moulin de la Walk,** siehe auch Bewirtung; EZ 40 Euro, DZ 48–60 Euro, Vollpension 70 Euro, Frühstück 7 Euro; unser Tipp für ein gutes Hotel in Wissembourg!
- **Hotel Weiss,** siehe auch Bewirtung; EZ 38 Euro, DZ 44–50 Euro, Frühstück 6,50–10 Euro.
- **Hotel-Restaurant de la Couronne,** 12, Place de la République, Tel. 0388941400, Fax 0388941427, EZ 48 Euro, DZ 56–60 Euro, Frühstück 7 Euro, Menü 17–29 Euro; Flammkuchen.

elsass_472 Foto: ti

Events

• **Maiglöckchenfest** und Pferderennen am 1. Mai.

• **Folklorefest** mit Trachtenumzug und Pferden aus der regionalen Zucht an Pfingsten (Fête de Pentecôte).

• Stimmungsvoller **Weihnachtsmarkt,** wo der gefürchtete *Hans Trapp* in Gestalt des *Knecht Ruprecht* aus dem tiefen Wald zu den Menschen kommt. 1503 starb auf Burg Berwartstein in der Pfalz der geächtete Räuber *Hans von Drott.* Im Volksmund wurde er *Hans Trapp (Jean de Trapp)* genannt. Er soll sich auf seinen Raubzügen sogar die Reichtümer der Abtei von Wissembourg angeeignet haben. Noch bis in die heutige Zeit droht man den Kindern im Elsass damit, dass der *Hans Trapp* käme, wenn sie nicht brav wären. Im Elsass soll man deshalb nachts nicht allein spazieren gehen, um dem *Hans Trapp* nicht in die Finger zu fallen ...

Sport/Spiel

• Schönes **Freibad** an der Lauter; großer Parkplatz mit **Abenteuerspielplatz** am Boulevard Clemenceau am östlichen Stadtrand, Nähe Tour Husgenossen.

Einkaufen

• **Weinkellerei Caves de Wissembourg** der französischen Gesellschaft für Qualitätsweine, Allée des Peuplier (neben Bahnhof), F-67160 Wissembourg, Tel. 0388549380, Fax 0388549381, Direktverkauf Mo bis Fr 8–12, 13–17 Uhr.

Das Salzhaus mit mehrstöckigem Giebeldach

Altenstadt und das Monument du Geisberg

Altenstadt

Im Südosten ist Wissembourg mit Altenstadt zusammengewachsen. Hier mündet der Markbach in die Lauter. Die **romanische Basilika St-Ulrich** aus dem 11. Jh. zählt zu den ältesten Kirchen im Elsass.

Monument du Geisberg

Vom südlich gelegenen Geisberg hat man einen guten Blick auf Wissembourg. Von 1706 bis 1860 wurde die Anhöhe über dem Lautertal viermal heftig umkämpft. Das Kriegerdenkmal Monument du Geisberg erinnert an den **4. August 1870,** als mit der **Schlacht am Geisberg** der deutsch-französische Krieg begann, in dem 20.000 deutsche und französische Soldaten fielen.

Lauterbourg, das Lautertal und die Bienwaldmühle

Lauterbourg

Entlang der idyllischen Lauter gelangt man nach Lauterbourg (Lauterburg), das schon in gallo-römischer Zeit ein **wichtiger Grenzort** mit strategischer Bedeutung war. Im spanischen Erbfolgekrieg (1701 bis 1714) wurde von Marschall *de Villars* in dem engen Tal entlang des Flusses ein Wall mit 50 Schanzen, Dämmen und 28 Schleusen errichtet, mit denen das Lautertal vom Rhein bis zu den Vogesen unter Wasser gesetzt werden konnte. Auf dem Wall entlang dieser Lauterlinien verläuft ein 20 km langer, **markierter Wanderweg,** der von Lauterbourg nach Wissembourg führt.

Metzgerturm

In Lauterbourg diente der Metzgerturm bis ins 18. Jh. als Gefängnis. Zusammen mit einigen Mauerteilen ist er der **letzte Überrest der Stadtmauer** aus dem 13. Jh., die einmal 15 Türme besaß. Von 1254 bis 1790 gehörte Lauterbourg zum Bistum Speyer. In dieser Zeit entstanden das Rathaus (1731) mit seinem Renaissanceportal, das ehemalige Bischofspalais (1716), die barocke Kirche (1716) mit gotischem Chor (1467) und die Vogtei. Die Église de Trinité (Dreieinigkeitskirche) aus dem 13. Jh. wurde im 18. Jh. umgebaut. Bemerkenswert sind der barocke Altar, eine Stieffel-Orgel (1770) und die Sandstein-Kanzel. Das **„Pulverkirchlein“** liegt hinter der katholischen Kirche. Das frühere Pulvermagazin wurde unter einem Erdwall ausgegraben, ausgebaut und 1900 als evangelische Kirche eingeweiht. *Vauban,* der Festungsbaumeister *Ludwig XIV.,* ließ die Stadt im 18. Jh. zum Schutz der nahen Grenze zur Festung ausbauen. Die Porte de Landau mit Reiterstandbild stammt noch aus dieser Zeit. Bei der Kirche gibt es einen Kalvarienberg aus dem 18. Jh.

Auwälder am Rhein

Östlich des Orts beginnen die Auwälder am Rhein. Entlang des Rheindamms verläuft der deutsch-französische **Radwanderweg „Rheinauen“.** Durchs Lautertal führt der deutsch-französische **Lautertal-Radweg** nach Wissembourg.

Bienwaldmühle

Auf halber Strecke kann man auf deutscher Seite in der **Bienwaldmühle** eine Rast einlegen. Bereits 1152 erstmals urkundlich erwähnt, befand sich die Mühle bis 1618 im Besitz des Hochstifts Speyer und war dem Kloster Weißenburg zugeordnet. Danach wurde sie privatisiert. Im 18. Jahrhundert entstand ein spätbarockes Mansardengebäude, das im Krieg zerstört und 1842 im alten Stil neu erbaut wurde. Die Bienwaldmühle ist heute noch als Getreidemühle in Betrieb. Das Wasser der Lauter erzeugt den Strom. Die **Gaststätte** auf der Nordostseite mit ihrem großen Biergarten hat sich auf Wanderer und Radfahrer eingestellt und bietet eine **preiswerte und gute Küche.** Mi und Fr 9–12 und 15–18 Uhr sowie Sa 9–12 Uhr werden am Mühleneingang auf der Westseite Getreide- und Naturprodukte verkauft.

Schleithal

Südlich des Lautertals zieht sich die Gemeinde Schleithal mit ihren Fachwerkhäusern über 4,2 km die Hauptstraße entlang – sie ist damit das längste Dorf des Elsass.

Sauer-Delta

Zwischen Munchhausen und Seltz erstreckt sich kurz vor der Mündung in den Rhein das Sauer-Delta, ein **Rastplatz für Zugvögel und Brutrevier seltener Vogelarten.** Der Schwarze Milan kommt hier am häufigsten im Elsass vor. Außerdem treffen wir hier auf den größten Silberweiden-Auwald (Kopfweiden) am Oberrhein. Vom **Naturschutzzentrum Munchhausen** (Centre d'Initiation de la Nature, geöffnet Mo bis Fr 9–12, 14–18 Uhr) aus können wir das Sauerdelta auf einer Rundwanderung erkunden (3 Std.). Dazu folgen wir 200 m hinter der Sauerbrücke rechts dem geschotterten Feldweg, der um den **Grosswoerth,** eine ausgedehnte Feuchtwiese mit Röhrrichtzonen, herumführt. Am Ende des Feldwegs queren wir den Grosswoerth und treffen nach 200 m auf eine Schotterstraße, auf der wir rechts zur **Vogelwarte** (Station Ornithologique de Munchhausen) gelangen. Nach 250 m gehen wir wieder rechts auf dem geschotterten Waldweg zum großen Baggersee. Wir folgen dem Uferweg, bis dieser nach knapp 2 km östlich von Seltz auf die Straße D 28

elsass453 Foto: ti

trifft. Entlang dieser wandern wir links am Wassersportzentrum (Centre Nautique) und am Campingplatz im **Salmengrund** vorbei in Richtung Rhein.

Parc Rhénan

Im ehemaligen Zöllnerhäuschen an der **Rheinfähre Seltz – Plittersdorf** gibt es Informationen zum grenzüberschreitenden **Pamina-Rheinpark** (Parc Rhénan). „Pa" steht dabei für Pfalz, „mi" für mittlerer Oberrhein und „na" für Nord Alsace. Getreu dem Motto des 1997 gegründeten Vereins, wonach der Rhein nicht trennt, sondern verbindet, wurden zwischen Lauterbourg und Sessenheim zwei Naturschutzzentren und zahlreiche Info-Punkte eingerichtet, die über Natur, Geschichte und Kultur am Oberrhein informieren. Auch mehrere Museen auf beiden Seiten des Rheins haben sich diesem Projekt angeschlossen.

Vor der Rheinfähre kommen wir links auf dem ausgeschilderten Radweg an der **„Base de Loisirs"**, dem gebührenpflichtigen **Badesee,** und dem Eingang des Campingplatzes vorbei. 200 m hinter dem Kieswerk verlassen wir den Radweg und gehen erst rechts auf dem Damm, dann links auf dem Weg zwischen Baggersee und Wald (Bois de Munchhausen) zurück zum Grosswoerth. Von dort führt unser Weg rechts wieder nach Munchhausen. Unterwegs sehen wir auch die charakteristischen Kopfweiden.

Infos

- **Office de Tourisme,** Hôtel de Ville (Rathaus), 21, Rue de la 1ère Armée, F-67630 Lauterbourg, Tel. 0388946610, Fax 0388546132, www.lauterbourg.net.

Unterkunft

- **Hôtel du Cygne,** 39, Rue du Général Mittelhauser, Tel. 0388948059, Fax 0388946190, EZ 36 Euro, DZ 46 Euro, Frühstück 6 Euro, Menü 9–31 Euro, gehobene Küche.

Kopfweiden im Sauerdelta bei Munchhausen

Camping

- **Camping Les Mouettes,** Tel. 0388546860, geöffnet von März bis September, am Baggersee. Der **bewachte Badesee** kann gegen Gebühr von jedermann genutzt werden.
- **Camping Salmengrund,** Tel. 0388865237, geöffnet 01.04.–30.09.; am gleichnamigen Badesee mit Sandstrand.

Museum

- Im Haus der **Tourist-Info** in Seltz, 2, Avenudu Général Schneider, Tel./Fax 0388055979, sind archäologische und naturkundliche Funde aus der Umgebung ausgestellt. Das kleine Museum ist während der Öffnungszeiten der Tourist-Info (Mo bis Fr 8–12 Uhr, 13.30–17.30 Uhr) und Feb., März jeden 1. So im Monat, Mai bis Okt. jeden 1. und 3. So im Monat jeweils 14–17 Uhr zu besichtigen.

Events

- **Radeln ohne Grenzen, Vélo-sans-Frontiéres,** durchs Lautertal am ersten September-Wochenende.
- **Fest der Haflinger-Pferde** (drittes Juni-Wochenende) in Neuwiller-près-Lauterbourg.

elsass_114 Foto: ti

Die Kleine Weinstraße

Südwestlich von Wissembourg verbindet die Kleine Weinstraße die Orte Cléebourg, Oberhoffen, Rott, Steinseltz und Riedseltz. **„Grünes Gold"** nennen die Winzer hier ihren Wein wegen seiner Färbung und in Anlehnung an das „schwarze Gold" von Merkwiller-Pechelbronn (s.u.).

Cléebourg

In Cléebourg, der **nördlichsten elsässischen Weinlage,** wird bereits seit dem 8. Jh. Wein angebaut. Spezialitäten sind der Pinot Blanc Auxerrois und der „Clerotstein", ein Crémant, der aus derselben Traube gekeltert wird. Der Name dieses Schaumweins ist ein Akronym aus den Anfangsbuchstaben der Orte Cléebourg, Rott und Steinseltz.

Unterkunft

- **Hotel-Restaurant Au Tilleul,** 94 Rue Principale, F-67160 Cléebourg Tel. 0388945215, Fax 0388945263, EZ 36,50 Euro, DZ 45 Euro, Frühstück 6 Euro; Menü 18–35 Euro, à la carte 15–35 Euro.
- **Ferme-Auberge du Moulin des Sept Fontaines,** F-67160 Drachenbronn bei Cléebourg, Tel. 0388945090, Fax 0388945457, Mo, Do geschlossen; Elsässer Spezialitäten wie Flammkuchen, Bæckeoffe, Fleisch- oder Grumbeereknepfle, Menü 10–26 Euro, à la carte 4,50–13 Euro; 12 Gästezimmer (31 Betten) auf dem Bauernhof, 28–36 Euro/1 Person, 37–49 Euro/2 Pers., 44–63 Euro/3 Pers. inkl. Frühstück, Vollpension 41–47 Euro/Pers.

Einkaufen

- **Weinkellerei Cléebourg,** Route du Vin, F-67160 Cléebourg, Tel. 0388945033, Fax 0388945708, www.cave-cleebourg.com; geöffnet Mo bis Sa 8–12 und 14–18, So 10–12 und 14–18 Uhr.

Wissembourg und der Outre-Forêt

Die Fachwerkdörfer Seebach, Hunspach und Hoffen

Seebach

In Seebach findet jedes Jahr am Sonntag nach dem 14. Juli die **Streisselhochzeit** *(Mariage au bouquet),* eine „typische Hochzeit auf dem Lande", wie sie in früheren Zeiten gefeiert wurde. Am Rathaus, dessen Fachwerk mit Ornamenten verziert ist, wird das Hochzeitspaar vom Bürgermeister getraut. Dem Festzug folgen Musik- und Folkloregruppen aus anderen Orten. Dicht gedrängt säumen die Zuschauer beim Hochzeitszug die Straßen des kleinen Orts, der in den letzten Jahren viel in die Dorferneuerung investiert hat. Bei dieser Hochzeit kann man die schönsten **Elsässer Trachten** sehen; gegen den Hunger hilft **Elsässer Hausmannskost,** wie *Broadwarscht* (Bratwurst), *Flaaschknepfle* (Fleischklöße), *Hasepfaffer* (Hasenpfeffer, Wildragout) oder *Kesselflaasch* (Kesselfleisch). Auf einem **festlich geschmückten Wagen** wird auch die „Aussteuer" der Brautleute gezeigt: ein Kleiderschrank, eine Nähmaschine und das Ehebett. Vor und nach dem Hochzeitszug können wir miterleben, wie Schafe geschoren werden, Waschweiber Wäsche waschen, ein Scherenschleifer seine Dienste anbietet und ein Polizist in historischer Uniform für den reibungslosen Ablauf des Festes sorgt.

Hunspach

Hunspach zählt wegen seiner herausgeputzten und blumengeschmückten **Fachwerkhäuser** (aus dem 18. und 19. Jh.) mit ihren kleinen Vorgärten zu den **schönsten Dörfern Frankreichs.** Alte Ziehbrunnen erinnern daran, dass früher das Trinkwasser mühsam von Hand geschöpft werden musste. Im Maison Ungerer an der Route de Hoffen (Gîtes de France, Zimmer ab 45 Euro) ist auch die Tourist-Info untergebracht (Tel. 0388805939, Fax 0388804146, Mo bis Fr ganztags, Sa vormittags geöffnet). Am Sonntag vor dem 21.06. feiert Hunspach ein großes **Volksfest.**

Hoffen

Im Fachwerkdorf Hoffen steht das Rathaus auf drei Holzpfeilern.

Bewirtung

- **Restaurant-Brasserie A la Rose,** 66, Rue des Forgerons, F-67160 Seebach, Tel. 0388947540, Fax 0388947935, Menü 6–33 Euro; Elsässer Spezialitäten, Flammkuchen, gute Küche!

Schœnenbourg und die Maginot-Linie

Südöstlich von Hunspach liegt Schœnenbourg auf einer lang gestreckten Anhöhe. Der **bemalte Wasserturm** ist weithin sichtbar. Das große Bild zeigt einen Bauern bei der Feldarbeit. Vor der stattlichen Kirche Ste-Agathe steht ein uralter Baum. Vorbei am Friedhof gelangt man hinter der Kirche in ein Tal, wo eine kleine Kapelle aus dem Jahr 1864 steht (5 Min. Fußweg).

Artilleriewerk

Im Wald nordwestlich des Orts liegt der Eingang zum ehemaligen Artilleriewerk Schœnenbourg, einer großen, unterirdischen Befestigungsanlage aus dem 2. Weltkrieg. Sie war Teil der **Maginot-Linie.** Das Artilleriewerk wurde 1931 bis 1935 von den Franzosen als östlichstes Bollwerk der Verteidigungslinie erbaut. Es wurde von den deutschen Truppen vom 14. Mai 1940 bis zur Unterzeichnung des Waffenstillstands am 25. Juni 1940 unter Dauerbeschuss genommen, ohne es erobern zu können. Wahlspruch der französischen Verteidiger war „On ne passe pas", „Hier kommt man nicht durch"!

Unterirdische Festung

Hinter dem Haupteingang des Artilleriewerks führt ein Schacht mit Aufzug und 175 Treppenstufen 30 m unter die Erde. Zentrum der unterirdischen Festung mit insgesamt 3 km Wegen und Galerien ist der **1200 m lange Stollen** aus grauem Beton. Er verbindet die sechs Kampfblocks und die Versorgungseinrichtungen. Es ist mit 11 °C recht kalt und feucht da unten. 620 Elite-Soldaten

elsass_118 Foto: ti

hatten sich hier verschanzt. Allein 70 Elektromechaniker waren notwendig, um im unterirdischen Kraftwerk den Strom für die Infrastruktur der riesigen Anlage zu erzeugen, umzuspannen und zu verteilen. Im Schlafraum der Truppe schliefen die Soldaten umschichtig in dreifach übereinander gelegenen Feldbetten. Es gab eine Krankenstation mit Operationssaal, eine Küche, Vorratsräume und sogar eine unterirdische Schmalspurbahn, mit der das schwere Kriegsmaterial transportiert wurde. Kernstück der Anlage ist der Artillerieturm mit dem ausfahrbaren Geschütz. Durch die ausgeklügelte Mechanik können hier heute noch 100 Tonnen Eisen leicht von Kinderhand bewegt werden.

Karikaturen

Während des Sitzkrieges, der vom 3.9.1939 bis zum 10.5.1940 andauerte, hatten die Soldaten nicht allzu viel zu tun. Zum Zeitvertreib bemalten sie die Wände mit allerlei Karikaturen, angeregt von den Karikaturisten *Walt Disney* und *Dubout*. Insgesamt entstanden 20 Bilder. Zu sehen sind

Karikatur in der Festung Schœnenbourg

Die Maginot-Linie

Nach Ende des **1. Weltkriegs** beschloss die französische Regierung im Norden und Osten des Landes ein **Verteidigungsbollwerk** zu errichten, damit es nicht noch einmal zu einer Invasion durch feindliche Truppen kommen kann. Die Verteidigungslinie, die sich vom Ärmelkanal über Lothringen, das Elsass und die Alpen bis zum Mittelmeer erstreckte, wurde nach dem französischen Kriegsminister *André Maginot* (1877–1932) benannt. Im Elsass wurden besonders der Norden und das Lautertal zur deutschen Grenze hin abgesichert. Die zwischen 1929 und 1936 erbauten Befestigungsanlagen lagen meist 5 bis 10 km von der Staatsgrenze entfernt und waren bis zu 25 km breit. Sie bestanden aus Forts, Bunkern, Panzersperren, Minenfeldern, Infanterie-Kasematten und Schutzkellern. Die Maginot-Linie zählt zu den wehrhaftesten Verteidigungsanlagen Europas. Allein im Elsass entstanden fast 2000 größtenteils unterirdische Bauwerke, die „gros ouvrages". Der Festungsbau soll acht Milliarden Goldfrancs, nach heutigem Wert rund 200 Milliarden Euro, verschlungen haben.

Im **2. Weltkrieg** konnte die Maginot-Linie nicht verhindern, dass noch einmal fremde Truppen das Land besetzten. Die deutsche Wehrmacht umging die Festungsanlagen an der Grenze im Norden und marschierte über Belgien in Frankreich ein. Nach dem Waffenstillstand übergaben die Franzosen die Festungen der Wehrmacht, die sie bis zum Kriegsende 1945 besetzt hielten. Auch während des Kalten Kriegs diente die Maginot-Linie noch einmal militärischen Zwecken, bis sie 1967 endgültig vom französischen Militär aufgegeben wurde. Die Bunkeranlagen waren dem Verfall preisgegeben, bis sich 1982 ein Verein gründete, der sich um den Erhalt der Maginot-Linie kümmert. Die A.A.L.M.A. – „Amis de la Ligne Maginot d'Alsace", „Freunde der Maginot-Linie" – sehen darin einen Beitrag zur Aussöhnung der deutschen und französischen Völker.

Heute noch stehen im Elsass an vielen Stellen, mitten in einem Acker oder an einem Waldrand, plötzlich graue Betonbunker vor einem. Einige sind gesprengt worden, aber die schweren Trümmer blieben liegen; andere sind über und über mit Pflanzen zugewuchert und wieder andere stehen da, als wären sie gerade erst erbaut worden.

- **Infos** im Internet: www.lignemaginot.com

elsass_119 Foto: ti

heute Nachbildungen, da die Farben der Originale in der feuchten Luft schnell verblassten.

Ausstellungen

Ausstellungen, die unter anderem Bilder der Luftkämpfe von 1940 zeigen, können beim Besucher leicht ein ungutes Gefühl hervorrufen, weil der längst vergangene Krieg hier in dieser tristen Umgebung aus Beton so allgegenwärtig ist. Unweigerlich muss man an die vielen Krisengebiete auf unserer Welt denken, an die Not der Soldaten und Zivilbevölkerung.

Die Festung wurde erst 1965 endgültig vom französischen Militär aufgegeben. Seit 1982 kümmert sich der Verein „Amis de la Ligne Maginot d'Alsace" um den Erhalt der vollständig erhaltenen, unter Denkmalschutz stehenden Anlage.

Geöffnet

- Das **Artilleriewerk,** Tel. 0388734493, kann von Mai bis Sept. tgl. 14–16 Uhr, So auch 9.30–11 Uhr **besichtigt** werden; im April und Okt. nur Sa, So und Feiertage 9.30–11 Uhr. Der **Rundgang** dauert etwa 2 Std. Wegen der Kälte im Bunker wird warme Kleidung empfohlen. Eintritt Erw. 5 Euro, Kinder über 6 J. 3 Euro.

Bunkeranlagen

In einem Umkreis von 70 km **um Schœnenbourg** liegen mehrere Bunkeranlagen der Maginot-Linie, die heute **militärhistorische Bedeutung** haben, Museum sind und als Gedenkstätte dienen:

- Der **Großunterstand l'Abri de Hatten** in Hatten; 1 km hinter der Maginot-Linie gelegen, diente er als Schutzkaserne für die Besatzung der Kasematten.
- Das **Musée de l'Abri** ist geöffnet von März bis 11. Nov. Do, Fr, Sa, Feiertage 10–12 und 14–18 Uhr, So 10–18 Uhr, vom 15.06. bis 15.09. tgl. zu den gleichen Zeiten; Eintritt Erw. 4 Euro, Kinder 2,50 Euro. Das Ticket gilt auch für die Besichtigung der Infanteriekasematte im benachbarten Ort Esch.
- Das **Artilleriewerk und Panzerfort Simserhof** bei Bitche ist seit 1940 noch immer in einem funktionsfähigen Zustand. Es besteht aus acht Kampfständen und bot Raum für fast 800 Soldaten. Die Festung besteht aus 5 km unterirdischen Stollen. Unterkünfte, Truppenküche, Krankenstation und Kraftwerk können besichtigt werden. Ein kleines Museum im Munitionsmagazin zeigt Bilder vom Krieg, in den Gängen sind Geschützrohre zu sehen.

- **Fort Carro** im westlich gelegenen Rohrbach-lès-Bitche diente als Infanteriewerk.
- Das **Artelleriewerk Ouvrage du Four à Chaux** („Kalkofen“) in Lembach ist eine weitere wichtige und gut erhaltene Stellung der Maginot-Linie. Es wurde 1930 bis 1935 angelegt und umfasst 4 km unterirdische Gänge mit Befehlsstand, Küche, Munitions- und Verpflegungslager, Kraftwerk, Funk- und Belüftungsstation sowie die Schlafsäle der Soldaten. Ein kleines Museum zeigt Waffen, Ausrüstung und Dokumente der Militärgeschichte. Eine Führung dauert ca. 2 Std., geöffnet März bis Apr. und Okt. bis Nov. tgl. 10–15 Uhr, Mai bis Sept. tgl. 10–17 Uhr.
- In Dambach-Neunhoffen, Marckolsheim gibt es weitere **Infanterie-Kasematten.** In Leutenheim kann das **Kasemattenmuseum Heidenbuckel** besichtigt werden.

Soultz-sous-Forêts

Soultz-sous-Forêts war bis 1720 ein wichtiger Amtssitz der Herren *von Fleckenstein,* deren Grabsteine wir in der Kirche finden. Die kleine Stadt (2500 Einw.) besitzt seit 1346 Stadtrechte. Eine **Saline,** die bis 1835 in Betrieb war, sorgte damals für Wohlstand, wovon die **Bürgerhäuser,** die vom Ende des 18. Jh. bis zur Belle Epoque entstanden, heute noch zeugen. So lohnt sich ein Bummel entlang der Hauptstraße, in der sich kleine Läden und Brasseries aneinander reihen. Der Ort liegt an der Bahnlinie Wissembourg – Haguenau.

Kutzenhausen

Freilicht-museum

Landleben wie vor hundert Jahren kann man in Kutzenhausen im kleinen Freilichtmuseum, dem „Maison Rurale de l'Outre-Forêt“, erleben. Der 200 Jahre alte Fachwerk-Gutshof in der Rue de l'Église mit seinem Bauerngarten erzählt vom ländlichen Leben und seinen Veränderungen in den Jahren zwischen 1920 und 1950. Neben Vorführungen von Handwerkern sind auch Schulzimmer von anno dazumal zu sehen.

Besucher können sich auf eine markierte Entdeckungstour der Geschichte und Architektur durch Kutzenhausen begeben. Im Maison Rurale wird dazu ein Führer mit Erklärungen (auf Deutsch) angeboten. Ein 1,5 km langer **Erlebnispfad** „Auf den Spuren des blauen Golds" führt am Seltzbach entlang, an dem auf Erklärungstafeln die Geschichte und Natur der Region anhand des lebenswichtigen Wassers erläutert werden.

Geöffnet

- **Maison Rurale,** 1, Place de l'Église, Tel. 0388805300, geöffnet Okt.–März Mi, So, Fei 14–18 Uhr, Jan. geschlossen, Juli, Aug. Di–Sa 10–12 und 14–18 Uhr, So 14–18 Uhr, April–Juni und Sept. Sa geschlossen, Erwachsene 4,50 Euro, Kinder 2,50 Euro.

Bewirtung

- **Restaurant à la Couronne,** 8, Route de Seltz, F-67250 Kutzenhausen, Tel. und Fax 0388804097, à la carte 8–12 Euro; Flammkuchen, Pizza.

Merkwiller-Pechelbronn und das „schwarze Gold"

Geothermales Heilbad

Merkwiller-Pechelbronn liegt im Tal des Seltzbachs. Dank einer 70 °C heißen Quelle wurde es zu einem geothermalen Heilbad, dessen Neubau seit 1996 bei Rheumatismus und Arthrose hilft. Folgen wir vom westlichen Ortsende dem Schild „Source thérmale" entlang des Augraben-Bachs, kommen wir nach 5 Min. Fußweg zu einem mit Graffiti verunstalteten Betonklotz, aus dem das dampfend heiße Wasser aus einem Rohr heraussprudelt und sich in einem mit braunem, eisenhaltigen Kalk überzogenen Becken sammelt. Dies ist die **heiße Hélions-Quelle.**

Teeröl

Bekannt geworden ist der Ort jedoch durch sein **„schwarzes Gold".** Der Name Pechelbronn, „Pechbrunnen", deutet auf die Teeröl-Lagerstätten hin. Aufzeichnungen belegen seit 1498 diese Erdölfunde. 1627 versuchte man erstmals, das Teeröl in industriellem Maßstab zu fördern, was misslang. 1734 gelang im Labor die Raffination des Teeröls,

elsass_122 Foto: ti

die Voraussetzung zur Weiterverarbeitung der Erdöl-Destillate war geschaffen. Die Familie *Le Bel* ließ ab 1734 den teerhaltigen Sand in Minen abbauen. 1745 wurden Bohrlöcher in die Tiefe getrieben. 1857 entstand hier die **erste Erdölraffinerie Frankreichs.** Sie verhalf dem Ort zum wirtschaftlichen Aufschwung und gab dem westlichen Teil des Outre-Forêt den Beinamen „Pays d'Or Noir", „Land des schwarzen Goldes". Ab 1911 wurde mit Hammerpumpen gefördert. 1927 führte man hier die erste elektrische Bohrlochmessung durch. Diese Erfindung der Brüder *Schlumberger* war bahnbrechend für die Erdölförderung. 1936 deckte das in Peschelbronn geförderte Erdöl **17 % des französischen Benzinbedarfs.** 1950 wurde die Förderung von Erdöl weitgehend eingestellt, 1970 auch die Raffinerie geschlossen. Sym-

Source thérmale in Merkwiller-Pechelbronn

elsass_123 Foto: ti

bolfigur von Merkwiller-Pechelbronn ist deshalb auch der „Karichschmiermann"; dieser fahrende Händler schob früher seinen Schubkarren mit Schmiere von Dorf zu Dorf.

Am westlichen Ortsende weist eine Tafel auf **Jean-Baptiste Boussingault** (1802–1887) hin. Der Chemiker und Agronom war ein Weggefährte *Alexander von Humboldts.* Er verbrachte zehn Jahre in Südamerika. Zurückgekehrt nach Frankreich heiratete er 1835 *Adele Le Bel* und errichtete in Merkwiller einen Bauernhof, auf dem er die **Wirkung von Dünger** auf Pflanzen und den Ackerbau erforschte.

Museum

●**Musée de pétrol,** 4, Rue de l'Ecole, Tel./Fax 0388809108, Geschichte der Erdölförderung in der Region, gezeigt werden alte Hammerpumpen und Teile von Förderanlagen sowie Modelle von Bohrtürmen; geöffnet April bis Okt. Do, So, Feiertag 14.30–18 Uhr, Eintritt Erw. 4 Euro, Kinder 3 Euro.

Förderpumpe auf dem Gelände des Musée de pétrol

Infos

● **Office de Tourisme,** im Rathaus, 1, Route de Lobsann, Tel. 0388807236, Fax 0388806333, www.tourisme-pechelbronn.info

Unterkunft

● **À l'Étoile,** 1, Route de Wœrth, Tel. 0388807180, Fax 0388807538, EZ 30 Euro, DZ 40 Euro, Frühstück 5 Euro, Menü 8,50–25 Euro.

Wœrth-sur-Sauer

Wœrth-sur-Sauer liegt westlich von Merkwiller-Pechelbronn wie eine Insel im Tal zwischen der Sauer und dem Sultzbach. Daher stammt der Name des Ortes, der auf „Wörd", altdeutsch „Insel", zurückgeführt wird. In einer Urkunde *Karls des IV.* ist festgehalten, dass seit 1587 **Münzen** geprägt wurden. Im 30-Jährigen Krieg wurden die Münzen zerstört, und der Ort verlor nicht nur an Bedeutung, sondern wurde auch von der Pest und mehreren Kriegen arg gebeutelt. In der **Schlacht von Wœrth** standen sich im Deutsch-Französischen Krieg am 6. August 1870 38.000 französische und 90.000 deutsche Soldaten gegenüber.

Geht man heute durch die engen Gassen mit Fachwerkhäusern kann man an der Sauer einen alten **Waschplatz** entdecken. Das **Renaissanceschloss** aus dem 16. Jahrhundert ziert ein Turm, der noch zwei Jahrhunderte älter ist als das Schloss. Hier hat das Museum seinen Platz.

Museum

● Im **Museum der Schlacht des 6. August 1870 (Musée de la Bataille du 6 Août 1870)** im Wœrther Renaissance-Schloss, 2, Rue du Moulin, Tel. 0388093021, halten 4000 Zinnsoldaten die Erinnerung an das sinnlose Blutvergießen wach. Das Museum Apr.–Mai sowie Mitte Sept.–Okt. tgl. außer Di 14–17 Uhr, Nov., Dez., Feb., März Sa, So 14–17 Uhr, Mitte Juni–Mitte Sept. Mi–Mo 10–12, 14–18 Uhr geöffnet, Jan. geschlossen.

Freizeitpark Didi'Land

● Der Freizeitpark Didi'Land bei Morsbronn-les-Bains mit seiner **Wildwasserbahn** und dem **Piratenschiff** bietet Vergnügen für junge Besucher. Geöffnet Juli und August tgl. 10–18 Uhr, April bis Juni Mi, Sa, So 10–18 Uhr.

elsass_454 Foto: ti

Haguenau, die Töpferdörfer und Sessenheim

Haguenau

Hauptort im Nordelsass

Haguenau (Hagenau) ist mit 32.200 Einwohnern der Hauptort des Nordelsass und die **viertgrößte elsässische Stadt.** Sie ist ein wirtschaftliches, administratives und kulturelles Zentrum und liegt am Südrand des ausgedehnten Forêt de Haguenau (Wald von Hagenau). Um Haguenau wird viel **Obst** geerntet, **Tabak** verarbeitet, und immer wieder sieht man große Felder mit den typischen Kletterhilfen, auf denen der **Hopfen** wächst. Das Anbaugebiet erstreckt sich bis Brumath. Aus dem Hopfen wird das süffige Elsässer Bier gebraut. **Elektro-, Textil-, Holz- und Zementindustrie** bieten noch sichere Arbeitsplätze, doch auch das nördliche Elsass leidet unter der weltweiten Wirtschaftsflaute, so dass auch hier immer mehr Stellen abgebaut werden.

Stadtstruktur

Die **Altstadt** wird vom Moderentlastungskanal und breiten, ringförmigen Boulevards begrenzt. Um das Zentrum erstrecken sich die nach dem Krieg erbauten, modernen **Wohnviertel.** Haguenau ist seit wenigen Jahren erst durch eine Umgehungsstraße vom Durchgangsverkehr entlastet. In der **Peripherie** haben sich große Supermärkte angesiedelt, im Westen der Stadt Richtung Schweighouse „Auchan", im Osten an der Straße nach Bischwiller „Cora". In die Einkaufszentren kommen nicht nur die Elsässer aus dem Umland, sondern auch Kunden aus dem nahen Deutschland.

Geschichte

Haguenau entstand nach 1035 um eine **Burg der Grafen des Nordgaus.** Der Ort erhielt 1164 die Stadtrechte von *Friedrich I. Barbarossa* und wurde 1260 freie Reichsstadt. *Barbarossa* ließ das Schloss auch zu einer Pfalz, einem kaiserlichen Palast, erweitern; bis 1208 wurden hier die **Reichskleinodien** aufbewahrt. In Haguenau fanden Reichstage statt. 1193 wurde über den englischen König

Richard Löwenherz Gericht gehalten, der sich auf dem Rückzug von einem Kreuzzug befand. *Kaiser Heinrich VI.* verurteilte ihn zu einer hohen Lösegeldzahlung. Diese Szene ist im **Musée Historique** dargestellt. Ab Ende des 13. Jh. war Haguenau Sitz der Landvogtei, welche die kaiserliche Güterverwaltung im Elsass innehatte. Haguenau war der nördliche Hauptort der 1354 begründeten Dekapolis.

1677 wurden die Befestigungen, die Kaiserpfalz und ein großer Teil der Stadt durch die Truppen *Ludwig XIV.* zerstört. Danach errichtete man sie in barockem Stil neu. 1677 entstand anstelle der Kaiserpfalz ein Jesuitenkolleg.

2. Weltkrieg

Im 2. Weltkrieg erlitt Haguenau **schwere Schäden,** da die Front entlang der Moder verlief. Von der einstigen Vauban-Festung Fort Louis ist nichts mehr erhalten. Da im Krieg die meisten Gebäude zerstört wurden, findet man heute nur noch wenige alte Bauten. Die Stadt wurde nach dem Krieg neu aufgebaut. Sie ist modern, die Fußgängerzone mit ihren Geschäften und Cafés lädt zum Verweilen ein.

Stadtrundgang

(1), (2), (3) siehe Stadtplan

Wir beginnen unseren Stadtrundgang am Bahnhof, wo es ebenso wie am Tour des Pêcheurs oder am Place Barberousse ausreichend Parkmöglichkeiten gibt. Auch die Tourist-Info finden wir hier. Vorbei an der prächtigen **Zehntscheuer (1),** die auf den Reichtum der Pfarrei schließen lässt, geht es durch die Rue St-Georges zur gleichnamigen romanisch-gotischen **Kirche (2)** aus dem Mittelalter. Mit dem Bau der **dreischiffigen Säulenbasilika** wurde 1143 begonnen, 1189 wurde sie geweiht. Die steinerne Kanzel entstand um 1500. Ein kostbares Sakramentshäuschen mit üppigem Skulpturenschmuck im Flamboyant-Stil stammt aus dem 16. Jh. und steht im gotischen Chor, der 1268 nach Vorbild des Straßburger Münsters entstand. Der spätgotische Schnitzaltar wurde von Schülern *Martin Schongauers* geschaffen. Die beiden Turmglocken (1268) gelten als **die ältesten in Frankreich.**

Durch die Grande Rue (Fußgängerzone) kommen wir zur **ehemaligen Stadtkanzlei,** einem rotverputzten, spätgotischen Bau (15. Jh.), der im 19. Jh. verändert wurde. Hier sind das **Musée Alsacien (3)** und eine weitere Tourist-Info unter-

gebracht. Das Volkskundemuseum zeigt Trachten, landestypisches Handwerk, Volkskunst, den Alltag von früher und Einrichtungen aus dem Haus eines Töpfers. Geht man die Straße weiter, kommt man zur **Dischlachmühle** aus dem 14. Jh.; bereits im 13. Jh. besaß die Stadt mehrere Mühlen an den Seitenarmen der Moder.

Stadtzentrum

Etwas weiter östlich erstreckt sich der **Place de la République,** das Zentrum der Stadt. Ebenso wie am Place d'Armes und in der Grande Rue stehen Barockbauten. Vorbei am **Stadttheater (4)** aus dem 19. Jh. erreichen wir das **Musée Historique (5)** (Museum für Vorgeschichte). Es befindet sich im neo-spätgotischen, von 1900 bis 1907 erbauten Schloss, 9, Rue du Maréchal Foche. Das Museum dokumentiert die Lokalgeschichte. Funde aus der Jungsteinzeit, Eisen- und Bronzezeit, Römerfunde, die Stadtentwicklung und das religiöse Leben vom Mittelalter bis zur Renaissance. Im Untergeschoss sind die vor- und frühgeschichtlichen, sowie die gallo-römischen Funde zu sehen. Im Erdgeschoss ist die mittelalterliche Abteilung untergebracht, im Obergeschoss sind Fayencen und Dokumente zur Stadtgeschichte ausgestellt.

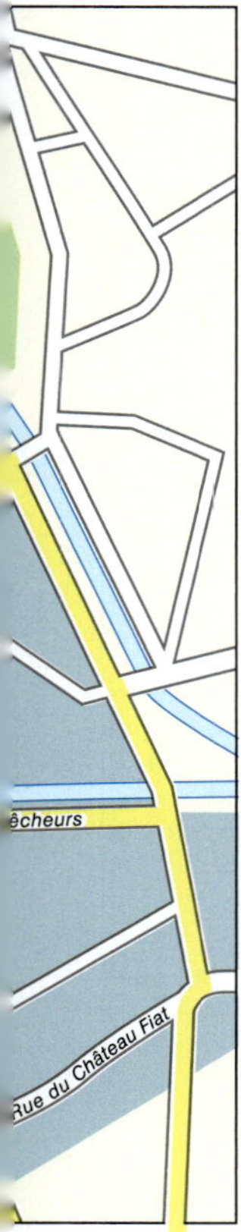

- ★ 1 Zehntscheuer
- 2 St-Georges
- Ⓜ 3 Musée Alsacien, Volkskundemuseum
- 4 Stadttheater
- Ⓜ 5 Musée Historique, Museum für Vorgeschichte
- ★ 6 Tour des Pêcheurs, Fischerturm
- ★ 7 Tour des Chevaliers, Ritterturm
- ★ 8 Porte de Wissembourg, Weißenburger Tor
- ● 9 Rathaus
- ★ 10 Halle aux Houblons, Hopfenhalle
- 11 St-Nicholas
- Touristeninformation
- Parkplatz
- Krankenhaus
- ✉ Post

Stadtbefestigung

Die mittelalterliche Stadtbefestigung verlief im Norden, dort, wo sich heute die Moder und ihre Kanäle erstrecken. Letzte Überreste sind der **Tour des Pêcheurs (6)** (Fischerturm), ein Rest des inneren Walls, außerdem der **Tour des Chevaliers (7)** (Ritterturm) aus dem Jahr 1235, der als Pulverturm und auch als Gefängnis diente, und die **Porte de Wissembourg (8)** (1300), das Weißenburger Tor. In der Nähe des Ritterturms steht das im wilhelminischen Stil erbaute **Rathaus (9).** Die einstige Stadtresidenz der *Fleckensteiner* (1540) ist der **älteste Profanbau der Stadt.** Auf dem Weg zu dem Tor kommen wir an der **Hopfenhalle (10)** (Halle aux Houblons) vorbei, in der dienstags und freitags ein Markt stattfindet. Ganz in der Nähe des Tors steht die gotische **Kirche St-Nicolas (11),** die im 13. bis 15. Jh. erbaut wurde. Ihre Ursprünge reichen sogar auf eine Gründung *Friedrich Barbarossas* im Jahr 1189 zurück. Im Heiligen Grab in der Kirche sollen sich die Reliquien des *Heiligen Sebastian* aus dem 14. Jh. befinden.

Praktische Tipps

Infos

- **Office de Tourisme,** Place de la Gare, F-67500 Haguenau, Tel. 0388937000, Fax 0388936989, www.ville-haguenau.fr.

Museen

- **Musée Historique (Museum für Vorgeschichte),** Tel. 0388937922, im neo-spätgotischen Schloss, 9, Rue du Maréchal Foche; geöffnet Mo, Mi bis Fr 10–12 und 14–18 Uhr, Sa, So 15–17.30 Uhr.
- **Musée Alsacien (Volkskundemuseum),** 1, Place Joseph Thierry, Tel. 0388733041, geöffnet Mo–Fr 9–12 und 13.30–17 Uhr, Sa, So, Fei 14–17 Uhr.

Bewirtung

- **S'Buerehiesel,** 13, Rue Meyer, Tel. 0388933090, preiswerte Weinstube, liegt neben dem Theater, oft voll; elsässische Hausmannskost.

Haguenau – Place de la République

elsass_131 Foto: ti

Unterkunft

- **Le Kaiserhof,** 119, Grand'Rue, Tel. 0388734343, Fax 0388 732891, EZ 45 Euro, DZ 60–64 Euro, Frühstück 7 Euro, zentral gelegen, schöne Zimmer, z.T. mit Balkon; unser Tipp!
- **Ibis,** Route de Bitche, Tel. 0388730666, Fax 0388734961, EZ/DZ 67 Euro, Frühstück 6 Euro, Menü 11–17 Euro; typisches Stadthotel, einfache Zimmer.
- **Hotel Campanile,** 129, Route de Strasbourg, Tel. 0388 739476, Fax 0388935952, EZ/DZ 62 Euro, Frühstück 8 Euro, Menü 9–15 Euro, die Zimmer sind einfach.
- **Etap Hotel,** Chemin de la Sandlach, Tel. 0388639643, Fax 0388730781, EZ 39 Euro, DZ 45 Euro, Frühstück 5 Euro; Billig-Hotel der Ibis-Kette, einfache Zimmer, wenig Komfort.

Event

- Eine Woche **Hopfenfest** (Fête du Houblon) Ende Aug. bis Anfang Sept.

Sonstiges

- Diskotheken, Theater, Konzerte, Go-Cart, Reiten, Tennis, Bade-Freizeitzentrum Nautiland. Geöffnet Mo, Di, Do, Fr 12–19 Uhr, Mi, Sa ab 10 Uhr, So ab 9 Uhr, im Sommer bis 21 Uhr.

Bischwiller

Bischwiller wurde Ende des 12. Jh. von den Straßburger Bischöfen gegründet und war bis zur Französischen Revolution Lehen der Grafen von Zweibrücken sowie Sitz der „Confrérie des Ménétriers“, der **Pfeifer-Bruderschaft** des Niederelsass. Ende des 17. Jh. suchten Hugenotten hier Zuflucht, was

Pfeifertag in Bischwiller

Alle zwei Jahre feiert Bischwiller im August den Pfeifertag („Pfiffersdaa"), das **älteste und geschichtsträchtigste elsässische Fest.** Über 800 Mitwirkende aus ganz Frankreich und den Nachbarländern hat der große historische Umzug *(cortège historique)* am Sonntagnachmittag. In **historischen Kostümen** ziehen die Landsknechte am Rathaus und der Stadtprominenz vorbei, begleitet von Fanfarenkorps. Bauern, Nonnen und Hofleute aus der Gefolgschaft des Grafen *von Rappoltstein* (1400), Handwerker und Bürger des 16. Jh. ziehen an den Zuschauern vorbei. Der Pfeiferkönig und Mitglieder der Pfeiferzunft schließen sich an. Wir bestaunen die **prunkvollen Gewänder** der noblen Damen und Herren, die in würdigem Abstand der Kutsche des Prinzen *Christian II. von Bischwiller-Birkenfeld* und seiner Gemahlin Gräfin *Catherine Agathe de Ribeaupierre* folgen. Gaukler treiben mit den Zuschauern ihre Späße. Trommler und Soldaten im Krieg verdeutlichen die schlimmen Jahre. Der Wagen mit dem Stadtwappen beendet den Zug.

Bereits am Samstag findet der **„Marché des ménétriers"** statt. Dazu werden Stände mit Kunsthandwerk, regionalen Produkten, Tavernen und Lager aufgebaut. Am Abend herrscht Festtagsstimmung in der Burg, wenn die *confrérerie des ménétriers* dem Grafen *Christian* die Ehre erweist. Dieser eröffnet dann zusammen mit dem Pfeiferkönig, Musikgruppen, Fahnenschwingern und zahlreichen Darstellern in alten Kostümen offiziell den Pfeifertag. Fünf Tage lang findet allabendlich im Schlosspark und in der Rue de l'Église ein historisches Spektakel unter freiem Himmel statt. Dabei werden Elemente von Theater, Musik, Lied und Tanz miteinander kombiniert. Die Besucher erleben die Vergangenheit dieser Stadt vom Mittelalter bis heute mit ihren Höhen und Tiefen. In der „Auberge des ménétriers" wird samstags und sonntags ein mittelalterliches Mahl gereicht.

Die Stadt verdankt das Fest Prinz *Christian II. von Bischwiller-Birkenfeld,* der im Schloss Tiefenthal in Bischwiller residierte. Er hatte an Himmelfahrt des 15. August 1686 zu Ehren der heiligen Jungfrau das erste Mal zum Pfiffersdaa nach Bischwiller geladen. Es ist aber auch historisch verbürgt, dass das Fest im Elsass bereits seit dem 14. Jh. abgehalten wird. Damals ließ der Graf *von Ribeaupierre (Rappoltstein)* durch einen Erlass alle **Gaukler, Musikanten und Minnesänger** an seinem Hof versammeln, wo er sie unter den Schutz der Heiligen Jungfrau stellte. Damit war das **Pfeiferkönigtum,** ein Reichslehen, geschaffen worden. Fortan trafen sich die Musikanten des Landes alljährlich beim großen Fest der Pfeifer, um ihrem König zu huldigen (siehe bei Ribeauvillé).

Der nächste Pfeifertag in Bischwiller findet im **August 2009** statt.

• **Infos:** OSCL, Mairie, 67241 Bischwiller, Tel. 0388539953, www.bischwiller.com

elsass_134 Foto: ti

zu einem wirtschaftlichen Aufschwung führte, der bis Mitte des 19. Jh. anhielt. Durch den Krieg von 1870 wanderte jedoch ein Großteil der Bevölkerung ab. Bischwiller brauchte mehr als ein Jahrhundert, um wieder die Bevölkerungszahl von damals zu erreichen, blieb aber seinem industriellen und gastfreundlichen Ruf treu.

Praktische Tipps

Infos

- **OSCL,** Mairie, F-67241 Bischwiller, Tel. 0388539953, www.bischwiller.com.

Museen

- **Musée de la Laub,** Place de la Mairie, 67240 Bischwiller, Tel. 0388539939, März–Dez. jeden 1.und 3. So im Monat 14–18 Uhr; Führungen nach Voranmeldung auch in deutscher Sprache, 1,50 Euro. Informationen über die Geschichte der Textilindustrie bis zur Ankunft der Hugenotten.
- **Maison des Arts,** Kunsthaus, 19, Rue des Charrons, Tel. 0388539929, geöffnet wie das Musée de la Laub, Kombiticket 2.50 Euro; Dauerausstellung des Künstlers *Philippe Steinmetz* (1900–1987).

Events

- **Pfeifertag** alle zwei Jahre an einem Wochenende Mitte August (vgl. Exkurs).

Beim Pfeifertag in Bischwiller

Der Forêt de Haguenau (Wald von Hagenau)

Der Wald von Hagenau ist mit **14.000 ha** Fläche das größte geschlossene Waldgebiet des Elsass. Der Wald wird von vielen Wegen durchzogen; Rastplätze laden zum Picknick ein. Die Forstwege eignen sich gut zum Wandern und Fahrradfahren. Leider sind nur wenige markiert, so dass die **topografische Karte** im Maßstab 1:25.000 angeraten ist (IGN, Blatt 3814 ET, Haguenau, Wissembourg), will man sich in dem großen Wald nicht verlaufen. Beim Orkan 1999 gab es so schwere Schäden, dass etwa ein Drittel des Walds zerstört wurde. Er wird wegen der vielen früheren Klöster auch **„Heiliger Wald"** genannt. An der „Gros Chêne", der „Dicken Eiche", die man mit dem Auto über eine schmale Forststraße erreichen kann, die östlich bzw. nördlich vor Haguenau von der N 63 bzw. D 263 abzeigt, steht eine kleine **Kapelle.** Sie wurde zu Ehren des Einsiedlers und Adligen *Arbogast* errichtet, der hier im 6. Jh. gelebt haben soll und später Bischof von Strasbourg wurde. Ein **botanischer Lehrpfad** bringt uns die Natur des Walds näher. An der Dicken Eiche gibt es einen großen Spiel- und Picknickplatz. Der 1913 von einem Blitzschlag zerstörte Baum ist heute nur noch ein Stumpf, der mit Beton verfüllt und mit einem kleinen Dach vor eindringendem Regenwasser geschützt wurde. Das **Forsthaus,** das neben dem **Ausflugslokal** Auberge de la Forêt Gros Chêne (Mo geschlossen) steht, ist mit Holzfiguren aus dem Märchen vom Rotkäppchen und dem Wolf verziert. Nordwestlich steht ein nachgebildeter **Kohlemeiler,** der an das Köhlerhandwerk erinnert, das bis ins 20. Jh. hinein ein wichtiger Erwerbszweig der Waldarbeiter war.

Walbourg

In Walbourg am nördlichen Rand des Waldes stifteten die Herren von Montbéliard im 11. Jh. eine **Benediktinerabtei,** deren Kirche erhalten geblieben ist. Die Église Ste-Walpurge mit gotischen Fenstern und hohem Sakramentsschrein ist der *Hl. Walburga* geweiht.

Marienthal Marienthal, ein wenig südlich der Straße D 29 vor Haguenau gelegen, war im 19. Jh. der meistbesuchte **Marien-Wallfahrtsort** im Elsass. Verehrt wurden zwei Statuen aus dem 15. Jh., die Jungfrau mit dem Kind und die schmerzensreiche Gottesmutter. Um die vielen Wallfahrer aufnehmen zu können, musste die Kirche des im 13. Jh. gegründeten Wilhemitenklosters 1866 einem Neubau weichen. Die Wände der Kirche sind mit Wandmalereien aus dem 19. Jh. und den Ex-Voto-Tafeln dankbarer Pilger geschmückt. Heute pilgern nur noch wenige Gläubige nach Marienthal (Tel. 0388939091).

Die Töpferdörfer Betschdorf und Soufflenheim

Die zwei Töpferdörfer Betschdorf und Soufflenheim liegen am Rand des Hagenauer Walds. In beiden Orten stehen viele der für die Gegend typischen Fachwerkhäuser, fast alle sind renoviert.

Betschdorf Betschdorf wurde 733 erstmals als Batenondovilla in einer alten Urkunde erwähnt. Bei Ausgrabungen in der Umgebung von Soufflenheim fand man Tonwaren aus der Bronzezeit, die im Historischen Museum von Haguenau zu sehen sind. Es gibt auch Dokumente, die belegen, dass die Töpfer im Elsass bereits 400 v. Chr. an Drehscheiben gearbeitet haben. Kaiser *Friedrich Barbarossa* erließ im 12. Jh. ein **kaiserliches Privileg,** wonach Soufflenheimer und Betschdorfer Handwerker im Hagenauer Wald umsonst nach Ton graben und Holz holen durften. Im 16. Jh. kamen Töpfer wegen des **Ton- und Brennholzsvorkommens** hierher. Nachdem im 17. Jh. auch Kaolin gefunden wurde, konnten salzglasierte Töpferwaren hergestellt werden. Ein Westerwälder brachte im 18. Jh.

das Westerwälder Steingutgeschirr nach Betschdorf, wo die Tonwaren nachgemacht und mit elsässischen Blumen- und Tiermotiven verziert wurden. Hauptsächlich wurden **Gebrauchskeramik,** Kougelhopf- und Bæckeoffe-Formen, Terrinen, Krüge und Vasen hergestellt.

Die Kuppel der **Kirche** (Nähe Töpfereimuseum) ist mit Fresken aus dem 15. Jh. ausgemalt: Engel, Löwe, Stier und Adler, die Symbole der vier Evangelisten, umgeben das Lamm Gottes. Sehenswert ist auch die Figurengruppe, die das Jüngste Gericht darstellt. Beim Schwimmbad gibt es einen **Storchenpark** (Parc à Cigognes).

Soufflenheim

Hauptanziehungspunkt in Soufflenheim sind die **Poteries artisanales (Kunsttöpfereien),** wo meist ockerfarbene Tonwaren mit Blumendekor hergestellt werden. Die rund 19 Töpfereien beziehen den Ton heute meist aus dem Ausland, nur wenige verarbeiten noch den gelblichen, sandhaltigen Ton aus der Umgebung. Figuren des Letzten Abendmahls nach Vorbildern von *Da Vinci* sind in einer kleinen Kapelle vor der Kirche zu sehen. 1837 beschäftigten 55 Töpfereien 600 Personen, heute gibt es noch rund 15 kleine Betriebe.

In Soufflenheim haben sich acht Töpfereien zur „Confrérie des Artisans Potiers de Soufflenheim“, der **Bruderschaft des Töpferhandwerks,** zusammengeschlossen, die für Echtheit und Qualität ihrer Produkte garantiert und die sich um den Erhalt der alten Traditionen kümmert.

● **Infos:** Confrérie des Artisans Potiers, 25, Route de Haguenau, Tel. 0388866469, Fax 0388862697, www.confrerie.net.

Besichtigung

Töpferwerkstätten können in Soufflenheim und Betschdorf besichtigt werden. Drei, die uns besonders gefallen und eine große Auswahl haben: In Soufflenheim die Poterien Henri Siegfried, 10, Rue de Haguenau, und Robert Hausser, 24, Grande Rue; in Betschdorf die Poterie Christian Krumeich, 23, Rue des Potiers.

elsass_138 Foto: ti

Infos

- **Office de Tourisme,** beim Töpfereimuseum, 2, Rue Kuhlendorf, F-67660 Betschdorf, Tel./Fax 0388544970, www.betschdorf.com.
- **Office de Tourisme,** 20b, Grande Rue, F-67620 Soufflenheim, Tel. 0388867490, Fax 0388866069, www.ot-soufflenheim.fr.

Museum

- **Musée de la Poterie, Töpfereimuseum** in einem alten Bauernhof, 2, Rue Kuhlendorf, Betschdorf, Tel. 038854 4807; geöffnet Ostern bis 1.11. Mo–Sa 10–12 und 14–18 Uhr, So, Fei 14–17.30 Uhr, zeigt die Töpferei von der Römerzeit bis ins 19. Jh.; im Obergeschoss stellen Töpfer ihr aktuelles Programm vor; Töpferwerkstatt in der Scheune.

Bewirtung

- **Au Bœuf,** 48, Grande Rue, F-67620 Soufflenheim, Tel. 0388867279, Fax 0388866884; Menü 10–25 Euro, altes blumengeschücktes Haus, Terrasse, gute Küche, viele Touristen. www.boeuf-soufflenheim.com.

Unterkunft

- **A la Couronne, 28,** Rue du Docteur-Deutsch, Tel. 0388 544249, Fax 03885-5125, EZ 28 Euro, DZ 36 Euro, Frühstück 6 Euro, Vollpension 50 Euro.
- **Gästezimmer der Poterie Krumeich,** 29, Rue des Potiers, Tel. 0388544036; 7 einfache Zimmer in altem Fachwerkhaus.

Event

- Am ersten Wochenende im September findet in Betschdorf und Soufflenheim abwechselnd ein großes **Töpferfest** mit Markt und Folklore statt. In ungeraden Jahren (2009) richtet Soufflenheim den „Töpfermarkt" aus, in geraden (2010) Betschdorf.

Töpfermarkt in Soufflenheim

Sessenheim

Goethe war hier

In Sessenheim, das wenige Kilometer südöstlich von Soufflenheim liegt, hatte Goethe 1770/1771, während er in Straßburg Jura studierte, eine Liaison mit der Pfarrerstochter *Frédérique (Friederike) Brion.* Er machte sie in **„Dichtung und Wahrheit"** unsterblich. Die Erinnerung an den berühmten Dichter ist in dem Dorf bis heute unvergesslich geblieben. Die **Goethe-Gedenkstätte** (Mémorial Goethe) in der alten Wache (Rue Frédérique Brion, tgl. 9–18 Uhr geöffnet) erinnert mit einer Büste und einem kleinen Museum mit Text- und Bilddokumenten an den Dichter. Zudem gibt es ein **privates Goethemuseum** in der Auberge Au Bœuf (1, Rue de l'Église, Tel. 0388869714, gehobene Gastronomie) mit Erinnerungsstücken und Dokumenten aus dieser Zeit. Von dem Wohnhaus der *Brions,* wie es *Goethe* kannte, ist noch eine Scheune als letzter Überrest geblieben. Auch in der **Kirche,** der Frédérique-Kirche, wird noch an die Familie *Brion* erinnert. Hier predigte der Vater, und hier saßen *Goethe* und *Frédérique.* Auf einem

elsass05_147 Foto: ti

Rundweg, dem Sentier Frédérique Brion-J. Wolfgang Goethe, kann man auf den Spuren der beiden wandeln. Im Rathaus ist ein Prospekt über den Rundweg erhältlich. Der ausgeschilderte Wanderweg (Markierung roter Ring) führt durch den Ort zur „Goethe-Eiche“ (Chêne de Goethe) im südwestlich gelegenen Wald.

Infos

- **Commune de Sessenheim,** F-67770 Sessenheim, Tel. 0388869704, Fax 0388860577.

Der Auwald am Rhein bei Offendorf

Naturschutzgebiet

Nordöstlich von Offendorf erstreckt sich zum Rhein hin eine ausgedehnte Auenlandschaft mit Feldern, Gewässern und Auwäldern. Das zentrale, 60 ha große Naturschutzgebiet **„Rossmoerder“** war vor der Rheinregulierung eine Insel. Von der Brücke über den Muehlrhein in Offendorf führt in Richtung Sportplatz ein nicht markierter Wanderweg entlang des kleinen Bachs dorthin. Am Weg stehen mächtige alte Kopfweiden. Auch ein **Baumlehrpfad** wurde hier angelegt, 1993 wurden Biber angesiedelt. Alte, von Pflanzen überwucherte Bunker erinnern an den Zweiten Weltkrieg. Im Rheinkies fand man den Stamm einer 2000 Jahre alten Eiche. Der 7,40 m lange Baumstamm mit einem Durchmesser von 2,30 m wurde in Offendorf als Naturdenkmal aufgestellt.

Nach telefonischer Vereinbarung, Tel. 0388597 700, wird eine Führung durch das Naturschutzgebiet angeboten.

Museum

Das **Schifffahrtsmuseum** erinnert an das früher größte Schifferdorf im Osten Frankreichs. Auf einem Lastkahn untergebracht informiert es über die Geschichte der Schifffahrt und zeigt Dokumente und Modelle aus dieser Zeit. Geöffnet von Mai bis Sept. Mi–So 14–19 Uhr.

Sessenheim – Goethe-Museum in der Auberge au Bœuf

elsass_140 Foto: ti

Der Naturpark Nordvogesen

Naturpark Nordvogesen

Der Naturpark Nordvogesen **(Parc Régionale des Vosges du Nord)** erstreckt sich zwischen Wissembourg, Saverne, Bitche und dem Pfälzerwald **über 1200 km².** Ein Drittel gehört zum Département Moselle. Im Naturpark liegen über einhundert Gemeinden. 65 % der Fläche ist bewaldet, vor allem Kiefern und Buchen wachsen hier. Es gibt Moore, Bäche und Seen. Die **Wildkatze** und der **Wanderfalke** kommen in dieser Gegend vor. Der Naturpark wird von La Petite-Pierre aus verwaltet. Das hügelige, waldreiche Gebiet wird von vielen **Felsenburgen** aus der Stauferzeit gekrönt.

Die Felsenburgen der Staufer

Sandstein

Die *Staufer* bauten ihre Burgen einst in den Buntsandstein der Nordvogesen hinein. Der Fels diente ihnen als Fundament. Sie nutzten **natürliche Felshöhlen** und gruben weitere Gewölbe, Gänge, Kammern und Treppen in den Sandstein. Darüber errichteten Sie die eigentliche Burg. Heute sind die meisten der ehemals majestätischen Festungen verfallen. Übrig geblieben sind oft nur die in den Fels gehauenen Gewölbe und einige Mauerreste.

Die Burgen Fleckenstein, Loewenstein, Hohenburg, Wegelnburg und Frœnsburg

Fleckenstein

Die Burg Fleckenstein westlich von Wissembourg war der Stammsitz der Herren *von Fleckenstein.* Sie diente zur **Überwachung der Straße,** die von der Pfalz über den Litschhof-Pass nach Haguenau führte. Im 13. bis 15. Jh. waren die *Fleckensteiner* neben den Herren *von Lichtenstein* eine der mächtigsten Adelsfamilien im Nordelsass. Die meisten Räume wurden **direkt in den Buntsandstein gehauen.** Die Hauptburg erstreckte sich auf mehreren Ebenen über eine Fläche von 134 x 60 m. 1129 wurden erstmals die Namen *Gottfried* und *Gutta von Fleckenstein* erwähnt. Mit den nahe gelegenen „Tochterburgen" Loewenstein, Hohenburg und Wegelnburg war Burg Fleckenstein Reichslehen.

Burg Fleckenstein ist **eine der meistbesuchten Burgen im Nordelsass;** über 80.000 Besucher kommen jedes Jahr. Vor dem Haupttor im Innenhof steht der Nachbau eines **hölzernen Tretrads** von 3,10 m Durchmesser, das nicht nur zum Wasserschöpfen, sondern auch als Lastenaufzug diente, um Waren zur oberen Plattform der Burg zu befördern. Zur Regenwassernutzung wurde ein Zisternensystem angelegt. Den Wachturm kann man über eine innen liegende Wendeltreppe besteigen. Auch ein 20 m langer Geheimgang *(Couloir secret)*, ein Treppenstollen, ist begehbar. Vom schmalen Felsgrat hat man einen guten Ausblick über die Nordvogesen.

Museum

- Das **Burgmuseum,** Tel. 0388944107, informiert über die Burggeschichte und die Fleckensteiner, deren letzter Nachfahre Baron *Henri-Jaques de Fleckenstein-Windeck* 1720 verstarb. Öffnungszeiten: April–Juni, Sept., Okt. tgl. 10–18 Uhr, Juli–Aug. 10–18.30 Uhr; März, Nov. tgl. 10–17 Uhr.
- In **P'tit Fleck** („Klein-Fleckenstein"), F-67510 Lembach, Tel. 0388942852, geöffnet März–Juni, Sept.–Nov. tägl. 12–18 Uhr, Juli–Aug. tägl. 11–18 Uhr, sind die Kinder die Könige. Am Fuß der Burg Fleckenstein können die 4- bis 12-Jährigen im P'tit Fleck das Wald-Königreich kennen lernen und Hirschspuren folgen.

Events

- Ende Juli bis Anfang August findet die **Semaine du Charbonnier,** die Köhlerwoche, statt, an der sich auch das Pfälzer Köhlerdorf Erfweiler beteiligt. Neben mehreren Musikveranstaltungen gibt es am Sonntag ein Köhlermahl und am Mittwoch *Jambonneaux à la braise,* „Wädele in der Glut". Man kann Handwerkern bei der Arbeit zusehen und zum Abschluss des Fests wird freitags der Kohlenmeiler eröffnet, von dem Holzkohe verkauft wird.

Infos gibt es über P'tit Fleck, s. o. sowie unter www-charbonniers.fr.

Gimbelhof Östlich der Burg Fleckenstein liegt der Gimbelhof (siehe Lembach), ein viel besuchtes **Ausflugslokal**

und Hotel, das zu typisch Elsässer Küche in seinen **Biergarten** einlädt. Für die Kinder ist der **Ritterspielplatz** ein Anziehungspunkt.

Loewenstein

Loewenstein, Hohenburg und die Wegelnburg auf deutscher Seite liegen nah beieinander auf dem 553 m hohen **Schlossberg.** Von der im 12. Jh. errichteten Burg Loewenstein ist nicht mehr allzu viel erhalten geblieben; sie wurde 1386 von Straßburger Bürgern zerstört, war sie doch damals Sitz des Raubritters *Lindenschmidt,* der im ganzen Nordelsass sein Unwesen trieb. Um seine Verfolger zu täuschen, soll er die Hufeisen seiner Pferde sogar verkehrt herum angebracht haben. Der berüchtigte *Lindenschmidt* wird in einem Volkslied von *Ludwig Uhland* besungen. Die Burg wurde später als Vorburg zur Hohenburg wiederaufgebaut, 1680 aber erneut zerstört.

Hohenburg

Die Hohenburg wurde vermutlich von einer Zweiglinie der *Fleckensteiner,* den Herren *von Hohenburg,* Ende des 12. Jh. erbaut. Einer der Herren *von Hohenburg* war der Minnesänger *Konrad,* Vertrauter König *Rudolfs von Habsburg.* Nach dem Aussterben der männlichen Linie 1482 kam die Burg in den Besitz des Reichsritters *Franz von Sickingen.* Über den Chemin des Rochers, den Felsenweg, war sie mit der Burg Fleckenstein verbunden. 1680 wurde sie durch französische Truppen zerstört. Das Renaissance-Portal ziert das Wappen der *Sickinger.* Von der Burg hat man eine gute Aussicht.

Wegelnburg

Die Wegelnburg (in Deutschland) liegt auf 571 m Höhe und ist damit die **höchstgelegene Burgruine der Pfalz.** Die im 12. bis 13. Jh. gegründete Reichsfeste wurde gleich nach ihrer Erbauung zu einem Raubritternest, so dass sie bereits 1272 wieder zerstört wurde, um den Überfällen Einhalt zu gebieten. Zu Beginn des 14. Jh. wurde sie erneut bewohnt, 1679 zerstört. Reste der Ringmauer mit Toren und eine große Kammer im Felsen der Oberburg sind erhalten geblieben. Eine herrliche Fernsicht über Nothweiler und den Wasgau bietet sich von der „Aussichtskanzel“!

Frœnsburg

Über dem südlich gelegenen Tal des Steinbachs thront die Frœnsburg. Auch sie entstand im 13. Jh., wurde aber im 14. Jh. bereits wieder zerstört. Wegen familiärer Zwistigkeiten war sie zweigeteilt. Die Sage erzählt, dass hier ein Riese lebte, der sich von einer Jungfrau umsorgen ließ.

Lembach

Sommerferienort

Auf der Straße D 3, der deutsch-französischen Touristikroute, und über den Col de Pigeonnier gelangt man von Wissembourg nach Lembach, das im oberen Tal der Sauer liegt. Lembach ist ein **Wanderzentrum** und Sommerferienort. Hier stehen stattliche Fachwerkhöfe und Bürgerhäuser.

Feinschmecker

Zur **„Gourmet-Route des Sauertals"** haben sich mehrere Restaurants um Obersteinbach und Lembach zusammengeschlossen. Unter Feinschmeckern weit bekannt ist die mit Sternen dekorierte „Auberge du Cheval Blanc" in der ehemaligen Poststation des 18. Jh. von Lembach.

Die **Ouvrage du Four à Chaux** ist eine wichtige und gut erhaltene Stellung der Maginot-Linie mit einem unterirdischen Artilleriewerk (siehe „Maginot-Linie").

Infos

- **Office de Tourisme,** 23, Rue de Bitche, F-67510 Lembach, Tel. 0388944316, Fax 0388942004, www.ot-lembach.com.

Unterkunft

- Das Besondere: **Auberge du Cheval Blanc,** 4, Route de Wissembourg, Tel. 0388944186, www.au-cheval-blanc.fr; erlesene Gerichte im altelsässisch eingerichteten Restaurant; DZ 110–200 Euro, Frühstück 9,15 Euro, Menü 34–37 Euro, geschlossen 31.1. bis 18.2. und 22.8. bis 8.9. Mo, Di, Fr Mittag.
- **Ferme de Gimbelhof,** Tel. 0388944358, Fax 0388 942330, www.gimbelhof.com, DZ 25–57 Euro, Frühstück 5 Euro, Menü 16–25 Euro, geschlossen 15.11. bis 26.12. Mo, Di; unser Tipp zum Übernachten und Essen.

Bewirtung

- **Arbre vert,** 2, Rue de Wingen, Tel./Fax 0388944256, Menü 12,50–30 Euro.

Camping

•**Buvette du Camping,** Camping Fleckenstein, Tel. 038894 4038, Campingplatz; geöffn. Juli/Aug., günstige Gerichte.

Niedersteinbach

Auch in Niedersteinbach gibt es ein Cheval Blanc, das zwar nicht von Gourmet-Sternen gekrönt wird, aber einen besonders leckeren Schokoladenkuchen anbietet, der warm serviert wird. Von Niedersteinbach und Obersteinbach führen **Wanderwege** zu den nahe gelegenen Ruinen Schœneck, Wineck, Windstein und Wasigenstein.

Unterkunft

•**Au Cheval Blanc,** 11, Rue Principale, F-67512 Niedersteinbach, Tel. 0388095531, Fax 0388095024; schönes Hotel-Restaurant in altem Fachwerkhaus mit Schwimmbad im Freien; EZ 44–52 Euro, DZ 49–68 Euro, Frühstück 8,50 Euro; Menü 18–53 Euro, geschlossen 24.1. bis 3.3. und 22.6. bis 7.7. sowie Anfang Dez. und Do.

Obersteinbach

Maison des Châteaux-Forts

Obersteinbach ist das **Dorf der 13 Brunnen.** Das Maison des Châteaux-Forts informiert über die **mittelalterliche Wehrarchitektur** von Burgen (Fotodokumente, historische Funde und Modelle, Erklärungen zu den Burgen in den Nordvogesen, über ihre Militärgeschichte und Bauweise). Beim Museum ist ein Schaugarten angelegt, der zeigt, was die Burgbewohner anpflanzten. Oberhalb des Orts steht der „durchlöcherte" **Wachtfels,** ein beliebter Aussichtspunkt.

Museum

•**Maison des Châteaux-Forts,** 42, Rue Principale; geöffnet Juli–Okt. Mo–Fr 14–17, Sa 15–18, So 10–12, 15–18 Uhr, März/April So 14–17, Mai/Juni Sa, So 15–18 Uhr.

Unterkunft

•**Hotel-Restaurant Anthon,** 40, Rue Principale, Tel. 0388 095501, Fax 0388095052, DZ 58 Euro, Frühstück 10 Euro, Menü 24–61 Euro, Jan.–Mitte Feb. Di, Mi, Do Ruhetag.

•**Wachtfels,** 62, Rue Principale, F-67510 Obersteinbach, Tel. 0388095508, Fax 0388095720, EZ 27 Euro, DZ 35 Euro, Frühstück 6,50 Euro, Menü 7–25 Euro; kleines, einfaches Hotel.

Burgen bei Obersteinbach

Burg Hœnfels

Die Burg Hœnfels, auch **Hohenfels** oder **Altfels** genannt, wurde 1205 von den *Staufern* zur Sicherung der Straße nach Haguenau errichtet und bereits im Jahr 1332 wieder zerstört, weil sich hier Raubritter einquartiert hatten. Die Burg auf einem 160 m langen Felsen war mit einem tiefen Graben und einer Zugbrücke gesichert.

Burg Wineck

Burg Wineck war ein Vorposten der Burg Schœneck. Sie wurde Anfang des 13. Jh. von einer staufischen Ministerialfamilie erbaut und 1281 von *Rudolf von Habsburg* zerstört, weil sich nach dem Untergang der *Staufer* Raubritter einquartiert hatten. Anfang des 14. Jh. wurde sie durch den Bischof von Straßburg wieder aufgebaut, ein zweiter Mauerring kam dazu. Das Eingangstor mit einer Mauer und ein fünfeckiger Bergfried sind erhalten. Im 30-Jährigen Krieg diente Wineck als Fluchtburg für die Bevölkerung, 1680 wurde sie von *Ludwig XIV.* geschleift.

Burg Wasigenstein

Burg Wasigenstein ist die romantischste der Burgen in der Umgebung von Obersteinbach. Hier „spielte" Ende des 9. Jh. das **Walthari-Lied.** Demnach soll sich hier der Kampf *Walthers von Aquitanien* gegen die Burgunderkönige *Gunther* und *Hagen* zugetragen haben. Die 1250 erbaute Anlage besteht aus zwei Burgen, die durch einen tiefen Graben getrennt sind. Die Ruinen mit ihren Kammern, Felsnischen und Regenwasser-Zisternen sind noch gut erhalten. Der Osttrakt ist Vieux-Wasigenstein, Alt-Wasigenstein. Die Zugangstreppe diente mit ihren unregelmäßigen Stufen zur Verteidigung. Der Westtrakt ist Nouveau-Wasigenstein, Neu-Wasigenstein, der 1299 entstand. In den Burgen residierten zwei Linien der *Wasigensteiner,* die miteinander verfeindet waren. Die Burgen wurden im 30-Jährigen Krieg zerstört.

Vom östlich gelegenen **Zigeunerfelsen,** einem ehemaligem Wachtposten, sind noch Teile der in den Fels geschlagenen Treppe vorhanden. Auf

elsass_149 Foto: ti

dem nördlich an der Grenze zum Pfälzerwald gelegenen **Maimont** (513 m) sollen die Kelten Opfer dargebracht haben. Die Aushöhlung in einem großen Felsbrocken aus Buntsandstein wird als keltische Opferschale gedeutet.

Petit-Arnsberg entstand im 14. Jh. als kleiner Wachtposten. Es steht noch eine Wehrturmruine mit Treppen, Gängen, Palast- und Bergfriedresten.

Burg Neu-Windstein

Nach der Zerstörung der nahen **Burg Alt-Windstein,** von der heute außer einem eindrucksvollen Felsen nicht mehr viel zu sehen ist, verlegte der Herrscher 1339 seinen Wohnsitz nach Neu-Windstein, die Anlage mit gotischen Fenstern ist noch gut erhalten. Im 16. Jh. wurde die von einer Buckelquader-Mauer umgebene Anlage zu einer imposanten Festung verstärkt.

Burg Lutzelhardt

Burg Lutzelhardt mit ihrem hohen Bergfried wurde im 12. Jh. erbaut. Ihr unterer Teil wurde aus

Ruine der Burg Wasigenstein

dem Felsen geschlagen, der obere aufgesetzt. Teile der Ringmauer, der Unterburg, des Bergfried und des Palas (Wohnräume) sind erhalten. Auch diese Burg wurde im 30-Jährigen Krieg zerstört.

Sturzelbronn

Zisterzienserkloster

Um 1135 begründete der lothringische Herzog *Simon I.* das Zisterzienserkloster von Sturzelbronn. Es besaß umfangreiche Ländereien und das Patronat über die Kirchen in mehr als 50 Dörfern. Aufständische Bauern richteten 1525 im Kloster große Verwüstungen an. 1633 wurde es durch einen Angriff der Schweden zerstört. Ein halbes Jahrhundert später, inzwischen war es teilweise wiederaufgebaut worden, hob man das Kloster während der Französischen Revolution auf. Aus einer kleinen Kapelle (1723) entstand die heutige Pfarrkirche. Einige Überreste des alten Klosters sind noch vorhanden, darunter auch ein **sehr seltener Kalenderstein** unter dem Glockenturm am Kircheneingang. Durch diesen mit römischen Ziffern versehenen, 1,60 m hohen Stein ließ sich der erste Fastensonntag errechnen.

Bliesbruck

Der **Europäische Kulturpark** *(Parc archéologique européen)* **Bliesbruck-Reinheim** erstreckt sich im Bliestal beiderseits der deutsch-französischen Grenze. Auf deutscher Seite ist unter einem rekonstruierten Grabhügel das **Grab einer Keltenfürstin** aus der frühen La-Tène-Zeit nachgebildet. Daneben sind die Grundmauern einer römischen Villa freigelegt. Auf französischer Seite sieht man die Überreste eines Vicus, einer gallo-römischen Kleinstadt mit einem Handwerkszentrum. In einem kleinen Museum sind ebenfalls Grabungsfunde aus der Region ausgestellt.

• **Museum,** 1, Rue Robert Schumann, F-57200 Bliesbruck, Tel. 0387022579. Geöffnet Apr.-Okt. Di-So 10-18 Uhr, So bis 19 Uhr, Nov.-März 10-17 Uhr, 15. Dez.-15. Jan. geschlossen.

Bitche

Festungsstadt

Die Festungsstadt Bitche (Bitsch) mit ihren über 5700 Einwohnern liegt im Département Moselle in Lothringen. Sie entstand am Fuß einer gewaltigen **Befestigungsanlage** mit weithin sichtbarer **Zitadelle.** Hier ließen die Grafen von Lothringen bereits um 1180 eine Burg erbauen. Diese wurde mehrfach zerstört, wieder aufgebaut und im 17. Jh. endgültig geschleift, um Platz für die Zitadelle zu schaffen. Von 1297 bis 1570 gehörte das Gebiet zum Lehen von Zweibrücken-Bitche. *Vauban,* Festungsbaumeister unter *Ludwig XIV.,* ließ die strategisch wichtige Anlage auf einem Felsen 1681 bis 1683 zum Schutz des Vogesenübergangs vom Elsass nach Lothringen zur Festung verstärken. Kurz darauf wurde sie bereits geschleift und 1740 bis

elsass_150 Foto: ti

1754 wieder aufgebaut. Sie war zweimal das Ziel von Belagerungen durch preußische Armeen im Deutsch-Französischen Krieg 1870/71, bei denen Kommandant *Teyssier* und seine Garnison den feindlichen Angriffen fast acht Monate widerstehen konnte. Bis 1918 stand die Burg dann unter preußischer Herrschaft, bis die französische Armee in die Kasernen der Zitadelle zurückkehrte. Im 2. Weltkrieg war sie in die **Maginot-Linie** miteinbezogen und wurde dann durch die Bombenangriffe der Alliierten so stark beschädigt, dass sie an Bedeutung verlor. 1960 kam sie in städtischen Besitz und ist seit 1979 ein geschichtliches Monument.

Besichtigung

Durch einen langen, überdachten Gang gelangt man in das Innere der Festung. Der Zugang zu den Kasematten sowie zu über 50 Räumen und Raumteilen ist ausgeschildert. Zur Besichtigung gehören **Audiovisionsvorführungen,** bei denen auch Gerüche eingesetzt werden. Zusammen mit dem Journalist und Soldat *Mondel* lernen die Betrachter die wichtigsten Akteure der damaligen Zeit kennen. Das **Musée du Deuxième Empire** zeigt Reproduktionen und Grafiken aus der Zeit *Napoleons III.* sowie Uniform- und Trachtenpuppen.

Auf einem **Heimatlehrpfad** erfahren die Besucher mehr über die Entstehung der Burg. Den langen Widerstand von 1870 erlebt man auf dem Kinolehrpfad mit. Auch das historische Museum, das **Musée historique** beschäftigt sich mit den „Menschen des Kriegs von 1870", zeigt Archivaufnahmen, Waffensammlungen und Uniformen, beleuchtet Hintergründe des Kriegs. Außerdem sind hier Funde aus der Stein- und Römerzeit ausgestellt.

In die 1754 erbauten **Vauban-Kapelle,** die nach zweijähriger Restaurierung 2007 wieder eröffnet wurde, ist das **Musée du Plan Relief** eingezogen. Hier ist ein Modell von Bitche im Maßstab 1:600

Bitche (oben die Zitadelle)

zu sehen. Es zeigt die Stadt der Zitadelle Ende des 18. Jh. Außerdem erlebt man durch eine virtuelle Restaurierung der Festung eine Reise in die Vergangenheit.

• **Zitadelle und die Museen,** Tel. 0387961882, citadelle.bitche@wanadoo.fr. 15. März–15. Nov. tägl. 10–17 Uhr, So bis 18 Uhr sowie im Juli und Aug. 10–18 Uhr geöffnet, Eintritt 3 Euro, April–Sept. jeden 3. So im Monat um 14.30 Uhr geführter Rundgang; Juli–Sept. Veranstaltungen.

In Bitche ist das **Straßburger Tor** mit dem dahinter liegenden Turm sehenswert. Der Friedenspark, der **Jardin de la Paix,** erstreckt sich an der Avenue Charles de Gaulle. Die 2003 eröffnete Grünanlage im Herzen der Stadt gehört zum grenzüberschreitenden Projekt „Jardins sans limites", „Gärten ohne Grenzen" (Tel. 0684121546, jardin.bitche@orange.fr, Eintritt 2 Euro, Kombitickets für Zitadelle und Park 7 Euro, jeden 1. So im Monat um 16 Uhr geführter Rundgang, Veranstaltungen von Juni bis Mitte Sept). Eine weitere Parkanlage, die von namhaften Künstlern gestaltet wurde, sind die „Jardins en troc", die „Wechselgärten".

Von einer in Frankreich 2008 verabschiedeten Armeereform, nach der über 80 Militärstützpunkte geschlossen werden, ist auch die Garnisonsstadt Bitche betroffen. Dadurch, dass das 1967 stationierte 57. Artillerie-Regiment abgezogen wird, werden mit 2500 Personen fast die Hälfte der Einwohner gehen, denn über 1100 Arbeitsplätze fallen weg. 150 Häuser und über 400 Mietwohnungen stehen dann leer, die Immobilienpreise sind bereits massiv gefallen. Aus Protest gegen den Beschluss der Regierung gab die Stadt ihren Orden der Ehrenlegion, die höchste Auszeichnung des Landes, und das Kriegskreuz für den Mut seiner Bürger im Krieg von 1870/71 und im Zweiten Weltkrieg zurück.

Infos

• **Office de Tourisme** (im Rathaus), 4, Rue du Glacis du Château, F-57230 Bitche, Tel. 0387061616, Fax 0387061617, www.ville-bitche.fr.

Events

• **Internationales Theater- und Straßenkunstfestival, Weihnachtsmarkt.**

Von Bitche nach Niederbronn-les-Bains

Etang de Hanau

Südöstlich von Bitche quert die Straße N 62 den Naturpark Nordvogesen und führt über Niederbronn-les-Bains nach Haguenau. Der 18 ha große Hanauer Weiher (Etang de Hanau), ein **Stau- und Badesee,** liegt malerisch in einem Waldgebiet nördlich der Straße. Westlich des Weihers erhebt sich die Ruine der im 13. Jh. erbauten und im 30-Jährigen Krieg zerstörten **Burg Waldeck.** Ihr hoher, schlanker Bergfried ist weithin sichtbar. Östlich des Sees thront Burg Falkenstein.

Burg Falkenstein

Ähnlich wie die Burg Fleckenstein wurde auch Burg Falkenstein auf einem einzeln stehenden Felsen erbaut, von dem man eine tolle Aussicht über die Nordvogesen hat. Die Felsenburg aus dem 13. Jh. ist ca. 160 m lang und 40 bis 75 m breit. Die natürliche Felsformation wurde beim Bau der Burg maximal ausgenutzt. Der Name der Burg wird auf die Falken zurückgeführt, die früher in dem Buntsandsteinfelsen nisteten. Nach dem Einschlag eines Blitzes wurde die Burg 1564 durch einen fünftägigen Brand zerstört. Französische Truppen schleiften sie endgültig im Jahr 1680.

Burg Helfenstein

Nur 150 m östlich der Burg Falkenstein liegt die Ruine der Burg Helfenstein ein wenig versteckt im Wald. Auch sie wurde im 13. Jh. erbaut, aber schon 1435 in einer Fehde zerstört. Auf der Westseite kann man noch gut erkennen, wie damals versucht wurde, durch Unterhöhlung des Felsens die Burg zum Einsturz zu bringen.

Grand Wintersberg

Auf dem 581 m hohen Großen Wintersberg (Grand Wintersberg), dem höchsten Berg der Nordvogesen, steht seit 1890 ein 25 m hoher, **steinerner Aussichtsturm.**

Col de la Liese

Am Col de la Liese (514 m) gibt es eine bewirtschaftete Hütte des Vogesenclubs, das Chalet du Wintersberg, und einen Rastplatz. Neben der Hütte ist eine **Fruchtbarkeitsgöttin,** die „Große Liese" (Grand Liese), in roten Sandstein gemeißelt.

Schloss Wasenbourg

Mit dem Bau des Schlosses Wasenbourg bei Niederbronn-les-Bains wurde 1273 wahrscheinlich vom Straßburger Bischof *Johann von Lichtenberg* begonnen, denn die Steinmetzzeichen stimmen mit denen am Straßburger Münster überein. Möglicherweise arbeiteten hier sogar die gleichen Baumeister. Im 13. bis 14. Jh. wurde die Burg erneuert, 1677 zerstört. Bereits in der Antike standen an dieser Stelle zwei Merkurtempel, im 19. Jh. rekonstruierte man einen kleinen Säulentempel. Die dort gefundenen Merkurstelen sind im archäologischen Museum in Niederbronn-les-Bains zu sehen. Die alten Buckelquadermauern der Burg wurden restauriert. Das berühmte Südostfenster ist in neun kleine Fenster aufgeteilt und mit Rosetten geschmückt. Über dem Ruineneingang erinnert eine Gedenktafel an den Besuch *Goethes.*

Niederbronn-les-Bains

Thermalbad, Luftkurort

Niederbronn-les-Bains (Bad Niederbronn) ist Thermalbad, Luftkurort und **Wanderzentrum.** Auch **Mountain-Biker** kommen gerne hierher, denn in der waldreichen und bergigen Umgebung wurden mehrere anspruchsvolle Touren ausgeschildert. Die heilkräftigen, kochsalz- und eisenhaltigen Quellen waren schon den Römern bekannt und wurden von ihnen genutzt. Im 16. Jh. führte Graf *Philipp von Hanau* den Bäderbetrieb ein. Das Wasser der Source Romaine, der **Römerquelle,** findet Anwendung bei rheumatischen und organischen Erkrankungen, bei Arteriosklerose und Bluthochdruck. Das Kurbad liegt am Place des Thermes, ein schöner Kurpark schließt sich an. Aus der **Keltenquelle,** der Source Celtique, wird Mineralwasser hergestellt. Am Ortsanfang steht das Brunnengebäude mit einem Restaurant. Die Flaschenfüllanlage kann besichtigt werden. Das Mineralwasser Celtic ist Konkurrent von Carola in Ribeauvillé. In Niederbronn-les-Bains gibt es das **einzige Spielcasino im Elsass.**

Infos

●**Office de Tourisme,** 6, Place de l'Hôtel de Ville, F-67110 Niederbronn-les-Bains, Tel. 0388808970, Fax 0388803701, www.niederbronn.com.

Museum

●Das Museum **Maison de l'Archéologie des Vosges du Nord,** 44, Avenue Foche, Tel. 0388803637, dokumentiert Ausgrabungen aus der Vorgeschichte, der Römerzeit und dem Mittelalter und zeigt eine Sammlung gusseiserner Öfen, die hier schon seit Jahrhunderten von DeDietrich produziert werden. Auch die Verwaltung von DeDietrich befindet sich in Niederbronn-les-Bains. Geöffnet von März bis Okt. tgl. 14–18 Uhr außer Di und Sa, sonst nur So 14–17 Uhr.

Unterkunft

●**Hotel-Restaurant Ferme Mellon,** Route de Jægerthal, Tel. 0388090848, 2 km nördlich Niederbronn-les-Bains an der Straße nach Jægerthal, regionale Spezialitäten; Ferien auf dem Bauernhof; Mo, Di geschlossen.

●**Hotel-Restaurant Jægerthal,** 1, Route d'Obersteinbach, Jægerthal, Tel. 0388090240, Fax 0388803987, EZ 24 Euro, DZ 27–29 Euro, Frühstück 4,50 Euro, Menü 8–23 Euro; 27.12. bis 30.1., Di abends und Mi geschlossen.

Bewirtung

●**Restaurant Les Acacias,** 35, Rue des Acacias, Tel. 0388090047.

Reichshoffen und die Industriellenfamilie DeDietrich

Eisengießereien

Die Nordvogesen boten ideale Bedingungen für die Eisenindustrie, die bereits in der Römerzeit begann und in Jaegerthal ihren Anfang nahm. In der Region wurden früher Eisenerz und Kalkstein, das man für die Verhüttung benötigte, abgebaut. In den ausgedehnten Wäldern gewann man Kohle für die Hochöfen. Pochwerke und Eisenhämmer wurden mit Wasserkraft betrieben.

Im 17. Jh. entstanden die Eisengießereien der Familie *DeDietrich*, die aus Reichshoffen stammte.

1761 kauften sie den Ort und die Manufakturen dem Herzog von Lothringen ab. Das 1770 erbaute Schloss der *DeDietrichs* mit seinem großen Park ist bis heute Firmensitz; die Verwaltung erfolgt vom nahe gelegenen Niederbronn aus. Auch Zinswiller, Mouterhouse und Mertzwiller profitierten von Reichshoffen, wo heute **TGV-Waggons** hergestellt werden.

Von der mittelalterlichen Stadtbefestigung des Orts gibt es Überreste wie den Schwedenturm. Auch alte Arbeiterhäuser stehen noch. Die spätbarocke Kirche ziert ein gotischer Turm.

Museum

- Im **Musée du Fer,** 9, Rue Jeanne d'Arc, Tel. 0388803449, geöffnet Juni bis Sept. Mi bis Mo 14–18 Uhr, Mai So und an Feiertagen 14–18 Uhr, werden die Geschichte der *DeDietrichs* und Techniken vom Hochofen über die Schmiede bis zum TGV dargestellt.

Oberbronn

In Oberbronn steht das einstige Schloss der Grafen *von Leiningen-Westerburg* aus dem 16. Jh. Seit 1857 dient es als **Kloster** und ist das Mutterhaus des Ordens der **Barmherzigen Schwestern** (Les Sœurs du Très Saint Sauveur). Früher war der Weinanbau in Oberbronn von großer Bedeutung. Es gibt noch schöne Winzerhäuser wie das Maison du Vigneron in der Rue Principale. Die **Fachwerkhäuser** stammen teilweise aus der Renaissance. Ihre Erker sind mit Schnitzereien verziert. An einigen Häusern finden sich alte Zunftzeichen wie die der Wagenbauer und Fassmacher. In der Rue des Fontaines (Brunnenstraße) stehen alte Brunnen; in der Nähe der Kirche ist ein Torbogen (Porte Fortifiée) aus dem Jahr 1592 erhalten. Unterhalb davon wurde ein kleiner Storchenpark angelegt. Ein **ausgeschilderter Rundweg,** der „Circuit touristique“, informiert über die Geschichte des Ortes. Neben der Kirche steht ein Pranger vor dem ehemaligen Gericht. Eine Oberbronner Spezialität ist die „Boudin aux Châtaignes", eine Blutwurst mit **Kastanien.** Die Kastanienbäume, die hier angepflanzt wurden, brauchte man früher fürs Fassholz. Die Esskastanien wurden verspeist. Über dem Ort erhebt sich der 526 m hohe Berg Wasenkœpfel. Der **Aussichtsturm** wurde hier 1887 errichtet. Eine Tafel erinnert an den Dichter *August Ehrenfried Stöber* (1808–1884): „Hier schau ich mit heiteren Blicken, mit herzigem Entzücken in das schöne Land am Rhein, in mein schönes Alsaland hinein". Ein **Wanderweg** (roter Strich) führt von dort weiter über den Col de L'Ungerthal (436 m) und den Col d'Holdereck zur **Ruine Grand-Arnsbourg** (Groß-Arnsburg). Der Graf *von Werd* ließ die Burg vermutlich um das Jahr 1200 auf einem 348 m hohen Felsen über dem Zinseltal errichten; sie wurde 1525 im Bauernkrieg und 1680 endgültig zerstört. Eine steile Treppe aus Eisen führt auf den Burgfelsen der östlichen Oberburg mit dem mächtigen, 13 m hohen **Bergfried.** Seine Mauern sind 2 m dick. Obwohl an seiner Außenseite eine schmale Eisenleiter auf den Bergfried führt, sollte man ihn nicht besteigen, denn es besteht Einsturzgefahr.

Bewirtung

- **Au Bœuf Noir,** 28, Rue Principale, Tel. 0388096139, Fax 0388097913, gute Elsässer Küche in einem altem Fachwerkhaus neben dem Rathaus; Menü 20–30 Euro.
- **A l'Ancre d'Or,** Rue Principale, Tel. 0388808308, regionale Spezialitäten.
- **Au Cerf, 23,** Rue Principale, Tel. 0388091221, im Fachwerkhaus eines Fassmachers von 1763.

Camping

- **L'Oasis,** Tel. 0388097176, 1,5 km vor dem Ort beim Hallenbad, schöner Platz mit Hütten.

Events

- **Kastanienfest** (Fête de la Châtaigne), 3. So im Oktober.

Offwiller

In Offwiller hat sich ein **heidnischer Winteraustreibungsbrauch** erhalten. Am Sonntag nach Fasnacht werden beim „Schieweschlaje" brennende Holzscheiben, die an Stöcken befestigt sind, erst im Kreis und dann ins Tal geschleudert. Das **Musée du Village d'Offwiller** illustriert das Leben der Kleinbauern im 19. Jh., die oftmals auch noch als Fabrikarbeiter schuften mussten (42, Rue de la Libération, F-67340-Offwiller, Tel. 0388893656, geöffnet Juni–Sept. zweiten Sonntag 14–18 Uhr).

Baerenthal

Im einige Kilometer nordwestlich gelegenen Ort Baerenthal steht die **Wallfahrtskapelle Maria Gnaden** (Notre Dame de la Confiance); der dritte Sonntag im Mai ist der Wallfahrtstag. Am nahe gelegenen **Neuweiher** gibt es eine große Freizeitanlage mit Tretbootverleih, Bademöglichkeit und Campingplatz. Der benachbarte große Weiher (Etang de Baerenthal) ist ein beliebtes Angelgewässer. Auf dem 309 m hohen Schlossberg können wir die **Burgruine Ramstein** aus dem 12. Jh. erkunden. Eine schmale Treppe führt auf den Felsen aus Buntsandstein, der mit Gängen, Kammern und abgewetzten Steintreppen durchzogen ist.

Lemberg

Südlich von Bitche liegt Lemberg in Lothringen. Die Gegend ist bekannt wegen des **Kristallglases,** das früher hier in vielen Glashütten hergestellt wurde. Der auf einer Anhöhe liegende Ort Goetzenbruck wird von einem weithin sichtbaren Sendeturm überragt. Ein Wanderweg führt von Lemberg zur Quelle Source St. Hubert und zum keltischen Dreibildstein.

Wandertipp Hubertus-Quelle und Dreibildstein

Source St-Hubert

Vom Waldparkplatz Carrefour Central, der am nördlichen Ortsanfang an der Straße D 37 liegt, führen gelbes Kreuz und roter Ring in 20 Minuten zur Source St-Hubert, der Hubertus-Quelle, einem alten **keltischen Quellheiligtum.** Das Quellwasser fließt aus einem überhängenden, moosbe-

elsass_158 Foto: ti

wachsenen Felsen in ein kleines Becken. Es soll kultischen Reinigungen gedient haben. In den Stein sind die Reliefs von zwei Hirschen und zwei Personen eingemeißelt. Das Relief der Person mit dem Bogen wird als keltische Göttin gedeutet, die Beschützerin der Wälder und der Natur, und als Mondgöttin, die über Werden und Vergehen bestimmt. Ihr keltischer Name ist nicht überliefert. Die Römer bezeichneten sie als Göttin Diana, die später zur Göttin der Jagd wurde.

Rocher des Trois Figures

Auf rotem Dreieck gelangen wir über den Col des Deux Schlossberg (Pass der zwei Schlossberge, 365 m ü.NN) zum Rocher des Trois Figures, dem keltischen Dreibildstein (25 Min.). Der **Kultstein** zeigt eine göttliche Dreiheit; „Gott und Göttin" – wie eine Tafel besagt – sind noch klar zu erkennen, die dritte, größere Figur ist stark verwittert. Sie könnte die Göttin Diana darstellen. In den Stein sind mehrere Kreuze, einige mit doppeltem Querbalken, eingeritzt. Den Götzenbildern sollen bis heute noch heimlich Beerenopfer zu Füßen gelegt werden. Rotes Dreieck leitet uns über die Carrefour des Cerisiers zum Parkplatz zurück. Der insgesamt 5 km lange Rundweg nimmt ungefähr 2 Stunden in Anspruch.

Rocher des Trois Figures

St-Louis-lès-Bitche

In St-Louis-lès-Bitche wurden 1767 die **königlichen Kristallglashütten** gegründet. Früher waren hier viele Arbeiter beschäftigt, wie die Wohnungen der ehemaligen Glasfabrikarbeiter entlang der Hauptstraße heute noch erkennen lassen. Doch der Zahn der Zeit nagt an den alten Häusern. Allein die stattliche Kirche oberhalb des Orts ist fein herausgeputzt und renoviert worden. Ihr Inneres zeugt vom Wohlstand, den es in St-Louis-lès-Bitche einst gab.

- **Glasmuseum „La Grande Place"**, Tel. 0387064004, Mi–Mo 10–18 Uhr.

Meisenthal

Auch Meisenthal war einmal ein Ort der Glasherstellung, wo viele Menschen Arbeit fanden. Das ehemalige Fabrikgebäude der Glashütte, die Halle Verrière de Meisenthal, in der von 1711 bis 1969 Glas produziert wurde, wurde zu einem **Kulturzentrum** umgebaut. Um den alten Schmelzofen herum finden Konzerte, Theateraufführungen und Ausstellungen statt. Auch das **Internationale Zentrum für Glaskunst** befindet sich hier, eine Schule der „Glaskünstler". Vor dem Maison du Verre et du Cristal, dem **Glasmuseum** (s.u.), das die lothringische Tradition der Kristallglasherstellung bewahrt, steht ein alter Glasschmelzofen. Darin sollen zwischen 1830 und 1930 berühmte Glaskünstler wie *Desiré Christian* und *Eugène Kremer* ihr Glas hergestellt haben. Auch eine umfangreiche Glassammlung im Art-Noveau-Stil ist zu sehen, darunter einige außergewöhnliche, von *Emile Gallé* signierte Stücke, der 1867 bis 1894 mit Meisenthal zusammengearbeitet hat.

Zwölfapostelstein

An der Straße D 12 steht der Zwölfapostelstein, der Pierre des 12 Apôtres, auch „Menhir du Breitenstein" genannt. Im Sockel des großen, aus Stein gemeißelten Kreuzes sind die zwölf Apostel dargestellt. Der Stein geht auf ein Gelübde eines Holzhändlers zurück, der einen schweren Unfall überlebte.

Museum

Maison du Verre et du Cristal, Glasmuseum, Place Robert Schumann, F-57960 Meisenthal, Tel. 0387969151; geöffnet Ostern bis 1.11. tgl. außer Di 14–18 Uhr, Gruppen nach Vereinbarung, Entritt 6 Euro.

Soucht

2 km südwestlich von Meisenthal liegt Soucht. Im Musée du Sabot, dem **Holzschuhmuseum,** kann man erleben, wie die Holzschuhmacher früher ihrem Handwerk nachgingen. Verschiedene Schuhtypen sind ausgestellt. Die Holzschuhherstellung – von Hand und mit alten Maschinen – wird demonstriert. Unterhalb des Museums gibt es einen großen Parkplatz und einen Rastplatz.

Museum

Musée du Sabot, Rue des Sabotiers, F-57960 Soucht; geöffnet von Ostern bis 30.6. und 1.9. bis 31.10. Sa, So 14–18 Uhr, vom 1.7. bis 31.8. tgl. 14–18 Uhr.

Wingen-sur-Moder

In Wingen-sur-Moder wurde 1921 die **Cristallerie d'Alsace** von *René Lalique* gegründet. Die hier produzierten, hochwertigen und manchmal ausgesprochen luxuriösen Stücke und Leuchter sind bekannt für ihre Jugendstil-Darstellungen. Der Betrieb beliefert heute noch den Elysée-Palast. Die Besichtigung ist nicht möglich, einen Fabrikverkauf gibt es ebenfalls nicht.

Wimmenau

Im östlich gelegenen Wimmenau weist eine alte Inschrift am **Maison de la Suisse** auf Schweizer Bürger hin, die im 17. Jh. zuzogen. In das alte Haus an der Hauptstraße D 919 ist vor kurzem ein kleines **Museum** einzogen. Neben dem Museum steht eine Ölmühle.

Museum

● **Musée de l'Histoire et de Tradition,** Handwerk und Leben auf dem Land, 5, Rue de Reberg, Tel. 0388898104.

Reipertswiller

An der **Wehrkirche** von Reipertswiller mit ihrem romanischen Turm sind außen am Chor Grabfragmente von *Jakob von Lichtenberg* zu sehen.

Burg Lichtenberg

Die **Grafen von Hanau-Lichtenberg** waren vom 13. bis 16. Jh. eines der mächtigsten Adelsgeschlechter des Nordelsass und stellten drei Straßburger Bischöfe. *Conrad von Lichtenberg* (1240 bis 1299) ließ im 13. Jh. die Burg auf dem 414 m hohen Berg oberhalb des heutigen Dorfs erbauen. Die Burg wurde bereits 1261 vom Bischof von Metz zerstört und danach wieder aufgebaut. Nach dem Tod von *Jakob von Lichtenberg* (1415–1480) ging sie in den Besitz der Grafen *von Hanau und Deux-Ponts-Bitche* über. *Philipp V. von Hanau-Lichtenberg* (1541–1599) ließ sie 1575 zu seiner Residenz ausbauen und erteilte 1580 *Daniel Specklin* (1536–1589) den Auftrag, sie zu befestigen. Der Salle des Chevaliers, der Rittersaal, entstand 1585. Vorher kamen schon mehrere Renaissance-Bauten und die Kapelle (1530) hinzu, in der heute das **Renaissance-Mausoleum** des 1599 verstorbenen *Philipp V.* und seiner Frauen steht. *Vauban* baute die Burg 1680 noch einmal festungsartig aus.

Burg Lichtenberg trug trotz der Eroberung durch französische Truppen 1678 und des Angriffs der württembergischen Artillerie 1870 keine größeren Schäden davon. Der äußere Graben wurde erst im 19. Jh. angelegt. Bis zur Kapitulation 1870 diente die Burg der Sicherung der Vogesentäler. Inzwischen restauriert, ist auch ein auffälliger, mo-

elsass05_170 Foto: ti

derner Veranstaltungssaal entstanden. Auf der Burg gastiert ein **eigenes Theaterensemble,** zudem beherbergt sie das regionale Kultur- und Begegnungszentrum, eine **Burgendokumentation** und eine **naturhistorische Ausstellung.** Vom Gang zwischen den miteinander verbundenen Burgfrieden hat man eine gute Aussicht.

Geöffnet

•**Burg Lichtenberg**, Tel. 0388899872, www.chateaudelichtenberg.com, ist geöffnet vom 1.6. bis 31.8. Mo 13.30–18 Uhr, Di bis So 10–18 Uhr, vom 1.4. bis 31.5. und 1.9. bis 1.11. Mo 13.30–18 Uhr, Di bis Sa 10–12 und 13.30–18 Uhr, So 10–18 Uhr, vom 1.3. bis 31.3. und 2.11. bis 30.11. tgl. 13–16 Uhr, Dez. bis Feb. geschlossen.

Unterkunft

•**Au Soleil,** 2, Place de l'Église, F-67340 Lichtenberg, Tel. 0388899613, Fax 0388899148, EZ 35 Euro, DZ 44 Euro, Frühstück 6,50 Euro, Menü 8–30 Euro, Mi geschlossen, Terrasse.

Die „modernisierte" Burg Lichtenberg im Nordelsass

Tierkirchlein

Oberhalb des Bruderthals liegt zwischen Lichtenberg und Rothbach die Ruine des Tierkirchleins versteckt im Wald. Von Lichtenberg führt ein Wanderweg (blauer Strich) dorthin. Die **kleine Wallfahrtskapelle** stammt aus dem 13. Jh. Im Mittelalter pilgerten die Bewohner der umliegenden Dörfer dorthin, um für ihre Haustiere Schutz vor Seuchen und Krankheiten zu erbitten. Nach Überlieferungen steckten sie Münzen in die Ritzen des Gemäuers und legten im Chor Besen aus Birkenreisig nieder, um die bösen Geister zu bannen.

Ingwiller

In Ingwiller im „Hanauer Ländchen" baut die Firma Lutz als eine der letzten Firmen in Frankreich **Kirmeskarussells.** Damit schrieb der kleine Ort an der Moder ein Stück Jahrmarktgeschichte. Auf einem historischen Rundweg erfährt man Wissenswertes über die Altstadt (Faltblatt dazu bei der Tourist-Information).

Cour du Château

Die **neobyzantinische Synagoge,** Cour du Château, ist zwar ganzjährig geöffnet, sie wird heute aber nur noch gelegentlich genutzt. Die Synagoge wurde Anfang des 19. Jh. auf den Keller-Fundamenten des zerstörten Schlosses der Grafen *von Lichtenberg* erbaut. Besichtigung im Rahmen einer Führung möglich (Auskunft erteilt die Tourist-Information).

Infos

- **Office de Tourisme du Pays de Hanau,** Tourist-Info des „Hanauer Ländchens", beim Rathaus, 68, Rue du Général Goureau, F-67340 Ingwiller, Tel. 0388892345, Fax 0388 896027, www.tourisme.pays-de-hanau.com.

Unterkunft

- **Aux Comtes de Hanau,** 139, Rue du Général-de-Gaulle, Tel. 0388894227, Fax 0388895118, www.aux-comtes-de-hanau.com, EZ 45,50 Euro, DZ 56 Euro, Frühstück 7 Euro, Menü 10–50 Euro, Mo u. Mi abends geschlossen, Terrasse.

Weiterswiller

In Weiterswiller gibt es eine **spätgotische Saalkirche** mit Grabplatten der Herren *von Fleckenstein*. Die Passionsfresken stammen aus dem 15. Jh., auf dem Hof steht ein Beinhaus.

Geöffnet

● Mai bis Mitte Sept. So u. an Feiertagen 14.30–18 Uhr und nach Vereinbarung, Tel. 0388895234 oder 0388895949.

La Petite-Pierre

Ferienort

Der Ferienort La Petite-Pierre **(Lützelstein)** erstreckt sich auf dem Rücken des 384 m hohen Altenbergs. Der Ort (700 Einw.) liegt am Fuß des 340 m hohen Burgfelsens, nur die alten Häuser und die Burg stehen auf dem Felsen, der von den Einheimischen „Staedel" genannt wird.

Burg

Um 1200 ließ Graf *Hugo I. von Lützelstein* die Burg auf dem äußersten Sporn des Felsens errichten. Im 16. Jh. wurde sie von Graf *Georg Hans von Pfalz-Veldenz*, auch *Jerryhans* genannt, umgebaut. Er förderte zwar die Wirtschaft, seine Großzügigkeit trieb ihn aber in den Ruin. Die heutigen Bauten auf dem Felsen stammen vor allem aus dieser Zeit. Im 17. Jh. wurde die Burg von *Vauban* befestigt, im 19. Jh. erneut umgebaut. Reliefgrabsteine erinnern an die Kirchenstifter Graf *Burkhard von Lützelstein* und seine Gattin *Gilga*. Die Burg wurde noch bis vor gut 100 Jahren als Festung genutzt.

Geöffnet

● Die **Burg** ist geöffnet von Juni bis Sept. tgl 10–12 und 14–18 Uhr außer Sa morgens, vom 1.10. bis 11.11. Sa 14–18, So 10–12 und 14–18 Uhr, vom 12.11. bis Ostern ist sie geschlossen. In der Burg ist die Verwaltung des Naturparks Nordvogesen (Maison du Parc) untergebracht (Adresse siehe „Naturparks und Naturschutz"). Eine **Dauerausstellung** zeigt auf 700 m² das „Abenteuer Nordvorgesen" und informiert über Geschichte, Geologie und Natur des Parks und von La Petite-Pierre.

Pfarrkirche

In der gotischen Pfarrkirche **Notre-Dame-de-l'Assomption** sind die Herren *von Lützelstein* beigesetzt. Am Burgeingang steht die um 1418 erbaute Simultankirche. Der Turm und das Langhaus wurden im 19. Jh. erneuert. Der gotische Chor stammt noch aus dem 15.Jh. und ist mit Wandmalereien versehen. Die Grabplatte erinnert an den 1592 gestorbenen Pfalzgrafen *Jerryhans.*

Rundweg

An der Kirche beginnt ein Rundweg, der um die Burg herumführt. Ein Zisternensystem mit Grotten und See kann besichtigt werden (Taschenlampe mitnehmen). Oberhalb der Burg können wir im **Jardin des Poetes,** dem Dichtergarten, Gedichte von Kindern und Jugendlichen lesen (auf Französisch), eine Rast einlegen und die herrliche Aussicht genießen.

Das **Heidenhaus** aus dem Jahr 1534 wurde über Fundamenten aus der Römerzeit erbaut.

Chapelle St-Louis

In der Chapelle St-Louis, der Ludwigskapelle, in der Oberstadt, die *Ludwig XIV.* im 17. Jh. für die französische Garnison erbauen ließ, befindet sich das Musée du Sceau, das **Elsässische Siegelmuseum.** Hier sind Siegel und Wappen von Feudalherren, Städten, Handwerk und Orden zu sehen.

Im einstigen Pulvermagazin wurde das **Musée des Arts et Traditions Populaires** eingerichtet. Ausgestellt ist eine Sammlung elsässischer Springerle-Formen, gezeigt werden Brauchtum, Trachten und Handwerk.

4 km östlich von La Petit Pierre liegt der **Wildpark Schwarzbach.**

Infos

- **Office de Tourisme,** Maison du Frasey, 2a, Rue du Château, F-67290 La Petite-Pierre, Tel. 0388704230, Fax 0388 704108, www.ot-paysdelapetitepierre.com.

Unterkunft

- **Auberge d'Imsthal,** Route Forestière, Tel. 0388014900, Fax 0388704026, EZ 40–70 Euro, DZ 49–108, Frühstück 9 Euro, Menü 7–42, ruhig, Elsässer Küche.

Felsenwohnungen in Graufthal (Maisons troglodytes)

Camping

- Campingplatz im südlich gelegenen Kohltal.

Museum

- **Musée des Arts et Traditions Populaires,** 11, Rue des Remparts, Tel. 0388704141, und **Elsässisches Siegelmuseum, Musée du Sceau** (Chapelle St-Louis), Rue du Château, Tel. 0388704865, beide Museen sind von Juli bis Sept. und in den Schulferien Di bis So 10–12 und 14–18 Uhr, sonst Sa und So geöffnet.

Events

- **Jazz-Festival,** am Wochenende um den 15. August.

Die Felsenwohnungen in Graufthal

Maisons troglodytes

Südlich von La Petite-Pierre liegt Graufthal. Über dem Ort wurden **drei Wohnhöhlen,** die Maisons troglodytes, in die 70 m hohe Felswand geschlagen. Im Mittelalter waren die Höhlen Lagerräume und dienten als Getreidespeicher für das Kloster. Im 17. Jh. wurden sie zu einfachen Wohnräumen

elsass_164 Foto: ti

ausgebaut. Ein Raum trägt die Jahreszahl 1760. Ende des 19. Jh. war kurz eine kleine Streichholzfabrik in einer der Höhlen untergebracht.

Die drei Felsenwohnungen sind nach ihren letzten Bewohnern benannt. Das **Maison Wagner** ganz links erinnert an *Frédéric Wagner,* der am 29.10.1874 in Graufthal geboren wurde. Ausgestellt sind eine Bildergalerie und das Album der Familie. Im mittleren Haus, dem **Maison Weber,** ist die alte Kochstelle mit Krügen und einer Wasserstelle sehenswert. Im rechten Haus wohnte **Cathérine Ottermann** (1876–1958), die letzte Bewohnerin der Felsenwohnungen, auch die „Felsekaeth" genannt. Nach dem Tod ihrer Schwester *Madeleine* lebte sie noch elf Jahre alleine hier. Die Wohnungseinrichtungen waren spärlich, eine schlichte Küche, ein weißes Bett und ein paar wenige Möbel. Es muss das ganze Jahr über kalt und feucht in den Felsenwohnungen gewesen sein. Neben den drei Wohnhöhlen befindet sich unter einem überhängenden Felsdach noch ein gemauerter Schuppen. Nach dem Tod der *Felsekaeth* verfielen die Wohnungen. 1982 gründete sich eine **Gesellschaft zu ihrer Erhaltung.** 1988 wurden die Felsenwohnungen unter Denkmalschutz gestellt. Die Zimmer und die Einrichtungen wurden hergerichtet, aber weitgehend in ihrem ursprünglichen Zustand belassen. Die Außenfassaden der Häuschen sind in leuchtendem Blau gestrichen.

Geöffnet

- Die **Felsenwohnungen,** Tel. 0388701959, können von Ostern bis September So/Fei 14–18 Uhr, im Juli/Aug. tgl. 14–18 Uhr besichtigt werden.

Im 8. Jh. wurde in Graufthal eine **Abtei** gegründet, im 12. Jh. wird erstmals das Benediktinerkloster *Hl. Gangolph* erwähnt. Im 16. Jh. wurde es säkularisiert, in dieser Zeit wurde das Dorf von den Gra-

elsass_166 Foto: ti

fen *von Lützelstein* verwaltet, die hier eine Schmiede, eine Gießerei und eine Glashütte gründeten. Im 17. Jh. entstand die **Kirche** unterhalb der Felsenwohnungen, die beide Konfessionen bis 1905 nutzten, dann wurde die katholische Kirche erbaut. Die Kirche wird mit einem alten gusseisernen Ofen beheizt.

Das Strohpuppenfest in Struth

Anfang Juni

Ohne sein alljährlich Anfang Juni stattfindendes Strohpuppenfest (**Fête des Epouvantails**) wäre der kleine Ort Struth nordwestlich von La Petite-Pierre wohl nicht so bekannt geworden. Für dieses Volksfest basteln die Einwohner **lebensgroße, bekleidete Strohpuppen,** die an den Hauseingängen entlang der Hauptstraße oder am Brunnen aufgestellt werden.

elsass_168 Foto: ti

L'Alsace Bossue

Das „Krumme Elsass"

Das „Krumme Elsass", **l'Alsace Bossue,** schließt sich im Westen an den Naturpark Nordvogesen an. Es liegt bereits **im lothringischen Becken.** Die genaue Herkunft des Namens ist unklar. Er stammt vielleicht von den buckligen Hügeln oder von der Form des Gebiets, das wie ein krummes Horn vom Elsass absteht. Die Region kam erst in der Französischen Revolution von der Grafschaft Nassau-Saarbrücken zu Frankreich.

Abseits der Touristenwege

Ins Krumme Elsass kommen nicht allzu viele Besucher; es liegt abseits der Touristenwege. Hier haben die Menschen in den Dörfern noch Zeit. Alles ist ländlicher, und die meist schlichten Häuser sind nicht so herausgeputzt wie anderswo im Elsass. So sind auch nicht die blumengeschmückten Fachwerkhäuser vorherrschend, sondern die **Maisons à Schopf** prägen das Bild der Ortschaften. Der „Schopf" ist ein zur Straßenseite der Häuser hin angebauter Schuppen aus Holz. Er diente ursprünglich zur Aufbewahrung landwirtschaftlicher Geräte. Charakteristisch für das Krumme Elsass sind auch die vielen **Napoleonsbänke,** steinerne Ablagen für die Lasten der Feldarbeiter (Erklärung siehe bei Gougenheim).

Der „Schopf" ist typisch für das „Krumme Elsass"

elsass05_181 Foto: ti

Diedendorf

Schloss

Im Schloss von Diedendorf bei Sarrewerden gibt es **Renaissance-Malereien** und prächtige Holzdecken in den Sälen zu bestaunen.

Sarrewerden

Kirche St-Blair

Bei der alten Brücke über die Saar steht die gotische Kirche St-Blair. Die ehemals gräfliche Loge im Innern ist mit einer spätgotischen Balustrade umrahmt. Der alte Brunnen neben der Kirche und **Reste der Stadtmauer** verleihen dem Ort ein malerisches Aussehen. In der Rue des Comptes de Nassau steht an einem kleinen Platz ein altes hölzernes **Mühlrad**.

Sarrewerden – der nächste Winter kommt bestimmt ...

Sarre-Union

Sarre-Union geht auf eine römische Siedlung zurück. Stadtrechte erhielt es im 14. Jh. In Frankreich verfolgte Hugenotten suchten hier Zuflucht. Mehrmals wechselte die Herrschaft von den saarländischen Grafen zu den lothringischen Herzögen. Die Stadt Sarre-Union entstand 1793 nach französischer Annexion aus Bockenheim (Bouquenon) und Neusaarwerden. Das ursprüngliche Bockenheim ist das heutige Zentrum der Stadt. Der Steinbock-Brunnen auf dem Place de la République erinnert daran. Die **Patrizier- und Bürgerhäuser** in der Grande Rue stammen aus der Renaissance. Das Rathaus mit den ehemaligen Marktarkaden wurde 1684 erbaut.

Temple Réformé

Im Temple Réformé, der evangelischen Kirche (Rue des Églises, Tel. 0388003615), veranschaulicht eine **Ausstellung** die Kirchenarchitektur des Krummen Elsass und die Geschichte von Neusaarwerden. Die Kirche wurde im 18. Jh. unter dem Architekten *Friedrich Joachim Stengel* errichtet, der noch knapp ein Dutzend weitere im Krummen Elsass baute.

Hutmacher und Fabrikanten haben durch die in Frankreich im 19. Jh. beliebten **Totenkronen** aus Pappmaché und Glasperlen für wirtschaftlichen Aufschwung in der Region gesorgt.

elsass05_182 Foto: ti

Infos

- **Office de Tourisme d'Alsace Bossue,** 34, Grande Rue, F-67430 Diemeringen, Tel. 0388004868, Fax 0388004869.

Museum

- Das **Regionalmuseum** des Krummen Elsass, das **Musée Regional de l'Alsace Bossue,** Collège des Jésuits, zeigt eine Ausstellung zu den Burgen und thematisiert die Geschichte des Krummen Elsass. Es informiert über die Arbeiten des Hutmachers *Langenhagen,* des Seilfabrikanten *Dommel* und des Perlenstickers *Karcher.* Das Museum ist von Juli bis Aug. Mi bis Mo 14–18 Uhr geöffnet.

Unterkunft

- **À la Porte Haute,** 9, Rue de Bitche, F-67260 Sarre-Union, Tel. 0388002243, EZ 27 Euro, DZ 43 Euro, Frühstück 4 Euro, Menü 8 Euro, Restaurant; 14. bis 31.7. geschlossen.
- **Au Cheval Noir,** 16, Route de Phalsbourg, Tel. 0388 001271, Fax 0388001909, EZ 22–34 Euro, DZ 28–37 Euro, Frühstück 5 Euro, nur Übernachtung.

Domfessel

Wehrkirche

Die gotische Wehrkirche des Ortes aus dem Jahr 1340 besitzt einen mit Schießscharten versehenen Kirchturm. Der Kirchenbezirk ist von einer Mauer mit Tortürmchen umschlossen.

Lorentzen

Wasserschloss

Im Nachbarort Lorentzen steht das ehemalige Wasserschloss von *Friedrich von Saarwerden,* das von zwei mächtigen Rundtürmen flankiert wird. Das alte Schloss kann nur von außen besichtigt werden.

Auf dem Weg zum Schloss sieht man eine alte Weizenmühle und auf der anderen Straßenseite die frühere Zehntscheuer.

Im ca. 3 km südlich gelegenen **Mackwiller** sind Reste einer galloromischen Villa und von Thermen erhalten. Die mit „Vestiges Romaines" bezeichneten Ausgrabungen sind frei zugänglich.

Brunnen in Sarre-Union

elsass_172 Foto: ti

Saverne und Umgebung

In diesem Abschnitt beschreiben wir die Gegend zwischen Haguenau und dem Naturpark Nordvogesen nördlich der Autobahn A 4 sowie rund um Saverne.

Bouxwiller

Schöne Fachwerkhäuser

Bouxwiller (Buchsweiler) entstand schon in der Römerzeit und wurde als „Puxuuilare" 725 urkundlich erwähnt. Bis 1793 war es die Residenz der Grafen *von Hanau-Lichtenberg* und somit die „Hauptstadt" des Hanauer Ländchens. Das kleine Städtchen mit seinen knapp 4000 Einwohnern hat sein altes Ortsbild mit schmucken Fachwerkhäusern bewahrt. Die Häuser wurden renoviert, und man kann bei einem Bummel durch den Ort an den Häusern alte Handwerkszeichen, Schnitzereien in den Holzbalken, verträumte Winkel, kleine Läden und einladende Bistros entdecken. Folgt man dem historischen Rundgang *(circuit histori-*

elsass_456 Foto: ti

que), lernt man die Sehenswürdigkeiten und die Kuriositäten des Ortes kennen.

Bouxwiller Weiber

Die Bouxwiller Weiber gelten als **äußerst schlagkräftig.** So wird berichtet, dass sie einst mit Heugabeln und Dreschflegeln gegen das Schloss anstürmten, als der Graf *von Hanau-Lichtenberg* wieder einmal die Abgabenlast erhöhte, um die Wünsche seiner verwöhnten Geliebten erfüllen zu können.

Das Renaissance-Schloss der Grafen wurde 1808 größtenteils zerstört, nur ein paar Nebengebäude blieben erhalten. Sogar *Goethe* beschrieb den einst terrassenartig angelegten Französischen Garten des Schlosses, der „Klein-Versailles" genannt wird. Die damals geretteten Orangenbäume bildeten den Grundstock der Orangerie von Kaiserin *Josephine* in Strasbourg. Am **Place du Château** (Schlossplatz), wo das Schloss einmal stand, erinnert der moderne **Platteschlecker-brunnen** an den Spottnamen der Bouxwiller. Da früher viele Bürger als Diener im Dienst der Grafen *von Hanau-Lichtenberg* standen und folglich mit Livree und weißen Handschuhen gekleidet waren, wurden sie wegen ihres „vornehmen" Aussehens oft verspottet. In der im 17. Jh. erbauten und im 19. Jh. umgebauten Kanzlei befindet sich heute das Rathaus mit dem **Musée de Bouxwiller et du Pays de Hanau** (s.u.) im Nebengebäude. In diesem Museum werden den Besuchern die Geschichte und die Gebräuche des Hanauer Ländchens nähergebracht. Etwas Besonderes ist die Sammlung der mit Blumen und geometrischen Mustern bemalten Möbel, die hier im 18. und 19. Jh. besonders verbreitet waren. Berühmte Persönlichkeiten wie *Charles-Henri Schattenmann,* der sich in der chemischen Industrie einen Namen machte, oder *Marie Hart* lernt man hier kennen. Die „grande dame" der elsässischen Literatur wurde in Bouxwiller geboren und hat ihrem Heimat-

Fachwerkhäuser in Bouxwiller

ort auf Elsässisch ein Denkmal gesetzt. Sie wohnte im Haus Nr. 14 in der Grande Rue und starb im Exil. Das Kulturzentrum trägt ihren Namen.

Die Elsässer **Bretzel** soll in dieser Gegend erfunden worden sein. Der Legende nach musste die Sonne dreimal durch dieses Backwerk scheinen.

Neben dem Rathaus ist in den einstigen gräflichen Marstall (1688) die Post eingezogen. Schräg gegenüber am Platz liegt das lange Gebäude der Kornhalle, das mit der ehemaligen Schlosskapelle aus dem 14. Jahrhundert verbunden ist. Neben dem Marstall verläuft die Rue des Seigneurs, auf der man über die Treppe zum Alten Kornmarkt gelangt, einem schönen Platz mit Löwenbrunnen. **Sehenswerte Adelshöfe** liegen an dieser Straße bis zur Grande Rue, in der es noch mehr hübsche, mit Arkaden und Erkern **verzierte Fachwerkbauten** zu entdecken gibt. Über die noblen Höfe, die alten Renaissancehäuser, informiert ein Faltblatt, das in der Touristinformation zu bekommen ist. Auch am Place du Marché, an der Rue du Canal und der Rue de l' Église gibt es noch weitere sehenswerte Fachwerkhäuser. In der protestantischen Kirche St. Jakobus ist die Silbermann-Orgel von 1778 sehens- und hörenswert.

In der ehemaligen Synagoge in der Grande Rue, die vor dem Abbruch gerettet werden konnte, wurde 1998 das **Musée Judéo-Alsacien** eröffnet. Das jüdische Museum zeigt das Leben der jüdischen Bevölkerung im Elsass, verschiedene Szenen sind mit Puppen dargestellt. Das **Théâtre du Marché aux Grains,** das Kornmarkt-Theater, sorgt für Unterhaltung.

Bastberg

Um den 326 m hohen Bastberg, auch Hexenhügel genannt, ranken sich Erzählungen von **Hexen** und **Teufelsaustreibungen.** Man erzählt, dass dort Feuer zu sehen sind und mit Speisen reichlich gedeckte Tische auf dem Gipfel stehen. Vom Mont St-Michel bei Ernolsheim herüberfliegende Hexen sollen auf dem Berg tanzen. Bei Tagesanbruch sind all diese Dinge wieder verschwunden.

Wer von Bouxwiller dem 6 km langen **geologischen Lehrpfad** auf den Berg folgt, wird heute das Gipfelkreuz, eine Orientierungstafel und moderne „fliegende Hexen" sehen können, die mit ihren bunten Gleitschirmen ins Tal schweben. Der Berg, der sich durch seine unter Naturschutz stehende Pflanzenwelt, seine Geologie und Paläontologie im Kalkstein auszeichnet, besteht aus zwei fast gleich hohen Kuppen, dem Kleinen und Großen Bastberg. Als „ganz von Muscheln geformte Anhöhe" hat *Goethe* den Berg beschrieben. Von der Höhe hat man eine gute Rundumsicht.

Infos

- **Rathaus,** 1, Place du Château, F-67330 Bouxwiller, Tel. 0388707016, Fax 0388713034.

Bewirtung

- Wer's deftig liebt und preisgünstig essen möchte, geht mittags zum Metzger *Marius* in die Grande Rue. Von Mo bis Fr wird von der Küche neben dem Laden Hausmannskost serviert.

Museum

- **Musée de Bouxwiller en Pays de Hanau,** 2, Place du Château (neben dem Rathaus), Tel. 0388709915, Juli bis Sept. Di–Fr, So 14–18, Sa 14–17 Uhr, Okt. bis Juni Di–So 14–17 Uhr, Jan. geschl., Eintritt 2 Euro.
- **Musée judéo-alsacien,** 62a Grande Rue, Tel. und Fax 0388709717, geöffnet von April bis Sept. Di bis Fr 14–17, So 14–18 Uhr und nach Vereinbarung.

Unterkunft

- **Hotel-Restaurant La Cour du Tonnelier,** 84a, Grande Rue, Tel. 0388707257, Fax 0388709574, EZ 43 Euro, DZ 52–59 Euro, Frühstück 6 Euro, Menü 8,50–37 Euro, 10.–31.08., 23.12.–5.1., So abends und Mo geschlossen.

Events

- Bouxwiller lädt am 2. Dezemberwochenende zu **„Weihnachten im Hanauer Ländchen"** ein.

Kirrwiller und das Royal Palace

Music-Hall Royal Palace

In der Music-Hall Royal Palace wird seit 1982 eine Revue im Stil des Moulin Rouge in Paris geboten. Das **Varieté-Theater** mit seinen 1.000 Plätzen erinnert außerdem an Las Vegas. Seine Ursprünge hat das Musiktheater in einem Hotel-Restaurant, das 1948 um einen Tanzboden erweitert wurde, 1977 stand die erste Show auf dem Programm. Der große Erfolg begann 1982 mit der „Soirée Pigalle“. Aus dem einfachen Hotel entwickelte sich eine Résidence des Artistes, eine Künstlerresidenz.

Theater

• **Music-Hall Royal Palace,** 20, Rue de Hochfelden, Tel. 00388707181, Fax 0388713195, www.royal-palace.com.

Rosenwiller

Im Zorntal östlich von Saverne liegt Rosenwiller. Hier stehen im vermutlich **ältesten jüdischen Friedhof** des Elsass (1366) über 6.000 Grabsteine.

Pfaffenhoffen

Die Moder trennt Pfaffenhoffen am Kochersberg vom gegenüberliegenden Ortsteil La Walck, das früher für seine Schuhmacher berühmt war. Pfaffenhoffen war im Mittelalter bekannt für seine Märkte, auf denen Händler aus dem ganzen Elsass ihre Produkte anboten. Vom einstigen Wohlstand des Ortes zeugen die prächtigen Häuser, die teilweise auch schön bemalt sind. In der Hauptstraße, der **Rue du Docteur Schweitzer 16,** steht ein besonders schönes Exemplar. Der Straßenname weist auf die Verbindung zum berühmten Urwaldarzt hin, der Ehrenbürger von Pfaffenhoffen ist. Sein Großvater, der auch Urgroßvater von **Jean-Paul Sartre** und Bürgermeister im Ort war, wohnte einst im Haus Nr. 4.

Synagoge

Die 1791 erbaute Synagoge (Passage du Schneeberg) ist die **älteste im Elsass.** Hier sind unter an-

Wandteppich in der Abteikirche St-Pierre-et-St-Paul (der Hl. Adelphus treibt die Teufel aus)

elsass05_191 Foto: ti

derem eine Kahlstub (Gemeindesaal), ein Ritualbad und ein Thoraschrein zu sehen. Den Schlüssel für die Synagoge erhält man an der Kasse des Museums de l'Image Populaire (s.u.).

Kirche

Den Turm der katholischen Kirche **Sts-Pierre-et-Paul** sollte man sich genauer ansehen. Aus dem spitzen Giebel unterhalb der Turmspitze beugt sich eine Gestalt hinaus, die ein Buch in der Hand hält. In der Krypta aus dem 13. Jh. sind die Gebeine von Toten zu sehen (Schlüssel im nahen Pfarrhaus erhältlich).

Museum

● Im **Musée de l'Imagerie Populaire, Museum der volkstümlichen Bildkunst,** gibt es Hinterglas- und Miniaturmalereien, gemalte Tauf-, Beerdigungs- und Votivbilder zu sehen, die charakteristisch für die Volkskunst des Elsass im 18. und 19. Jh. sind (24, Rue du Docteur Schweitzer, 67350 Pfaffenhoffen, Tel. 0388078005; geöffnet Mai bis Sept. Di bis So 14–18, Mi auch 10–12 Uhr, Okt. bis April Di bis Fr 14–17, Mi auch 10–12 Uhr, Sa, So 14–18 Uhr).

Neuwiller-lès-Saverne

Mittelalterliches Ortsbild

Neuwiller-lès-Saverne (Neuwiller bei Saverne) verfügt über ein gut erhaltenes, mittelalterliches Ortsbild. 726 gründete hier der *Hl. Pirmin* unter den Bischöfen von Metz eine **Benediktinerabtei.** Dazu gehörte die **Église St-Pierre-et-St-Paul.** Die 66 m lange kreuzförmige Basilika wurde im 13. Jh. im romanisch-gotischen Stil erbaut. Auf der Nordseite tragen die Portale Skulpturen aus dem 10. und 11. Jh. Im 16. bis 18. Jh. wurde die Kirche baulich stark verändert. Der Westturm, dessen Dach mit 2,20 m großen Engelsskulpturen geschmückt ist, entstand 1768.

Das gotische **Baldachingrab des Hl. Adelphus** (1270), der im 4. Jh. Bischof in Metz war, liegt im rechten Seitenschiff; im Holzschrein unter dem steinernen Hochgrab werden die Gebeine des Heiligen verwahrt. Seit dem 9. Jh. ist sein Grab das Ziel von **Wallfahrern.** Dadurch gewann das Kloster an überregionaler Bedeutung. Nach einem Brand im 12. Jh. wurde es wieder aufgebaut. Im hinteren linken Seitenschiff steht ein mit Figuren verziertes Taufbecken aus dem 12. Jh. In der rechten Seitenkapelle fällt eine Marienfigur aus Lindenholz auf, die von einem Holzschnitzer aus der Schule *Martin Schongauers* gefertigt wurde. Eine Treppe führt von der rechten Seitenkapelle in die **romanische Doppelkapelle,** den ältesten Teil der Kirche. Deren Krypta ist der *Hl. Katharina* geweiht. Durch eine Tür hinter dem Hochaltar gelangt man in die obere, dreischiffige Basilika des *Hl. Sebastian.* Hier sind auf vier jeweils 5 m langen und 1 m hohen Bildteppichen 20 Szenen aus dem Leben des *Hl. Adelphus* dargestellt. Die kostbaren Wandteppiche gab Graf *Philipp III. von Hanau-Lichtenberg* um 1500 in Auftrag. 1860 wurden sie restauriert. Links vom Hochaltar befindet sich ein besonders schönes Heiliges Grab aus dem 15. Jh. In der kreisrunden Vertiefung neben dem liegenden Christus werden in der Karwoche die Hostien aufbewahrt.

Vor der Kirche stehen noch die Grundmauern der Begräbniskirche Chapelle St-Nicholas aus dem 10./11. Jh. sowie ein Konventsgebäude und ein Brunnen. Die benachbarte romanische Stiftskirche St-Adelphe, die Adelphi-Kirche, entstand im

13. Jh. Die mittelalterlichen **Burgen** Hunebourg und Herrenstein erheben sich oberhalb des Ortes.

Infos

• Die **Abteikirche St-Pierre-et-St-Paul** und die **Adelphi-Kirche** sind tagsüber geöffnet. Die romanische Doppelkapelle und die Wandteppiche können jedoch nur im Rahmen einer Führung besichtigt werden. Anmeldung beim Pfarramt, Tel. 0388700051, oder bei *Marcel Hausser,* Tel. 0388700138 oder 0388700874.

Unterkunft

• **Château Hunebourg,** Tel. 0388700059, die Burg wurde zu einem Hotel-Restaurant der Kette „Vacenciel" umgebaut; sie liegt einige Kilometer westlich von Neuwiller-lès-Saverne auf einem aussichtsreichen, 415 m hohen Sandsteinfelsen; daneben Reste der alten Hunebourg. Von der Burg ist ein Wanderweg (30 Min.) zur nahe gelegenen „Grotte der Liebenden" (Grotte des Amoureux) ausgeschildert.

St-Jean-lès-Saverne

Mont St-Michel

St-Jean-lès-Saverne liegt am Fuß des 438 m hohen Mont St-Michel (Michaelsberg). Auf dem Berg steht eine **barocke Kapelle** aus dem 12. Jh., die im 17. Jh. umgebaut wurde (siehe Wandertipp bei Ernolsheim-lès-Saverne). Die einstige Benediktinerabtei aus dem 12. Jh. wurde zerstört. Erhalten geblieben ist jedoch die schlichte romanische **Abteikirche St-Jean.** Sie steht in einem Garten und ist kennzeichnend für die Romanik im Elsass und dadurch Ziel vieler kunstgeschichtlich interessierter Besucher. Sehenswert sind die Türe am Portal mit ihren eisernen Beschlägen, das mit Rokoko-Elementen verzierte Mobiliar aus dem 18. Jh. und besonders die **kostbaren Wandteppiche** aus dem 16. Jh, die sich in einem verschlossenen Seitenbau der Kirche befinden (Besichtigung auf Anfrage beim Küster neben der Kirche).

Unterkunft

• **Hotel-Restaurant Kleiber,** 37, Grande Rue, Tel. 0388 911182, Fax 0388710964, www.kleiber-fr.com, EZ 46–57 Euro, DZ 57–68 Euro, Frühstück 9,50 Euro, Menü 10–48 Euro, 22.12. bis 15.1. und So abends geschlossen; gute Küche elsässischer Hausmannskost.

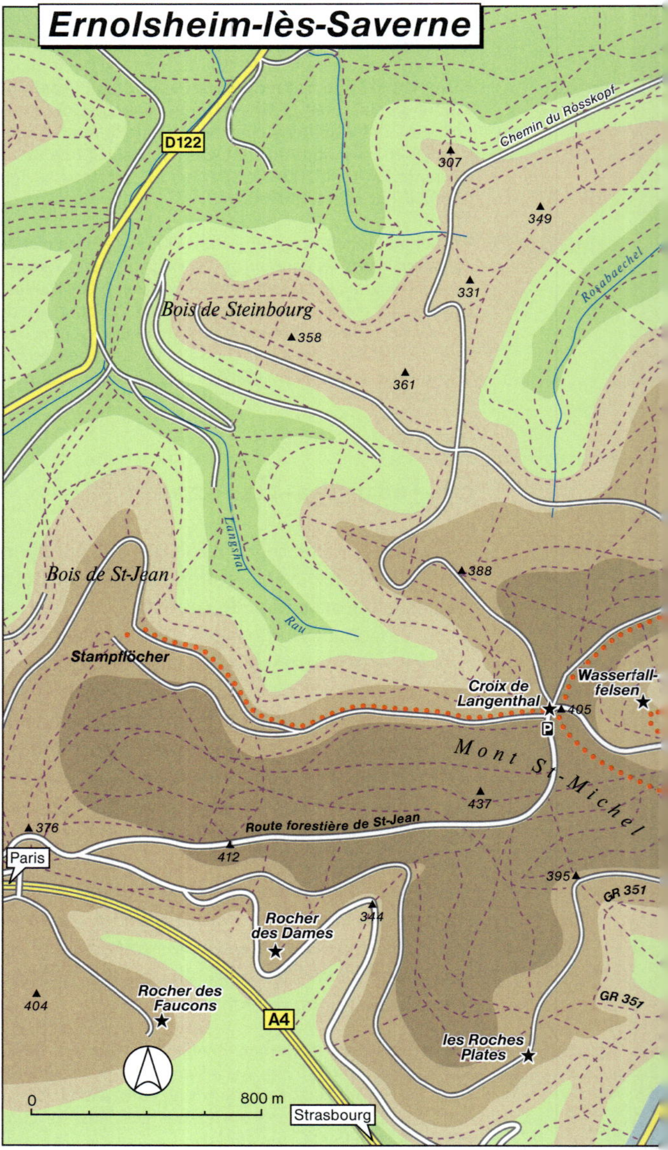

Ernolsheim-lès-Saverne
D122
Chemin du Rosskopf
307
349
Rosabaechel
331
Bois de Steinbourg
358
361
Langshal
Bois de St-Jean
388
Rau
Stampflöcher
Croix de Langenthal
405
Wasserfall-felsen
P
Mont St-Michel
437
376
Route forestière de St-Jean
Paris
412
395
GR 351
Rocher des Dames
344
GR 351
404
Rocher des Faucons
A4
les Roches Plates
0
800 m
Strasbourg

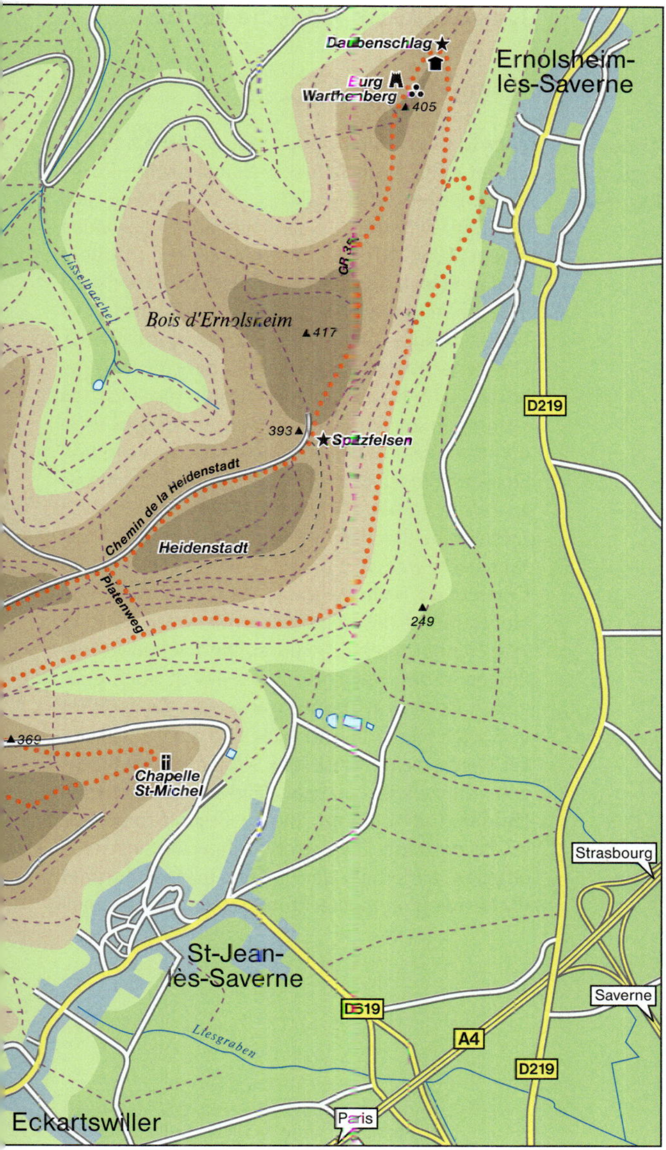
Daubenschlag
Burg Warthenberg
405
Ernolsheim-lès-Saverne
GR 5
Bois d'Ernolsheim
417
Lisselbaechel
393
Spitzfelsen
D219
Chemin de la Heidenstadt
Heidenstadt
Platenweg
249
369
Chapelle St-Michel
Strasbourg
St-Jean-lès-Saverne
Saverne
D619
A4
Liesgraben
D219
Eckartswiller
Paris

Ernolsheim-lès-Saverne

Wandertipp

Archäologischer Rundweg

Vom Rathaus in Ernolsheim-lès-Saverne aus verbindet ein **8,5 km** langer archäologischer Rundweg mehrere Sehenswürdigkeiten. Der Weg (gelber Ring) führt durch einen Wald aus Esskastanien hinauf zum 401 m hoch gelegenen **Daubenschlag-Felsen** (Rocher Daubenschlag). Hier steht eine unbewirtschaftete, offene Schutzhütte des Vogesenclubs (Dachboden zum Übernachten). Die benachbarte **Burg Warthenberg** (Ruine) gehörte im 12. Jh. zu den gewaltigsten romanischen Festungen im Elsass. Einen Burgführer gibt es in den Rathäusern von Ernolsheim-lès-Saverne und Dossenheim-sur-Zinsel. Blauer Strich führt weiter an Felsen vorbei, in denen die eingeschlossenen Kieselsteine darauf hinweisen, dass dies einmal ein Meeresriff war. 100 m rechts vom Weg liegt der **Carrière de Frohnberg,** ein alter Steinbruch. Von hier stammen die Steinblöcke, mit denen die Burg Warthenberg gebaut wurde. Die flachen Vertiefungen in den Felsblöcken des 419 m hoch gelegenen **Rocher à Cupule** werden als **Opferteller** gedeutet. Herkunft und Alter sind aber ungeklärt. Ein wenig weiter führt links ein kurzer Abstecher zum Kanzelfels. Nächstes Ziel ist die **keltische Heidenstadt** (405 m), die zu Beginn des 1. Jh. v. Chr. entstand. Zwei große Ringwälle sind noch erhalten. Unterhalb der Heidenstadt verläuft der **Plattenweg,** eine alte Römerstraße. An der Stei-

Stampflöcher im Wald bei St-Jean-Saverne

elsass_182 Foto: ti

gungsstrecke sind auf dem mit Steinquadern gedeckten Weg gut die tief eingefurchten Wagenspuren zu erkennen. Auf einem sonnigen Höhenweg gelangen wir zum Parkplatz beim Croix de Langenthal (Steinkreuz).

Von hier führt ein Abstecher (roter Kreis) in 25 Minuten zu den westlich im Wald gelegenen **Stampflöchern**, flachen Mulden im Fels, in denen einmal Getreide gestampft worden sein soll. Vom Parkplatz aus in östlicher Richtung erreichen wir in einer Viertelstunde die St. Michaelskapelle (374 m) auf dem **Michaelsberg** oberhalb St-Jean-lès-Saverne. Die Hütte des Vogesenclubs ist im Sommer bewirtschaftet. Hinter der Kapelle entdecken wir auf dem vorgelagerten Kapellenfelsen die **Hexenschule**, eine große, kreisrunde Vertiefung in der Felsplatte, wo die Hexen das Zaubern gelernt haben sollen. In der unterhalb des Felsens gelegenen **Grotte des Fées** erkennt man den Abdruck eines Sarkophags, und durch das **„Hexenloch"** flogen die Hexen zum nahen Bastberg. Auf dem Zufahrtsweg zur Kapelle gelangen wir zurück zur Straße, die wir überqueren; auf rotem Kreuz wandern wir über den Wasserfallfelsen auf dem Sentier Jean-Claude Walter und auf dem Sentier des Philosophes zurück nach Ernolsheim-lès-Saverne.

Saverne

Col de Saverne

Saverne (Zabern, 12.000 Einwohner) liegt an der alten **Via consularis,** der strategisch wichtigen Militärstraße zwischen Strasbourg und Metz. Schon in der Römerzeit gab es hier am gut zu überquerenden Vogesenpass eine Pferdewechselstation. Der Name Saverne geht auf das römische Tres Tabernae, drei Tavernen, zurück. „Porte de l'Alsace", **„Tor zum Elsass",** nennt sich Saverne heute selbst. Der Ort liegt in verkehrsgünstiger Lage am Col de Saverne, dem **Übergang nach Lothringen.** Bedingt durch diese strategische Lage wurde er immer wieder in Kriegen zerstört, eine besondere Sicherung durch mächtige Burgen war nötig. Der Vogesenkamm ist hier nur 6 km breit und mit 400 m Höhe ziemlich niedrig. Dies ist auch ein günstiger Übergang für den Marne-Rhein-Kanal, für die Autobahn A 4 und die Eisenbahn.

Im Mittelalter war Saverne **Hauptstadt des Wasgaus,** 1414 bis 1789 diente sie den Bischöfen von Strasbourg als Residenz, nachdem diese aus Strasbourg verjagt wurden.

Rohan-Schloss

Die Rohan-Kardinäle, die im 18. Jh. Straßburger Bischöfe waren, erbauten 1779 bis 1789 das Rohan-Schloss Château des Rohan. Kardinal *Louis Constantin de Rohan-Guéméné* war in die **„Halsbandaffäre"** und eine Liaison mit *Marie Antoinette* verwickelt. Er wollte ihre Gunst mit einem Diamantenhalsband gewinnen. Das führte zu einem Skandal und war einer der Auslöser der Französischen Revolution. Der Bau des Schlosses wurde damals unterbrochen, erst *Louis Napoléon* ließ es vollenden. Besonders prächtig ist die 140 m lange Nordfassade des Schlosses am Park. Im Sommer wird es beim abendlichen Spektakel „Son et Lumière" („Klang und Licht") beleuchtet. Im Schloss sind die Jugendherberge, das Kulturzentrum Espace Rohan und das **Stadtmuseum,** das Musée de la Ville, untergebracht.

elsass_457 Foto: ti

Saverne – Häuser am Marne-Rhein-Kanal

Museum

●Das **Musée de la Ville,** Tel. 0388910628, informiert über Archäologie, Kunst und Geschichte. Es zeigt kulturhistorische Sammlungen und die Stiftung der Feministin, Schriftstellerin und Weltreisenden *Louise Weiss,* eine Sammlung von Gemälden und Zeichnungen. Hier kann man sich auch über ihr Leben und ihre Taten informieren. Geöffnet ist das Museum von März bis Mitte Juni und von Mitte Sept. bis Nov. Mi bis Mo 14–17 Uhr, von Mitte Juni bis Mitte Sept. Mi bis Mo 10–12 und 14–18 Uhr, von Dez. bis Feb. So/Feiertage 14–17 Uhr.

Am Place de la Licorne bei der nahe gelegenen Schleuse am Marne-Rhein-Kanal steht der **Einhornbrunnen.** Das Einhorn ist das Wappentier der Stadt. Der spätbarocke **Oberhof** ist die alte Residenz der Fürstbischöfe, heute befinden sich darin die Unterpräfektur und das Gericht. Das Renaissance-Portal entstand 1680. Es gibt noch Reste der alten Stadtmauer, das alte Hospital entstand im Spätmittelalter. Aus dem Mittelalter stammen auch das Hôtel de Wangen und das Hôtel de Flachslanden. Die katholische **Pfarrkirche Notre-Dame-de-l'Assomption** am Place de l'Église besitzt einen romanischen Turm aus dem 12. Jh., der übrige Teil wurde in gotischem Stil im 15. Jh. errichtet. Das Gotteshaus verfügt über eine reiche Ausstattung, die Glasgemälde stammen aus dem 15./16. Jh. Hier wurden die Bischöfe beigesetzt.

Haus Katz

Das Haus Katz (17. Jh.) in der Grande Rue Nr. 80 wurde vom Generalsteuereinnehmer *Heinrich Katz* erbaut. Es gehört zu den **schönsten elsässischen Fachwerkbauten** und besitzt eine dunkle Renaissance-Fassade mit prunkvollen Schnitzereien. Heute befindet sich darin eine altelsässische Winstub, die viele Gäste anlockt. Daneben steht das wilhelminische Rathaus. Sehenswert ist auch das Maison Mitterspach.

Trompe l'œil

Hinter dem Rathaus ist eine **bemalte Hausfassade** sehenswert. Täuschend echt hat der Maler hier eine bunte Stadtszene dargestellt, in der eine alte Frau durch die enge Gasse geht oder ein Mann aus dem Fenster schaut. „Trompe l'œil", wörtlich übersetzt „Augentäuschung", nennen die Franzosen dieses Kunstwerk.

Winstub La Carpe d'Or

In der Grand Rue Nr. 58, in der Winstub La Carpe d'Or, wurde **unrühmliche Geschichte geschrieben.** Als ein junger preußischer Offizier 1913 hitzköpfig die elsässischen Rekruten abwertend als „Wackes" bezeichnete, kam es zu Übergriffen gegen preußische Soldaten. Der Vorfall schaukelte sich auf und wurde hoch politisch. Es gab Verhaftungen und Schikanen für die Bevölkerung, und die zuvor guten preußisch-elsässischen Beziehungen nahmen dauerhaften Schaden.

Couvent des Récollets

Die **Franziskaner- oder Rekollektenkirche** (Couvent des Récollets) in der Rue Poincaré war ursprünglich ein Augustinerkloster und dient heute als Schule. Es gibt hier einen Kreuzgang in Flamboyant-Gotik und mit Fresken. Die Rekollekten waren ein besonders strenggläubiger Zweig der Franziskaner.

Marne-Rhein-Kanal

Neben dem Schloss fließt der Marne-Rhein-Kanal (Canal de la Marne au Rhin). An der nahen **Schleuse** gibt es im Sommer immer etwas zu sehen, wenn die Schiffe durchgeschleust werden. Obwohl heute nur noch wenige Frachtschiffe auf

elsass_187 Foto: ti

dem Kanal unterwegs sind, hat die Zahl der kleinen privaten Motorboote und Hausboote stark zugenommen. Das Bassin du Canal, das Kanalbecken wurde zum Jachthafen ausgebaut.

Rosengarten

Jenseits des Kanals und westlich der Innenstadt liegt in der Route de Paris der Rosengarten **(Roseraie)**, der um das Jahr 1900 entstand. Hier blühen an die **500 Rosenarten.** Im Juni wird das Rosenfest gefeiert.

Botanischer Garten

An der Zaberner Steige, 3 km von der Stadt entfernt, liegt der Botanische Garten, der **Jardin Botanique du Col de Saverne.** Das Arboretum mit seinen großen Bäumen, das Alpinum mit den Alpenblumen, ein kleines Moor und die **größte Schau einheimischer Orchideen und Farne Frankreichs** lohnen einen Besuch.

Infos

- **Office de Tourisme,** 37, Grande Rue, F-67700 Saverne, Tel. 0388918047, Fax 0388710290, www.ot-saverne.fr.

Saverne – Haus Katz

Bewirtung

- **Taverne Katz,** 80, Grande Rue, Tel. 0388711656, Fax 0388718585, deftige elsässische Kost und Grillhaxen mit Spätzle im schönsten Gasthaus der Stadt; leider auch à la carte nicht ganz billig, Menü 16–63 Euro; große Terrasse.
- **La Marne,** 5, Rue du Griffon, F-67700 Saverne, Tel. 0388911918, Fax 0388910124, Menü 8–30 Euro; schöne Terrasse, angemessene Preise; geschlossen 24. bis 26.12., 31.12. bis 1.1.

Unterkunft

- Die **Jugendherberge** im Château des Rohans, Tel. 0388911484, Fax 0388711597, liegt mitten in der Stadt!
- **Chez Jean (Winstub s'Rostiebel),** 3, Rue de la Gare, Tel. 0388911019, Fax 0388912745, www.chez-jean.com, EZ 57–62 Euro, DZ 74–79 Euro, Frühstück 9 Euro, Menü 24–39 Euro; Restaurant So abends geschlossen, Terrasse an der Straße.
- **Hotel-Restaurant Quatre Vents,** Col de Saverne, an der RN 4 gelegen, Tel. 0388711776, Fax 0388712824, www.quatre-vents.fr; DZ 26–46 Euro, Frühstück 4,50 Euro, Menü 14–25 Euro; 23.12. bis 5.1. und 9. bis 23.2. geschl.

Event

- **Rosenfest** in der zweiten Juni-Hälfte.

Die Burgen um Saverne

Château de Haut-Barr

Das Château de Haut-Barr, Schloss Hochbarr, ist die **größte Burganlage bei Saverne.** Mit ihrem siebeneckigen Wohnturm steht die Burg auf drei durch eine Brücke und Treppen miteinander verbundenen, 458 m hohen Felsen. Sie wurde um 1170 vom Bischof von Strasbourg erbaut. Eine lateinische Inschrift besagt, dass sie im 16. Jh. von *Johann Manderscheid-Blankenheim,* der aus der Eifel stammte, erneuert wurde. 1650 wurde die Burg unter *Ludwig XIV.* geschleift. Bis dahin galt sie als uneinnehmbar. Die romanischen Ruinen und die Kapelle wurden restauriert. Von hier bietet sich eine gute Aussicht über die Rheinebene und das Nordelsass. **„Auge des Elsass"** wird Hochbarr auch genannt. Der obere Teil des Felsens ist über eine Treppe oder die **Teufelsbrücke** erreichbar. Diese ist auch Schauplatz einer bekannten Sage,

Ruine Petit Geroldseck bei Saverne

wonach der Teufel, der als Baulohn die erste Seele einforderte, die über die Brücke kommt, mit einem Ziegenbock überlistet wurde. Die bewirtschaftete Burganlage (Burg-Restaurant) ist ganzjährig tgl. von 9-19 Uhr geöffnet.

Tour de Chappe

Am Fuß des Felsens, etwa 200 m von der Burg entfernt, steht der Tour de Chappe (Chappe-Turm), der 1794 von *Claude Chappe* erbaut wurde. Der **Telegrafenturm** ist Teil eines Fernmeldenetzes, das ab 1798 Nachrichten zwischen Strasbourg und Paris übermittelte. Der optische Flügeltelegraf trägt ein Gestänge mit zwei flexiblen Armen auf der Turmspitze, aus deren Stellung die Signale entschlüsselt werden konnten. Ein **kleines Museum** (Musée du Télégraphe Claude Chappe) gibt Erläuterungen. Es ist von Mitte Mai bis Mitte Sept. Mi bis So von 13-18 Uhr geöffnet; im Turm des alten Telegrafen kann man sich über die optische Telegrafie informieren.

elsass_188 Foto: ti

elsass_191 Foto: ti

Groß- und Klein-Geroldseck

Die Burgen Groß- und Klein-Geroldseck entstanden im 12. und 13. Jh. Zu Fuß gelangt man in 15 Min. von der Burg Hochbarr auf rotem Kreuz zur 475 m hoch gelegenen Burgruine Groß-Geroldseck (Grand Geroldseck). Ihre Steine wurden für den Bau des Schlosses von Saverne verwendet. Folglich ist außer dem weithin sichtbaren Bergfried nicht mehr allzu viel von der Burg übrig geblieben. Der Bergfried besteht aus Buntsandstein, er kann aber nicht bestiegen werden. In weiteren 15 Minuten erreicht man über den 431 m hohen Pass Col de Geroldseck die 469 m hoch gelegene Ruine Klein-Geroldseck (Petit Geroldseck). Von der Burg steigen wir hinunter zum 423 m hoch gelegenen **Hexentisch** (Table des Sorcierères). Der Waldparkplatz und Rastplatz liegt an einer für den öffentlichen Verkehr freigegebenen Forststraße, welche mehrere Burgen verbindet (Route des Châteaux). Vom Hexentisch geht es auf rotem Rechteck (GR 53) hinauf zum 530 m hohen **Brotschberg,** auf dem der **Tour du Brotsch,** ein 1897 erbauter **Aussichtsturm,** steht (360°-Panorama). Südlich des Turms haben wir vom 517 m hohen Brotsch-Felsen (Rocher du Brotsch) eine weite Aussicht zur **Dagsburg** (Rocher de Dabo) und auf den Schneeberg. Unterhalb des Buntsandsteinfelsens liegt die **Grotte du Brotsch** (Brotsch-Höhle), ein großes Felsendach. Folgen wir dem roten Rechteck weiter, erreichen wir nach dem Abstieg den Waldparkplatz Schaeferplatz. Von hier können wir auf rotem Kreuz zurück zum Hexentisch wandern (30 Min.) und unterhalb der Burgen zurück nach Hochbarr (rotes Kreuz).

Greiffensteiner Burgen

Die westlich von Saverne auf der nördlichen Seite des Zorntals gelegenen Greiffensteiner Burgen sind heute nur noch Ruinen. In 30 Min. gelangt man zu Fuß vom Wanderparkplatz an der D 132 (blaues Rechteck) dorthin. Die Burgen haben als Wahrzeichen zwei spitze, quadratische Bergfrie-

Ruine Grand Geroldseck bei Saverne

de. Der Wohnturm ist von einer Ringmauer umgeben. Die Aussicht von hier ist grandios!

Grotte St-Vit

Von dort gelangt man in 20 Min. zur Grotte St-Vit und zur **Chapelle St-Vit.** Die Kapelle war im 15./16. Jh. ein Wallfahrtsort. Hier soll der *Hl. Vitus* seit dem 14. Jh. Erkrankte geheilt haben, die am Veitstanz, einem Nervenfieber, litten. Der südlich gelegene Rappenfels bietet einen weiteren guten

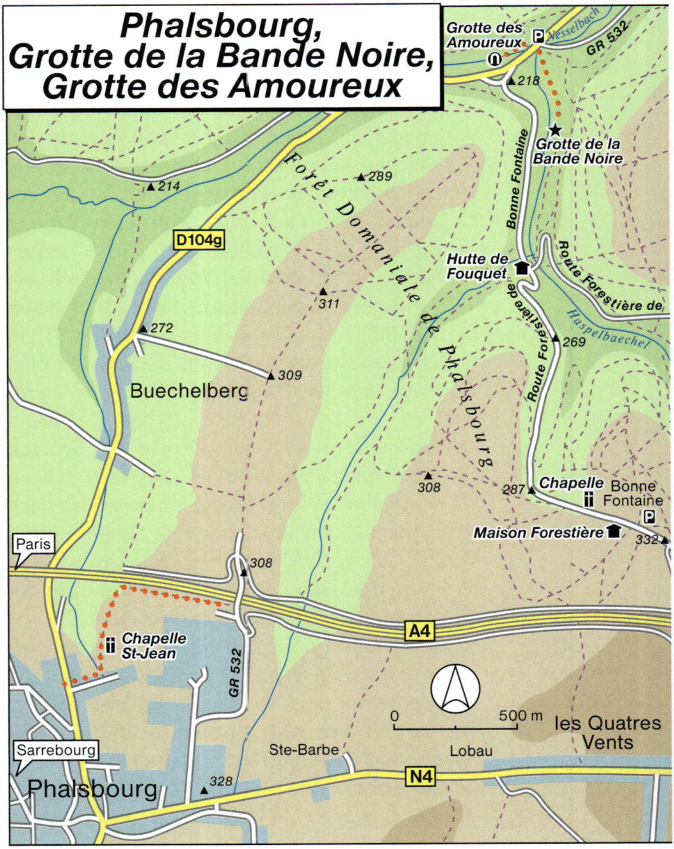

Ausblick ins Tal der Zorn und den Marne-Rhein-Kanal.

Phalsbourg

Die Garnisonsstadt Phalsbourg (Pfalzburg), westlich der Vogesen auf der lothringischen Hochebene gelegen, wurde 1570 von Pfalzgraf *Georg von*

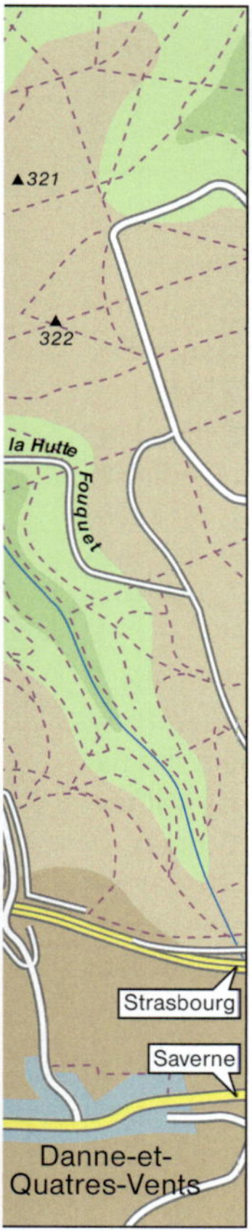

elsass_193 Foto: ti

Die Höhle der schwarzen Bande und die Liebesgrotte

Nördlich von Phalsbourg liegt östlich der Straße D 104 die Höhle der schwarzen Bande **(Grotte de la Bande Noire)**. Bei der Brücke, wo die Landstraße den kleinen Nesselbach überquert, führt ein Wanderweg (gelbes Rechteck, GR 532) in 10 Minuten zu dem einstigen Schmugglerversteck. Der Weg verläuft oberhalb des Bachtals entlang einer lang gezogenen Felswand, den Roches de la Bande Noire. Schattige, feuchte Mulden im Fels sind mit Moosen und Farnen bewachsen. Die Höhle ist ein überhängendes Felsdach.

Folgt man von der Brücke der Straße etwa 50 m in Richtung Phalsbourg, zweigt westlich ein schmaler Wanderweg ab, der mit einem blauen Punkt markiert ist. Nach 60 m erreichen wir die Liebesgrotte **(Grotte des Amoureux)**, eine kleine Aushöhlung im Fels.

elsass_194 Foto: ti

Veldenz gegründet. Protestanten aus der Umgebung siedelten sich hier an. Phalsbourg lag an der militärisch wichtigen Verbindung nach Nancy. Die Stadt wurde deshalb 1683 von *Vauban* befestigt. Die **barocken Stadttore** Porte de France und Porte d'Allemagne, das Französische und Deutsche Tor, stammen noch von der Befestigung, die mehreren Belagerungen im 19. Jh. standhielt. In Phalsbourg arbeiteten die Schriftsteller *Emile Erckmann* und *Alexandre Chatrian* (siehe Marlenheim). Ab 1847 veröffentlichten sie viele beliebte Romane.

Place d'Armes

Am großen, quadratischen Place d'Armes (Paradeplatz), dem zentralen Platz im Ort, steht das Barock-Rathaus (1690), in welchem sich das **Militärmuseum** befindet. Eine Bronzestatue erinnert an den Marschall *Georges Mouton,* der 1770 hier geboren wurde. Auch die ehemalige Garnisonskirche, im neugotischen Stil erbaut, steht auf diesem Platz.

Grotte des Amoureux

Infos

- **Office de Tourisme,** 30, Place d'Armes, F-57370 Phalsbourg, Tel. 0387244242, Fax 0387244287.

Museum

- **Musée Historique, historisches Museum,** im Rathaus, Place d'Armes, Tel. 0367244120, geöffnet 15.03.–31.10. tgl. 9–12, 14–17 Uhr, So ab 10 Uhr; informiert über die Militär- und Heimatgeschichte der Stadt, die Befestigungsanlagen von *Vauban* und das Leben von *Erckmann-Chatrian.*

Camping

- Am südlichen Ortsrand **beim Sportplatz** gibt es einen Campingplatz.

Lutzelbourg

In Lutzelbourg, das an der Zorn und am Marne-Rhein-Kanal liegt, ist die **Kristallschleiferei** von Bedeutung. Über dem Ort erhebt sich die gleichnamige Burg aus dem 12. Jh., die auf den Überresten eines Römerkastells errichtet und im 16. Jh. zerstört wurde. Für den Aufstieg von 45 Min. wird man mit einer schönen Aussicht belohnt.

Bootsfahrten

Von Lutzelbourg aus werden auch Bootsfahrten auf dem Kanal angeboten. Das **bewirtschaftete Schiff „Le Rohan"** legt von April bis Oktober zu einer dreistündigen Ausflugsfahrt nach Arzviller ab, inbegriffen ist dabei die Fahrt hinauf mit dem Schiffshebewerk bei St. Louis-Arzviller.

Das Schiffshebewerk in St. Louis-Arzviller

Auf der *Plan incliné,* einer Art schiefen Ebene von über 100 m Länge, werden im Schiffshebewerk von St. Louis-Arzviller Schiffe vom Marne-Rhein-Kanal in einer großen „Wanne" **45 m den Hang hochgehievt.** Durch diese technische Meisterleistung werden seit 1969 die früheren 17 hintereinander liegenden Schleusen ersetzt. **Für Wanderer** ist der **Weg entlang des alten,** 1908 erbauten **Kanals** von Hofmuehle bis zur Straße D 98

elsass_196 Foto: ti

aber immer noch ein Erlebnis. Einige der alten **Schleusenwärterhäuschen** sind dem Verfall preisgegeben, andere sind bewohnt und mit Blumen geschmückt. Sie erinnern mit ihren rötlichen Fassaden und blauen Fensterläden ein wenig an die Farben der Provence. Der Weg entlang des alten Kanals endet etwa 3 km westlich des Schiffshebewerks, wo er auf den neuen Kanal trifft. Hier führt dieser durch zwei hintereinander liegende Schiffstunnel. Die kurze Kanalstrecke zwischen den beiden Tunnels ist besonders sehenswert. Eine Straße führt von Arzviller dorthin. Am neuen Kanal entlang gelangen wir wieder zurück zum Schiffshebewerk.

Rhein-Marne-Kanal - Schiffshebewerk in St. Louis-Arzviller

Alte Schleuse am Kanal

Infos

●Das **Schiffshebewerk** ist von April bis Ende Okt. tgl. geöffnet: April, Okt. 10–11.45, 13.30–16.45 Uhr; Mai, Juni, Sept. 10–11.45, 14–17.30 Uhr; Juli, Aug. 10–17.45 Uhr; Eintritt Erw. 3 Euro, Kinder 6 bis 16 Jahre 2 Euro. Angeboten werden **Bootsfahrten** auf dem Kanal und eine Fahrt mit dem **Touristenzug** entlang des Kanals bis zum Tunnel Arzviller. In einer alten Péniche (Lastkahn) ist ein **Museum** eingerichtet, welches zeigt, wie die Kanalschiffer früher gelebt haben.

Camping

●Östlich des Schiffshebewerks liegt zwischen dem Kanal und der Straße D 98 ein schöner Campingplatz (**Camping du Plan Incliné,** Tel. 0385253013). Hier gibt es auch ein **Schwimmbad** und eine Auberge du Camping, ein **Restaurant,** in dem man preisgünstig essen kann.

Marmoutier

Kirche

Die einstige Abtei von Marmoutier (Maursmünster) gehört zu den **frühesten religiösen Elsässer Baudenkmälern** und zu den **schönsten Abteikirchen** des Landes. Die romanische Kirche entstand im 12. Jh. Sehenswert sind das Rokoko-Chorge-

elsass_458 Foto: ti

stühl und eine Silbermannorgel aus dem 18. Jh., auf der Kirchenkonzerte gespielt werden. Die Kirche vereint **drei Baustile** in sich, Romanik, Gotik und Barock. Die ältesten Gebäudeteile, Überreste einer kleinen Kirche aus karolingischer Zeit, bilden heute die Krypta.

Die Gründung des Klosters erfolgte vermutlich im 6. Jh. durch einen irischen Mönch, den *Hl. Leobard.* Damit ist es eines der ältesten und gehörte später auch zu den reichsten und mächtigsten Klöstern im Land. 724 unterstellte es Benediktinerabt *Maurus* seinem Orden und verhalf ihm zu neuer Bedeutung. Nach ihm ist auch der Ort benannt, Mauri Monasterium, Maursmünster, Marmoutier. 814 wurde *Benedikt von Aniane* Abt. Er war ein berühmter Reformator des Klosterwesens im Frankenreich. Ihre Blütezeit hatte die Abtei im 11. und 12. Jh. Mitte des 12. Jh. wurde die Westfassade mit drei Türmen und einem dreifachen Rundbogenportal erbaut. Im 13. Jh. entstanden das dreischiffige Langhaus sowie das Quer- und Hauptschiff. Die Seitenschiffe kamen im 16. Jh. dazu, im 18. Jh. der Chor. 1792 wurde das Kloster während der Französischen Revolution aufgelöst.

Infos

- **Office de Tourisme,** 6, Place du Général de Gaulle, F-67441 Marmoutier, Tel. 0388714684, Fax 0388714407, www.marmoutier.net

Museum

- Das **Heimatmuseum, Musée d'Arts et Traditions Populaires du Pays du Marmoutier,** ist in der Rue du Général Leclerc in einem Renaissance-Fachwerkhaus mit Erker (1590) untergebracht. Es zeigt alte Werkstätten, volkstümliche Kunst und eine jüdische Sammlung; geöffnet Mai bis Okt. So, Feiertag 10–12, 14–18 Uhr.
- Ein **Europäisches Orgelzentrum** zur Forschung und Dokumentation entstand 2002 neu.

Sindelsberg

Nordwestlich von Marmoutier gibt es auf dem Sindelsberg Überreste eines weiteren Benediktinerklosters aus dem 12. Jh. Die **Kapelle St. Blaise** mit Wandmalereien aus dem 16. Jh. ist ein Wallfahrtsort. Der *Hl. Blasius* hilft bei Halskrankheiten.

Den Schlüssel bekommt man bei der Tourist-Info. Von der Kapelle man einen guten Ausblick auf Marmoutier. Westlich des Ortes entstand 1798 ein jüdischer Friedhof mit 500 schlichten Sandstein-Grabmälern.

Wasselonne

Burg

Die im 14. Jh. erbaute Burg zählte einmal zu den mächtigsten Festungsanlagen des Unterelsass und wurde 1674 zerstört. Sie bildete den Ursprung des im Tal der Mossig gelegenen Ortes Wasselonne (Wasselnheim). Von der Burg sind nur noch ein Tor mit zwei Türmen und das Amtshaus erhalten: der Tour de l'Horloge, der Uhrturm am Place du Général Leclerc und die damit verbundene Basis eines früheren Wehrturms sowie ein weiterer Turm. Außerdem sind noch Reste der Stadtbefestigung zu erkennen. Neben dem Office de Tourisme steht die protestantische Kirche aus dem 18. Jh., in der sich ebenfalls eine Silbermannorgel (1754) befindet.

Infos

- **Office de Tourisme,** Place du Général Leclerc, F-67310 Wasselonne, Tel. 0388591200, Fax 0388042357.

Unterkunft

- **Gästehaus s'Blumehiesle,** 14, Rue du Lieutenat de Sazilly, Tel. 0388870755, preiswerte Zimmer für Nichtraucher in einem blumengeschmückten Haus, schöner Garten.
- **Le Relais de Wasselonne,** Route de Romanswiller, Tel. 03 88872910, Fax 0388872267, www.relais-wasselonne.com, DZ 49 Euro, Frühstück 8 Euro, Menü 8–25 Euro; viele Ausflugsgäste; außer im Juli und Aug. Fr, So abends geschlossen.

elsass_200 Foto: ti

Die mittleren Vogesen

Die mittleren Vogesen

Die mittleren Vogesen reichen im Norden bis zu einer Linie Sarrebourg – Strasbourg und im Süden bis zum Tal der Lièpvrette bei Ste-Marie-aux-Mines. Das **Champ du Feu** (1100 m), der „Aussichtsfelsen" **Rocher de Mutzig** (1010 m) nördlich von Schirmeck und der **Donon** (1009 m) sind die höchsten Erhebungen der mittleren Vogesen.

Dabo

Chapelle St-Léon

Auf dem 664 m hohen Plateau des Dagsburgfelsens (Rocher de Dabo) stand bis 1679 die von den Franzosen zerstörte Dagsburg. 1890 wurde die Chapelle St-Léon auf dem Felsplateau zu Ehren des Elsässer Papstes *Leo IX.* errichtet. Er war der Sohn von *Helwig von Dagsburg* und *Hugo IV. von Eguisheim* und wurde 1049 zum Papst gekrönt. Überlebensgroß erhebt *Leo IX.* von der Kapelle seine segnende Hand über das Land.

Dabo (Dagsburg) liegt am Fuß des Felsens. Es beansprucht für sich, Geburtsort von *Bruno* Graf *von Egisheim und Dagsburg,* dem späteren Papst *Leo IX.,* zu sein. Inzwischen hat sich jedoch Egisheim als der eigentliche Geburtsort herausgestellt.

Infos

- **Office de Tourisme du Pays de Dabo,** 10, Place de l'Église, F-57850 Dabo, Tel. 0387074751, Fax 0387074773, www.ot-dabo.fr.

Unterkunft

- **Hotel-Restaurant du Rocher,** neben der Kapelle, Tel. 0387074014, Fax 0387074268; Wild, Fisch und regionale Spezialitäten.

Event

- Am zweiten Sonntag nach Ostern findet das beliebte **Patronatsfest** zu Ehren von *Leo IX.* statt.

Wangenbourg-Engenthal

Elsässische Schweiz

Wangenbourg-Engenthal liegt südöstlich von Dabo im Zentrum der Elsässischen Schweiz, wie diese Region nicht nur wegen ihrer lieblichen Täler und Berge auch genannt wird: Nach dem 30-Jähri-

elsass_202 Foto: ti

gen Krieg, als die Vogesentäler entvölkert waren, siedelten sich viele Schweizer im Elsass an. Das **Wander- und Langlaufzentrum** ist zusammen mit Dabo Teil der Petites Vosges, der **Kleinen Vogesen**, dem Bergland zwischen Lothringen und Elsass südlich der Zaberner Steige. *Napoleon* ließ in der Umgebung von Wangenbourg eine Kiefernart aus dem Baltikum anpflanzen. Die bis zu 40 m hohen Bäume sind an ihrer rötlichen, geschuppten Rinde zu erkennen.

Wangenburg

Die 1220 erbaute Wangenburg gehörte früher zur Abtei Andlau, die Burganlage wurde **originalgetreu restauriert.** Der 24 m hohe, fünfeckige Bergfried ist weithin sichtbar und bietet einen guten Fernblick.

Im Ort gibt es mehrere **Kristallglasschleifereien.** Die Ateliers können besichtigt werden, und es gibt Verkaufsausstellungen.

Infos

- **Office de Tourisme,** Rue Général de Gaulle, Tel. 0388 873350, Fax 0388873223, www.suisse-alsace.com.

Unterkunft

- **Le Freudeneck,** 3 Route de Wangenbourg, Tel. 0388 873291, Fax 0388873678, www.hotelfreudeneck.com, EZ 40 Euro, DZ 50–53 Euro, Frühstück 7 Euro, Menü 15–30 Euro; Wildspezialitäten, gute Küche.

Wallfahrtskapelle auf dem Rocher de Dabo

• **Des Vosges,** 2, Route de Windsbourg, Tel. und Fax 0388 873035, DZ 43 Euro, Frühstück 5 Euro, Menü 15–28 Euro; schlossähnliches Gasthaus, gute Küche.

Nideck, Wasserfall und Burgruine

Wandertipp

Cascade de Nideck

An der D 218 von Wangenbourg nach Oberhaslach ist linker Hand der Weg zum **25 m hohen Wasserfall** Cascade de Nideck und zu den Ruinen Nideck ausgeschildert. Durch die tief eingeschnittene Nideckschlucht gelangt man auf rotem Strich in 25 Min. zu zwei Wasserfällen. Im Talschluss führt ein Weg neben dem größeren Nideck-Wasserfall steil hinauf zu einem Aussichtspunkt mit Schutzhütte und weiter zu den beiden **Burgruinen von Nideck.** Es gibt eine Ober- und Unterburg, die aus dem 13. und 14. Jh. stammen, beide sind 1638 ausgebrannt. Ein Turm und ein Bergfried sind noch vorhanden. Von der Burgruine sieht man in Richtung Norden den 960 m hohen Schneeberg. Der Schriftsteller *Adalbert von Chamisso* hat eine Legende über Nideck verfasst (Gedenktafel), in der es um einen Riesen und seine Tochter geht, die hier einst gelebt haben sollen. Die „Riesenspielzeug-Ballade" erzählt, dass ein Riesenfräulein einen Bauern samt Pflug und Gespann entführte. Ihr Vater, der Riesenherr von Nideck, verbot ihr das, denn der Bauer sei kein Spielzeug, und wenn er nicht sein Feld bestelle, hätten die Riesen nichts zum Essen.

Bei Oberhaslach

Nördlich von Oberhaslach gibt es zwei weitere Burgruinen, die auf einem Wanderweg von Oberhaslach aus in 30 Minuten zu erreichen sind. **Burg Hohenstein** wurde im 14. Jh., **Burg Ringelstein** im 15. Jh. zerstört. Östlich der Ruine Hohenstein liegt der 656 m hohe Rocher du Pfaffenlapp, ein Aussichtsfelsen.

Oberhaslach

Haseltal

Oberhaslach und Niederhaslach liegen im romantischen Haseltal. Das schlossähnliche Rathaus und die St-Florentius-Kapelle in Oberhaslach stammen aus dem 18. Jh.

Infos

- **Rathaus Oberhaslach,** 22, Rue du Nideck, F-67218 Oberhaslach, Tel. 0388509015, Fax 0388487524.

Unterkunft

- **Relais des Marches de l'Est,** 24, Rue de Molsheim, Tel. 0388509960, Fax 0388509126, EZ 35 Euro, DZ 60–75 Euro. Frühstück 8 Euro Menü 12–24 Euro.

Niederhaslach

Kirche

Von der einstigen Benediktinerabtei ist in Niederhaslach noch die Kirche vorhanden. Sie entstand auf den Resten eines Vorgängerbaus. Die **St. Florentius-Stiftskirche** (Collégiale St. Florent) wurde im 13. Jh. erbaut und im 19. Jh. restauriert; sie ist einem irisch-schottischen Wanderbischof geweiht. Er lebte hier als Eremit. „Der Bischof von Strasbourg konnte die wildesten Tiere besänftigen", berichtet die Legende. In der Kirche werden in einem Schrein Reliquien des *Hl. Florentinus* bewahrt. Am Sonntag nach dem 7.11. findet die **St.-Florentius-Prozession** statt. Die Kirche ziert der imposante Westturm. Auch ist ein vollständiger Zyklus mittelalterlicher Glasfenster aus dem 14. Jh. vorhanden, im Chor stammen die Fenster noch aus dem 13. Jh.

Unterkunft

- **La Pomme d'Or,** 36, Rue Principale, F-67280 Niederhaslach, Tel. 0388509021, Fax 0388509517, EZ 28–32 Euro, DZ 40–50 Euro, Frühstück 6,50 Euro, Menü 8–28 Euro, geschlossen vom 31.1. bis 28.2 und 23. bis 30.6. So abends und Mo.

Durchs Bruchetal von Mutzig nach Schirmeck

Mutzig (knapp 5000 Einw.) mit seinen schönen Fachwerkhäusern liegt im unteren Tal der Bruche (Breusch). In Mutzig wurde 1810 eine Brauerei gegründet, in der bis 1990 das bekannte **Mutzig-Bier** gebraut wurde. Das Gebäude ist einer alten Ritterburg nachempfunden. Am Place de la Fontaine sprudelt vor der Hostellerie de la Poste ein **Renaissance-Brunnen.** Das Untertor der Stadtbefestigung stammt aus dem 14. Jh. Über der Turmuhr des Rathauses streckt eine Holzfratze zur vollen Stunde die Zunge raus und wackelt mit den Ohren. Der **„Rothüssmann"** ist das Maskottchen der Garnisonsstadt, in der bis 1870 Waffen produziert wurden.

Rohan-Schloss

Das Château de Rohan, das 1674 erbaute Rohan-Schloss, ist der ehemalige Sitz der Fürstbischöfe von Strasbourg. Heute beherbergt es ein Kulturzentrum und das **Waffenmuseum,** das Musée Régional des Armes.

Museum

• Das **Musée Régional des Armes** informiert über die Ortsgeschichte und zeigt eine Waffensammlung aus der Klingenthaler und Mutziger Manufaktur. In letzterer wurde 1833 das **Chassepot-Infanteriegewehr** erfunden. Mutzig ist der Geburtsort von *Antoine Alphonse Chassepot* (1833–1905). Der Hinterlader M 1866 der französischen Soldaten erwies sich im Deutsch-Französischen Krieg von 1870/71 dem preußischen Zündnadelgewehr als überlegen. Das Museum ist tgl. von 10–12 und 14–18 Uhr geöffnet.

Wilhelms-feste

Etwas außerhalb des Orts entstand die Wilhelmsfeste, eine Festung Kaiser *Wilhelms II.,* als **größtes deutsches Verteidigungsbollwerk** vor dem Ersten Weltkrieg. 1893 wurde mit dem Bau begonnen, der zusammen mit dem Festungsgürtel um Strasbourg die Rheinebene und die Vogesen vor einem französischen Angriff schützen sollte. 8000 Soldaten waren zur Verteidigung nötig. Besichtigt werden können auch die unterirdischen Gänge.

Da hier eine konstante Temperatur von 11 °C herrscht, sollte man sich entsprechend warm anziehen.

Geöffnet

- Von Mai bis Juni sowie von Anfang Sept. bis Mitte Okt. Sa und So, Juli und Aug. Mi–So immer 14–18 Uhr, Führungen April bis Okt. Sa/So 13.30, 14.30 Uhr, Juli bis 15. Sept. 10.30, 13.30, 14.30 Uhr.

Infos

- **Fort de Mutzig**, 18, Boulevard Clemenceau, Tel. 0608841742, www.fort-mutzig.eu.

Unterkunft

Vor den Toren von Strasbourg gelegen findet man in Mutzig preisgünstige Übernachtungsmöglichkeiten.

- **Hotel Formule 1,** Espace Atrium, Tel. 0891705399, Fax 0388488065, Zimmer bis 3 Personen 26–28 Euro, Frühstück 3,40 Euro; Billig-Hotel!
- **L'Ours de Mutzig,** Place de la Fontaine, Tel. 0388 478555, Fax 0388473556, DZ 45–58 Euro, Frühstück 7 Euro, Menü 10–20 Euro; große Terrasse vor blauem Haus. www.loursdemutzig.com
- **La Poste,** 4, Place de la Fontaine, Tel. 0388383838, Fax 0388498205, DZ 4[illegible]–55 Euro, Frühstück 7 Euro, Menü 8–30 Euro. Restaurant Mo geschlossen; blumengeschmücktes, großes Fachwerkhaus, Terrasse.
- **Le Felsbourg,** 2[illegible], Avenue du Général de Gaulle, F-67190 Mutzig, Tel. 0388381328, Fax 0388488434, DZ 37,70–48,10 Euro, Frühstück 7,50 Euro, Menü 10–28 Euro, Restaurant So abends und Mo geschlossen.

Event

- 13. Juli: **Umzug der Sans-Culottes,** der „proletarischen Revolutionäre" der französischen Revolution.

Schirmeck

Schirmeck (2500 Einw.), das **wirtschaftliche und touristische Zentrum des Bruchetals,** wird von wilhelminischen Bauten geprägt. Auf dem Bahnhof kam früher die Hautevolee auf ihrem Weg nach Le Hohwald an. Die Ruine der Burg aus dem 13. Jh. wurde 1969 erneuert. Man erreicht sie zu Fuß vom Parkplatz an der Kirche aus. Im Burgturm gibt es ein **Museum zur Lokalgeschichte** mit einer volkskundlichen Sammlung (geöffnet Juli bis Mitte Sept. Di, Do, Sa, So, Feiertage 14.30–18.30 Uhr).

Infos

•**Office de Tourisme de la Haute Vallée de la Bruche** im Rathaus, 114, Grand-Rue, F-67130 Schirmeck, Tel. 0388 471851, Fax 0388970959, www.hautebruche.com.

Gedenkstätte

Im Bruchetal oberhalb von Schirmeck entstand die **Gedenkstätte Elsass-Mosel.** Hier ist die Geschichte der Region von 1870 bis heute mit Schwerpunkt auf den Jahren 1939 bis 1945 dokumentiert. Als letzte Etappe werden die deutsch-französische Aussöhnung und das vereinte Europa thematisiert. In einem interaktiven Teil können die Besucher einen Vertriebenenwaggon von 1939 besteigen und eine Befestigung der Maginotlinie von innen erkunden.

Geöffnet

•Die **Gedenkstätte Mémorial de l'Alsace-Moselle,** Tel. 0388474550, ist geöffnet von Mai bis Sept. Di–So 10–19 und von Okt. bis April 10–18 Uhr, im Januar geschlossen, Eintritt 10 Euro, Kinder 7 Euro, Familienpass 20 Euro; Audioguide-Rundgänge: 2 Std.

Pfad der Fluchthelfer

Mit dem „Pfad der Fluchthelfer" *(Sentier des Passeurs)* erinnert die Gemeinde zusätzlich an dieses düstere Kapitel Vergangenheit. Am Parkplatz in der Nähe des Forsthauses von Salm beginnt der 14 km lange, blau markierte Wanderweg, für den man vier Stunden Gehzeit einrechnen sollte.

Die Gedenkstätte Struthof

Ehemaliges KZ

An der Straße D 130 östlich von Schirmeck liegt in Struthof-Natzwiller ein ehemaliges Konzentrationslager, heute eine Gedenkstätte zur Erinnerung an die NS-Gräueltaten. Ab Mai 1941 wurden an die 52.000 Menschen aus ganz Europa in dieses oder eines der angeschlossenen Vernichtungslager deportiert, davon kehrten über 22.000 nie mehr zurück. Im November 1944 wurden die Insassen von den Alliierten befreit.

Auf einer Fläche von 2000 m² wurde eine Gedenkstätte eingerichtet. In zwei Baracken, die nach Brandanschlägen in den 1970er-Jahren wieder aufgebaut werden mussten, sind unter anderem Uniformen und Fässe zu sehen.

Geöffnet

- Die **Gedenkstätte,** Tel. 0388474457, ist geöffnet März, April sowie von Mitte Sept. bis 24.12. tägl. 10–17 Uhr, Mai bis Mitte Sept. 9–18 Uhr; 25.12. bis Ende Febr. geschlossen.

Neuviller-la-Roche

Oberhalb des Rothainetals gelegen, hat Neuviller-la-Roche den Charakter eines typischen Elsässer Bergdorfs bewahrt. Früher diente der Bach als Energielieferant für die Textilfabriken, denn die Bewohner betätigten sich neben der Landwirtschaft auch als Weber. Wegen der steilen Berghänge und der schlechten Bodenqualität war der Ackerbau mühsam, so dass die Ländereien nur bescheidenen Ertrag abwarfen. Meistens hatten die Bauern ein oder zwei Kühe im Stall und arbeiteten außerdem an Handwebstühlen.

1985 gründete sich durch eine Bürgerinitiative ein **Verein zum Schutz der Dorftradition,** der auch die Werkzeuge alter Berufe sammelte, die sonst in Vergessenheit geraten wären. Vier Jahre später wurde das **Museum der Volkstraditionen** eröffnet, in dem die Geschichte der Region Bande-la Roche und der Alltag der früheren Bewohner dokumentiert ist.

Geöffnet

- Das **Museum der Volkstraditionen,** 19, Rue Principale, Tel. 0388970718, ist geöffnet von Juni bis August Sa und So, Mai, Sept. nur So jeweils 14–18 Uhr und nach Vereinbarung. Eintritt mit 45-minütiger Führung 4 Euro, Kinder 2 Euro, deutsche Führung nach Voranmeldung.

Der Wasserfall Cascade de la Serva

Wildromantisch und dunkel ist das grüne Tal durch den der 15-minütige Fußweg von Natzwiler aus zum Wasserfall Cascade de la Serva führt.

Der Bach sucht sich seinen Weg zwischen moosbewachsenen Felsen hindurch. Oberhalb des in mehreren kleinen Stufen herabstürzenden Wasserfalls führt eine schmale Holzbrücke über den Bach.

Waldersbach

J.-F. Oberlin

Eine der bekanntesten Persönlichkeiten des Elsass steht in engem Bezug zu Waldersbach. Der evangelische **Theologe und Sozialreformer** *Jean-Frédéric Oberlin (Johann Friedrich Oberlin)* wurde 1740 in Straßbourg geboren und starb 1826 in Waldersbach. Sein Grab befindet sich auf dem Friedhof im benachbarten Fouday. *Oberlin* war ab 1767 Pfarrer in Waldersbach, damals eine der ärmsten Gemeinden des Bas-Rhin. *Oberlin* entwickelte ein regionales Wirtschafts- und Fürsorgeprogramm, förderte Wohlfahrt und Bildung seiner verarmten Gemeinde und der gesamten Region im Steintal (Ban de la Roche). 1770 richtete er in fünf Dörfern Mädchenstrick- und Kleinkinderschulen ein. Zentraler Punkt seines pädagogischen Konzepts war die **Sprachpflege.**

Museum

•Das **Oberlinmuseum, Musée Oberlin,** befindet sich in Waldersbach, 25, Montée Oberlin. Das Museum im Pfarrhaus (1787) informiert über die Person und das Leben *Oberlins;* geöffnet Juli/Aug. tgl. außer Di 14–18 Uhr, März bis Juni, Sept./Okt. Mi, Sa, So 14–18 Uhr und nach Voranmeldung, Tel. 0388973027.

Champ du Feu

Höchster Punkt der Mittelvogesen

Das Champ du Feu (Hochfeld) zwischen Waldersbach und Le Hohwald ist mit **1100 m** der höchste Punkt der Mittelvogesen und die höchste Erhebung im Département Bas-Rhin. Der Name (wörtlich „Feuerfeld“) stammt noch aus keltischer Zeit, als hier Opfer- und Sonnenwendfeuer entzündet wurden. Heute ist das Gebiet ein beliebter **Wintersportplatz** (Skilifte, Langlaufloipen, Aussichtsturm) und lädt zum Wandern ein.

In **Colroy-la-Roche** gibt es einen Lehrbienenstock, in **Ranrupt** kann das Sägewerk Haut-Fer besichtigt werden.

Le Hohwald

Ehem. Treffpunkt der High-society

Das dem Verfall preisgegebene Grand Hotel und ehemals luxuriöse Chalets aus der **Belle Epoque** erinnern an die einstige Glanzzeit des Ortes, als sich hier die Highsociety traf. 1856 wurde in Hohwald der erste Gasthof von der Försterswitwe *Dorothée Kuntz*, einer Pionierin des Tourismus, eröffnet. Damit begann der Fremdenverkehr in Le Hohwald. Zu den illustren Gästen zählten *Sarah Bernhardt*, Feldmarschall *Joffre* und *Konrad Adenauer*. Doch der Glanz von Le Hohwald verblasste. Es dauerte Jahrzehnte, bis der Fremdenverkehr nach Le Hohwald zurückkam. Heute ist der **Winterferienort** auch ein beliebtes Ziel für Wanderer. Am Platz Dorothée Kuntz (Square Kuntz) vor der Tourist-Info beginnen zahlreiche markierte **Wanderwege**, die in eine wildromantische Landschaft führen. Nachholbedarf besteht jedoch noch an einladenden Gasthöfen und netten Hotels.

Grande Belle-Vue

Südlich des Orts führt ein für Fahrzeuge gesperrtes Sträßchen zum 750 m hoch gelegenen **Aussichtspunkt** Grande Belle-Vue (3 km). Die Straße D 425 führt südwestlich von Le Hohwald zum **Campingplatz** und zum künstlich angelegten Andlau-Wasserfall, der auch Hohwalder-Wasserfall genannt wird (Schild „Cascade"). Über den Col du Kreuzweg gelangt man nach Breitenbach und hinunter nach Villé.

Am Col du Kreuzweg gibt es einen **Freizeitpark** und 1 km vor Breitenbach kann man den naturkundlichen **Entdeckungspfad** „Le Sentier Maurice" erwandern (2 Std.).

Infos

- **Office de Tourisme,** Square Kuntz, Le Hohwald, Tel. 0388083392, Fax 0388083014, www.pays-de-barr.com.

Unterkunft

• **Au Pavillon de Chasse,** 16, Rue du Herrenhaus, Tel. 0388083008, Fax 0388083213, EZ 33–38 Euro, DZ 39–42 Euro, Frühstück 7 Euro, Menü 17–20 Euro.

Event

• **Kirschfest, Fête de la Cerise et du Kirsch à Breitenbach,** Ende Juni in Breitenbach.

Villé

Obst

Durch das obstreiche Villétal verliefen wichtige Handelsverbindungen, z.B. die alte Salzstraße vom Rheintal nach Lothringen. Das Obst wird in Plantagen angebaut, die sich weit die Berghänge hinaufziehen. Zahlreiche Obstschnaps-Brennereien bieten ihre Produkte an. Seit dem 18. Jh. bereits brennen die Bauern hier ihr „Eau de Vie", Obstschnaps vor allem aus Kirschen, aber auch Brombeeren und Himbeeren. Die **Route du Kirsch,** die „Kirschwasser-Straße", führt zu den privaten Brennereien in Steige, Maisonsgroutte und Villé.

Die **Wallfahrtskirche St-Gilles** zieren Deckenfresken des in Villé geborenen *René Kuder* (1882–1962).

Silbermine

Die Silbermine in **Urbeis,** südlich von Villé an der D 39 gelegen, stammt aus dem 16. Jh. Geöffnet ist sie nachmittags außer Di, Infos im Rathaus von Urbeis, Tel. 0388570125.

Infos

• **Office de Tourisme** im Rathaus, Place du Marché, F-67220 Villé, Tel. 0388571169, Fax 0388572487, www.ot-valdeville.fr.

Unterkunft

• **La Bonne Franquette,** 6, Place du Marché, Tel. 0388 571425, Fax 0388570815, DZ 38–52 Euro, Frühstück 8,50 Euro, Menü 9–55 Euro, Restaurant So abends und Mo geschlossen.

Camping

• Beim Erlebnisbad Centre Nautique Aquavallées (Tel. 0388589393) liegt der empfehlenswerte **Campingplatz Le Giessen.**

Einkaufen

• Die **Confiserie Pfister** an der Hauptstraße verkauft **süße Leckereien** mit dem Obst und den Nüssen aus dem Tal. Das Früchtebrot schmeckt uns besonders gut.

Event

• Oberhalb von St-Pierre-Bois im Villé-Tal liegt die Kirche St-Gilles. Hier findet von Mitte Juli bis Anfang August an den Wochenenden die Freilichtaufführung vom **„Rêve d'une nuit d'été"** („Sommernachtstraum") statt. Zusammen mit *Wurzel*, dem schelmischen Kobold aus dem Villétal, erleben die Besucher hier an einem Abend die ganze Elsässer Geschichte. Nach Anbruch der Dunkelheit beginnt das riesige Spektakel mit mehr als 50 Szenen, Hunderten von Darstellern in Tausenden von Kostümen. Mit Ton-, Licht-, Wasser- und pyrotechnischen Effekten wird der Hügel unterhalb der Kirche zu einer riesigen Freiluftbühne. Die Aufführungen dazu werden auf französisch und auf elsässisch gegeben, aber die eindrucksvolle Bilder und die fantasievolle Rahmenhandlung werden auch ohne Fremdsprachenkenntnisse von Jung und Alt verstanden.

Ab 19 Uhr gibt es einen Markt, der der Bewahrung der Künste und Traditionen des Villétals dienen soll. Hier kann man die Spezialitäten der Region probieren und landwirtschaftliche Erzeugnisse kaufen.

Infos: Tel. 0388539911 (kein Vorverkauf), Kartenvorverkauf für die 5400 nummerierten Plätze in den großen Supermärkten, bei Tourist-Infos oder der Association Saint-Gilles, 7, Place du Marché, Villé, www.reve-dete.com.

Albé

Wein

Der in Albé erzeugte **Pinot Noir** wird von Kennern besonders geschätzt. Der Weinbau gibt den Menschen hier Arbeit; schöne Winzerfachwerkhäuser zieren den Ort. Früher wurde hier auch Kohle gefördert.

Freiheitslinde

Auf dem Place du Tilleul vor der Kirche steht eine „Freiheitslinde" aus dem Jahr 1795 (**„Arbre de la Liberté"**).

Museum

• Das der Freiheitslinde benachbarte **Kunst- und Volkskundemuseum (Musée des Arts et Traditions Populaires du Val de Villé)** zeigt den Alltag der Schnapsbrenner und Weber; geöffnet April bis Sept. So 14.30–18 Uhr.

Bewirtung

• **Le Sauloch,** Route de Hohwarth, F-67220 Triembach-au-Val, Tel. 0388571120; geöffnet ab 19 Uhr, Mo, Mi geschlossen. Wer's schweinisch liebt, geht ins Sauloch! Saupfeffer ist die Spezialität des Hauses. Der urige Gastraum ist mit allerlei Schweinischem wie rosa Schweinchen, Karikaturen und alten Plakaten verziert. Das Essen schmeckt, die Preise sind ok. Unser Tipp fürs Villé-Tal! Neben dem Gasthaus gibt es einen **Platz für Dauercamper.**

elsass_459 Foto: ti

Der Mont Ste-Odile

Pilgerstätte

Machen wir einen Sprung nach Norden zum Mont Ste-Odile. Der **heilige Berg des Elsass** (763 m) liegt am Rand der Vogesen hoch über Obernai. Die 1687 erneuerte Klosteranlage ist die meistbesuchte Pilgerstätte im Elsass.

Heilige Odilia

Die *Hl. Odilia* ist die **Schutzpatronin des Elsass.** Eine Klosterinschrift verkündet: „Hier lebte einst *Odilia die Heilige*. Und immer fort wacht sie als Mutter über ihr Land". Um ihre Person rankt sich eine **Legende:** In der Merowingerzeit entstand auf dem Odilienberg auf römischen Fundamenten ein Herzogssitz der *Etichonen*. Die Tochter des Herzogs *Eticho,* auch „Tochter des Lichts" genannt, wurde geboren, als *Florentius* Bischof in Strasbourg war (um 620). Bei ihrer Geburt blind, wurde sie durch die Taufe sehend. Im 7. Jh. gründete *Eticho* ein Kloster (Hohenburg), seine Tochter wurde Äbtissin des **ersten elsässischen Frauenklosters.** Die *Staufer* statteten die Abtei mit Privilegien und Ländereien aus.

Der Kirchturm von Albé überragt die Vogesenlandschaft

Kloster Hohenburg

Eine zweite Blütezeit erlebte das Kloster im 12. Jh. unter den Äbtissinnen *Relindis* und *Herrad*. Die nach *Odilia* bedeutendste Äbtissin war **Herrad von Landsberg,** eine wichtige Persönlichkeit der Stauferzeit. Sie verfasste um 1185 den „Hortus deliciarum", den „Paradiesgarten" oder „Garten der Köstlichkeiten", ein wichtiges Werk des mittelalterlichen Zeitgeistes. Es beschreibt die Gebräuche der *Staufer*. Das Original des Buches existiert nicht mehr, es wurde im 19. Jh. in Strasbourg zerstört. Es diente als Vorbild für die Fresken in der Chapelle de la Croix (s.u.). 1546 brannte die Abtei ab. Im 17. Jh. erfolgt der Wiederaufbau durch Prämonstratensermönche. Ende des 19. Jh. ließ der Straßburger Bischof das erneut verfallene Kloster abermals aufbauen, die meisten der heutigen Gebäude stammen deshalb aus den letzten zwei Jahrhunderten.

Kapellen

In der **Chapelle St-Jean-Baptiste,** der Johannes- oder Odilienkapelle, steht der reich verzierte **merowingische Steinsarkophag der Hl. Odilia.** Die **Chapelle des Larmes,** die „Tränenkapelle", entstand im 12. Jh. über einem merowingischen Grabfeld, die **Chapelle des Anges** (Engelskapelle) daneben. Beide Kapellen sind mit prachtvollen goldenen bzw. blauen Mosaiken ausgeschmückt, deren Motive zum Teil aus dem „Hortus deliciarum" stammen. Die romanische Kreuzkapelle, die **Chapelle de la Croix** (11. Jh.), ist ein Überrest des romanischen Baus und damit der älteste Teil des früheren Klosters. Sie entstand zur Zeit von *Relindis*, hier finden wir das Grab von *Eticho* und seiner Frau.

In der Kirche (17. Jh.) halten Gläubige seit über fünfzig Jahren Wache und beten rund um die Uhr.

Flucht- und Kultort

Schon vor der Klostergründung war der Odilienberg ein zentraler Flucht- und Kultort. Die **riesenhafte Heidenmauer,** die **Mur païen,** verläuft rund um den seit prähistorischer Zeit besiedelten Berg. Sie ist das **älteste architektonische Zeugnis der Region.** Eine der gewaltigsten Keltenfestungen bestand hier wohl schon 100 v. Chr. Es gibt unterschiedliche Angaben über die Entstehungszeit, und unklar ist auch, ob die Mauer zum Schutz für ein keltisches Oppidum diente oder ob sie einen Tempelbereich umschloss. Einst war die 10 km lange Heidenmauer bis zu 6 m hoch und bis zu 2 m dick. Heute hat sie noch eine Höhe von 2 bis 3 m. Vom Kreuzweg führt ein steiler Weg in 10 Min. zur **Odilienquelle,** aus der wundertätiges Wasser fließt, das Augenleiden heilen soll. Die Legende berichtet, dass *Odilia* gegen den Felsen geschlagen hat, wonach die Quelle entstand. Sie gab einem Mann von dem Wasser, dessen blindes Kind damit geheilt werden konnte.

Am 13. Dezember, dem Tag der *Hl. Odilia,* wird das **Patronatsfest** gefeiert. Ein Pilgerpfad, der „Sentier des Pélerins", führt in das nahe gelegene St. Nabor.

Von der Odilienquelle führt ein Wanderweg (rotes Dreieck) zur als Trinkwasserspeicher gefassten **Wolfsthal-Quelle** („Source Wolfsthal"). Daneben sprudelt eine kleine, 1876 angelegte Quelle. Rotweiß-roter Strich und später blaues Dreieck leiten zum 723 m hoch gelegenen **Kappelhausfelsen** (Rocher Kappelhouse). Auf der Anhöhe erreichen wir die Mur païen, die Heidenmauer. Gelbes Kreuz führt daran entlang zum Maennelstein (Schutzhütte), einer **Aussichtskanzel** mit Blick auf Heiligenstein und Barr, und weiter zum Schaftstein, der das 780 m hoch liegende Felsplateau um 15 m überragt. Entlang der Heidenmauer kommen wir auf dem Wanderweg weiter zur **Airbus-Absturzstelle** von 1992; die Inschrift „Crash A-320" am Felsen weist darauf hin. An der eingezäunten Waldlichtung erinnern schlichte Holzkreuze an die 87 Todesopfer, die das Flugzeugunglück damals forderte. Bei der **Grotte des Druides,** der Druidenhöhle (770 m), überspannen Felsdächer zwei vorgeschichtliche Gräber (Dolmen). Auf rotem Strich gelangen wir vorbei am **Panoramafelsen** (Roche du Panorama), danach am Felsen Porte Eyer und am **Beckenfelsen** (Rocher à Bassins), einem etwa 4 m hohen Buntsandsteinfelsen mit einer kleinen Höhle, zurück zum Kloster.

Der Donon

Grandfontaine

Westlich von Schirmeck steigt die Straße D 392 hinauf zum 718 m hohen Col du Donon. Bei Grandfontaine, einem ehemaligen Bergarbeiterdorf, wurde im **Eisenerz-Bergwerk** von Framont (Les Minières) seit dem 12. Jh. nach Erzen und Mineralien gegraben. In den 1960er Jahren wurde es stillgelegt, als wolframhaltiges Erz nicht mehr in abbaubaren Mengen gefunden wurde. Stollen der Eisenerzgrube und mehrere „Säle" der alten Hauptmine können besichtigt werden.

Museum

- Es gibt ein kleines **Bergwerksmuseum;** geöffnet Juni bis Sept. Sa, So 14–18 Uhr, Juli/Aug. täglich.

Am Weg zum Donon gibt es viele **Zeugnisse der Weltkriege** wie die in den Fels geritzten Namen deutscher Soldaten, die Soldatengräber am Petit-Donon und verfallene Unterstände zeigen. Das **Monument des Passeurs** (Denkmal der Fluchthelfer) erinnert daran, dass der Donon am Fluchtweg der Elsässer vor den Nazis lag.

Heiliger Berg der Kelten

Die Elsässer bezeichnen den Donon als heiligen Berg der Kelten. Die Kultstätte auf dem Gipfel hat bereits eine **5000-jährige Geschichte** hinter sich. Zuerst wurde sie von den Kelten genutzt, die ein dem *Teutates* geweihtes Heiligtum schufen (1692 entdeckt), dann war es für die Römer die bedeutendste gallo-römische Kultstätte im Osten Galliens. Im 17. Jh. errichteten die Benediktiner eine Kapelle am Donon. Der **Merkur-Tempel** auf dem Gipfel oberhalb der Fernsehrelaisstation ist ein Nachbau; der nach allen Himmelsrichtungen offene Tempel mit zwölf Säulen stammt von 1869, bis

1958 war er ein Museum. In den umliegenden Felsplatten sind zahlreiche Namen und Zeichen eingeritzt.

Gipfel

Der **1009 m** hohe Donon-Gipfel (Aussicht) ist nach dem Champ du Feu und dem Rocher de Mutzig die **dritthöchste Erhebung der nördlichen Vogesen.** Er bildet eine Wasserscheide, ist Grenzmarke, und der Donon-Pass war früher ein wichtiger Übergang am Handelsweg zwischen Elsass (Ebene) und Lothringen (Hochplateau).

Sentier de Découverte

Ein **Entdeckungspfad,** der „Sentier de Découverte“ (ausgeschilderter Rundweg), beginnt am Parkplatz Forsthaus. Hinweistafeln liefern Erklärungen zu den Spuren dreier gallo-römischer Tempel. Zu sehen sind Überreste einer Regenwasserzisterne aus vorrömischer Zeit, Reste römischer Gräber, Brunnen und Säulen. Außerdem sind Tempelreste aus der Zeit der Kelten, des Hirschkults und des Römergotts Merkur erkennbar. Bedeutende Plastiken und keltisch-römische Göttersteine finden wir heute in den Museen von Strasbourg und Epinal. Auf dem Dononsattel steht ein römischer Jupiter, das Original ist ebenfalls in Strasbourg.

Die **Quellbäche** der Saar, die Sarre Blanche (Weiße Saar) und die Sarre Rouge (Rote Saar) entspringen an seiner nördlichen Bergflanke. Die Weiße Saar fließt durch das Vallée du Blanc Rupt, die Rote Saar durch das etwas nördlicher liegende Vallée de St-Quirin. Beides sind kaum besiedelte, waldreiche Täler; **Wanderwege** und die romantischen Straßen D 993 und D 44 folgen dem Lauf der Quellbäche nach St-Quirin und Abreschviller in Lothringen.

Grotte St-Leon

Östlich von Abreschviller führt die Straße D 96 zur Kapelle St-Léon. Von hier gelangt man auf einem 15-minütigen Fußweg (roter Ring, GR 534) zur **größten Höhle der Vogesen,** der Grotte St-Leon. Die 32 m tiefe Höhle liegt mitten im Wald in

Merkur-Tempel auf dem Donon

elsass_217 Foto: ti

einem Steilhang; durch das große Höhlentor fällt der Blick ins Tal auf den Ort Walscheid. Das Wasser der zwei kleinen Quellen, die in der Höhle entspringen, soll **wundersame Kräfte** haben. So soll es schon manchem kinderlosen Ehepaar zu einem Kind verholfen haben ...

Grandfontaine

In Grandfontaine südlich unterhalb des Donon gibt es zwei Museen. Das kleine **Minen- und Mineralienmuseum** bei Les Minières ist im Juli und August tägl. 14–18 Uhr geöffnet. In einer alten Scheune am östlichen Ortsrand von Grandfontaine ist das **Citroën 2CV-Museum** untergebracht. Liebhaber der „Ente" können hier von der „Flugente" bis zur „Wüstenente" mit ihren zwei Motoren allerlei entdecken. Das Museum ist Sa 14–17 Uhr geöffnet.

Unterkunft

- **Hotel du Donon**, Col du Donon, F-67130 Grandfontaine, Tel. 0388972069, Fax 0388972017, DZ 60–72 Euro, Frühstück 8,50 Euro, Menü 16–37 Euro, Restaurant geschlossen 20.11. bis 10.12. Informationen über die Wanderwege und wie man zu den Quellen der Saar gelangt.

Senones

Freistaat Salm

Das Val de Senones (Tal von Senones) erstreckt sich südlich des Donon. Der heute 3100 Einwohner zählende Ort Senones liegt bereits in Lothringen. Er war von **1751 bis 1793** Hauptstadt des unabhängigen Fürstentums Salm. In der Französischen Revolution sprachen sich die Bewohner für den Anschluss an Frankreich aus. Das Schloss, das im 18. Jh. von den Prinzen *von Salm* erbaut wurde, erinnert noch an diese Zeit. Die Vergangenheit wird wieder lebendig, wenn an Sommersonntagen die Fürstengarde *von Salm* zur Parade antritt. Das Spektakel lockt zahlreiche Besucher in das Tal.

Infos

- **Office de Tourisme,** 6, Place Clemenceau, F-88210 Senones, Tel. 0329579103, Fax 0329578395.

Museum

- Ein **regionalgeschichtliches Museum** in Senones informiert über die Zeit des Freistaats.

Moyenmoutier

Kirche

Südlich von Senones liegt Moyenmoutier. Bereits im 7. Jh. wurde hier vom Trierer Bischof eine bedeutende Benediktinerabtei gegründet. Die Kirche aus dem 18. Jh. ist erhalten geblieben, sie gehört zu den **besonders schönen Barockbauten** in der Region.

Lac de Pierre Percée

Größter Stausee in den Vogesen

An der Westflanke des Donon entspringt die Plaine. Durch deren Tal führt die Straße D 392 vom Donon nach Süden. Zwischen Allarmont und Celles-sur-Plaine weist ein altes, mit Wasserkraft angetriebenes Sägewerk (Scierie de La Hallière,

Tel. 0329411030 auf die Bedeutung der Holzindustrie in den Wäldern der Vogesen hin. Der Stausee **„Réservoir du Vieux Pré“,** der neuerdings als „Lac de la Pierre Percée“ bezeichnet wird, wurde 1991 nach zehn Jahren Bauzeit fertig gestellt. Er ist der größte Stausee in den Vogesen. Wanderwege führen am Ufer entlang, Aussichtspunkte laden zum Verweilen ein. In einem frei zugänglichen Pavillon zeigen Fotodokumente, wie der Stausee gebaut wurde, Schautafeln erklären die Stromgewinnung. Der Name „Pierre Percée“ bedeutet „durchbrochener Stein“; damit wurde die Staumauer benannt, mit deren Bau eine natürliche, schmale Durchbruchsstelle im Gestein geschlossen wurde.

Ausflugsfahrten

- Auf dem See werden Ausflugsfahrten **mit einem Passagierschiff** angeboten, Buchung bei Alsavosges, Tel. 0383 730445.

Führungen

- Ins **Innere der Staumauer** werden von Énergie de France (EDF) Führungen angeboten (Tel. 0329510062).

Abenteuerpark

- Auf Baumwipfelpfaden, an Seilen, die in luftiger Höhe zwischen zwei Bäumen gespannt sind, und an einer Vielzahl abenteuerlicher Sportgeräte können sich Kinder ab 8 Jahren im „Abenteuerpark“ **(Parc Aventure)** im Klettern üben und prüfen, ob sie schwindelfrei sind.

Museum

- In Badonviller nordwestlich des Stausees zeigt ein kleines Museum, das **Maison de Faïence et des Arts du Feu,** wie das typische Geschirr der Region hergestellt wird.

Camping

- **Camping des Lacs,** B.P. 3, F-88110 Celles-sur-Plaine, Tel. 0329411925, Fax 0329411869; mit Hütten, Freibad, Bademöglichkeit im See.

elsass_460 Foto: ti

Strasbourg und Umgebung

Strasbourg

Straßburger Münster

Das Straßburger Münster ist weltbekannt und das Ziel vieler Besucher. In der elsässischen Hauptstadt, wo zahlreiche europäische Institutionen ihren Sitz haben, gibt es idyllische Viertel wie La Petite France zu entdecken. Die Stadt ist ein überregionales Kulturzentrum mit einem umfangreichen Angebot an Museen, Theatern und Opern und lockt damit zahlreiche Kulturfreunde an.

Carrefour de l'Europe

„Carrefour de l'Europe", **Schnittpunkt Europas,** lautet ein Beiname der Hauptstadt des Elsass und des Département Bas-Rhin. Die Stadt, die oberhalb der Mündung der Ill in den Rhein liegt, zählt rund **272.000 Einwohner,** etwa 396.000 sind es mit dem Umland. Strasbourg ist Wirtschaftszentrum, Sitz eines Erzbischofs, Kongress- und Messestadt. Die größte Messe ist die Europamesse. Der Hafen ist nach Duisburg der wichtigste am Rhein und nach Paris der zweitgrößte in Frankreich. Strasbourg ist ein **wichtiger Verkehrsknotenpunkt** für Auto, Schiff und Eisenbahn. In Entzheim, 12 km südwestlich der Stadt, liegt der internationale Flughafen. Die Europabrücke, eine viel befahrene Straßen- und Eisenbahnbrücke, führt über den Rhein nach Kehl. Etwas südlich davon bei Eschau wurde eine zweite Rheinbrücke gebaut.

elsass_224 Foto: ti

Neben der Rheinschifffahrt auf dem Rheinseitenkanal verkehren auch Schiffe auf dem Rhein-Rhône- und Rhein-Marne-Kanal. Die Stadt ist der Sitz von drei Universitäten, Forschungseinrichtungen und von 16 **europäischen Institutionen** wie Europarat, Europäischer Gerichtshof, Europäische Menschenrechtskommission oder Europaparlament; Radio- und Fernsehsender wie Arte haben hier ihren Sitz wie auch die ENA, die Nationale Verwaltungsschule Frankreichs.

Geschichte

Strasbourg geht auf ein **von Kelten bewohntes Fischerdorf** nahe der Ill-Mündung zurück. Im Jahr 12 v. Chr. gründeten die Römer unter dem römischen General *Drusus* an der Mündung der Bruche in die Ill einen Posten. 16 n. Chr. entstand daraus unter Kaiser *Tiberius* das von einer Lagerstadt umgebene Kastell Argentoratum. Es lag etwa dort, wo heute das Münster steht und war ein Legionslager mit einer zivilen Siedlung, aus der ein wichtiger Handelsplatz wurde. Nach 370 gehörte Argentoratum zu den **stärksten Befestigungen in Obergermanien.** Der Name leitet sich vom keltischen Wort für „Wasserburg" ab. Im 6. Jh. wurde es umbenannt in Stratisburgo oder Strateburgum, frei übersetzt „der sichere Ort an den sich verzweigenden Straßen". Schon früh entstand hier ein **Handelszentrum** zwischen der helvetischen Provinz und den großen Städten Innergalliens wie Metz, Reims und Lyon sowie den rheinischen Hauptorten Köln und Mainz. Nach den negativen Auswirkungen der Völkerwanderung im 5. Jh. – die Siedlung wurde 451 von *Attila* zerstört –, konnte sich der Ort schnell wieder erholen. Die Bevölkerung nahm rasch zu. Danach übernahmen die Alemannen die Herrschaft, ab 498 die Franken. Einhundert Jahre später wurde Strasbourg **Bischofssitz.**

Palais de l'Europe, Sitz des Europarats

Nach dem Tod *Karls des Großen* (814) zerfiel das Frankenreich. Die **Straßburger Eide** vom 14. Feb. 842 sind das älteste Schriftdokument der altfranzösischen Sprache. An diesem Tag leisteten *Karl der Kahle* in althochdeutscher und *Ludwig der Fromme* in altfranzösischer Sprache einen Bündnisschwur, der sich gegen ihren Bruder Kaiser *Lothar I.* richtete. Der eine benutzte dabei die Sprache des anderen, um von dessen Gefolgschaft verstanden zu werden. Im Vertrag von Verdun (843) wurde Frankreich unter den drei Söhnen *Ludwigs des Frommen* aufgeteilt. Strasbourg kam dadurch zu Lothringen und damit 870 zum ostfränkischen Reich. Durch seine günstige Lage bekam es damals schon Bedeutung als Handelsplatz. Ab etwa 980 unterstand der Ort dem Bischof. **1150** bekam Strasbourg die **Stadtrechte,** ab 1201 wurde es freie Stadt im Heiligen Römischen Reich Deutscher Nation. Die Stellung der Handwerker und Kaufleute gewann an Bedeutung und ihr Einfluss gegenüber dem Adel und den Bischöfen nahm zu. 1262 übernahmen die Bürger die Macht nach Kämpfen mit den Oberen, der Bischof verlor seinen Einfluss. Die Zünfte bekamen nach einem Aufstand ein Mitspracherecht bei der Stadtverwaltung.

Kunst und Wissenschaft

Im 14. Jh. erlebten Kunst und Wissenschaft eine Blütezeit. 1381 wurde Strasbourg Mitglied des Rheinischen Städtebundes. Mit *Meister Eckhart* und *Johannes Tauler* wurde es zum **Zentrum der Mystik.** *Jakob Wimpfeling* und *Geiler von Kaysersberg* haben den Humanismus geprägt und zu seinem Aufschwung beigetragen. Seit 1460 war die **Buchdruckerkunst** von Bedeutung. Ab 1529 wurde die Stadt protestantisch. Die Reformation wurde hier durch *Martin Bucer* und *W. Capito* vorangetrieben. 1531 trat Strasbourg dem Schmalkaldischen Bund bei, einem Zusammenschluss protestantischer Städte zur Durchsetzung der lutherischen Lehre beim Kaiser.

Aus der 1538 gegründeten **Hochschule** entstand 1566 die Akademie und 1621 die Universität, die vor allem in der zweiten Hälfte des 18. Jh. **internationales Ansehen** genoss. Von 1702 bis 1789 war sie katholische Universität. 1609 erschien die erste Wochenzeitung „Relation". Umfangreiche Handelsaktivitäten sorgten für Reichtum. Das goldene Zeitalter dauerte bis zum Anfang des 17. Jh. Der 30-Jährige Krieg führte zum wirtschaftlichen Niedergang. 1681 annektierte *Ludwig XIV.* das Elsass, wodurch es ein Teil des französischen Königreichs wurde. Durch die **Gegenreformation** wurde Strasbourg wieder katholisch, 1682 Hauptstadt der Provinz Elsass. 1790 entstand durch die Französische Revolution das Département Bas-Rhin mit Strasbourg als Hauptstadt. *Vauban* sicherte den neuen französischen Besitz mit einer **Zitadelle,** die 1871 von den Preußen geschleift wurde. Hauptwall, Vorwerk und Nordtor bestehen heute noch. Ein Teil der Befestigung wurde in einen Park umgestaltet.

Während der Französischen Revolution wurde 1789 das Rathaus gestürmt. Auf dem Place Kléber stand die Guillotine. Während dieser Zeit und im napoleonischen Kaiserreich zählte Strasbourg zum Pariser Zentralstaat. Die Bindung an Frankreich war dadurch enger. Der neu gewählte Bürgermeister *Frédéric DeDietrich* gab bei *Rouget de Lisle* ein **revolutionäres Kampflied** in Auftrag, aus dem die **französische Nationalhymne** entstand. Im 19. Jh. begann die industrielle Revolution, die Bevölkerung wuchs rasch an. 1870 wurde Elsass-Lothringen Teil des Deutschen Reichs, Strasbourg war 1871 bis 1918 die Hauptstadt des Reichslandes Elsass-Lothringen. Mit dem Bau des wilhelminischen Viertels um die mittelalterliche Kernstadt herum wurde die Reichszugehörigkeit sichtbar gemacht.

Bis 1871 war Strasbourg Garnisonsstadt und Zentrum einer Agrarregion. Die **Brauerei-, Textil- und Konservenindustrie** waren von Bedeutung. Nach 1871 erlebte die Wirtschaft einen starken Aufschwung. Positiv wirkte sich auch die günstige

Lage an Rhein und Rheinübergang aus. Getreide aus Übersee wurde hier gemahlen. Chemische und petrochemische Industrie entstand. Die **Metallverarbeitung** war ein wichtiger Wirtschaftszweig, Maschinen, Lokomotiven und Schiffe wurden produziert. Nahrungsmittel-, Elektronik-, Bekleidungsindustrie, Zellstoff- und Papierherstellung waren wichtige Erwerbszweige. Die Stadt erlitt im deutsch-französischen Krieg schwere Schäden. 1918 wurde sie erneut französisch, doch es herrschten die Zustände des 19. Jh. Erst durch den Ausbau des Rheinhafens kam es zu einem neuen Aufschwung, Strasbourg wurde zum **Wirtschafts- und Handelszentrum.** 1940 bis 1944 war die Stadt von deutschen Truppen besetzt und wurde Hauptstadt des Gaus Oberrhein, das im 2. Weltkrieg viele Opfer und große Sachschäden zu beklagen hatte. 1949 gründeten zehn europäische Staaten den **Europarat** mit Sitz in Strasbourg. 1956 wurde die Stadt außerdem Tagungsort des Europäischen Parlaments.

Moderne Bauten

Zu den modernen Bauwerken gehören das alte (1950–1954) und das neue Palais de l'Europe am Orangeriepark. Außerdem zählen die Synagoge am Parc Contades, das Maison de la Radio (1961) und im Norden der Palais de la Musique et des Congrès (1975) dazu. Auch das Verwaltungsgebäude des Département Bas-Rhin (1990) von *Claude Vasconi,* der Europäische Gerichtshof von *Rogers* und das Museum für Moderne und Zeitgenössische Kunst sind moderne Bauten. Am Place des Halles wurde ein moderner Komplex aus Einkaufszentren, Appartementhäusern und Hotels erbaut. Er entstand aus Beton, Aluminium und dunklem Glas.

Das Straßburger Münster

Cathédrale Notre-Dame

Die Cathédrale Notre-Dame, das gotische Münster, gehörte zu den **mächtigsten Bauwerken des Mittelalters.** Es wurde anstelle eines gallo-römischen Tempels und mehrerer Kirchen errichtet. Die Bauzeit dauerte von 1176 bis ins 15. Jh. Chor und Krypta entstammen noch einer frühromanischen, abgebrannten Kirche (ab 1015), 1187 waren der spätromanische Chor und die Vierung fertig gestellt, wenig später auch die Querhäuser. Das südliche Querhaus (um 1230) zeigt den Übergang von der Romanik zur Gotik. Um 1275 entstand das Langhaus. Der untere Teil des Westwerks wurde unter dem 1318 verstorbenen Straßburger Werkmeister *Erwin von Steinbach* errichtet. Sein Bauplan wurde nur teilweise und verändert umgesetzt. Mehrere Baumeister waren für den Bau des Münsters verantwortlich, die filigrane Turmspitze schuf der Kölner *Hans Hültz* im 15. Jh.

Von der Rue Mercière hat man einen guten Blick auf die ab 1277 bis 1439 in gotischem Stil er-

elsass_229 Foto: ti

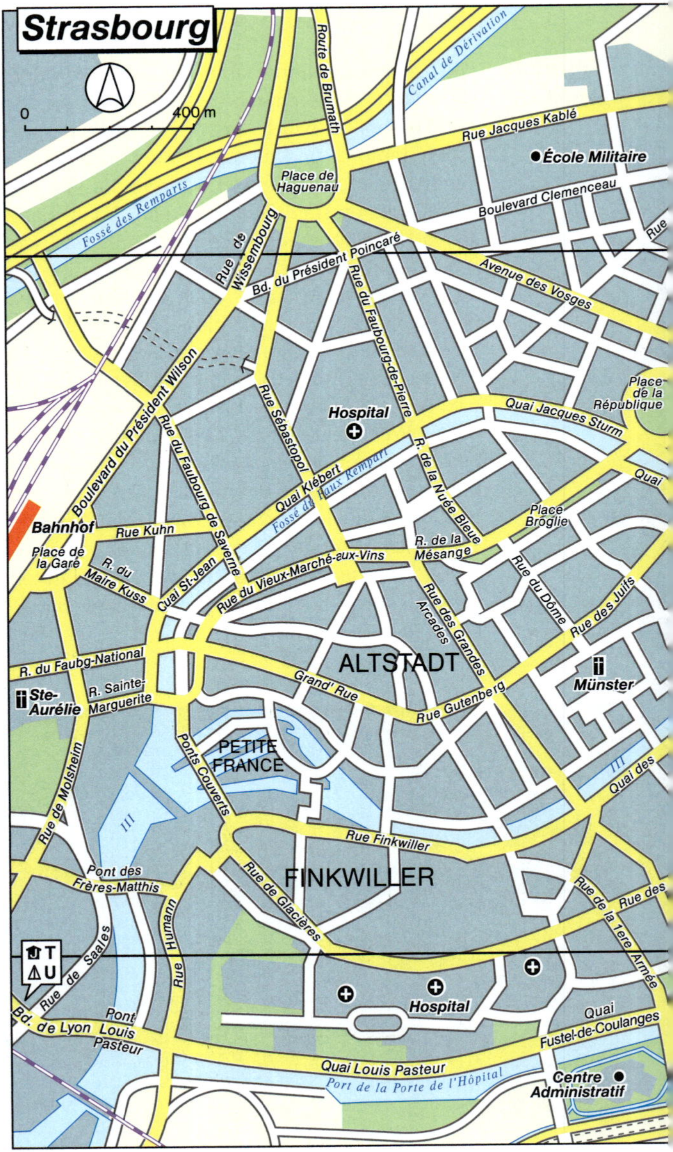
Strasbourg
0
400 m
Route de Brumath
Canal de Dérivation
Rue Jacques Kablé
École Militaire
Place de Haguenau
Boulevard Clemenceau
Fossé des Remparts
Rue de Wissembourg
Bd. du Président Poincaré
Rue du Faubourg-de-Pierre
Avenue des Vosges
Boulevard du Président Wilson
Rue Sébastopol
Hospital
Quai Jacques Sturm
Place de la République
Rue du Faubourg de Saverne
Quai Kléber
Fossé du Faux Rempart
R. de la Nuée Bleue
Quai
Bahnhof
Rue Kuhn
Place de la Gare
Place Broglie
R. de la Mésange
R. du Maire Kuss
Quai St-Jean
Rue du Vieux-Marché-aux-Vins
Rue des Grandes Arcades
Rue du Dôme
Rue des Juifs
R. du Faubg-National
ALTSTADT
Grand' Rue
Münster
Ste-Aurélie
R. Sainte-Marguerite
Rue Gutenberg
PETITE FRANCE
Ponts Couverts
Rue de Molsheim
Ill
Quai des
Rue Finkwiller
FINKWILLER
Pont des Frères-Matthis
Rue de Glacières
Rue de la 1ere Armée
Rue des
Rue Humann
Rue de Saales
T
U
Hospital
Bd. de Lyon
Pont Louis Pasteur
Quai Fustel-de-Coulanges
Quai Louis Pasteur
Port de la Porte de l'Hôpital
Centre Administratif

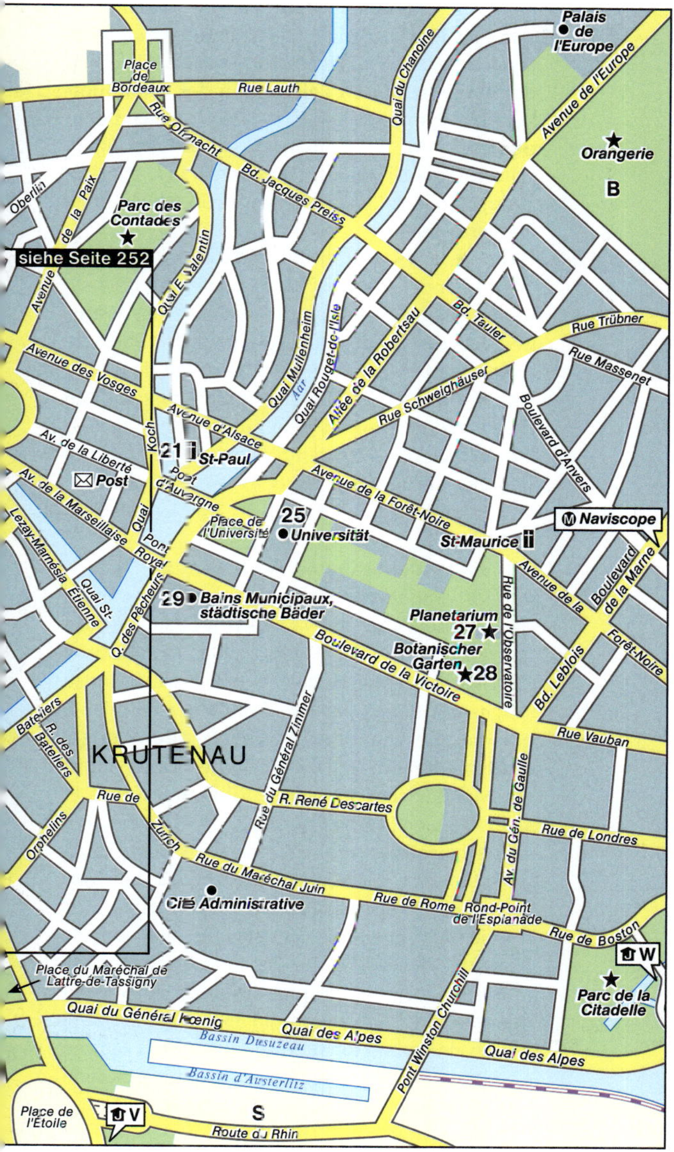
Palais de l'Europe
Orangerie
B
Place de Bordeaux
Rue Lauth
Rue Ohmacht
Bd. Jacques Preiss
Quai du Chanoine
Avenue de l'Europe
Oberlin
Avenue de la Paix
Parc des Contades
siehe Seite 252
Quai E. Valentin
Quai Mullenheim
Quai Rouget-de-l'Isle
Aar
Allée de la Robertsau
Bd. Tauler
Rue Trübner
Rue Massenet
Avenue des Vosges
Avenue d'Alsace
Rue Schweighäuser
Boulevard d'Anvers
Av. de la Liberté
Koch
21
St-Paul
Post
Pont d'Auvergne
Av. de la Marseillaise
Avenue de la Forêt-Noire
Naviscope
Place de l'Université
25
Universität
St-Maurice
Lezay-Marnésia
Quai Pont Royal
Quai St-Étienne
Q. des Pêcheurs
29
Bains Municipaux, städtische Bäder
Rue de l'Observatoire
Avenue de la Forêt-Noire
Boulevard de la Marne
Planetarium
27
Botanischer Garten
28
Boulevard de la Victoire
Bd. Leblois
Rue Vauban
Bateliers
R. des Bateliers
KRUTENAU
Rue du Général Zimmer
R. René Descartes
Av. du Gén. de Gaulle
Rue de Londres
Orphelins
Rue de Zurich
Rue du Maréchal Juin
Cité Administrative
Rue de Rome
Rond-Point de l'Esplanade
Rue de Boston
W
Parc de la Citadelle
Place du Maréchal de Lattre-de-Tassigny
Quai du Général Kœnig
Quai des Alpes
Bassin Dusuzeau
Bassin d'Austerlitz
Pont Winston Churchill
Quai des Alpes
Place de l'Étoile
V
S
Route du Rhin

baute **Westfassade** mit ihrem reichen Skulpturenschmuck und Maßwerk. Die Skulpturen der Westfassade und des südlichen Querschiffs zählen zu den **bedeutendsten Leistungen der Bildhauerkunst** in der damaligen Zeit. Die Originale befinden sich im Frauenhausmuseum. Besonders schön sind auch die Fensterrosetten (13. Jh.). Die Glasmalereien (13.–15. Jh.) sind größtenteils erhalten geblieben.

Nordturm

Der Bau des 142 m hohen Nordturms wurde 1439 beendet. Bis zum 19. Jh. war er der höchste Kirchturm in Europa und ist bis heute das **Wahrzeichen der Stadt.** Eine gute Aussicht über die Altstadt hat man von der Plattform auf dem Südsockel (66 m), über 300 Stufen führen hinauf. Auf halber Höhe erinnert eine Gedenktafel an den Turmbläser, den 1701 der Schlag traf. Der Turm ist geöffnet Juli und Aug. tgl. 8.30–19, März/Okt. 9–17.30, April bis Juni, Sept. 9–18.30, Nov. bis Feb. 9–16.30 Uhr.

1793 wurden während der Revolution Statuen und Ornamente zerstört. Sogar der Turm war bedroht. Oben sind die Namen von Besuchern bis ins Jahr 1900 in Stein geritzt. Das Hauptportal ziert ein Bogenrelief, hier ist die Passion Christi dargestellt. Sehenswert sind auch der Ziergiebel und die Apostelgalerie. Der **Engels- oder Weltgerichtspfeiler** (um 1230) im südlichen Querhaus ist ein **Meisterwerk gotischer Bildhauerkunst.** Er stellt die vier Evangelisten dar, darüber den Posaune blasenden Weltgerichtsengel, ganz oben thront Christus als Richter. Die Figuren haben Vorbilder in Chartres. Allegorische Frauenfiguren stellen die triumphierende Ecclesia und die trauernde Synagoge dar (um 1230). Das südliche Nebenportal ziert die Figurengruppe „Triumph der weisen über die törichten Frauen“. In ihrer Machart dienten sie als Vorbild für andere. Die meisten Figuren sind Nachbildungen, einige Originale kann man im **Frauenhausmusem,** Musée de l’Œuvre Notre-Dame, bewundern.

Innenraum Überwältigend ist der Anblick, wenn man den 103 m langen und 41 m breiten Innenraum betritt. Imposante Pfeiler tragen das bis über 30 m hohe Gewölbe des Mittelschiffs. 70 Glasfenster, die im 12. bis 14. Jh. entstanden, bilden einen der **größten Zyklen europäischer Glasmalereien.** Im nördlichen Seitenschiff sind 21 deutsche Kaiser und Könige auf den Fenstern abgebildet. Die spätgotische Steinkanzel (1486) wurde im Flamboyant-Stil errichtet. Der untere Teil der heutigen Orgel stammt noch von der ältesten Orgel aus dem Jahr 1385, die übrige entstand im 15. Jh. Das Innere der Orgel schuf *Andreas Silbermann* (1714). Zu Weihnachten ist im Münster eine Krippe aufgebaut, und es werden kostbare **Gobelins** aus dem 17. Jh. ausgestellt, auf denen Szenen aus dem Leben *Marias* dargestellt sind.

Astronomische Uhr Ein Anziehungspunkt ist auch die 18 m hohe Astronomische Uhr im südlichen Querschiff, die *Tobias Stimmer* (1539–1584) 1574 baute. Der Andrang beim Spiel um 12.15 und 12.30 Uhr ist vor allem im Sommer sehr groß (Eintritt): Christus segnet die zwölf Apostel, die an ihm vorbeiziehen. Ein Flügel schlagender Hahn kräht. Jede Viertelstunde wandert darunter eines der vier Lebensalter vor einem Skelett entlang, das die Stunden schlägt. Die Zifferblätter zeigen Mondphasen, ein kopernikanisches Planetar um die Tierkreiszeichen, Ortszeit und MEZ, die Gottheiten der Wochentage sowie den Jahreskalender. Zwischen den beiden Vierungspfeilern gelangt man zur dreischiffigen romanischen Krypta.

Nach der Rheinbegradigung im 19. Jh. drohte durch den veränderten Grundwasserspiegel ein Absacken des Münsters, das Bauwerk wurde durch Beton stabilisiert.

Von April bis Oktober finden um 19.45 Uhr deutsch kommentierte Geschichtserläuterungen mit Licht- und Toneffekten statt (Infos und Reservierung im Office du Tourisme).

Stadtrundgang

Historisches Zentrum

Trotz mehrfacher Zerstörungen ist noch viel vom alten Stadtbild erhalten. Das historische Zentrum erstreckt sich über die **Grand Île,** die Ill-Insel. Die Altstadt ist von der Ill und dem Seitenarm Fossé du Faux Remparts begrenzt und wurde von der UNESCO zum **Weltkulturerbe** ernannt. Der nördliche und östliche Teil wird auch „Frankreich-Viertel" genannt. Im 18. Jh. entstanden hier Repräsentationsbauten und Mansardenhäuser, die deutlich von französischen Einflüssen geprägt sind. Sehenswerte Häuser stehen am Stephansplatz (Place St-Etienne), darunter der Böcklinshof, am Kléberplatz, am Alten Fischmarkt und am Ferkelmarkt.

(1), (2), (3) usw. siehe Stadtpläne

Das **Münster (1)** ist Ausgangspunkt unseres Stadtrundgangs. Unmittelbar daneben schließen sich das klassizistische Seminar **Grand Séminaire**

elsass_234 Foto: ti

(2) und das **Lycée (Gymnasium) Fustel de Coulanges (3)** an, ein Rokoko-Bau, der einmal ein Jesuitenkolleg war. Den Mittelpunkt der Altstadt bildet der **Münsterplatz,** der Place de la Cathédrale. Hier steht das **Maison Kammerzell (4),** ein sehr schönes, altes Bürgerhaus. Der Fachwerk-Prunkbau besitzt ein steinernes Erdgeschoss (1467) mit spätgotischen Gewölben. Der Oberbau mit Holzschnitzereien und bleigefassten Fenstern entstand 1589. 1846 erwarb der Lebensmittelhändler *Jean-François Kammerzell* das prächtige Haus, in dem heute ein Restaurant die Besucher einlädt. Die Rue Mercière, die Krämergasse, in der es viele Souvenirshops gibt, ist von Fachwerkhäusern aus dem 17. Jahrhundert gesäumt.

Im **Cabinet des Estampes et des Dessins (6)** werden über 220.000 Stiche und Lithografien aus dem 15. bis 20. Jh. gezeigt. Ganz in der Nähe befindet sich das Musée de l'Œuvre Notre-Dame, das **Frauenhausmuseum (7).** Es ist im ehemaligen Sitz der Münsterbauhütte untergebracht, einem im 14. Jh. erbauten und im 16. Jh. erneuerten Renaissancekomplex. Er besitzt einen gotischen Stufengiebel am linken, gotischen Teil und einen Volutengiebel am Renaissanceteil. Das Gasthaus zum Hirsch ist miteinbezogen. Gleich drei Museen befinden sich im **Rohan-Schloss (8)** (siehe Museen).

Rohan-Schloss

Am **Place du Château** an der Südseite des Münsterplatzes wurde 1728 bis 1742 das Rohan-Schloss anstelle des mittelalterlichen Bischofssitzes erbaut. Die Pläne stammen von *Robert de Cotte,* dem Hofmeister *Ludwig XIV.* Bis zur Französischen Revolution war die Barockresidenz der Sitz der Straßburger Bischöfe aus dem Haus *Rohan.* Hinter dem Schloss erstreckt sich der Ferkelmarkt mit seiner ursprünglichen Bebauung. Hier ist auch das **Historische Museum.**

Bürgerhaus Maison Kammerzell

Wir überqueren die Ill. Der Quai des Bateliers und der Quai des Pêcheurs direkt am Fluss sind eine beliebte Wohngegend mit Blick auf die Ill-Insel. Am Quai St-Nicholas stehen **prächtige Patrizierhäuser,** die aus der Renaissance stammen.

Der Cour du Corbeau, der **Rabenhof (9)** mit seinen Holzgalerien, stammt aus dem 14. Jh. Er liegt am Rabenplatz direkt an der Ill und war von 1528 bis 1854 ein Gasthof, in dem illustre Gäste wie *Voltaire, Casanova, Friedrich der Große* und Kaiser *Joseph II.* logierten. Heute befindet sich hier das Restaurant „Au Canon" in dem einst die berühmte Biermarke Kronenbourg gegründet wurde. Am Rabenplatz liegt auch das **Musée Alsacien (10)** mit seinem schönen Innenhof.

Krutenau

Die Krutenau erstreckt sich südöstlich der Ill-Insel. Hier wohnten früher Schiffsbauer, Fischer, Gemüsebauern und Krautmacher, daher stammt der Name. Das Viertel kam Ende der 1960er in Mode. Es bildete sich ein **Studenten-, Amüsier- und Künstlerviertel.** Studentenkneipen (Rue de la Krutenau) siedelten sich an. Nachtleben mit alternativem künstlerischem Flair wird geboten. Hier besteht eine bunte Mischung aus alten Häusern und Mietsblöcken, Tante-Emma-Läden und Designergeschäften. Hinter der **Kirche Ste-Madeleine (11)** finden sich noch Stadtmauerreste aus dem 13. Jh. In der Rue de Ste-Madeleine gibt es Geschäfte für Mode und Inneneinrichtung. Die **Tabakmanufaktur (12)** entstand im 19. Jh. Die gotische St-Guillaume-Kirche (ab 1300), die **St. Wilhelms-Kirche (13),** ist das Gotteshaus der Fischer und Bootsmacher und beherbergt spätgotische Schätze. Wer sie besichtigen will, muss sich telefonisch voranmelden (Tel. 0388354807). Ganz in der Nähe liegt die **École des Arts Décoratifs (14),** die Kunstschule, in einem Park. Wir gehen wieder zurück auf die Ill-Insel. Das **Hôtel du Grand Doyenné (15)** war bis1855 Bischofsitz.

Deutsches Viertel

Über den Kanal erreichen wir nordöstlich des französischen Viertels jenseits der Ill die Wilhelminische Neustadt oder das Deutsches Viertel, die **Ville allemande**. Es wurde vom deutschen *Kaiser Wilhelm I.* 1871 bis 1918 erbaut und wird bestimmt von pompösen Plätzen, Prachtstraßen und Gebäuden in neoklassizistischem Stil. Zentraler Punkt ist der „Kaiserplatz", der Place de la République, wo die kaiserliche Residenz und Verwaltungsbauten des Reichslandes Elsass-Lothringen standen. Auch heute noch ist der Platz von öffentlichen Gebäuden umgeben. Das **Monument aux Morts (16)** ermahnt zum Frieden. Es stellt die Mutter Elsass mit ihren beiden toten Söhnen dar, einer starb für Frankreich, einer für Deutschland.

Zu den **wilhelminischen Bauten** gehört der nordwestlich des Platzes gelegene **Palais du Rhin (17)**, die kaiserliche Residenz von 1883 bis 1888. In dem prunkvollen Neorenaissancebau inmitten eines kleinen Parks mit antiken und frühmittelalterlichen Sarkophagen hat heute die Kulturdirektion der Region Elsass ihren Sitz. An der Nordseite des Kaiserplatzes steht die Schatzkammer, die **Trésorerie Générale (18)** und die **Präfektur der Departements (19)**. Die 1889 erbaute **Universitäts- und Landesbibliothek (20)** mit rund drei Millionen Bänden ist eine der größten Bibliotheken des Landes.

Zusammen mit der Trésorerie und der Präfektur bilden das Konservatorium, die Nationalbibliothek und das Straßburger Nationaltheater nebendran eine Einheit aus **Neo-Renaissance-Barock-Fassaden.** Die neugotische **Kirche St-Paul (21)** war im Kaiserreich Garnisonskirche. Durch die Avenue de la Paix erreicht man die **Synagoge des Friedens (22)**, die 1955 anstelle der 1940 zerstörten Kultstätte erbaut wurde. Die Seitenfassade ziert ein siebenarmiges Leuchtersymbol. Etwas weiter westlich liegt die katholische Kirche **St-Pierre-le-Jeune (23)**, daneben der 1895 erbaute **Justizpalast (24)** und die Pont (Brücke) de la Fonderie.

Universität

Am anderen Ill-Ufer liegt der **Universitätspalast (25)** am Place de l' Université. Mit seiner 125 m

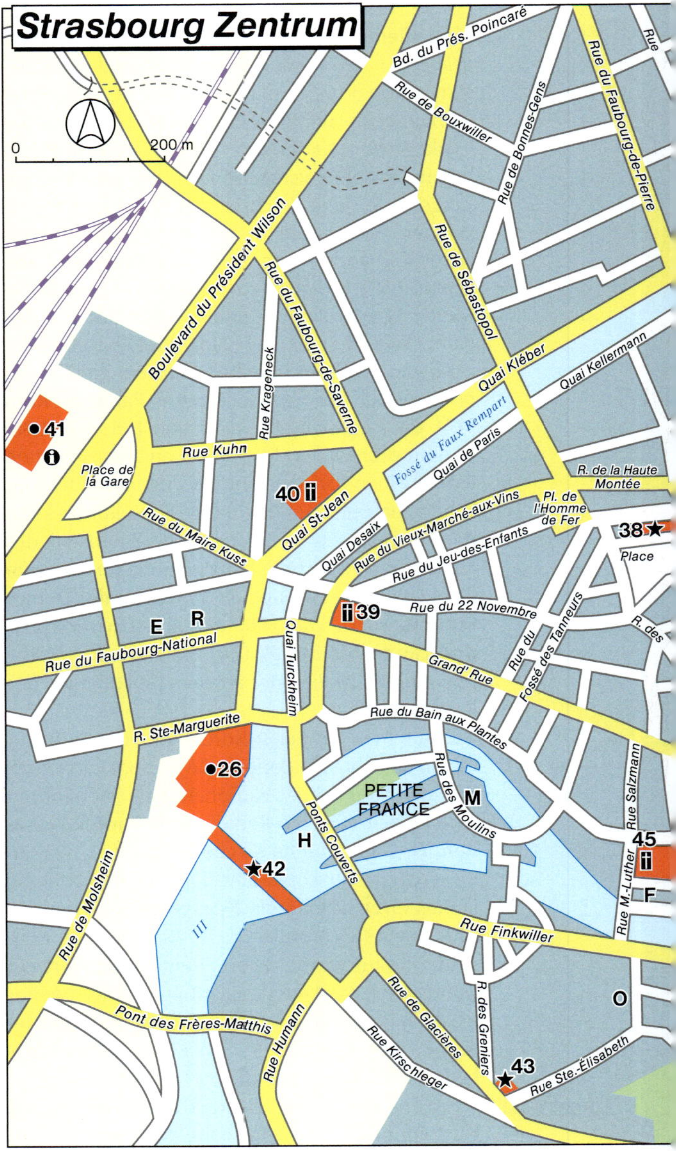
Strasbourg Zentrum
0
200 m
Bd. du Prés. Poincaré
Rue de Bouxwiller
Rue de Bonnes-Gens
Rue du Faubourg-de-Pierre
Rue
Boulevard du Président Wilson
Rue du Faubourg-de-Saverne
Rue de Sébastopol
Rue Krageneck
Quai Kléber
Quai Kellermann
Fossé du Faux Rempart
Quai de Paris
41
Rue Kuhn
Place de la Gare
40
R. de la Haute Montée
Pl. de l'Homme de Fer
38
Place
Quai St-Jean
Quai Desaix
Rue du Vieux-Marché-aux-Vins
Rue du Jeu-des-Enfants
Rue du Maire Kuss
39
Rue du 22 Novembre
E
R
Rue du Faubourg-National
Quai Turckheim
Grand' Rue
Rue du Fossé des Tanneurs
R. des
R. Ste-Marguerite
Rue du Bain aux Plantes
26
PETITE FRANCE
Rue des Moulins
M
Rue Salzmann
45
Ponts Couverts
H
42
Ill
F
Rue M.-Luther
Rue de Molsheim
Rue Finkwiller
O
Pont des Frères-Matthis
Rue Humann
Rue de Glacières
R. des Greniers
Rue Kirschleger
43
Rue Ste.-Élisabeth

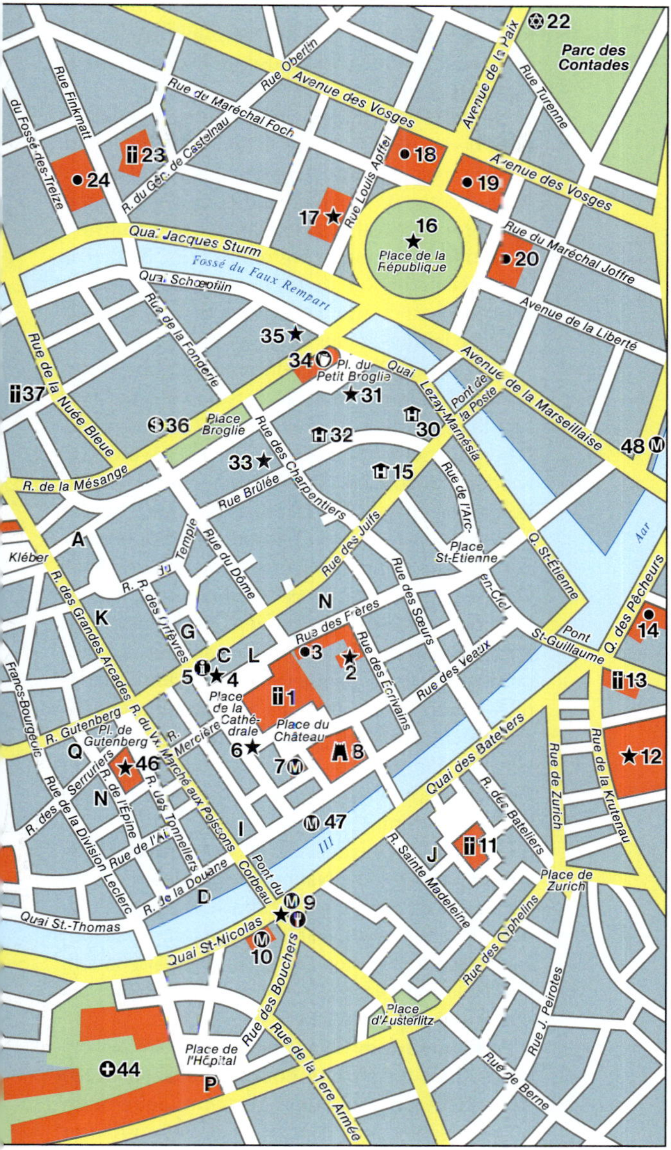
Parc des Contades
Avenue des Vosges
Avenue de la Paix
Rue Turenne
Rue Oberlin
Rue du Maréchal Foch
R. du Gén. de Castelnau
Rue Finkmatt
du Fossé-des-Treize
Rue Louis Apffel
Place de la République
Rue du Maréchal Joffre
Avenue de la Liberté
Quai Jacques Sturm
Fossé du Faux Rempart
Quai Schoepflin
Rue de la Fonderie
Pl. du Petit Broglie
Quai Lezay-Marnésia
Pont de la Poste
Avenue de la Marseillaise
Rue de la Nuée Bleue
Place Broglie
Rue des Charpentiers
Rue Brûlée
R. de la Mésange
Rue de l'Arc-en-Ciel
Place St-Étienne
Q. St-Étienne
Aar
Rue des Juifs
Temple Neuf
Rue du Dôme
Kléber
R. des Grandes Arcades
R. des Orfèvres
Rue des Frères
Rue des Sœurs
Rue des Écrivains
Rue des Veaux
Pont St-Guillaume
Q. des Pêcheurs
Place de la Cathédrale
Place du Château
Francs-Bourgeois
R. Gutenberg
Pl. de Gutenberg
R. du Vx. Marché aux Poissons
R. Mercière
Quai des Bateliers
Rue de Zurich
Rue de la Krutenau
R. des Serruriers
R. de l'Épine
R. des Tonneliers
Rue de la Division Leclerc
Rue de l'Ail
R. des Bateliers
R. Sainte Madeleine
Ill
R. de la Douane
Pont du Corbeau
Place de Zurich
Quai St.-Thomas
Quai St-Nicolas
Rue des Bouchers
Rue des Orphelins
Rue J. Peirotes
Place d'Austerlitz
Place de l'Hôpital
Rue de la 1ere Armée
Rue de Berne
A
K
G
C
L
N
Q
I
D
J
P
1
2
3
4
5
6
7
8
9
10
11
12
13
14
15
16
17
18
19
20
22
23
24
30
31
32
33
34
35
36
37
44
46
47
48

breiten Front wurde er im Stil der **italienischen Renaissance** erbaut und 1884 eröffnet. In der Aula traf sich 1947 der Ausschuss zur Bildung des **Europarats.**

Die 1621 gegründete protestantische Universität, heute die größte im Osten Frankreichs, ist Anziehungspunkt für Studenten aus ganz Europa. Auch *Goethe* und *Herder* studierten hier. *Goethe* verkehrte im Gasthaus Au Dauphin am Münsterplatz und hatte einen Stammtisch im Bierkeller Zum Beil in der Rue de la Douane. Renommierte Wissenschaftler wie *Louis Pasteur* und *Conrad Röntgen* lehrten an der Universität.

Die Universität hat schon eine recht **bewegte Geschichte** hinter sich. Sie entstand aus der Hohen Schule (1621) und wurde 1872 unter deutscher Herrschaft neu gegründet. 1919 wurde sie wieder französisch, 1941 dann eine deutsche Reichsuniversität. 1945 kehrte die französische Universität zurück. Die Gesamtuniversität besteht aus drei einzelnen Universitäten und der **ENA (26),** der École Nationale d'Administration, der Elitehochschule der Verwaltung. Sie befindet sich jetzt westlich der Ill neben dem Museum für moderne Kunst im Gebäude des ehemaligen Gefängnisses. Vorher war dies die Johanniterkomturei. **Zahlreiche Forschungszentren** gehören zur Universität, darunter ein Kernforschungszentrum in Cronenbourg mit einem Versuchsreaktor und ein Rechenzentrum.

Das Centre Universitaire ist das **Universitätsviertel** mit der École Nationale Supérieure des Ingénieures für Architektur. Auffallend ist das 70 m hohe Chemieinstitut mit 15 Stockwerken. Es gibt Fakultäten für Geistes- und Naturwissenschaften. Die Aula mit Glasdach ist mit einem Relieffries und Fresken geschmückt.

Im **Planetarium (27)** kann man in ein „kosmisches Kino" gehen. Der **Botanische Garten (28)** mit einem zoologischen Museum beherbergt 6000 verschiedene Pflanzen. Die Gewächshäuser

Legende zu den Karten auf Seite 244 und 252

- 1 Münster
- ★ 2 Grand Séminaire
- • 3 Lycée Fustel de Coulanges
- ★ 4 Maison Kammerzell
- 5 Touristeninformation
- ★ 6 Cabinet des Estampes et des Dessins
- 7 Musée de l'Œuvre Notre-Dame, Frauenhausmuseum
- 8 Rohan-Schloss
- ★ 9 Cour du Corbeau, Rabenhof, Museum & Restaurant Canon
- 10 Musée Alsacien
- 11 Ste-Madeleine
- ★ 12 Tabakmanufaktur
- 13 St-Guillaume
- • 14 École des Arts Décorati-
- 15 Hôtel du Grand Doyenné
- ★ 16 Monument aux Morts
- ★ 17 Palais du Rhin
- • 18 Trésorerie Générale
- • 19 Préfecture
- • 20 Universitätsbibliothek
- 21 St-Paul
- 22 Synagoge
- 23 St-Pierre-le-Jeune (kath.)
- • 24 Palais de Justice, Justizpalast
- • 25 Universität
- • 26 ENA
- ★ 27 Planetarium
- ★ 28 Botanischer Garten
- • 29 Bains Municipaux, städtische Bäder
- 30 Hôtel Klinglin
- ★ 31 Kornspeicher
- 32 Hôtel des Deux Ponts
- ★ 33 Hôtel de Ville, Rathaus
- 34 Théâtre Alsacien de Strasbourg
- ★ 35 Tomi-Ungerer-Brunnen
- 36 Banque de France
- 37 St-Pierre-le-Jeune (prot.)
- ★ 38 Aubette, alte Hauptwache
- 39 St-Pierre-le-Vieux
- 40 St-Jean
- • 41 Bahnhof
- ★ 42 Ill-Wehr
- ★ 43 Haras National
- 44 Hôpital, Hospital
- 45 St-Thomas
- ★ 46 Hôtel du Commerce, Industrie- und Handelskammer
- 47 Historisches Museum
- 48 Tomi-Ungerer-Museum

Restaurants

- A Au Crocodile
- B Buerehiesel
- C Maison Kammerzell
- D À l'Ancienne Douane
- E La République
- F S' Staeffele
- G Le Clou
- H L' Ami Schutz
- I Zum Strissel
- J La Coccinelle
- K Le Saint Sépulcre
- L Caveau Gurtlerhoft
- M Le Bæckeoffe d'Alsace
- N Flam's
- O La Choucrouterie

Hotels

- P Au Cerf d'Or
- Q Gutenberg
- R Petite France
- S Formule 1
- T Jugendherberge René Cassin
- U Campingplatz
- V Relais des Jeunes
- W Jugendherberge des deux Rives

und die seltenen Bäume im Arboretum wurden 1880 ursprünglich für Studenten angelegt. Geöffnet Mo bis Fr 8–11.45, 14–17, So 8–11.45 Uhr, kostenlose Führung um 15 Uhr.

Das Grand Etablissement des Bains Municipaux, die **städtischen Bäder (29),** wurden 1908 im Jugendstil erbaut.

Grand Île

Wir kehren wieder zurück auf die Grand Île. Die Rue Brûlée wird auch „Notre petit marais" genannt, in Anlehnung an die Häuser in den Pariser Marais, die typischen hellen Sandsteinbauten. Das **Hôtel Klinglin (30)** stammt aus dem 18. Jh. und ist der **Sitz des elsässischen Präfekten.** Der Rokoko-Bau wendet seine Fassade zum Kanal hin. Vorbei an einem **Kornspeicher (31)** kommen wir zum **Hôtel des Deux Ponts (32).** Hier hielt sich das Militär auf. Das **Hôtel de Ville (33)** war ein ehemaliger Besitz der Grafen *von Hanau-Lichtenberg*. Das klassizistische Gebäude (19. Jh.) der **Opéra du Rhin** (Rheinoper) und des **Théâtre Alsacien des Strasbourg** (Stadttheater) **(34)** liegt am Place de Broglie östlich des Place Kléber. Der lang gestreckte, von Platanen umgebene Platz mit Gebäuden aus dem 18. Jh. entstand 1742 anstelle des Rossmarkts. Er ist nach Marschall *Broglie,* einem elsässischen Gouverneur, benannt. Der **Tomi-Ungerer-Brunnen (35)** mit doppelgesichtigem Januskopf, der die französischen und deutschen Wurzeln der Elsässer verdeutlicht, und ein Aquädukt, das an den römischen Ursprung von Strasbourg erinnert, wurden 1988 anlässlich der 2000-Jahr-Feier Strasbourgs aufgestellt. Vor dem Stadttheater erinnert der Obelisk mit einem Standbild an General *Leclerc,* der Strasbourg 1944 von den Deutschen befreite. Wo heute die **Banque de France (36)** steht, befand sich einst das Haus des Bürgermeisters *DeDietrich*. Im Salon hat *Rouget*

Der Place Kléber ist ein beliebter Treffpunkt in der Altstadt von Strasbourg

elsass481 Foto: ti

de Lisle 1792 die **Marseillaise** komponiert. Eine Gedenktafel erinnert daran, dass er sie hier zum ersten Mal zu Gehör brachte.

Die protestantische Kirche **St-Pierre-le-Jeune (37)** am gleichnamigen Platz entstand nach 1290 im gotischen Stil und wurde um 1900 neu gestaltet. Sehenswert sind die gotischen Fresken. Bereits von 1031 stammt ein romanischer Kreuzgang hinter der Kirche, der auf römischen, teilweise noch erhaltenen **Katakomben** erbaut wurde.

Place Kléber

Der nördliche Teil der Altstadt mit den großen Plätzen entstand vor allem im 18. Jh. Den Mittelpunkt bildet der Place Kléber, der nach dem in Strasbourg geborenen *Jean-Baptiste Kléber* (1753–1800) benannt wurde und ein **beliebter Treffpunkt** ist. Unter dem Denkmal liegt er begraben. *Kléber* war General der Revolutionsarmee beim Napoleon-Feldzug in Ägypten. Vom Platz geht auch die Fußgängerzone aus. Am Platz Aubette liegt die **Alte Hauptwache (38)** aus dem Jahr 1778, die Aubette. In der Parolestube erhielt die Garde bei Tagesanbruch (à l'aube) ihre Befehle.

Die protestantisch-katholische Doppelkirche **St-Pierre-le-Vieux (39)** steht nördlich von La Petite France. Ursprünglich stammt sie aus dem 14./15. Jh. Im 17. Jh. teilte man sie in eine katholische und eine evangelische Kirche. 1867 wurde sie neu erbaut. Die Gemälde aus der Schongauer Schule entstanden im 15. Jh. Die **Kirche St-Jean (40)** am anderen Kanalufer unterstand den Dominikanern. Der **Bahnhof (41)** noch weiter westlich wurde ebenso wie die Gebäude in der wilhelminischen Neustadt 1878 bis 1883 im neoklassizistischen Stil erbaut.

La Petite France

La Petite France (Kleinfrankreich) ist das **frühere Gerberviertel.** Fischer, Gerber und Müller wohnten hier. Die Altstadt wird von zwei Armen der Ill umflossen, die von romantischen Brücken überspannt werden. Mühlen, die engen Gassen und blumengeschmückten Fachwerkbauten aus dem 17. und 18. Jh. machen den Charme dieses Stadtteils aus, der zu einem Symbol für das malerische, alte Strasbourg wurde. Sehenswert ist das **Gerberhaus,** die „Gerwerstub", aus dem Jahr 1651 mit schönem Fachwerk am Pflanzbad (Rue du Bain-aux-Plantes).

Der Name Petite France stammt von einem **Krankenhaus für Syphiliskranke,** das es im 16. Jh. hier gab. Da die Franzosen für die Krankheit verantwortlich gemacht wurden, hieß das Krankenhaus das „Französel" oder eben „La Petite France".

Am **Place Benjamin Zix** laden zahlreiche Lokale zum Besuch ein. Die Boote der Rundfahrten auf der Ill passieren am Quai des Moulins eine enge Schleuse. Vier gedeckte Brücken, die Ponts couverts, wurden 1863 über die vierarmige Ill gebaut, die Türme stammen aus dem 13. Jh. Das **Ill-Wehr (42)** ist die Hauptschleuse zwischen Ill und dem Flussbogen um die Altstadt. Diese Barrage de Vauban ist der wichtigste Teil der von *Vauban* 1690 geplanten Befestigung. Mit den Schleusentoren konnten die Ill abgeriegelt und die Umgebung der Stadt überschwemmt werden. Von der **Aussichtsterrasse** bietet sich ein guter Ausblick; geöffnet Mitte März bis Mitte Okt. tgl. 9–21 Uhr.

Quartier Finkwiller

Westlich der Krutenau beginnt das Quartier Finkwiller. Das staatliche Gestüt **Haras National (43)** in der Rue Ste-Elisabethe wurde 2004 aufgelöst. Die alten Gebäude aus dem 17./18. Jh. sollen zu einem Luxushotel umgebaut werden.

Ein **mittelalterliches Krankenhaus (44)** (Hôpital) und die medizinische Fakultät liegen am Place de l'Hôpital. Die gotische Porte de l'Hôpital ist ein Torturm aus dem 13. Jh.

Der elsässische Politbarde *Roger Siffer* eröffnete in der ehemaligen Sauerkrautfabrik in der Rue St-Louis ein **Politkabarett** mit Mundartbühne, wo auch viele elsässische Stücke gespielt werden. Das **Restaurant La Choucrouterie** oder Surkrutstub bietet verschiedenste Sauerkrautvariationen an. Außerdem ist es als Treffpunkt der grünen Abgeordneten bekannt. In Finkwiller und der Krutenau gibt es viele **Antiquitätenhändler.**

Kirche St. Thomas

Auf dem Weg zurück zum Münster gelangt man zu Strasbourgs zweitgrößter Kirche. Die gotische **Kirche St. Thomas (45),** Rue Martin Luther, die im 13./14. Jh. erbaut wurde, ist die einzige elsässische Hallenkirche. Hier predigte 1521 der elsässische Reformator *Martin Bucer.* Im Chor erhebt sich das **Barockgrabmal** des Marschalls *Moritz von Sachsen,* der *Ludwig XV.* diente, jedoch als Ausländer und Protestant nicht im katholischen Paris beigesetzt wurde. Das Grabmal stammt von dem Bildhauer *Jean-Baptiste Pigalle.* In der Sakristei steht der **Sarkophag** des Bischofs *Adeloch* (um 1130). Auf der Silbermann-Orgel (1740) spielte *Mozart* 1778 und später auch *Albert Schweitzer.* Von *Schweitzer* stammte auch die Initiative für die bis heute stattfindenden **Bachkonzerte.**

Buchdruck

Der Buchdrucker **Gutenberg** erfand bei seinem Aufenthalt 1439 bis 1444 in Strasbourg die ersten beweglichen Buchstaben, die er dann in seiner Heimatstadt Mainz vorstellte. Am **Place de Gu-**

tenberg, der zusammen mit dem Place Kléber das Zentrum für die Einheimischen bildet, erinnert das 1840 von *David d'Angers* geschaffene Gutenbergdenkmal an ihn. An diesem Platz befand sich seit Anfang des 14. Jh. das **Zentrum der politischen Macht,** als hier das Rathaus erbaut wurde. An der Westseite steht das **Hôtel du Commerce (46),** die Handels- und Industriekammer; das Gebäude hat eine Renaissancefassade (16. Jh.). Sie wurde als Ergänzung zum Rathaus erbaut. In der Grand'Rue, einem Teil des antiken Römerwegs Trier – Saverne, findet ein wöchentlicher **Büchermarkt** statt. Von hier ist es nur noch ein kurzes Stück zurück zu unserem Ausgangspunkt, dem Münster.

Europastadt

Das „Europastadt" genannte Viertel Strasbourgs am Schnittpunkt von Ill und Rhein-Marne-Kanal wurde anfangs durch die Flüsse begrenzt. Jetzt erstreckt es sich auch am anderen Ufer. Verdienste um Straßbourg als Europastadt erwarb sich *Pierre Pflimlin,* der von 1959 bis 1983 Bürgermeister der Stadt war und von 1984 bis 1987 Präsident des Europaparlaments. Der **Europapalast** (1972–1977), der Palais de l'Europe, an der Avenue de l'Europe wurde aus Kupfer, Aluminium, Glas und Sandstein erbaut. Mit seinen neun Stockwerken ist das Gebäude 30 m hoch und 105 m lang. Im Innenhof liegt der Plenarsaal mit einem spitzen, zeltartigen Dach. Im Europapalast hat der 1949 in London gegründete **Europarat** seinen Sitz, bis 1997 tagte hier auch das Europaparlament. Das Gebäude kann man bei einer Führung besichtigen.

Europaparlament

Das Europaparlament am gegenüberliegenden Illufer ist zusammen mit Brüssel der Tagungsort der Europaabgeordneten aus den Mitgliedsstatten der Europäischen Union. Es besteht seit 1958. Die Abgeordneten treffen sich einmal im Monat. 1998 wurde für das Parlament ein Neubau erstellt, ein futuristisch anmutender, halbrunder Glaspalast. Ein Steg über die Ill verbindet das neue Europaparlament mit dem alten Gebäude der Europa-Parlamentarier. Eine **Besichtigung** des Europaparlaments ist nach Anmeldung möglich (Tel. 0388 172007); Besichtigung von Europarat und Sitzungsteilnahme nach vorheriger Anmeldung, Tel. 0388 412029, Fax 0388412754.

Europäischer Gerichtshof

Hinter dem Palais de l'Europe erhebt sich am anderen Kanalufer gegenüber dem alten Palais der Europäische Gerichtshof. Das 1994 erbaute, 180 m lange Gebäude aus Aluminium, von dem britischen Architekten *Richard Rogers* entworfen, wird von zwei zylindrischen Bauten umgeben. Es ist Sitz der **Menschenrechtskommission,** welche Auslegung und Anwendung der Menschenrechte überwacht, und des Europäischen Gerichtshofs. Im Europäischen Jugendzentrum arbeiten Jugendliche auf europäischer Ebene zusammen.

Parc de l'Orangerie

Neben dem Palais de l'Europe erstreckt sich der 25 ha große Parc de l'Orangerie. Er wurde im 19. Jh. nach alten Plänen (1692) von *André le Notre* als **Landschaftsgarten** für Kaiserin *Joséphine* angelegt. Das Josephinenschlösschen (1805) ist nach einem Brand 1972 originalgetreu wiederaufgebaut worden. In der 1804 erbauten Orangerie finden heute **Ausstellungen** statt. Zum Park gehören eine schöne Blumenanlage, ein Unterhaltungsgelände, ein kleiner Tiergarten mit Streichelzoo und Storchengehege, ebenso ein See mit **Bootsverleih,** ein kleiner Wasserfall und eine Grotte. Im Park befindet sich auch das Gourmetrestaurant Buerehiesel (Tel. 0388455665). Es wurde in einem Fachwerkhaus aus dem Jahr 1607 eingerichtet, das in Molsheim abgebaut und 1895 als Blickfang einer Industrie-Ausstellung hier wiederaufgebaut wurde.

Am Bassin des Remparts südöstlich des Europaviertels, liegt das Naviscope vor Anker, ein altes Schubboot (Rue du Général Picquart). Hier ist das Musée du Rhin et de la Navigation, das **Rheinschifffahrtsmuseum,** eingezogen. Es zeigt das Elsass als Land am Rhein.

arte

Der **deutsch-französische Kultursender** arte, Rue de Saarlouis, hat seit 1991 seinen Sitz in Stras-

elsass_248 Foto: ti

bourg. Er sendet vom Rundfunk- und Fernsehhaus am Place de Bordeaux. Dort befindet sich auch Radio France.

Garten der zwei Ufer

Seit dem Jahr 2004 sind **Strasbourg und Kehl** durch einen gemeinsamen, grenzüberschreitenden Garten miteinander verbunden. Der 60 Hektar große Park entstand beim „Festival der zwei Ufer" als Symbol für die europäische Idee. Als Zeichen für die deutsch-französische Freundschaft erstreckt er sich über die Grenze beider Länder und wird durch eine Seilbrücke für Fußgänger und Radfahrer miteinander verbunden. Diese **„Passerelle des Deux Rives"** wurde vom Pariser Architekten *Marc Mimram* geschaffen und von Künstlern aus aller Welt mit neuen Formen einer Verbindung von Natur und Kunst ausgestaltet.

Museen

Geöffnet

- Die Museen der Stadt Strasbourg, Tel. 0388885050, www.musees-strasbourg.org, sind unter der Woche von 12 bis 18 Uhr geöffnet, montags sind das Museum für Moderne Kunst, das Frauenhaus- und Historische Museum geschlossen, dienstags das Museum der Schönen Künste, das Elsässische, Archäologische, Kunstgewerbe-, Zoologische und Tomi-Ungerer-Museum. Das Museum für Moderne Kunst ist bis 19 Uhr und donnerstags bis 21 Uhr, Sa, So sind alle Museen von 10 bis 18 Uhr geöffnet. Die Grafische Sammlung öffnet nur nach Voranmeldung. Am ersten Sonntag im Monat ist der Eintritt in die Museen frei. Im Museum der Schönen Künste sind am 1. Sa im Monat ein Teil der sonst unzugänglichen Werke ausgestellt.

Palais Rohan

Im erzbischöflichen **Palais Rohan,** 2, Place du Château, Tel. 0388525000, sind das Museum der Schönen Künste, das Archäologische und das Kunstgewerbemuseum untergebracht, geöffnet Mi–Mo 10–18 Uhr.

Archäologisches Museum

Das Archäologische Museum informiert über die **Vor- und Frühgeschichte,** die Zeit der Kelten, von der Steinzeit bis zu den Merowingern. Besonders die römische Zeit ist gut vertreten. Keramik, Schmuck und Waffen belegen die Besiedlung des Elsass von der Stein- bis zur Eisenzeit. Auch die originalen Götterstelen des Donon-Heiligtums finden wir hier.

Kunstgewerbemuseum

Das **Musée des Arts Décoratifs** befindet sich in den Grands Appartements der Fürstbischöfe. Schon *Ludwig XV., Marie Antoinette* und *Napoleon* übernachteten hier. Ausgestellt sind **historisches Kunsthandwerk, Möbel, Inneneinrichtungen aus dem 18. Jh.,** der Hahn (1350) von der ersten astronomischen Uhr im Münster, eine Sammlung lokaler Kunst und die Porzellansammlung aus der 1721 gegründeten Straßburger **Manufaktur Hannong.** Familie *Hannong* machte Strasbourg im 18. Jh. zum französischen Zentrum der Fayence- und Porzellanherstellung. Auch die prunkvollen Staatsgemächer der Kardinäle von Rohan können besichtigt werden.

Museum der Schönen Künste

Das **Musée des Beaux-Arts** gehört zu den **bedeutendsten Kunstmuseen Frankreichs.** Es zeigt **Gemälde** von französischen, italienischen, spanischen, holländischen, flämischen und deutschen Künstlern aus dem 14. bis 19. Jh. Vertreten sind *Boticelli, Raffael, Murillo, Goya, El Greco, van Dyke, Rubens, Delacroix, Nicolas de Largillière's* „Belle Strasbourgeoise" (1703) u.a.

Frauenhausmuseum

Neben dem Museum der Schönen Künste befindet sich das Frauenhausmuseum, das **Musée de l'Œuvre Notre-Dame** (3, Place du Château, Tel. 038852500, geöffnet Mi–Mo 10–18 Uhr). Hier ist **religiöse elsässische Kunst** vom Mittelalter bis zur Renaissance zu sehen, die gotischen Baupläne des Münsters sowie Originalskulpturen von der Münsterfassade. Den Schwerpunkt bildet das 15. Jh. Es sind Stücke aus dem ganzen Elsass zusammengetragen: Glasmalerei, u.a. auch das berühmte Wissembourger Glasfenster mit Christuskopf, die **älteste abendländische Glasmalerei** vom Ende des 11. Jh., die Rekonstruktion des Kreuzgangs von Eschau; es gibt eine romanische Abteilung und eine Abteilung für elsässische Wohnkultur.

Der gotische Garten im Innenhof entstand nach Vorgaben des Dominikaners *Albertus Magnus* mit Grabplatten und mittelalterlichen Gartenpflanzen.

Grafische Sammlung

Das **Cabinet des Estampes** (Stiche, Holzschnitte) et des Dessins (Zeichnungen), 5, Place du Château, beherbergt eine grafische Sammlung vom 15. Jh. bis heute, Stiche von *Albrecht Dürer* oder Lithografien von *Daumier.* Tel./Fax 0388525000, geöffnet nur auf Anfrage.

Historisches Museum

Hinter dem Frauenhausmuseum unterteilt das Historische Museum in der Großen Metzig (1587, Grande Boucherie, früheres Schlachthaus), 2, Rue du vieux marché aux poissons, Tel. 0388885090, die **Stadtgeschichte** in drei große Zeiträume: Freie Reichsstadt im Hl. Römischen Reich (13.–17. Jh.), freie königliche Stadt und Revolution (17. Jh.–1800) und die Entwicklung zur Metropole im 19. und

20. Jh. Nachdem das Museum jahrelang wegen Umbaus geschlossen war, ist es jetzt neu konzipiert, der 3. Teil der Ausstellung soll 2009 fertig gestellt werden.

Museum für Moderne Kunst

Das **Musée d'Art Moderne et Contemporain,** das Museum für Moderne und Zeitgenössische Kunst, 1, Place Jean Arp (Tel. 0388233131, Öffnungszeiten siehe „Bewirtung"), unweit der Barrage Vauban, zählt zu den **wichtigsten französischen Museen** mit **Bildern vom Impressionismus bis heute.** Vom Architekten *Adrien Fainsilber* erbaut, wurde das Gebäude 1998 eingeweiht. Eine kirchenschiffähnliche, 100 m lange Glasgalerie verbindet die Ausstellungsräume, in denen Werke von *Sisley, Picasso, Monet, Gauguin, Max Ernst* und *Max Liebermann* zu sehen sind, darunter auch „Der Kuss" von *Gustav Klimt*, Plastiken des Straßburgers *Jean Arp*, von *Poliakoff, Mapplethorpe* und *Sarkis*.

Bewirtung

● **„Art",** im Museum für Moderne Kunst, ist ein edles **Designer-Café-Restaurant,** Tel. 0388221888, mit Ausblick von der Skulpturenterrasse auf die Ill-Befestigungen und die Innenstadt. Der elegante Treff der Straßburger hat geöffnet Fr, Sa, Di, Mi 11–19, Do 12–22 So 10–18 Uhr, Mo geschlossen.

Elsässisches Museum

Beim Rabenplatz liegt das **Musée Alsacien,** 23–25 Quai St-Nicholas, Tel. 0388525001, in drei zusammenhängenden Patrizierhäusern (16., 17. Jh.) mit schönen Innenhöfen. Gezeigt werden Volkskunst, ländliches Leben, **elsässische Heimatgeschichte** (Brauchtum, Handwerk, Schnitzereien, Geschirr, Volkskunst, Puppenstuben, Möbel, Trachten, Sakralkunst, jüdisches Leben). Zwei Räume sind dem Pfarrer *Johannes Friedrich Oberlin* gewidmet.

Tomi-Ungerer-Museum

In der Villa Greiner, einem repräsentativen Palais aus dem 19. Jh., 2, Avenue de la Marseillaise, Tel. 0369063727, wurde anlässlich des 75. Geburtstags des Künstlers im Jahre 2006 mit den Arbeiten für das Museum begonnen. Auf drei Etagen mit insgesamt 700 m² Ausstellungsfläche werden jeweils 300 Kinderbuchillustrationen, Werbe-, satirischen und erotischen Zeichnungen ausgestellt. *Tomi Ungerer* hat sein komplettes Werk von 7000 Zeichnungen seiner Heimatstadt Strasbourg vermacht. Es entstand ein bisher in Frankreich einmaliges Zentrum für Illustrationskunst, in dem auch Werke von Nachwuchskünstlern und Illustratoren, die *Ungerer* inspiriert haben, ausgestellt sind.

Zoologisches Museum

Im auf dem Universitätsgelände gelegenen **Musée Zoologique,** 29, Boulevard de la Victoire, Tel. 0390240485, ist eine umfangreiche Sammlung ausgestorbener oder bedrohter Tierarten sowie ausgestopfte Vögel und Insekten ausgestellt. Zahlreiche Veranstaltungen und Themenausstellungen wenden sich auch an die jungen Besucher.

Weitere Museen und Sehenswürdigkeiten

Erlebnismuseum für Kinder

- **Straßburger Wissenschafts- und Technikzentrum „Le Vaisseau“** (Das Schiff), Rue Philippe Dollinger, Tel. 0388 446565, www.levaisseau.com, Tel. 0388444400, geöffnet Di bis So 10–18 Uhr, die ersten drei Wochenenden im September, am 25.12., 1.1. und 1.5. geschlossen. Erlebnismuseum mit pädagogischem Garten, Wissenschafts- und Technikateliers, Workshops, Wissensrallyes v.a. für Kinder von 3 bis 15 Jahren. Sie werden spielerisch in die Welt der Wissenschaft und Technik eingeführt.

Sicherheitshinweis

In den **Vorstädten Cronenbourg, Elsau** und **Neuhof** herrschen hohe Arbeitslosigkeit, soziale Not und Drogenkriminalität. Spannungen und Frust gipfeln seit Ende der 1990er Jahre in regelmäßigen Auseinandersetzungen, auch zwischen Jugendlichen und den „beurs“, den Kindern nordafrikanischer Einwanderer, mit der Polizei. Nächtliche Übergriffe auf Fremde und die Beschädigung von Fahrzeugen sind nicht auszuschließen.

Canon

- **Canon,** Place du Corbeau, Tel. 0388370639, Restaurant-Museum, hier begann vor über 300 Jahren die Erfolgsgeschichte der Brauerei *Cronenbourg*, geöffnet tägl. 9–24 Uhr.

Erdbeben-Museum

- **Musée de Sismologie et de Magnétisme terrestre,** Erdbeben- und Magnetismus-Museum, 7–9, Rue de l'Université, Tel. 0390240122, befindet sich in dem von *Wilhelm II.* erbauten Gebäude für die zentrale Erdüberwachung; geöffnet Okt. bis Mai Mi, Sa 14–18 Uhr.

Planetarium

- **Planetarium,** 4, Rue de l'Observatoire; geöffnet Mo–Fr 9–12, 14–17, Sa, So 14–18 Uhr, Tel. 0390242450, Reservierung erforderl., wilhelminische Sternwarte mit Sternkrypta, Themenausstellungen, kosmisches Kino (Astronomie-Filme).

Naviscope

- **Naviscope,** beim Straßburger Hafen an der Rue du Général Picquart liegt das Schubboot „Strasbourg", das ab 1956 30 Jahre lang im Einsatz war. Es misst 30 m und hatte eine Maschinenleistung von 4000 PS. Heute informiert an Bord ein Museum, Tel. 0388602223, über die Flussschifffahrt und die Häfen im Elsass. Bei einem 1½-stündigen Rundgang kommt man auch in den Maschinenraum und auf die Kommandobrücke des Schiffs. Geöffnet Mi–Fr 14.15–18 Uhr, Sa, So, Fei 9.30–12.30, 14.15–18 Uhr.

Bad Mikwé

- **Rituelles Bad Mikwé** (13. Jh.) im ehemaligen jüdischen Viertel, 20, Rue des Charpentiers.

Praktische Tipps

Infos

- **Office de Strasbourg,** 17, **Place de la Cathédrale,** F-67082 Strasbourg, Tel. 0388522828, Fax 0388522829, www.ot-strasbourg.fr, E-Mail: info@ot-strasbourg.fr, bietet auch Stadtführungen an.
- Weitere Tourist-Infos gibt es am **Bahnhof,** Place de la Gare, Tel. 0388325149; an der **Pont de l'Europe** (Europabrücke) und beim **Aéroport** (Flughafen).
- „Strasbourg online" ist ein mit Preisen ausgezeichneter Online-Stadtführer: **www.strasbourg.com.**

Rundfahrten und Stadtführungen

- **Rundfahrten durch die Altstadt mit der „Minitram",** Tel. 0388777003, Abfahrt: am Place du château, beim Münster halbstündlich: Ende März–Ende April 10–17.30 Uhr, Anf. Mai–Ende Aug. 9.30–19 Uhr, Anf. Sept.–Mitte Okt. 9.30–17.30 Uhr. Stündlich: Mitte Okt.–Anf. Nov. 10–17 Uhr; Fahrtdauer: 40 Min., Erw. 5,20 Euro, Kinder 2,70 Euro.
- **Schiffsrundfahrten** mit Glasdachbooten (Strasbourg Fluvial) auf der Ill von Petite France bis Europapalais; ab Palais Rohan bis Europaviertel 70 Min., April bis Okt. halbstündlich 9–21 Uhr, Nov. bis März 10.30, 13, 14.30, 16 Uhr.

- **Hafenrundfahrten** und Fahrten zum Rhein ab Promenade Dauphine/Place d'Etoile im Süden 10.30, 14.30 Uhr, Juli/Aug. 2½ Std. Über Ill, Rhein-Rhône-Kanal, Rhein-Marne-Kanal mit Essen auf Restaurantschiffen ab Quai des Pêcheurs, Kreuzfahrten auf dem Rhein (Alsace-Croisières).
- **Fahrrad-Rundtour** ab Ponts-Couverts; Kajak- und Kanuexkursionen (Itineraire Alsace).
- **Thematische Stadtführungen** durch die nationale Denkmalschutzbehörde, April bis Dez. Sa 14.30 Uhr, Juli, Aug. Di bis So 10.30 Uhr, Di bis Sa 20.30 Uhr; Infos bei der Tourist-Info.
- **Straßburger Zigarrenfabrik,** Rue de la Krutenau östlich des Quai des Bateliers.
- **Brauereibesichtigungen,** siehe „Reisetipps A–Z/Essen und Trinken".

Flughafen

- **Flughafen Strasbourg-Enzheim,** Route de Strasbourg, F-67960 Entzheim, Tel. 0388646767; Air France fliegt von Berlin, Hamburg und München nach Strasbourg; **Bus-/Straßenbahn-Transfer** in die Innenstadt 30 Min.; Bustransfer nach Mulhouse und zum Flughafen Basel-Mulhouse.

Züge

- **Zugverbindungen** nach Paris, Mulhouse, Colmar, Basel und nach Offenburg, Karlsruhe, Mainz, Köln; Infos Tel. 0836 353535.

Nahverkehr

- Der **Innenstadtbereich ist autofrei.** Die Parkplätze sind oft voll, „Park and Ride" (Parking Relais) an den nördlichen und südlichen Stadteinfahrten, mit der **Straßenbahn** von dort ins Zentrum. In der Altstadt sind alle Sehenswürdigkeiten **zu Fuß** am besten vom Münster aus zu erreichen. Eine ¾ Stunde benötigt man zu Fuß bis ins Europaviertel.
- **Straßenbahn** Hautepierre – Illkirch 4.30–0.30 Uhr im 5- bis 10-Min.-Takt, Haltestellen in der Innenstadt; Place de l'Homme de Fer, Knotenpunkt der Tram.
- **Dichtes Stadtbusnetz** (CTS-Busse, Compagnie des Transports Strasbourgeois); Infos Tel. 0388777070, www.cts-strasbourg.fr.

Bewirtung

In Strasbourg gibt es sehr viele Restaurants, Weinstuben, Cafés und kleine Kneipen. Der **Place du Marché Gayot** und der **Place du Marché du Cochon** sind gute Ausgangspunkte für einen Kneipenbummel.

Spitzen-Gastronomie:

- Im bekanntesten **Gourmetrestaurant Au Crocodile,** 10, Rue de l'Outre, Tel. 0388321302, Fax 0388757201, www.au-crocodile.com, gibt es natürlich auch ein Krokodil, allerdings kein lebendes. Es wird erzählt, ein Soldat *Klébers* hätte ein echtes vom Nil an den Rhein gebracht; Spitzenküche und Spitzenpreise, So und Mo geschlossen.

- **Traditionslokal Buerehiesel,** 4, Parc de l'Orangerie, Tel. 0388455665, Fax 0388613200, www.buerehiesel.com; in einem alten Bauernhaus aus Molsheim, Gourmetrestaurant, Menü 120–160 Euro.

Typische Straßburger Gastronomie:

Geschichtsträchtig und urig sind die berühmtesten und schönsten Weinstuben und Gasthäuser in Strasbourg. Tradition hat allerdings manchmal ihren Preis ...

- **Hotel-Restaurant Maison Kammerzell,** 16, Place de la Cathédrale, Tel. 0388324214, Fax 0388230392, www.maison-kammerzell.com; hier kocht Meisterkoch *Guy-Pierre Baumann* Menüs, erlesene Fleisch- und Fischspezialitäten, vegetarische und typisch elsässische Gerichte oder Kombinationen wie Sauerkraut mit Edelfischen. EZ 64–69 Euro, DZ 89–110 Euro, Frühstück 1? Euro, Menüs 29–45 Euro. Viele Touristen.
- **Spezialitätenlokal À l'Ancienne Douane,** 6, Rue de la Douane, Tel. 0388157878, Fax 0388224564, www.anciennedouane.fr, Menü 15–21 Euro; mit Flammekueche-Stub im ehemaligen Zoll- und Kaufhaus. Ill-Terrasse, im Jahr 2000 ausgebrannt und wiederhergestellt.
- **La République,** 40, Rue du Faubourg-National, Tel. 0388320786, Fax 0388320024, Menü 6–18 Euro; Tageskarte, urtümliches Lokal mit 420 Plätzen.
- **S'Staeffele,** 2, Place Saint-Thomas, Tel. 0388323903, Fax 0388219080, Menü 24–34 Euro.
- **Winstub Le Clou,** 3, Rue du Chaudron, Tel. 0388321167, Fax 0388210643, Menü 25–30 Euro; traditionsreiche Weinstube beim Münster, So, Feiertage u. Mi mittags geschlossen.
- **Bierstub L'Ami Schutz,** 1, Ponts-Couverts, Tel. 0388 327698, Fax 0388323840, www.ami-schutz.com, Menü 23–47 Euro; tolle Lage mit Blick auf La Petite France, große Gartenterrasse, preisgekrönte Bierstube, in der man auch einen guten Elsässer Wein trinken kann.
- **Zum Strissel,** 5, Place de la Grande-Boucherie, Tel. 0388321473, Fax 0388327024, Menü 12–25 Euro, 3.–31.7. und So/Mo geschlossen; über 400 Jahre alte Winstub.
- **La Coccinelle,** 22, Rue Ste-Madeleine, Tel. 0388361927, Fax 0388353480, Menü 12–15 Euro, Sa Vormittag, So geschlossen, Winstub.
- **Le Saint Sépulcre,** 15, Rue des Orfèfres, Tel. 0388 323997, Menü 19 Euro, So, Mo geschlossen, alte Winstub.
- **Caveau Gurtlerhoft,** 13, Place de la Cathédrale, Tel. 0388750075, Fax 0388757745, www.gurtlerhoft.com, Menü 16–23 Euro; Restaurant in einem alten Gewölbekeller.
- **Le Bæckeoffe d'Alsace,** 14, Rue des Moulins, Tel. 0388 230540, Fax 0388324342, und 24, Rue des Hallebards, Tel. 0388321442, Fax 0388234790, www.baeckeoffe.com, Menü 19–27 Euro, deftige Hausmannskost wie Bæckeoffe.

Flam's, 29, Rue des Frères, Tel. 0388363690, Fax 0388 352139, www.flams.fr, Menü 8–16 Euro, Flammkuchen in allen Variationen; 24./25.12. und 31.12./1.1. geschlossen.

La Choucrouterie, 20, Rue St-Louis (Krutenau), Tel. 0388 365287, Fax 0388241649, www.choucrouterie.com; Sauerkraut und regionale Spezialitäten, Kleinkunsttheater und Restaurant des Elsässer Barden *Roger Siffer,* Menü 9–15 Euro, Di/Mi sowie 1.1.–10.1. geschlossen.

Unterkunft

Au Cerf d'Or, 6, Place de l'Hôpital, Tel. 0388362005, Fax 0388366867, EZ 44–76 Euro, DZ 49–99 Euro, Frühstück 7 Euro; altes Fachwerkhaus.

Hotel Gutenberg, 13, R. des Serruriers, Tel. 0388321715, Fax 0388757667, www.hotel-gutenberg.com, beim Münster, EZ 53–73 Euro, DZ 65–98 Euro, Frühstück 8,50 Euro.

Ibis Petite France, 18, Rue du Faubourg National, Tel. 0388751010, Fax 0388757960, DZ 55–69 Euro; zentral gelegen, schlicht eingerichtete Zimmer, Frühstück 6,50 Euro.

Formule 1, 55, Route du Rhin, Tel. 0388614746, Fax 0388 603011, Zimmer bis 3 Personen 25 Euro, Frühstück 3,35 Euro; Billig-Hotel.

Jugendherberge, Auberge de Jeunesse René Cassin, Montagne-Verte, 9, Rue de l'Auberge de Jeunesse, Tel. 0388302646, Fax 0388303526, 18–33 Euro, Frühstück inkl., im Januar geschlossen.

Jugendherberge, Auberge de Jeunesse des deux Rives, Centre international de rencontres, Rue des Cavaliers (Parc du Rhin), Tel. 0388455420, Fax 0388455421, 19 Euro, Frühstück inkl.

Relais des Jeunes et de la Famille, 24, Rue de Mâcon, 67100 Strasbourg/Neudorf, Tel. 0388396901, Fax 0388 790075, 25–35 Euro, Frühstück inkl.

Camping de la Montagne Verte, 2, Rue Robert Forrer, 67200 Strasbourg/Montagne Verte, Tel. 0388302546, Fax 0388271015, Platz 4,65 oder 3,45 Euro/Person

Nachtleben

Straßburger Nächte sind eher still, das Nachtleben ist nicht so ausgeprägt wie in anderen Städten ähnlicher Größe. Der **Place du Marché Gayot,** kurz PMG genannt, ist ein guter Ausgangspunkt für nächtliche Streifzüge.

Musikevents

Internationales Musikfestival im Juni (Klassik), Tel. 0388 324310.

Jazzfestival Anfang Juli.

Folklore im Hof des Palais de Rohan, im Sommer So 10.30 Uhr.

Musica, Intern. Festival zeitgenössischer experimenteller Musik, Mitte Sept. bis Mitte Okt., Tel. 0388210202; Juli, Aug. treten elsässische Volksmusiker auf, Mo 20.30 Uhr Place des Tripiers, Di 20.30 Uhr Place Benjamin Zix, Mi 20.30 Uhr Marché aux Cochons-de-Lait.

- **Konzerte im Münster,** 21 Uhr, Service de l'Animation de Ville, Tel. 0388609714 (Mai bis Sept.).
- Neben Paris hat Strasbourg die beste Opern- und Ballettbühne Frankreichs: **Opéra du Rhin,** 19, Place Broglie; **Nationaltheater** (Théatre National), 1, Avenue de la Marseillaise, bedeutendste elsässische Bühne.
- **Les Percussions de Strasbourg,** 15, Place André Maurois, eines der dynamischsten frz. Musikensembles.
- Nördlich der Neustadt befindet sich das Palais de la Musique et de Congrès, ein **internationales Kongresszentrum,** in dem Konzerte der Straßburger Symphoniker stattfinden und Vorträge gehalten werden.

Einkaufen

- **Wochenmärkte:** Place Kléber (Mi/Sa), Place Broglie, Quai de Turckheim (Mi/Sa), Boulevard de la Marne/Rue Gounod (Di/Sa), Rue St-Gothard (Krutenau, Mi), Place de Bordeaux (Di/Sa).
- **Bauern- und Erzeugermarkt:** Place du Marché aux Pêcheurs/Vieux-Marché-aux-Poissons Sa.
- **Flohmärkte:** Rue des Bouchers, Rue du Vieil Hôpital beim Münster (Mi/Sa), Place de la Grande Boucherie (Mi/Sa).
- **Büchermärkte:** Rue Gutenberg, Place Gutenberg, Rue des Hallebardes Grand'Rue (Di/Mi/Sa).
- Die zentrale Straße ist die Rue des Grandes Arcades. Am Place Kléber laden **Kaufhäuser,** am Place Gutenberg **Boutiquen** zum Bummeln ein. Rund ums Münster und an der Grand'Rue, einer weiteren Einkaufsstraße mit Häuserfassaden aus dem Frühbarock und Rokoko, erstreckt sich die **Fußgängerzone.** Eine weitere Einkaufsstraße ist die Rue de la Haute Montée. Exclusive Damenbekleidung erhält man in der Rue du Vieux Marché aux Poissons. Es gibt viele belebte Plätze, wo Straßenlokale zu einer Rast einladen, bei der man gut das pulsierende Leben beobachten kann.
- Dort, wo sich viele Touristen versammeln, bieten auch immer wieder nordafrikanische **„fliegende Händler"** ihre Waren zum Verkauf an (z.B. Ledertaschen, Gürtel, Hüte oder Elfenbeinschnitzereien). Man sollte auf der Hut sein, die Sachen sind teilweise nicht echt oder stark überteuert. Diese Händler trifft man nicht nur in Strasbourg, sondern auch in den anderen großen Städten an.

Sonstiges

- **Strasbourg-Pass:** Eintritt für ein Museum, Schiffsrundfahrt, Münsterplattform, 50 % auf alle Eintritte – erhältlich in der Tourist-Info.
- **Oberrheinischer Museums-Pass:** Eintritt für acht Museen in Strasbourg; der Pass gilt für ca. 150 Museen im gesamten Gebiet des Oberrheins, 4 Tage in einem Monat 30 Euro, erhältlich in der Tourist-info. Näheres siehe im Internet: www.museumspass.com.
- **Gut ausgebautes Radwegenetz,** 430 km Radwege; **Fahrradverleih „Vélocation",** Rue des Bouchers und Rue du Maire Kuss, Tel. 0388235675.

- Auf dem Wacken gibt es ein **Ausstellungsgelände** mit Messehalle und Eissportstadion sowie ein Sportgelände.
- **Le Maillon-Théâtre Germain Muller,** 13, Place André Maurois, junges Theater im Kulturzentrum, Bühnen-Avantgarde.
- Im **Parc de la Maison Alsacienne,** Rue du Terrain, Reichstett, Tel. 0388205990, kann man **typisch elsässische Häuser** besichtigen und erfährt mehr über das Leben auf dem Land rund um Strasbourg – vom Mittelalter bis heute. Geöffnet von April bis Mitte Okt. jeden 2. Sonntag (in den geraden Wochen), Mi 10–17 Uhr, 15. Juli bis 15. Aug. tägl. 10–17 Uhr oder nach Vereinbarung.
- **Weihnachtsmärkte:** Als Geschenk einer Vogesengemeinde an die Hauptstadt des Elsass wird der **größte Weihnachtsbaum des Elsass** jedes Jahr **auf dem Place Kléber** aufgestellt. Drei Monate dauert die Dekoration der herrlichen Tanne, die jedes Jahr aufwendig neu gestaltet wird. Eigens dafür hat die Stadt eine Weihnachtsbaum-Designerin unter Vertrag. Der **größte Weihnachtsmarkt der Stadt,** den es schon seit 1570 gibt, findet **auf dem Place Broglie** statt. Vor dem Münster gibt es einen kleineren Markt, der wegen seiner Glühweinstände bei den Erwachsenen und wegen seiner Schlittschuhbahn bei Kindern besonders beliebt ist. Auch auf dem Bahnhofsplatz herrscht weihnachtliche Stimmung.

La Robertsau und La Wantzenau

La Robertsau

Die ehemaligen Flussfischerdörfer nördlich von Strasbourg gehören zum **„Uffried“,** den im Auwald gelegen Siedlungen. La Robertsau schließt sich direkt an die Stadt an. 6 km vom Straßburger Zentrum entfernt, ist der weitläufige **Park** mit seinen **Fuß- und Radwegen,** den kleinen Wasserläufen mit künstlichem Wasserfall und Picknickplätzen ein beliebtes Naherholungsgebiet für Straßburger Familien. In dem Park steht neben zahlreichen alten Skulpturen das große **Château de Pourtalès.** Das neubarocke Schloss aus dem 19. Jh. wurde für Gräfin *Mélanie de Pourtalès,* eine Dame am Hof *Napoléon III.,* erbaut.

Schloss Château de Pourtalès im Wald von Robertsau

elsass_255 Foto: ti

Bewirtung

• **Im Schloss** befindet sich ein **Restaurant der gehobenen Klasse** (Château de Pourtalès, 161, Rue Mélanie, Robertsau, Tel. 0388313340, Fax 0388457782).

La Wantzenau

In La Wantzenau lebten früher viele Berufsfischer. Bis heute werden hier Süßwasserfisch und auch Küken (poussin) als Spezialität angeboten. Der unter Naturschutz stehende **Auwald am Rhein** lädt zu Ausflügen zu Fuß oder mit dem Fahrrad ein.

Hœrdt

Spargel

In Hœrdt weist ein großes Spargelbündel am Kreisverkehr am Ortseingang auf das hier angebaute Gemüse hin. Spargel wird zur Erntezeit ab Mitte April zum Verkauf angeboten, Mitte Mai wird ein **Spargelfest** gefeiert. Auf der südlich gelegenen Rennbahn (Hippodrôme) werden **Pferderennen** veranstaltet.

Unterkunft

• **Au Cygne,** 5, Rue du Pavé, F-67720 Hœrdt, Tel. 038869 2333, EZ 25–38 Euro, DZ 39–46 Euro, Frühstück 5–7 Euro.

Brumath und Hochfelden

Brumath Brumath liegt nördlich von Strasbourg an der Autobahn A 4. Aus dem ehemaligen **Schloss** der Prinzessin *Christine von Sachsen,* mit dessen Bau 1720 begonnen wurde, entstand Anfang des 19. Jh. eine protestantische Kirche. Im Archäologischen Museum (Musée Archéologique) in den Kellergewölben des Schlosses kann man sich über die gallorömische Vergangenheit der Stadt informieren.

Hochfelden Hochfelden an der Zorn ist Sitz der **Météor-Brauerei.** Die St-Wendelin-Kapelle ist gotisch.

Unterkunft •**À l'Écrevisse,** 4, Avenue de Strasbourg, F-67170 Brumath, Tel. 0388511108, Fax 0388518902, EZ 45 Euro, DZ 65–70 Euro, Frühstück 9 Euro.

Region Kochersberg

Heimat des Flammkuchens Die Region Kochersberg nordwestlich von Strasbourg ist die Heimat des Flammkuchens. 1979 gründete sich in Kolbsheim die Confrérie de la Véritable Tarte Flambée, die **„Bruderschaft des echten Flammkuchens“,** die sich für die Bewahrung der Tradition einsetzt. Der Name der über die elsässischen Grenzen hinaus geschätzten Speise entstand, weil früher die ersten Flammen des Ofenfeuers fürs Backen genutzt wurden. Die eigentliche Entstehung des Flammkuchens verdankt sich einem Zufall. Bevor ein Bauer Glut und Asche aus seinem Herd beseitigte, damit er Brot backen konnte, schob er etwas Brotteig mit Rahm, Speck und Zwiebeln in den Ofen – und produzierte so den ersten Flammkuchen.

Auf dem Kochersberg stand im 19. Jh. ebenfalls ein **Tour de Chappe** (vgl. Haut-Barr bei Saverne), ein Telegrafenmast für die Nachrichtenübermittlung zwischen Strasbourg und Paris.

„Le Ackerland"

„Le Ackerland" ist landwirtschaftlich geprägt und der fruchtbarste Teil des Kochersbergs. Es gilt als die **„elsässische Kornkammer"**.

Kuttolsheim

See

Kuttolsheim ist ein **ehemaliger Pilger- und Badeort.** Die Temperatur des leicht schwefeligen Sees beträgt dank **warmer Quellen** immer mindestens 12 °C. Die Pfarrkirche überragt ein romanischer Turm; sie ist mit plastischen Tierfiguren geschmückt. Die St-Barbara-Kapelle, die Chapelle Ste-Barbe, besitzt einen romanischen Chor.

Truchtersheim

Hauptort

Truchtersheim ist der Hauptort des Kochersbergs. Am zentralen Platz liegt ein **Museum,** das Maison du Kochersberg, mit wechselnden Ausstellungen, 4, Place du Marché, Tel. 0388698584, Fax 0388696260, geöffnet So 14.30–18 Uhr.

Gougenheim und Umgebung

Mit dem Bau der **Wallfahrtskirche** Notre-Dame-de-Sept-Douleurs in Gougenheim wurde bereits im 8. Jh. begonnen.

In Landersheim produziert Adidas.

Drei-Kapellen-Weg

Der Sentier des Trois Chapelles, der Drei-Kapellen-Weg, führt von der Kirche von Hohengœft auf den 398 m hohen **Gœftberg,** auf dem eine Kapelle und ein barockes Wegkreuz stehen.

Napoleonsbänke

Der **Rhein-Marne-Kanal** begrenzt das Kochersberggebiet im Süden. Hier gibt es knapp zwanzig steinerne Lastenbänke, die im 19. Jh. entstanden. Sie bestehen aus zwei Seitenpfosten mit zwei Steinbalken. Bäuerinnen konnten hier ihre Lasten, die sie auf Kopf, Armen und Schulter trugen, abstellen.

Oben wurden die Kopflasten abgestellt, auf dem unteren Stein konnte man sich auch ausruhen. Diese „Napoleonsbänke“ (Banc Napoléon) haben eine lange Tradition. Insgesamt 125 solcher Bänke wurden einst auf Weisung *Napoleons III.* aufgestellt. Der Anlass dafür war die Geburt seiner heiß ersehnten Tochter *Dauphine*. Die Bänke wurden in der gesamten Region Bas-Rhin (einschließlich der Pfalz) im näheren Umkreis der Dörfer aufgestellt.

Westhoffen

Elsässische Kirschenhauptstadt

Westhoffen, am Rand der Vogesen westlich der Schnellstraße N 4 gelegen, ist die elsässische Kirschenhauptstadt. Im Frühjahr verwandelt sich die Ebene in ein weißes Meer blühender Kirschenbäume. Im Juni wird das **Kirschenfest** gefeiert. Sehenswert sind die Glasmalereien in der Kirche, die um 1350 entstanden.

Geispolsheim und die Chapelle d’Hattisheim

Geisbock

In Geispolsheim erklärt ein Geisbock, das **Wappentier im Dorf,** die Herkunft des Ortsnamens. Viele Fachwerkhäuser sind mit kleinen, gelben Schildern oder Dachziegeln geschmückt, die mit Blumenmotiven, Elsässer Trachten oder einem Geisbock bemalt sind. Vor der Kirche steht eine bemalte Kalvariengruppe aus Sandstein.

Die kleine **Wallfahrtskapelle** „Notre Dame des Sept Douleurs („Schmerzhafte Mutter Gottes“), die Chapelle d’Hattisheim, wurde im 17. Jh. erbaut.

Weißkohlfeld bei Krautergersheim, der „Hauptstadt des Sauerkrauts“

Schokoladenmuseum

Auf 800 m² Fläche kann man zusehen, wie aus der Kakaobohne Schokolade wird oder schaut dem Chocolatier bei der Arbeit zu. Man erfährt alles von der Herkunft des Kakaos bis hin zum Reiz, den die Schokolade schon auf den Adel im 18. Jh. ausübte und der bis heute anhält.

Museum

• **„Die zauberhafte Welt der Schokolade“** („Les secrets du chocolat“), Parc de la Porte Sud, Rue du Pont du Péage, Geispolsheim, Tel. 0388660490, www.musee-du-chocolat.com, geöffnet Feb.-Dez. Di-Sa 9-19, So 14-19 Uhr, Jan. Mi-Fr 14-18, Sa, So 14-19 Uhr, Eintritt: Erw. 8 Euro, Kinder 6 Euro inkl. Schokolade im Wert von 4 Euro.

Krautergersheim

Route du Tabac

In Krautergersheim und **Hindisheim,** an der „Route du Tabac“ (Tabakstraße) gelegen, fallen die schmalen, hohen Holzschuppen mit ihren Lamellenöffnungen zum Trocknen von Tabak auf. Seit dem 17. Jh. wird er hier zusammen mit Spargel, Weißkohl, Rüben und Obst angebaut.

Hauptstadt des Sauerkrauts

Die **Sauerkrautstraße,** die „Route de Choucroute“, zieht sich **von Benfeld nach Krautergersheim.** 70 % des Weißkrauts von ganz Fankreich werden hier produziert. Zwischen Obernai, Erstein und Benfeld wird es angebaut und v.a. im Oktober/November geerntet. Die Anbauer haben

elsass_263 Foto: ti

sich in einem Verband organisiert (5, Rue de Provence, Illkirch-Grafenstaden, Tel. 0388673895). Wer einen Sauerkrautbetrieb besichtigen oder bei der Ernte mithelfen will, wendet sich dorthin. In Krautergersheim gibt es auch ein kleines **Sauerkrautmuseum** (s.u.). An der Sauerkrautstraße findet man zahlreiche Lokale, die Sauerkrautgerichte auf ihrer Speisekarte haben. In Krautergersheim wird am letzten Septemberwochenende das **Sauerkrautfest** gefeiert. Auch in **Meistratzheim** findet im September ein Sauerkrautfest verbunden mit einem Trachtenfest statt. Das benachbarte **Hindisheim** schmücken alte Fachwerkhäuser. Die Kapelle stammt aus dem 15. Jh.

Bewirtung

- **Auberge le Chou'heim,** 2, Rue Clemenceau, F-67880 Krautergersheim, Tel./Fax 0388481810, Menü 8–32 Euro, 24. bis 25.12. und Mo abends geschlossen.
- **S'Kruithiesel Restaurant,** F-67880 Krautergersheim, Flammkuchen, Elsässer Menüs, Choucroute aux Poissons mit Zander und Lachs, angeschlossenes **Sauerkrautmuseum** ab 18 Uhr geöffnet.

Erstein

Zucker

Erstein liegt südlich von Strasbourg zwischen der Schnellstraße N 83 und dem Rhein. Der Ort ist die „Hauptstadt des nördlichen Rieds" und durch seinen **Zucker** (Sucre d'Erstein) bekannt. Der im Umland geerntete Tabak, Weißkohl und vor allem Zuckerrüben werden hier vermarktet. Die Zuckerraffinerie wurde 1893 gegründet und überspannt den Canal du Rhône au Rhin. Der Architekt *Peter Thumb* (siehe bei Ebersmunster) baute den Portalturm der Pfarrkirche.

Radweg

Entlang des Canal du Rhône au Rhin verläuft ein schöner Radweg. Bei Krafft führt der Weg auf einer sehenswerten Betonbrücke mit leuchtend blau angestrichenem Geländer über einen Seitenarm der Ill. Am Rhein bei Gerstheim produziert die EDF in ihrem Elektrizitätswerk Strom. In der

elsass_264 Foto: tl

Nähe erstreckt sich der **Rheinauenwald Sommerley**, ein 400 ha großes Naturschutzgebiet. Krickenten, Blässhühner, Reiher und Haubentaucher kommen hier vor.

Infos

- **Office du Tourisme,** 2, Rue du Couvent, F-67150 Erstein, Tel 0388981433, Fax 0388980439, www.grandried.fr.
- Geführte **Wanderungen** durch das Naturschutzgebiet Rheinried um Krafft bei Erstein.

Unterkunft

- **Hôtel des Bords de l'Ill,** 94, Rue du Gal de Gaulle mit den Restaurants *S'Hechtestuebele* und *Estaminet,* Tel. 0388 980370, Fax 0388980949, www.hotel-bordsill.com, EZ 40 Euro, DZ 50 Euro, Frühstück 7 Euro, Menü 7–25 Riedspezialitäten, Fischgerichte.

Events

- **Zuckerfest** Ende August.
- **Süßigkeiten- und Weihnachtsmarkt** im Dezember.

Osthouse

Am Dorfrand von Osthouse steht ein **Wasserschloss** mit zwei Türmen. Es befindet sich in Privatbesitz und kann nicht besichtigt werden.

elsass05_280 Foto: ti

Die Elsässische Weinstraße

Die Elsässische Weinstraße

Entlang der **170 km** langen Elsässischen Weinstraße **(Route des Vins d'Alsace),** die sich von Marlenheim im Norden bis Thann im Süden erstreckt, liegen **rund 70 „Wein-Orte".** Die Winzerdörfer haben sich darauf eingestellt, dass die Besucherzahlen von Juni bis Oktober sehr hoch sind. Dann ist an der Weinstraße vor allem an den Wochenenden so richtig was los, leider auch mit all den Schattenseiten, die solche **Besuchermassen** mit sich bringen. Trotzdem kann man noch das eine oder andere beschauliche Dorf finden, das abseits der Besucherströme liegt. Hier ist die Speisekarte zwar nicht so lang, dafür sind die Preise aber auch nicht so hoch. Beschaulicher geht es von April bis Ende Mai zu.

Marlenheim

Tor zur Elsässischen Weinstraße

Marlenheim ist das Tor zur Elsässischen Weinstraße und der nördlichste Ort an dieser Touristikstraße. Hier gibt es viele alte Winzerhöfe. Die Entstehung Marlenheims geht auf eine bereits 590 erwähnte Siedlung zurück. Die Stadtkirche Ste-Richarde besitzt ein romanisches Südportal mit Figurenschmuck sowie ein romanisches Tympanon (Bogenfeld) am nördlichen Seitenportal. Es entstand wohl im 12. bis 13. Jh., könnte wegen seiner Darstellungsweise aber noch älter sein. **Kreuzwegstationen** führen zur Kapelle der 14 Nothelfer. Das Schloss stammt aus dem 18. Jh. und dient heute als Altenheim.

Hochzeit des Ami Fritz

Marlenheim ist vor allem durch die „Hochzeit des Ami Fritz" bekannt geworden, der **jedes Jahr** für die Einheimischen und Besucher **neu vermählt** wird. In einem farbenprächtigen Hochzeitszug wird die Geschichte erzählt. Die Romanvorlage (1849) dazu lieferten *Alexandre Chatrian* (1826–1890) und *Emile Erckmann* (1822–1899). Danach

Brautzug bei der „Hochzeit des Ami Fritz"

hat der schon in die Jahre gekommene, lebenslustige *Fritz Kobus* alles in seinem Leben erreicht, nur mit der Liebe hatte er bisher nichts im Sinn. Das ändert sich, als seine Bedienstete *Sûzel* in sein Leben tritt. Er verliebt sich unsterblich in sie, wagt ihr seine Liebe wegen des Standesunterschieds jedoch nicht zu gestehen. Er glaubt zu sterben, als er erfährt, dass *Sûzels* Eltern sie mit einem anderen Mann verheiraten wollen. Doch es gibt ein Happy End! 1876 wurde die Geschichte erstmals am Théâtre Français als Dreiakter aufgeführt. 1930 drehte man einen Film über den *Ami Fritz*.

Ein **langer Brautzug**, bei dem die Bewohner **originalgetreue Kleidung** des 19. Jh. tragen, zieht durchs Dorf, versammelt sich am Wochenende um den 15. August auf dem Großen Platz, wo *Ami Fritz* heiratet und die Hochzeitszeremonie mit Trauzeugen und Urkundsbeamten nachgestellt wird.

Weinlehrpfad

Auf dem Weinlehrpfad (**Sentier de Viticole**) am Marlenberg wird eine Wanderung mit deutschsprachiger Führung angeboten. Eine Ausstellung informiert über alte und neue elsässische Rebsorten (Versuchsweinberge). Alle Orte der elsässi-

elsass05_283 Foto: ti

schen Weinstraße und ihre Wappen werden in einem **Informationszentrum** gezeigt. Auch die Weinlage Couronne d'Or wird beschrieben. Der Circuit de la Couronne d'Or ist eine Weinroute, die die Weinanbauorte an der Mossig miteinander verbindet. Am Ufer der Mossig gibt es einen Storchenpark.

Der Sandstein aus den **Steinbrüchen von Kronthal** (am Ortsausgang in Richtung Wasselonne) wurde im 13. Jh. für den Bau des Straßburger Münsters verwendet.

Infos

- **Office de Tourisme,** Place du Kaufhus, F-67250 Marlenheim, Tel. 0388877580, Fax 0388592950, www.marlenheim.com.

Bewirtung

- **Winzerstuebel Arbre Vert,** 80, Rue du Général de Gaulle, Tel. 0388875231, Fax 0388041399, Menü für 7–26 Euro, Mo abends, Di abends und Sa mittags geschlossen.

Unterkunft

- **Hostellerie Reeb,** 2, Rue du Docteur Schweitzer, Tel. 0388875270, Fax 0388876973, DZ 50 Euro, Frühstück 8 Euro, Menü 18–46 Euro.

Events

- Mitte August: **Hochzeit des Ami Fritz** (Mariage de l'Ami Fritz).
- **Folklore, Kunst- und Handwerkerausstellung,** Weinprobe und regionale Spezialitäten.
- **Weinlesefest** am dritten Oktobersonntag.
- **Karneval** am Wochenende nach Fasnacht.

Wangen

Am Ufer der Mossig liegt Wangen. Die **Stadtbefestigung,** von der noch große Teile erhalten sind und zu der zwei Türme gehören, stammt aus dem 13. Jh. Von der Burg gibt es nur noch wenige Überreste. Aus Dankbarkeit, dass 1830 die Jahresgabe von 300 Hektolitern Wein an die Obrigkeit abgeschafft wurde, fließt jedes Jahr Anfang Juli **Wein aus dem Dorfbrunnen.**

Event

- **Weinfest** am 3. Juli oder dem darauf folgenden Sonntag.

Balbronn

In der befestigten **Wehrkirche** von Balbronn aus dem 11./12. Jh. ist neben dem Chor die mittelalterliche Armprothese von *Hans von Mittelhausen*, dem „Ritter mit der eisernen Hand", zu sehen.

Soultz-les-Bains

Quellen

Die Quellen **St-Amand** und **Renata** werden schon seit Jahrhunderten wegen ihres Soda-, Kali- und Sulfatgehalts für **medizinische Bäder** genutzt. Im 19. Jh. wurde Soultz zum Thermalbad, als die Straßburger wegen Rheuma, Nervosität und anderer Beschwerden hierher kamen. Bis 1975 bestand das Kurhotel Gademann & Baltzer; Sprudelbäder und andere Anwendungen sind heute noch im „Sulzbad" erhältlich.

Avolsheim und der „Dompeter"

St. Ulrich-Kapelle

Der Grundriss der St. Ulrich-Kapelle (9. Jh.) in Avolsheim, einer Taufkapelle hinter der neoromanischen Dorfkirche (1911), entspricht der Form eines vierblättrigen Kleeblatts. 1968 wurden in der Hauptkuppel der St. Ulrich-Kapelle romanische Fresken aus dem 12. Jh. freigelegt.

Dompeter

Für die romanische **Dompeter-Wallfahrtskirche** wurde östlich außerhalb des Ortes der Grundstein im 9. Jh. gelegt. Der Name entstand aus „domus Petri" (Petrus' Haus). 1049 wurde die Kirche durch Papst *Leo IX.* geweiht und im 12. Jh. im romanischen Stil neu errichtet. Nach Blitzeinschlag im 18. Jh. veränderte man sie erneut. Anfang des 20. Jh. fand man die Fundamente einer frühkarolingischen Basilika aus dem 7. Jh.; sie gilt als eine der **ältesten Kirchen des Elsass.** Gegenüber des „Dompeter" steht eine 1000-jährige Linde, von der allerdings nur noch ein Torso übrig ge-

elsass05_287 Foto: ti

blieben ist. Deshalb wurde im Jahr 2000 daneben eine neue Linde gepflanzt. Das Quellenheiligtum St-Peternaille-Brennel nahebei, ein eher unscheinbares kleines Brunnenhäuschen, soll das Grab von *Petronilla* sein, der Tochter von *Petrus*. Nach Untersuchungen des Fürstbischofs *Rohan* im 18. Jh. dürfte jedoch eher die Römerin *Ferentia Augustula* hier begraben worden sein.

Molsheim, Heimat der Bugattis

Am Ausgang des Tals der Bruche liegt die frühere Bischofs- und Universitätsstadt Molsheim. Anfang des 20. Jh. gab es hier eine Waffenschmiede.

Altstadt

Der Altstadtkern ist von einer spätmittelalterlichen **Stadtmauer** umgeben. Die Porte des Forgerons, das Schmiedetor, in der Rue de Strasbourg aus dem Jahr 1412 bildete den alten Zugang zur Stadt. Im Torturm der Stadtmauer zählt die **Glocke,** im selben Jahr entstanden, zu den ältesten des Elsass. Durch die Rue Notre-Dame erreichen wir die **Jesuitenkirche St-Georges.** Der Bau wurde von den Jesuiten im 17. Jh. beim unterfränkischen Architekten *Christoph Wamser* in Auftrag gegeben. Als eines der **größten elsässischen Kirchengebäude** wurde das Gotteshaus in spätgotischem Stil mit Renaissance- und Barockausstattung errichtet. Dazu gehört eine Silbermann-Orgel (1781). Die Kirche war Teil der aufgelösten (katholischen) Jesuitenuniversität. 1617 wurde diese hier von Erzherzog *Leopold von Österreich* als Gegenpart zur protestantischen Universität von Strasbourg gegründet. Nach dem Anschluss Strasbourgs an Frankreich 1702 wurden beide von Kardinal *Rohan* zusammengelegt (geöffnet tgl. 9–12, 14–18 Uhr). Die ehemalige Münze in der Rue de la Monnaie entstand 1573.

In Molsheim spielten mehrere **Religionen** und Orden über Jahrhunderte hinweg eine wichtige Rolle. Ende des 16. Jh. versammelten sich Jesuiten zusammen mit Kartäusern und Kapuzinern. Hier war auch das Zentrum der von den Jesuiten initiierten **Gegenreformation,** eine berühmte, 1580 gegründete höhere Schule.

Place de l'Hôtel de Ville

Zentraler Platz ist der Place de l'Hôtel de Ville (Rathausplatz). Dort stehen der Löwenbrunnen aus der Renaissance, das klassizistische Rathaus und die Metzig (16. Jh.). Die **Metzig,** ein Prachtbau mit Uhrtürmchen, Freitreppe und Balkonen war der Sitz der Fleischerinnung aus dem 16. Jh. Er ist ein schönes Beispiel für die **elsässische Renaissance,** heute befindet sich darin ein Restaurant. Durch die Rue Jenner gelangt man am Maison des Chanoines, dem Kanonikerhaus (19. Jh.), vorbei zum ehemaligen Kartäuserkloster am Cour des Chartreux. Im Kreuzgang sind Mönchszellen zu besichtigen, außerdem gibt es einen Kräutergarten.

Bugatti-Autos

Baron *DeDietrich* empfahl dem Mailänder *Ettore Bugatti* (1881–1947), die Fertigkeiten der Molsheimer Handwerker zu nutzen. 1909 folgte dieser dem Rat, und von 1909 bis 1939 bauten er und ab 1927 auch sein Sohn *Jean Bugatti* hier **exklusive Automobile,** Touren-, Renn-, Sportwagen und Limousinen. Die charakteristische Farbe der Bugattis war blau, die Wagen zeichneten sich durch ihre noble Ausstattung aus. In der Familie *Bugatti* gab es bereits eine handwerkliche Tradition, *Ettores* Vater *Carlo* (1856–1940) war Kunsthandwerker in Mailand. Der 1924 gebaute „Lyon“ siegte bei Autorennen. 1926 entstand „La Royale“ mit einem silbernen Elefant auf dem Kühler. Die Figur stammte von Ettores Bruder *Rembrandt Bugatti,* Schöpfer von Bronzeplastiken. Der „Coupé Napoléon“ gehörte zu einer Serie von sechs Wagen. Die 8-Zylinder-Motoren mit 13 l Hubraum wurden auch im Bugatti-Schienentriebwagen verwendet. Die „Atalante“ waren ausnahmsweise schwarz. Legendär sind auch die „Profile“.

Museum

•Über die Bugatti-Fahrzeuge kann man sich im **Bugatti-Museum,** dem **Musée de la Chartreuse et de la Fondation Bugatti,** informieren. Es befindet sich im ehemaligen Kartäuserkloster (1598–1792) in der Ortsmitte (4, Cour des Chartreux). In Rokoko-Räumen sind Funde aus der Stein- und Bronzezeit, Dokumente der Stadtgeschichte sowie alte Möbel und Werkzeuge zu sehen; in einem anderen Gebäude ist die Bugatti-Stiftung mit den Oldtimern untergebracht; geöffnet 2. Mai bis 15. Okt. tgl. 14–17 Uhr, 16. Juni bis 14. Sept. Mo geschlossen; Tel. 0388382510, Fax 0388478185.

Mehr als weitere hundert Fahrzeuge sind im Automobilmuseum in Mulhouse zu sehen. Seit 2003 baut **Volkswagen** wieder Bugattis in Molsheim. In das herrschaftliche Château de Dorlisheim, in dem schon der Autobauer *Bugatti* Empfänge gab, zog die Verwaltung von VW ein. Auf dem Friedhof von Dorlisheim befindet sich die Grabstätte der Familie *Bugatti.*

Infos

•**Office de Tourisme,** 19, Place de l'Hôtel de Ville, F-67120 Molsheim, Tel. 0388381161, Fax 0388498040, www.ot-molsheim-mutzig.com.

Unterkunft

- **Cheval Blanc,** 5, Place de l'Hôtel de Ville, Tel. 0388 381687, Fax 0388 382096, EZ 44 Euro, DZ 46–49 Euro, Frühstück 6 Euro, Menü 17–25 Euro.

Events

- Mai: **Frühlingsfest,** Weinmarkt.
- Zweites September-Wochenende: **Internationales Bugatti-Festival.**
- **Weinfest mit Umzug,** 2. Wochenende im Oktober.
- **Weihnachtliches Historienspektakel:** Am 2. Sonntag im Dezember wird in Molsheim Weihnachten als lustiges, unterhaltsames „Historienspektakel" gefeiert. In einem farbenprächtigen Umzug stellen die Molsheimer in historischen Kostümen ihre Stadtgeschichte und weihnachtliche Szenen dar.

Wanderung

Vom Reitsportzentrum (Nähe Campingplatz am nordöstlichen Ortsende) in Molsheim führt ein herrlicher Bach-Wanderweg (rotes Kreuz) entlang der Bruche nach **Avolsheim.** Von dort folgen wir dem Rad- und Wanderweg (rote Raute) entlang des idyllischen Bruche-Kanals (Canal de la Bruche) nach Ergersheim. Wir verlassen hier den Kanal und wandern auf roter Raute zur **Dompeter-Kirche.** Rotes Kreuz bringt uns dann wieder zurück nach Molsheim. Der gesamte Wanderweg ist etwa 10 km lang (knapp 3 Std.).

Rosheim

Rosen- und Winzerstadt

Vier Tore führen in die Rosen- und Winzerstadt Rosheim, die von Fachwerkhäusern geprägt ist. Die Porte Basse, das Niedertor, ist mit einer Madonna geschmückt. Rosheim war bereits unter den *Staufern* und im Mittelalter von wirtschaftlicher Bedeutung. Seit 1354 gehörte der Ort als Freie Reichsstadt zum Städtebund Decapolis. Gut erhaltene Mauern stammen zum Teil noch aus dem 13. Jh.

Cité Romane

Ein **romanisches Wohnhaus,** das Maison Romane oder Maison Païenne, das Heidenhaus, wurde bereits in der zweiten Hälfte des 12. Jh. erbaut und gehört damit zu **den ältesten im Elsass.** In ganz Europa sind nur noch wenige Wohnhäuser aus der Romanik erhalten geblieben. 2001 wurde es von Grund auf renoviert. Es liegt an der Rue du Général de Gaulle (zwischen 12 und 23), die den ganzen Ort durchzieht. Zudem finden wir in Rosheim **eine der besterhaltenen romanischen Kirchen** im Elsass. Die **St.-Peter-und-Paulskirche** entstand Mitte des 13. Jh. in Form eines lateinischen Kreuzes. Das Turmobergeschoss wurde nach einem Stadtbrand erneuert. Auffällig sind die Ungeheuerfiguren und der achteckige Turm (14. Jh.). Der Sandstein für den Kirchenbau stammt aus Westhoffen, über der Sakristei etwas versteckt entdeckt man eine Silbermann-Orgel. „Cité romane", **romanische Stadt,** wird Rosheim wegen dieser beiden besonderen romanischen Bauwerke auch genannt.

Vor dem Rathaus (18. Jh.) gibt es einen Sechseimerbrunnen aus der Renaissance.

Infos

- **Office de Tourisme** im Rathaus, Place de la République, F-67560 Rosheim, Tel. 0388507538, Fax 0388504549, www.rosheim.com.

Unterkunft

- **Hostellerie du Rosenmeer,** 45, Avenue de la Gare, Tel. 0388504329, Fax 0388492057, EZ 40 Euro, DZ 68–90 Euro, Frühstück 9 Euro, Menü 35–72 Euro. Das Restaurant ist montags sowie Mittwoch- und Sonntagabend geschlossen.

Events

- **Rosenschau** im Juni.
- **Schneckenfest** Mitte Juli.
- **Munsterkäsefestival** Sa/So vor 15. August.
- **Altstadtführung** bei Nacht Juli/August.
- **Blumenkorso** am Sonntag nach dem 8. Sept.

Bahnfahrt

- Tgl. von 9–19 Uhr verkehrt eine **Dampfeisenbahn** zwischen Ottrott, Bœrsch und Rosheim.
- Von Juli bis Sept. fährt sonn- und feiertags von 14.30–16.30 Uhr das **Oldtimer-Dampfeisenbähnchen** (Lok von 1906) zwischen Ottrott und Rosheim.

Rosenwiller

Die Kirche von Rosenwiller ist wegen ihrer **gotischen Fresken** in der Turmbasis und zwei Chorfenstern aus dieser Epoche sehenswert. Auch das Portal und das Sakramentshäuschen gilt es zu beachten.

Auf dem **jüdischen Friedhof** (Cimetiére Israelite), wo die Rosheimer Juden ihre Toten bestatteten, wurde wohl auch *Josel von Rosheim* beigesetzt, der sich für die Interessen seiner Landsleute einsetzte.

Schloss Guirbaden

Weiter westlich gelangt man zum Schloss Guirbaden, das auf römischen Fundamenten steht. Es gehörte einmal zu den größten Burgen des Elsass und wurde ursprünglich im 10. Jh. gebaut. Nach der Zerstörung durch *Friedrich Barbarossa* 1162 errichteten es die *Hohenstaufer* um 1220 neu. Im 17. Jh. wurde es noch zweimal zerstört. Es sind Reste von Kapitellen und romanischen Fenstern vorhanden. Von der Oberburg sind der Bergfried, von der Unterburg die Schildmauer und der Palas erhalten. Im Bereich der Vorburg steht die romanische, im 19. Jh. erneuerte **Valentinskapelle.**

Bœrsch

Das spätmittelalterliche Städtchen Bœrsch besitzt noch drei Stadttore (14. bis 16. Jh.) und wird von einer überwiegend von Hausfronten gebildeten Mauer umgeben. Enge, mit Fachwerkhäusern geschmückte, verwinkelte Gässchen laden zum Bummeln ein. Zu den Gebäuden aus dem 16. Jh. rund um den Marktplatz, den Grande Place, gehören auch das große Rathaus mit Doppelstockerker und Treppenturm an der Seite sowie der Karthäuserhof. Davor steht ein verzierter Sechs-Eimer-Brunnen (1577), die drei Säulen werden von einem Baldachin überspannt. Daneben liegt die Pfarrkirche St-Médard mit einer Mariensäule.

Infos

- **Office de Tourisme** im Rathaus, F-67530 Bœrsch, Tel. und Fax 0388959341, www.boersch.net.

Bewirtung

•**Le Châtelain,** 41, Rue Monseigneur-Barth, Tel. 0388 958333, Fax 0388958063, Menü 18,30–44,20 Euro.

Events

•**Blumenumzug** am zweiten Septembersonntag.
•Fête de Vendanges, **Weinlesefest** am letzten Oktoberwochenende.

St-Léonard

Schloss mit Park

Die Leonardsau am Ende von Bœrsch Richtung Ottrott wurde zuerst als Bleiche genutzt und kam dann in den Besitz des Industriellen Baron *Albert DeDietrich*. Er ließ seine Villa zu einem Schloss (Château de Léonardsau) umbauen. Die Innenausstattung des Salons gestaltete der Künstler und Kunsttischler *Spindler* (1865–1938), der auch den Künstlerkreis „Cercle St-Léonard" gründete. Ihm ist ein **Jugendstilmuseum** gewidmet. Der Betrieb der Familie *Spindler* hatte seine Blütezeit zu Beginn des 20. Jh., als vor allem Holzmosaike und Intarsienarbeiten *(marqueteries)* auch für Kunstmessen produziert wurden. In einem Nebengebäude ist das Musée du Chéval, das **Pferde- und Gespannmuseum,** untergebracht. Besonders sehenswert ist der Park mit einem französischen und einem englischen Garten. Der Park ist zugänglich, das Gebäude nicht. Die Kirche St-Léonard ist der Überrest einer barocken Abtei.

Museum

•**Marqueterie d'Art Spindler,** 3, Cour du Chapitre, St. Léonard, Tel. 0388958017, Fax 0388959831.

Bischoffsheim

Vor der Kirche von Bischoffsheim steht ein **Renaissancebrunnen** (1550). Die Kapelle Notre-Dame-des-Sept-Douleurs mit gotischem Chor (16. Jh.) und barockem Kirchenschiff (18. Jh.) gehört zum Kloster, einem **Wallfahrtsort** am Bischenberg oberhalb des Ortes. Gegenüber führt ein Kreuzweg (Pèlerinage du Bischenberg) bergan. Aus dem „Unterschloss“ aus der Renaissance wurde ein Bauernhof.

Camping

• Neben der Kapelle gibt es einen einfachen Campingplatz.

Obernai und die Heilige Odilia

Geburtsort der Hl. Odilia

Obernai (Oberehnheim) gilt als Geburtsort der *Hl. Odilia* im 7. Jh. (siehe bei Mont Ste-Odile). Der Franziskaner *Thomas Murner* (1475–1537) und der Dichter *René Schickele* (1883–1940) stammen ebenfalls von hier. Spätmittelalterliche und Renaissance-Fachwerkhäuser prägen die Stadt mit heute 10.000 Einwohnern. Der Ort wurde **bereits 778 erwähnt.** Das mittelalterliche Obernai war freie Reichsstadt von der Stauferzeit bis 1648 und Mitglied im Zehn-Städtebund der Decapolis.

(1), (2), (3) usw. siehe Stadtplan

Mittelpunkt der Altstadt ist der **Marktplatz (Place du Marché) (1)** mit dem **Ste-Odile-Brunnen.** Die alte **Kornhalle (2)** mit Glockentürmchen entstand in der Renaissance (1554). Die ehemalige Metzig wurde früher als Schlachthalle genutzt,

elsass05_293 Foto: ti

heute ist es eine Bierstube. Die Nordfassade des **Rathauses (3),** das von einem kleinen Fassadenerker geziert wird, trägt Züge der Spätgotik und der Renaissance (16./19. Jh.). Dahinter erhebt sich der fast 60 m hohe gotische **Kapellturm (4).** Der Hauptturm der **Liebfrauen-Kapellkirche** stammt aus dem 15. Jh., die Ecktürme und die Spitze wurde im 16. Jh. aufgesetzt. Im 19. Jh. veränderte man ihn nachträglich. Die vier unteren Geschosse gehörten zu einer ehemaligen Kapelle, das obere Stockwerk ziert eine Flamboyant-Galerie.

Der **Sechs-Eimer-Brunnen (5)** im Renaissance-Stil wird von drei korinthischen Säulen und einem

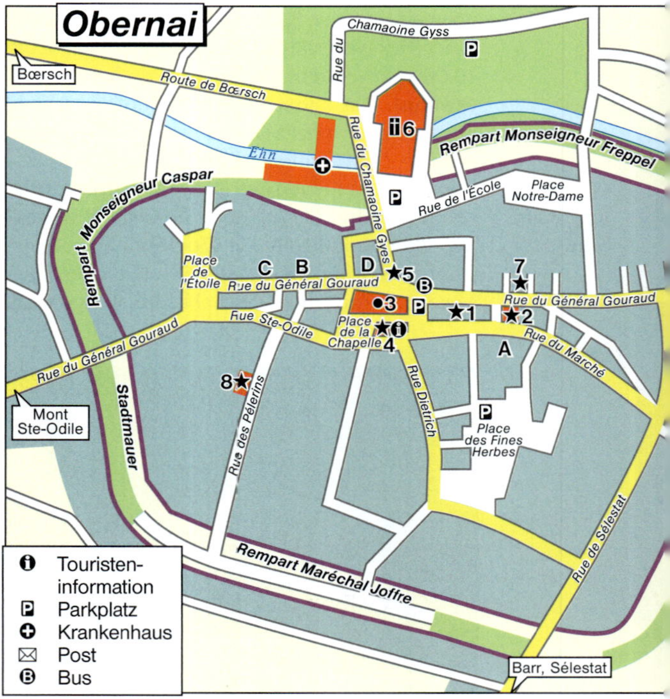

Posaunenengel geziert. Von der doppelten Stadtmauer ist die innere größtenteils erhalten, von der äußeren gibt es nur noch Reste. Dreißig von ehemals 52 Türmen und acht Tore lassen sich noch entdecken. Einen **guten Überblick** hat man von der Stadtmauer Rempart Maréchal Foche mit Rundturm und Tour de Swal. Von der Rempart Maréchal Joffre öffnet sich der Blick auf den Wallgraben, in dem heute Gärten sind. Der Wall lädt zu einem Spaziergang ein. An der Stadtmauer steht auch eine **neuromanische Synagoge** (19. Jh.). In der neugotischen **Kirche St. Peter und Paul (6)**, St-Pierre-et-St-Paul, aus dem 19. Jh. gibt es ein Kuppelmosaik und historische Fresken von *Martin Feuerstein* (1865–1931). Das **spätgotische Heilige Grab**, ein Reliquienschrein mit dem Herzen *Freppels* und spätgotische Glasfenster aus dem 15. Jh. sind noch Kunstwerke einer älteren Kirche. Davor erinnert ein Denkmal an den in Obernai geborenen Kleriker *Charles Freppel*, Bischof von Angers, der dort die Universität gegründet hat. Sehenswert sind auch die **Cour Fastinger (7)** an der Rue du Général Gouraud und das romanische Haus, la **Maison Romane (8)**, an der Rue des Pélerins sowie ein schöner Zehnthof der Herren *von Rathsamhausen* (13. Jh.) aus der Spätromanik mit einer Holzgalerie und Schnitzereien.

- ★ 1 Marktplatz (Place du Marché) Ste-Odile-Brunnen
- ★ 2 Kornhalle (Halle aux Blés)
- ● 3 Rathaus
- ★ 4 Kapellturm
- ★ 5 Sechs-Eimer-Brunnen
- 6 St-Pierre-et-St-Paul
- ★ 7 Cour Fastinger
- ★ 8 Romanisches Haus (Maison Romane)

Restaurants
- A l'Halle aux Blés
- B l'Ageneau d'Or

Hotels
- C Hotel à la Cloche
- D Maison du Vin

Kronenbourg

Kronenbourg ist die **größte Bierbrauerei des Elsass.** Über dreißig Biersorten werden hier gebraut. Die Brauerei wurde 1664 in Straßburg gegründet und siedelte sich 1969 in Obernai an. Sie beschäftigt mehr als 2000 Personen.

Den besten Blick über den Ort und bis zu den Vogesen bietet das **Ehrenmal** (Mémorial) in den Weinbergen des Schenkenbergs. Gelbes Dreieck führt oberhalb der Kirche St-Pierre-et-St-Paul auf der Rue de la Montagne und dem Chemin Acacias dorthin.

Durch die Weinberge des Schenkenbergs verläuft auch ein **Weinlehrpfad** (Sentier viticole).

Infos

- **Office de Tourisme** (im Kapellturm), Place du Beffroi, F-67210 Obernai, Tel. 0388956413, Fax 0388499084, www.obernai.fr.

Bewirtung

- **L'Halle aux Blés,** Place du Marché, Tel. 0388955609, Fax 0388952770, die Spezialität des Hauses ist Bæckeoffe in Riesling.
- **Weinstube L'Agneau d'Or,** 99, Rue du Général Gouraud, Tel. 0388952822, geschmückt ist die Stube mit satirischer Kunst des aus Obernai stammenden Malers *Charlie Barat,* regionale Küche.

Unterkunft

- **Hotel À la Cloche,** 90, Rue du Général-Gouraud, Tel. 0388499043, Fax 0388950763, DZ 47–52 Euro, Frühstück 5,80 Euro, Restaurant, Brasserie, zentral gelegen gegenüber dem Rathaus, Elsässer Spezialitäten.
- **Maison du Vin,** 18, Rue du Général-Gouraud, Tel. 0388955310, Fax 0388950032, DZ 26,70–38,20 Euro.
- **Campingplatz** „Le Vallon de l'Ehn", Tel. 0388953848, Fax 0388483147, ganzjährig geöffneter, komfortabler Platz am westlichen Ortsrand.

Events

- Do **großer Markt** in der ganzen Innenstadt mit Gemüse, Lebensmitteln, Textilien, Körben.
- **Zirkusfestival** Ende April/Anfang Mai.
- **Weinmesse** Mitte August.
- **Weinfest** am dritten So im Oktober.
- Gastronomischer **Weihnachtsmarkt** an allen vier Adventswochenenden.
- Das **Fest „Hans em Schnokeloch"** findet am Wochenende nach dem 14. Juli statt. Da wird es richtig eng in der Stadt. Im Zentrum sind Girlanden aus bunten Fahnen gespannt, Bühnen sind aufgebaut, und die Terrassen der Restaurants sind fast immer besetzt. Beim Fest treffen sich

elsass_201 Foto: ti

rund **300 Personen in Tracht.** Die Frauen tragen hier nicht den üblichen roten Rock mit schwarzer Schleife, sondern eine Tracht wie Königin *Marie-Antoinette* bei den ländlichen Festen in Versailles das Schäferinnen-Kleid. Das Besondere ist die Sonne (Hut). Vom *Hans em Schnokeloch* gibt es ein **Volkslied,** in dem er sich selbst verspottet. „Was er hett, des well er nett, und was er well, des hat er nett. Was er saat, des denkt er nett, und was er denkt, des saat er nett" – „Was er hat, das will er nicht, und was er will, das hat er nicht. Was er sagt, das denkt er nicht, und was er denkt, das sagt er nicht".

Ottrott

Wein

In Ottrott wird seit dem Mittelalter ein Rotwein, der **„Rote von Ottrott"** („Rouge d'Ottrott"), produziert, der weit über das Elsass hinaus bekannt ist. Es gibt ihn als Rotwein und Rosé, oft ist es auch ein zum Barriquewein ausgebauter Pinot Noir.

Kirche St-Pierre-et-St-Paul in Obernai

Der Ort ist in ein **Unter- und Oberdorf** aufgeteilt, die Winzer haben sich überwiegend im Unterdorf angesiedelt. Hier steht auch die romanische St-Nicholas-Kapelle mit der Madonna mit Kind. Das Gotteshaus wurde Ende des 13. Jh. gebaut, das Kirchenschiff nach dem 30-Jährigen Krieg erneuert.

Mont Ste-Odile

Ottrott ist **Ausgangspunkt für Wanderungen** hinauf zum Mont Ste-Odile. Eine etwa einstündige Wanderung führt auch zu den beiden Burgruinen, den **„Ottrotter Schlössel“.** Anstelle einer zerstörten Holzburg erbauten die *Staufer* um 1150 Rathsamhausen, eine Steinburg. Die romanische Festung besitzt einen rechteckigen Wohnturm und einen runden Donjon. Als sich die Ministerialen mit dem Gegner verbündeten, wurde zur Rückeroberung die Lutzelbourg errichtet. Solche feindlichen Burgenpaare entstanden auch an anderen Orten im Elsass. Das Windeckschlösschen entstand im 19. Jh.

Infos

• **Office de Tourisme** (geöffnet Juli bis September), 46, Rue Principale, F-67530 Ottrott, Tel. 0388958384, Fax 0388959059, www.ottrott.com.

Unterkunft

• Im Oberdorf gibt es mehrere gute Hotels und Restaurants, z.B. das **Romantik-Hotel Ami Fritz,** 8, Rue des Châteaux, Tel. 0388958081, Fax 0388958485, EZ 62–89 Euro, DZ 65–135 Euro, Frühstück 11 Euro, eine der bekanntesten Weinstuben an der Weinstraße (gehobene Gastronomie).

• **L'Elsberg,** 23, Rue Saint-Nabor, Tel. 0388958777, Fax 0388959048, EZ 40 Euro, DZ 53 Euro, Frühstück 8 Euro, Menü 5,50–27 Euro.

Bahnfahrt

• Von Juli bis Sept. fährt sonn- und feiertags von 14.30–16.30 Uhr das **Oldtimer-Dampfeisenbähnchen** (Lok von 1906) zwischen Ottrott und Rosheim.

Aquarium

• **„Les Naïades“** (Nymphen), 30, Route de Klingenthal, Tel. 038895032, www.parclesnaiades.com, wird das Aquarium genannt, das sechs Gewässerzonen hat und **3000 exotische Fische** aus Asien, Afrika und Südamerika vorstellt. Hier gibt es auch Krokodile und Schildkröten. Die natürlichen Lebensräume wie Höhlen und Wildbäche sind nachgebildet. Das Aquarium ist in einer alten Spinnerei untergebracht; geöffnet tgl. 9.30–18.30 Uhr.

Klingenthal

Waffenmanufaktur

Die königliche Waffenmanufaktur von Klingenthal, in der Klingen geschmiedet wurden, hatte ihre Blütezeit im 18. Jh. Als Gegenleistung für die geleisteten Dienste in der Waffenproduktion ließ der König 1760 die Kirche St-Louis für die Bürger erbauen.

Museum

- **Waffenmuseum, Musée de la Manufacture Royale des Armes Blanches,** Tel. 0388959528; geöffnet So, Feiertag 14–18 Uhr.

Heiligenstein

Klevener-Traube

In Heiligenstein sind die **Weingüter von Mauern umgeben** und erinnern damit an die „Clos" (eingeschlossene Kirchenbezirke) in Burgund. Bürgermeister *Erhard Wantz* brachte im 18. Jh. die seltene Klevener-Traube der Sorte Savagnin Rose, die Rotedel oder Edelrose genannt wird, aus Italien mit. Daraus wird bis heute ein trockener Weißwein gekeltert. An *Wantz* erinnert eine Statue am Rathaus. Im Ort gibt es **neun Brunnen.** In den „Bärenbrunnen", der Fontaine de l'Ours, ist ein Merowinger-Sarkophag aus dem 8. Jh. eingearbeitet. Vom Brunnen gelangen wir auf der Rue de l'Ours und der Rue de la Montagne hinauf zum **Rosengarten** (Rosarium) auf dem Rosenberg (schöne Aussicht, Rastplatz). Die Forststraße führt weiter zum **„Turnerhiesel"**, einem mitten im Kiefernwald gelegenen großen Picknick- und Spielplatz.

Im Wald westlich des Orts liegt die **Burgruine Landsberg** in 580 m Höhe. Sie wurde 1197 durch *Konrad von Landsberg* erbaut, um die Abteien von Hohenburg (Mont Ste-Odile), Niedermünster und Andlau zu verteidigen. Im Schlosshof blüht Mitte März das gelbe Schloss- oder Herradsblümle, der Kleine Winterling *(Eranthis hiemalis).*

Von Heiligenstein aus erreicht man die Burgruine zu Fuß in etwa 20 Minuten. Wandert man hinauf zur Heidenmauer, benötigt man 1¼ Stunden, nach weiteren 15 Min. erreicht man den Mont Ste-Odile. Zu den Schlössern von Andlau und Spesbourg führt ein knapp zweistündiger Wanderweg.

Unterkunft

- **Relais du Klevener,** 51, Rue Principale, Tel. 0388080598, Fax 0388084083, EZ 39 Euro, DZ 43–55 Euro, Frühstück 6,50 Euro, Menü 15–30 Euro.

Events

- **Klevenerfest,** Mitte August.

Barr

Weinmetropole

Barr ist die Weinmetropole des Bas-Rhin. Hier kamen viele Bürger durch den Weinanbau zu Wohlstand, was man an den stattlichen Fachwerkhäusern, teilweise noch aus dem 14./15. Jh., erkennen kann. Historische Bürgerbauten und Brunnen säumen den Marktplatz, den ehemaligen Schlossplatz. Die Stadt mit heute rund 5000 Einwohnern wurde im 8. Jh. gegründet. Das **Renaissance-Rathaus,** 1640 auf einer Burgruine erbaut, zieren Treppengiebel und Erker. Vom Innenhof hat man einen guten Blick auf die rückseitige Front. Von hier gelangt man über eine Treppe zur evangelischen **Martinskirche** (1850). Die vier unteren Geschosse des romanischen Turms stammen noch aus dem späten 12. Jh. und sind mit Figurenschmuck versehen. Es gibt auch gotische Elemente zu entdecken wie die drei Köpfe unter dem Fenster. Die Orgel (1852) erbauten die Gebrüder *Stiehr* aus Seltz.

Für den **Weinlehrpfad** (Sentier Viticole) von der Kirche zur Grand-Cru-Lage Kirchberg benötigt man etwa 1½ Std.

Infos

- **Office de Tourisme,** Rue des Bouchers, F-67140 Barr, Tel. 0388086665, Fax 0388086651, www.barr.fr.

Museen

- **Musée de la Folie Marco** und **Schlittenmuseum,** 30, Rue du Docteur Sultzer. *Louis-Félix Marco,* Advokat und Vogt bei den Herrschern in Barr, war der Besitzer eines Barockpalais im Stil *Louis XV.* (1762). Als er dieses Haus außerhalb der Stadtmauern bauen ließ, wurde er von den Bewohnern als größenwahnsinnig abgetan. Er stürzte sich durch das prachtvoll ausgestattete Haus auch wirklich in den Ruin. Das **„Museum über die Verrücktheit Marcos"** veranschaulicht heute, wie wohlhabende Bürger in damaliger Zeit wohnten. Möbel, Kunsthandwerk, Gobelins und Hausrat aus dem 17. bis 19. Jh. sind hier zu besichtigen. Geöffn. Juni–Sept. Mi–Mo 10–12, 14–18 Uhr; Mai, Okt. Sa, So 10–12, 14–18 Uhr. Tel. 0388089472, Fax 0388089014.
- **Musée du Cristal et de la Faïencerie**, Avenue de la Gare, im **Kristall- und Fayencemuseum** sind Exponate aus Vallerysthal in Lothringen und Portieux zu sehen. Dazu gehört auch ein **Steingutmuseum** mit einer Sammlung aus Niderviller an der Mosel; geöffnet Mo bis Sa 10–12, 13.30–18.30 Uhr, So 14–18 Uhr.

Bewirtung

- **Restaurant au Bœuf,** Terrasse, Tellergerichte, Menüs, Weine der Welt.
- **Bierstub/Winstub Au Tonnelet,** kleine Gerichte, auf Bestellung Choucroute royale, Bæckeoffe.
- **Café „La Cérise sur le Gateau",** 14, Rue de Tauflieb, Tel. 0388089362.

Unterkunft

- **Hotel-Restaurant Château d'Andlau,** 113, Vallée St-Ulrich, Tel. 0388089678, Fax 0388080093, EZ 43 Euro, DZ 50–63 Euro, Frühstück 8,50 Euro, Menü 21–40 Euro, Jan. So abends und Mo geschlossen.
- **Le Manoir,** 11, Rue Saint Marc, Tel. 0388080340, Fax 0388085371, EZ 39–68 Euro, DZ 50–78 Euro, Frühstück 8 Euro.

Events

- **Weinmarkt** im Rathaus Mitte Juli (Spezialität: Gänsebrünnel).
- **Weinlesefest,** Fête des Vendanges, am ersten Oktoberwochenende, Treffpunkt der Winzer mit Blumenkorso, Kapellen, Trachten und Wagen mit Weinmotiven.

Gertwiller

Gertwiller wurde schon 1239 im **Testament der Hl. Odilia** erwähnt. Der untere Teil des Kirchturms der evangelischen Kirche entstand in der Romanik, die Wandmalereien stammen aus dem 14. und 15. Jh.

elsass_286 Foto: ti

Gewürzbrot

Typisch für Gertwiller ist das Gewürzbrot *(pain d'épices)*, das Ähnlichkeit mit **Lebkuchen** hat. Von den ursprünglich neun Betrieben, die diese Spezialität einmal hergestellt haben, gibt es heute noch zwei. Seit 1768 backt die Fa. Fortwenger hier Lebkuchen (Haus am Ortsanfang, Verkauf). Die Firma Lips wurde 1789 nach der Französischen Revolution gegründet. *Michel Habsiger* hat 1998 im **Maison Lips** ein **Lebkuchenmuseum** eingerichtet, in dem auf 350 m² Ausstellungsfläche über 10.000 auf dem Land verwendete Sammelstücke gezeigt werden: Werkzeuge, Einrichtungsgegenstände, Volkskunst und natürlich viele alte Backformen und alles, was man so zur Herstellung der Lebkuchen und anderer Süßigkeiten benötigte.

Museum

• **Musée du Pain d'Epices et des Douceurs d'Autrefois,** Maison Lips, 110, Place de la Mairie, Tel. 0388089352, Fax 0388085373, geöffnet 1. Juli bis 15. Sept. Mo, Mi, Fr 14–18 Uhr, Mo, Di 9–12 Uhr, 14–18 Uhr, März bis Juni So 14–18 Uhr.

Unterkunft

- **Aux Délices,** 176, Route de Sélestat, Tel. 0388089517, Fax 0388081741, DZ 29–44 Euro, Frühstück 6 Euro, Menü 12–30 Euro.

Eichhoffen

Ab dem Jahr 985 gehörte Eichhoffen zum Herrschaftsgebiet der Grafen *von Dabo-Eguisheim* und ihrer Nachfahren. 1097 wurde es dem Kloster Altorf überschrieben, was in einem Dokument an den Straßburger Bischof festgehalten ist. Im 13. Jh. wurde dieser der Eigentümer. Durch den Bau vieler Fachwerkhäuser vergrößerte sich das Dorf im 17. Jh. Die Gemeinde mit einer Fläche von 240 Hektar wurde Ende des 18. Jh. Teil des Kantons Barr. Eichhoffen ist Geburtsort des **Gelehrten Mathias Ringmann** (1482–1511), der in Sélestat, Heidelberg und Paris studierte und sich auch *Philésius Vosegigena* nannte. Er lehrte in Strasbourg und Saint Dié und veröffentlichte mehrere Schriften, unter anderem die „Grammatica figurata", eine illustrierte lateinische Grammatik.

Die dem Hl. Jean gewidmete **Baptiste-Kapelle** stammt aus dem 11. Jh. und befand sich zuerst im Privateigentum der gräflichen Herrscher. Papst *Leo IX.* weihte sie 1052. Bis zur Französischen Revolution fanden hier nur Gottesdienste statt, wenn sich der Abt des Klosters in seinem benachbarten Landhaus aufhielt. Seit 2002 ist sie für die Öffentlichkeit zugänglich. Charakteristisch sind Zwillingsfenster aus dem 12. Jh. Erhalten sind auch noch die Mauern des romanischen Kirchenschiffs und ein Skulpturenportal aus dem 16. Jh.

Infos

- **Rathaus,** 4, Place de la mairie, F-67140 Eichhoffen, Tel. 0388089241, www.eichhoffen.fr.

Die Elsässische Weinstraße

Gertwiller – Stammhaus der Lebkuchen-Firma Fortwenger

Mittelbergheim

Der Weinort Mittelbergheim **zählt zu den 100 schönsten Dörfern Frankreichs.** Renommierte Winzer stammen von hier. Es wird vor allem Silvaner angebaut, aber auch andere Weine reifen in den Felsenkellern. Die Weinlage Zotzenberg gehört zu den **Grand-Cru-Lagen.** Der Ort wird bereits 741 erwähnt. Das hübsche Rathaus aus dem 16. Jh. zieren Arkaden und eine Außentreppe. Um den Rathausplatz gruppieren sich Fachwerkwinzerhäuser, die teilweise aus der Renaissance stammen. In der Rue Principale steht eine Weinpresse aus dem 18. Jh.

Infos

- **Office de Tourisme,** Tel. 0388080166, Fax 0388085964, www.pays-de-barr.com.

Museum

- **Musée de la Forge, Schmiedemuseum,** 51, Rue Principale (Hauptstraße). *Paul Brandner* übte seinen Beruf als Schmied noch bis 1977 aus. Sein Vater war Meister. Hier gibt es Räder und sogar Beschläge für Kühe!
- **Alte Ölmühle** (18. Jh.), 35, Rue Principale.

Unterkunft

- **Gilg,** 1, Route du Vin, Tel. 0388089137, Fax 0388084517, EZ 42–55 Euro, DZ 49–69 Euro, Frühstück 7 Euro.

Einkaufen

- **La Cave aux Confitures,** 39, Rue de la Montagne, bietet **Konfitüren und Gelees** an, auch aus Himbeeren mit schwarzer Schokolade, schwarzen Kirschen, Heckenrosen oder Pinot Noir.

Event

- **Weinfest** am letzten Wochenende im Juli.

Andlau – Statue der Heiligen Richardis

Andlau und die Heilige Richardis

Legende

Um Andlau rankt sich die Legende von der Heiligen Richardis. Danach wurde sie nach 25 Jahren Ehe von ihrem Gemahl Kaiser *Karl III. dem Dicken* des Ehebruchs beschuldigt. Sie sollte einen Unschuldsbeweis durch eine Feuerprobe erbringen, verweigerte diese aber. Von ihrem Mann verstoßen, soll sie von einer Bärenmutter aufgenommen worden sein. Dort, wohin sie der Bär geführt hat, soll *Richardis* um 880 ein Kloster für adlige Mädchen gegründet haben. Bei der Weihung der von Äbtissin *Mathilde* gegründeten Abtei sprach Papst *Leo IX. Richardis* 1049 heilig. Das **Benediktinerkloster Sts-Pierre-et-Paul** ist eines der **ältesten und bedeutendsten Klöster des Elsass.** In

elsass_289 Foto: ti

Gedenken an die Legende wurde hier ein Bär gehalten. Der Brunnen (15. Jh.) am Marktplatz, Place de la Mairie, stellt die *Hl. Richardis* und die Bärin dar. Um den Place de la Mairie stehen schöne Renaissance-Bauten, darunter das Hôtel des Nobles d'Andlau. Auch in der Krypta der Abteikirche gibt es eine romanische **Bärenskulptur.** Hier sieht man auch die Stelle, wo die Bärenmutter mit ihren Jungen einmal gelegen haben soll.

Cours de l'Abbaye

Die **romanische Abteikirche** (Cours de l'Abbaye) stammt aus dem 12. Jh. und ist der Nachfolgebau einer Kirche aus dem 11. Jh. Im 17. Jh. wurde sie nach einem Brand umgebaut – auch der achteckige Fassadenturm entstand in dieser Zeit – und im 18. Jh. im Barock erneut umgestaltet. Ursprünglich war die Kirche der *Hl. Richardis* geweiht. Daraus entstand die Pfarrkirche Sts-Pierre-et-Paul. In einer Kapelle steht der **Reliquienschrein** der *Hl. Richardis.* Die frühromanische Krypta (1045), die aus der Kapelle entstand, und die Vorhalle aus dem 11. Jh. machen Andlau zu einem wichtigen Ort der elsässischen Romanik. Sehenswert ist auch das doppelte Kreuzrippengewölbe. Das Portal ist mit Reliefszenen von Adam und Eva verziert. Im Tympanon übergibt Christus Schlüssel und Buch an Petrus und Paulus. An der Vorhalle des Westwerks erkennen wir einen 30 m langes, romanisches Fries (12. Jh.) mit Jagd- und Kampfmotiven.

Andlau liegt an den östlichen Vogesenausläufern unterhalb des Ungersbergs (901 m) im Tal des gleichnamigen Flüsschens, das im Gebiet von Hohwald entspringt. Von der Stadtbefestigung stehen noch zwei der ursprünglich neun Türme und Reste der Ringmauer aus dem 15. Jh. Die meisten Häuser entstanden nach dem 30-Jährigen Krieg, der die Stadt schwer verwüstete.

Kirche St-André

Eine **schöne Aussicht** auf Andlau bietet sich von der gotischen Kirche St-André (15. Jh.) an der Straße oberhalb des Orts, wo es auch einen alten Friedhof gibt.

Burgen

Haut-Andlau (Hoch-Andlau) und die **Spesburg** sind zwei Burgen aus dem Mittelalter. Vom Oberdorf gelangt man in einer Dreiviertelstunde zur Haut-Andlau, der Stammburg der Grafen *von Andlau*, die sich im Nordwesten erhebt. Im 14./15. Jh. erbaut, wurde sie bis Anfang des 19. Jh. bewohnt. Von der Ober- und Unterburg sind aber nur noch überwucherte Ruinen übrig geblieben. Westlich davon liegt die Spesburg, im 13./14. Jh. von Lehnsleuten des Klosters Andlau errichtet. Von beiden Burgen hat man einen guten Ausblick in die Rheinebene und auf die Vogesen.

Moenchberg

Den **Riesling-Weinberg** Moenchberg sollen schon die Römer kultiviert haben, er gehört zusammen mit Kastelberg und Wiebelsberg zu den drei **Grand-Cru-Lagen.**

Infos

- **Office de Tourisme,** 5, Rue du Général de Gaulle, F-67140 Andlau, Tel. 0388082257, Fax 0388084222, www.pays-de-barr.com.

Bewirtung

- **Winstub Val d'Éléon,** 19, Rue du Docteur Stoltz, Tel. 0388089323, Fax 0388085374, Menü 8 Euro, So Abend und Mo geschlossen.

Unterkunft

- **Au Canon,** 2, Rue des Remparts, Tel. 0388089508, Fax 0388089082, DZ 33–47 Euro, Frühstück 6,20 Euro, Menü 20–35 Euro, Di Abend und Mi geschlossen.
- **Le Kastelberg,** 10, Rue du Général Koenig, Tel. 0388089783, Fax 0388084834, in den Weinbergen am Ortsanfang neu erbautes Hotel-Restaurant, DZ 54–62 Euro, Frühstück 9,50 Euro, Menü 16–43 Euro.

Events

- **Bärenfest** am vierten Julisonntag.
- **Weinfest** am ersten August-Wochenende.
- **St. Ricardafest** am dritten Septemberwochenende.
- **Kommentierte Tour** mit Essen auf dem Kastelberg am vierten Sonntag im September.

Epfig

Margaretenkapelle

Die romanische Margaretenkapelle vom Anfang des 11. Jh. in Epfig gehört zu den ältesten Kirchen im Elsass und liegt inmitten eines Friedhofs. Hier gibt es auch ein Beinhaus. Auffallend ist der mächtige Vierungsturm. Zur Kirche gehört eine Vorhalle mit romanischen Arkaden, Reste von Gewölbefresken sind noch zu erkennen; geöffnet Mai bis Sept. 9–20 Uhr, Okt. bis April 9–16 Uhr. Vom **Weinpfad** Fronholz hat man eine gute Aussicht.

Museum

- **Heimatmuseum,** Maison Kirmann, 6, Rue des Alliés.

Bewirtung

- Dem Museum ist das **Restaurant Kirmann** in einem großen, blumengeschmückten Fachwerkhaus angeschlossen, Tel. 0388855117, Fax 03888578061, Menü 10–30 Euro, Folkloreabende, Weinprobe.

Dambach-la-Ville

Größter Weinberg Frankreichs

Das Winzerstädtchen Dambach-la-Ville war schon im 14. Jh. für den Weinbau bekannt. Der größte Weinberg Frankreichs erstreckt sich hier über eine Fläche von 470 ha. Frankstein heißt diese Grand-Cru-Weinlage. Im 14. Jh. wurde der Ort zur Bischofsstadt erhoben. Im Ortsinnern fallen die vielen spätgotischen Erkerhäuser auf, viele Häuser besitzen einen Innenhof. Dambach-la-Ville wurde bei „villes et villages fleuries" mehrfach für seinen Blumenschmuck ausgezeichnet. Am Renaissance-Rathaus (1547) am Marktplatz stoßen wir auf den Pestheiligen Sebastian. Ihm ist auch eine Kapelle in den Weinbergen am nordwestlichen Ortsrand (Chapelle St-Sébastien) geweiht, zu der ein **Weinlehrpfad** führt. Die Kapelle besitzt einen romanischen Turm und einen gotischen Chor. Der barocke Hochaltar aus dem 17. Jh. ist mit kostbaren Schnitzereien geschmückt. Die Muttergottesstatue (15. Jh.) soll aus der Schule *Tilmann Riemenschneiders* stammen. Vor einem alten Wandfresko stehen die Heiligen *St. Urbanus, St. Sebastianus* und *St. Nikolaus.* Auf der Ostseite der Kapelle steht ein **Beinhaus** (Ossuaire) aus dem 15. Jh. Um die Stadt rankt sich die **Legende vom Trauben**

elsass05_308 Foto: il

fressenden Bär. Er wurde zum Symbol der Stadt und ist am Rathausbrunnen und auf dem Stadtwappen verewigt. Die Legende erzählt, dass ein Dorfjunge einmal einen Bären dabei beobachtete, wie er wilde Trauben zwischen seinen Tatzen auspresste und den Saft trank. Der Junge brachte die Überreste der bis dahin unbekannten Früchte in sein Dorf und erzählte, was er gesehen hatte. Die Dorfbewohner ernteten daraufhin die Trauben und pflanzten neue Weinreben an. So soll der Weinbau in Dambach-la-Ville eingeführt worden sein. Dambach-la-Ville besitzt noch eine fast vollständig erhaltene, mittelalterliche Stadtmauer mit drei Toren aus dem 14. Jh., die Porte Haute, das hohe Tor, war einst das nördliche Stadttor.

Infos

- **Office de Tourisme** im Rathaus, Place du Marché, F-67650 Dambach-la-Ville, Tel. 0388926100, Fax 0388924711, www.pays-de-barr.com/dambach-la-ville.
- **Ortsrundfahrt** mit dem Touristenbähnchen!

Bewirtung

- **„Caveau Nartz“**, 12, Place du Marché, Tel. 0388924111, in einem schmalen Fachwerkhaus aus dem 17. Jh., gehört zu den **bekanntesten Weinstuben des Elsass,** schenkt eigenen Wein aus, regionale Spezialitäten, Menü 13–15 Euro; 1.4. bis 30.11. Sa, So geöffnet; unser Tipp!

Bei Dambach-la-Ville – Chapelle St-Sébastien mit dem Pestheiligen Sebastian (in der Mitte)

- In der **Probierstube** des Winzers *Jean-Claude Beck* an der Stadtmauer sind Bilder von *Tomi Ungerer* und *Raymond Waydelich* ausgestellt. Hier kann man einen Grand Cru Frankstein oder Riesling Tomi Ungerer kosten.

Unterkunft

- **Le Vignoble,** 1, Rue de l'Église, F-67650 Dambach-la-Ville, Tel. 0388924375, Fax 0388926221, EZ 44 Euro, DZ 46–53 Euro, Frühstück 9 Euro, altes Weingut, geschlossen 22.6. bis 4.7., 24.12. bis 12.3.

Events

- **Nacht des Weines** am ersten Sa im Juli.
- **Weinmesse** Eurovin Mitte August.

Schloss Bernstein

Von der Chapelle St-Sébastien gelangt man von Dambach-la-Ville auf blauem Punkt in 45 Minuten zum 552 m hoch gelegenen Schloss Bernstein. Eine Holzfestung aus dem 11. Jh. wurde im 13. Jh. durch die jetzige Burg ersetzt. Sie war der Verwaltungssitz eines Amtsmanns des Bischofs von Strasbourg. Im 18. Jh. wurde die Anlage zerstört. Der freistehende, 18 m hohe **Wehrturm,** den man besteigen kann, gilt als der **älteste im Elsass.** Von hier hat man eine schöne Aussicht auf die Rheinebene und die Vogesenausläufer.

In der Nähe der Ruine gibt es direkt am Wanderweg (rotes Rechteck, GR 5) in Richtung Ortenbourg einen **Aussichtspunkt.** Er „entstand" im Juni 1985 als ein Hagelsturm hier 2 Hektar Wald vernichtete und so eine breite Schneise schuf, durch die wir über die Vogesenwälder ins Rheintal blicken können. Empfehlenswert ist auch eine kurze Wanderung zum aussichtsreichen Dachfirst (s. Scherwiller).

Scherwiller

Die Fachwerkhäuser am Aubach, wo an den Uferböschungen noch die **Waschplätze** von früher zu entdecken sind, stammen aus dem 18. Jh. In die umliegenden Weinberge führen ein **Weinlehr-**

pfad und ein **Passionsweg** (18. Jh.). Mit dem Bau der Kapelle St-Odile wurde im 12. Jh. begonnen. Ein ehemaliger, mit einem Erker verzierter Wachturm ist erhalten geblieben. Oberhalb von Scherwiller liegt Les Châteaux de Scherwiller, die Ruinen der **Ortenburg** und der **Burg Ramstein.** Die Burgen kontrollierten einmal das Villétal und den Zugang zu den Vogesen. *Rudolf v. Habsburg* errichtete im 13. Jh. die große, 444 m hoch gelegene Ortenburg; im 30-Jährigen Krieg im 17. Jh. wurde sie zerstört. An der Bergseite zieht sich ein gewaltiger Graben entlang, außerdem gibt es einen fünfeckigen Bergfried. Durch seine spitzwinklige Form sollte dieser die Geschosse möglicher Angreifer ablenken. Der Turm, der von einer Ringmauer umgeben ist, kann wegen Einsturzgefahr nicht bestiegen werden. Burg Ramstein ist ein Wehrbau ebenfalls aus dem 13. Jh. Er diente der Verteidigung der größeren Ortenburg. Der Aufstieg zu den beiden Burgen erfolgt von der außerhalb liegenden Huehnelmühle (rotes Rechteck). Von der Ortenburg führt ein Wanderweg (blaues Kreuz) durch den Wald bergab zur 208 m hoch gelegenen, neugotischen **Kapelle Taennelkreuz.** Sie wurde 1902 inmitten der Weinberge errichtet.

Im Tal des Giessen, einige Kilometer westlich von Scherwiller, liegt das 1668 erbaute **Château de Thanvillé.** Das sehenswerte Schloss befindet sich in Privatbesitz und kann nur von außen besichtigt werden. Ein Wanderweg (blauer Punkt) führt von Thanvillé in östlicher Richtung über den bewaldeten Scheibenberg hinauf zum 503 m hoch gelegenen **Falkenstein,** einem Kletterfelsen. Vorbei am Hagelstein gelangen wir auf dem Wanderweg auf den 681 m hohen **Dachfirst,** einen herrlichen „Aussichtsberg". Von dort ist es dann nicht mehr weit zur Schlossruine Bernstein.

Infos

- **Office de Tourisme,** F-67750 Scherwiller, Tel. 0388 922562, Fax 0388827174, www.chatenois-scherwiller.com.

Unterkunft

• **Auberge Ramstein,** 1, Rue du Riesling, Tel. 0388821700, Fax 0388821702, EZ 42 Euro, DZ 52 Euro, Menü 24–40 Euro, Frühstück 8 Euro.

• **Auberge de la Huehnelmuehle,** westlich Scherwiller an einem Weiher im Tal des Giessen gelegener Gasthof. Tolle Fischgerichte! Mo, Di geschlossen, Tel. 0388920604.

Event

• **Kunst-, Handwerks- und Rieslingfest** am dritten Wochenende im August.

Châtenois

Der Name Châtenois (Kestenholz) wurde von den **Esskastanien** abgeleitet, die hier am Eingang zum Villétal wachsen. Im Ort gibt es Thermalquellen, und wie überall im Tal werden Obstwässer gebrannt. Früher gab es hier auch eine **keltische Siedlung,** von der Reste erhalten sind. An der Hauptstraße reihen sich das Rathaus (1493) und einige recht imposante Häuser. Am Eingang zum höher gelegenen alten Schlossviertel steht der Hexenturm, ein spätmittelalterliches Fachwerktor. Die Überreste der Stadtmauer bildeten einen doppelten Ring um das nicht mehr vorhandene Schloss. Der befestigte Friedhof diente auch zum Schutz der Bewohner. Der romanische, wehrhafte **Kirchturm** (12. Jh.) von St-Georges (18. Jh.) ist das **Wahrzeichen des Ortes.** Wie die vier hölzernen Eckerker ist auch er mit bunten Ziegeln gedeckt. Über dem Mauerwerk schließt sich Fachwerk an. Die Kirche wurde um 1760 erbaut und im 19. Jh. verändert. Im linken Seitenschiff ist ein Heiliges Grab aus dem 16. Jh. sehenswert, auf dessen Sockel römische Soldaten dargestellt sind. Das Rathaus entstand 1493, das Gasthaus zum Adler im 16. Jh. In drei Stunden gelangt man auf den 530 m hohen **Hanenberg** und zurück; oben wird man mit einem **herrlichen Rundumblick** belohnt.

Infos

• **Office de Tourisme,** 2, Rue Clémenceau, F-67730 Châtenois, Tel. 0388827500, Fax 0388823951, www.chatenois-scherwiller.net.

Bewirtung

- **Auberge de la Forêt,** 93 Route de Ste-Marie-aux-Mines, Tel. 0388827404, Fax 0388827403, Menü 8–25 Euro.

Unterkunft

- **Dontenville,** 94, Route du Maréchal Foch, Tel. 0388 920254, EZ 41–45 Euro, DZ 43–47 Euro, Frühstück 5,75 Euro, Menü 12–27 Euro.

Einkaufen

- Di morgens ist **Markt in der Altstadt** (viel Gemüse wird angeboten).

Kintzheim

Berberaffen

Auch Kintzheim ist ein **typisches Weindorf.** Von dem Flammkuchen, der in der Auberge St-Martin, 80, Rue de la Liberté, Tel. 0388820478, Fax 0388822620, angeboten wird, wird sogar in den Gourmet-Führern geschwärmt. Doch die meisten Besucher, vor allem Familien mit Kindern, kommen wegen des „Affenbergs" und der „Adlerburg" in den kleinen Ort. Auf dem 3 km westlich gelegenen **Affenberg,** dem **Montagne des Singes,** werden etwa 280 marokkanische Berberaffen in einem über 20 ha großen eingezäunten Waldgebiet gehalten. Die Affen haben sich an die Besucher gewöhnt und sind zutraulich. Nachdem die Berberaffen im Atlasgebirge auszusterben drohten, wurden einige Tiere 1969 nach Kintzheim umgesiedelt, um dort durch Züchtung ihren Erhalt zu sichern. Inzwischen siedelte man über 600 Affen wieder in Marokko aus, wodurch sich der Bestand dort erholte. Auf **Burg Kintzheim** ist seit 1968 die **Greifvogelstation** ein großer Publikumsmagnet. Hier werden bei trockenem Wetter Flugvorführungen mit Adlern, Geiern, Kondoren und Falken gezeigt. In der Umgangssprache nennt man die Burg deshalb auch „Adlerburg". Die Greifvögel der Adlerwarte (Volerie des Aigles) stammen aus eigenen Nachzuchten.

Montagne des Singes

• Großer Parkplatz bei „la Wick“ mit Rastplatz und SB-Restaurant (Zufahrt über D 159), Tel. 0388921109, www.montagnedessinges.com. Geöffnet April bis 11. Nov., Apr., Okt., Nov. tgl. 10–12 und 13–17 Uhr; Mai, Juni, Sept. 10–12 und 13–18 Uhr, im Juli und August durchgehend bis 18 Uhr.

Adlerwarte

• Tel. 0388928433, geöffnet April bis Anfang November tgl. ab 14 Uhr; **Flugvorführungen** bei trockenem Wetter.

Parc des Cigognes et Loisiers

Etwa 600 m nach der Brücke über die Autobahn A 35 liegt an der Straße nach Sélestat der Parc des Cigognes et Loisiers, ein großer **Storchen- und Vergnügungspark** mit Streichelzoo, Hirschgehege und einem Aquarium. Die Weißstörche werden in Volieren und frei gehalten.

Burg Kintzheim

Burg Kintzheim auf dem Staufenberg wurde wohl im 13. Jh. als Teil des staufischen Burgenrings errichtet. Sie gehört zu den am **besten erhaltenen Burgen im Elsass.** In der Burganlage kann man eine Schildmauer, den Bergfried, gotische Maßwerkfenster und eine Burgkapelle entdecken. Der Palas (13. Jh.) überragt den Burghof.

Events

• **St. Urbansfest** am 3. Wochenende im Mai.

Orschwiller

Schöner Aussichtspunkt

Auf dem Ölberg (Mont des Oliviers), wo von 900 bis 1780 die alte Kirche St. Michael stand, liegt ein schöner Aussichtspunkt und Rastplatz. Unterhalb davon wurde aus den Trümmern der alten die neue Kirche errichtet. Gegenüber dem Dorfbrunnen am Marktplatz ist in der ehemaligen **Residenz der Landvögte** (Résidence du Bailli du Haut-Koenigsbourg) aus dem 17./18. Jh. das **Weinmuseum** des Weinguts Paul Fahrer untergebracht. In der Rue des Prélats wurde neben der Bäckerei Dauger in einem Fachwerkhaus von 1737 ein kleines **Heimatmuseum** eingerichtet. Das Museum kann während der Öffnungszeiten der Bäckerei (dort erhält man den Schlüssel) besichtigt werden.

Haut-Kœnigsbourg (Hoch-Königsburg)

Größte elsässische Burg

Die Haut-Kœnigsbourg (755 m) ist die bedeutendste, strategisch wichtigste, größte und bekannteste elsässische Burg. Die einstige Stauferfestung entstand 1147 als romanische Doppelburg mit zwei Bergfrieden an der Kreuzung zweier Handelsstraßen. Ins Rheintal wurden Wein und Getreide, in die Vogesen Salz und Silber transportiert. So entstand eine Raubritterburg, die die Habsburger zurückeroberten. Nach der Zerstörung durch oberrheinische Städte (1462) bauten die Grafen *von Thierstein* die Burg 1479 wieder auf. 1633 wurde sie im 30-jährigen Krieg erneut zerstört. 1865 gehörte die Ruine zu Schlettstadt, 1899 wurde sie Kaiser *Wilhelm II.* geschenkt, dessen großer Stolz sie war. Er veranlasste den Wiederaufbau der Burg, der 1901 bis 1908 nach historischen Plänen des 15. Jh. durch den Berliner Architekten *Bodo Ebhardt* (1865–1945) erfolgte. Mit dem „Märchenschloss" wollte der Kaiser die westliche Grenze seines Reichs im damals deutschen Elsass markieren. So ist die romantisch-mittelalterlich wirkende „Bilderbuch-Burg" de facto noch recht jung. Eine Einbahnstraße mit Parkbuchten führt um die große Burganlage herum.

Die Burg besitzt eine dreifache Rundmauer, viele größere und kleinere Wachtürme, Gräben und eine Zugbrücke. Durch das seitliche Burgtor gelangt man zur **Ehrenpforte**, der Porte des Lions, einem Torturm mit Fallgatter. Sie ist Kaiser *Wilhelm* gewidmet. In der Burganlage erkennt man die verschiedenen Ebenen des Verteidigungswerks, die Westbastion ist das Hauptverteidigungswerk. Durch den Torbau kommt man in den weiten Hof der Vorburg, darum sind Wirtschaftsgebäude, der Mühlenturm und ein Gasthof angeordnet. Über eine Rampe geht es zum Bergfried, dem höchsten Punkt. Am inneren Ehrenhof gibt es einen Wohntrakt und am Bergfried einen neogotischen Treppenturm. Zur Burg gehört eine Kapelle. Der Kaiser- oder Festsaal diente dem Kaiser für Empfänge, der Jagd- und Waffensaal enthält eine **Sammlung spätmittelalterlicher Waffen** und Mobiliar aus dem 15. Jh.

Geöffnet

• Heute befindet sich die **Haut-Kœnigsbourg,** Tel. 0388 825060, www.haut-koenigsbourg.fr, in staatlichem Besitz. Besichtigungen sind mit und ohne Führung möglich; geöffnet Nov. bis Feb. 9.45–12, 13–17.30 Uhr, März, Okt. 9.45–17.30 Uhr, April, Mai, Sept. 9.30–17, Juni–Aug. 9.30–18 Uhr, deutsche Führungen Mai–Sept. tägl. 15 Uhr.

Events

• Theateraufführungen, Musikveranstaltungen, mittelalterliche Ritterspiele verschiedener Vereine.

Bewirtung

• **Restaurant Maison Alsacienne** im Schlosshof, „mittelalterliche" Speisen.

Œdenburg

Unterhalb der Westbastion gelangt man zur Œdenbourg (13. Jh.). Zu erkennen sind Ruinen, Mauerreste und Fensteröffnungen. Von der Hoch-Königsburg führt ein kurzer Rundwanderweg (roter Ring) dorthin.

St-Hippolyte

Stadtmauer

Der **blumengeschmückte Weinort** ist fast vollständig von der alten Stadtmauer umgeben. Der Brunnen beim Rathaus ist im Sommer üppig mit roten Geranien geschmückt.

Thannenkirch

Krippen

Der kleine Ort südlich der Hoch-Königsburg ist vor allem wegen der aus Holz geschnitzten Krippen der Familie *Bossardt* berühmt. Zur Weihnachtszeit wird in der Kirche eine prunkvolle Krippe des Holzschnitzers *André Bossardt* aufgebaut.

Fachwerkhäuser in der Rue des Rempearts in Bergheim

Der Künstler hat christliche Motive ins Elsass versetzt – der Stern von Bethlehem strahlt bei ihm am Ufer der Ill.

Bergheim

Stadtmauer

Das Winzerstädtchen Bergheim, in dem schon im Altertum Weinbau betrieben wurde, konnte sein altes Stadtbild mit fast vollständig erhaltener Stadtmauer aus dem 14./15. Jh. bewahren. Im 14. Jh. wurde der Ort zur Reichsstadt erhoben. Das mit bunten Ziegeln gedeckte **Obertor** oder **„Porte Haute"** ist der beeindruckendste Teil der um 1312 errichteten Befestigungsmauer, die später noch mit einem äußeren Wall, einem Wehrgang und zwei Gräben verstärkt wurde. Auf einem **Stadtmauerrundgang,** der „Tour des Remparts", erhält man weitere Informationen über die Stadtgeschichte. Dabei kommt man an den Überresten eines früheren Bürgerturms aus dem 15. Jahrhundert, der „Pelzkappel", vorbei. Außerdem sind auch der **Tour de la Poudrière** (Pulverturm), und der **Tour des Sorcières** (Hexenturm) erhalten. Im Obertor stellt der **„Lack'mi"** einen Mann dar, der seine Verfolger mit entblößtem Hinterteil verspot-

elsass_461 Foto: ti

tet. Diese Figur, die Bergheim in der ganzen Region bekannt gemacht hat, erinnert an das Asylrecht, das die Stadt seit 1361 gewährte. Dadurch hatten über 700 Personen, die entschuldbare und nicht vorsätzliche Vergehen begangen hatten, in Bergheim Zuflucht gefunden. Vor dem Tor erstreckt sich der „Herragarta“, und in der Nähe der Weinstraße steht eine **700-jährige Linde,** die früher als Versammlungsort diente. Am östlichen Ortsanfang liegt an der Stadtmauer das Gärtchen „Jardin d'Annette Brendel“, ein idyllischer Rastplatz. In der **Kirche Notre Dame,** einer dreischiffigen Basilika von 1718, sind der Chor und Wandmalereien aus dem 14. Jh. sehenswert. Am Westportal ist die Anbetung der Heiligen Drei Könige dargestellt. Bürgerhäuser aus dem 16. bis 18. Jh. säumen die Hauptstraße, die Grand'Rue. Sie führt zum Kopfstein gepflasterten Place du Dr. Pierre Walter (Marktplatz), auf dem das **Rathaus** von 1776 und ein blumengeschmückter Brunnen stehen. *Robert* und *Gabrielle Heguenauer* verkaufen in der „Eglantine de Bergheim“, der „Wildrose von Bergheim“, ihre selbst gemachten Marmeladen und Elsässer Spezialitäten. In einem idyllischen, mit Blumen geschmückten Gärtchen an der Straße, stellt ein Wandbild *Noah* in seinem Weingarten dar. Rechts hinter dem Kreisverkehr am Obertor gibt es eine weitere Verkaufsstelle der „Eglantine de Bergheim“. Der Ort wurde beim Wettbewerb „Village fleurie“ mit den höchst möglichen „vier Blumen“ ausgezeichnet.

Die Straße D 42 führt westlich des Orts zum **Château de Reichenberg.** Die Burg wurde um 1900 in mittelalterlichem Stil erbaut. Sie befindet sich in Privatbesitz und kann nur von außerhalb des Parks besichtigt werden. Den besten Blick auf die Burg hat man von den Weinbergen neben der Straße.

Museum

●Das **Hexenmuseum, Maison des Sorcières,** 5, Place de l'Église, informiert über die Hexenprozesse im 16. und 17. Jh. Geöffnet Juli, August Mi bis So 14–18 Uhr, Sept., Okt. So 14–18 Uhr.

elsass_298 Foto: tl

Rastplatz in den Weinbergen oberhalb von Ribeauvillé

Bewirtung

- **Auberge des Lavandrières,** 43 Grand'Rue, Tel. und Fax 0389736996, Menü 8–43 Euro.
- **Salon de Thé La Mosaique,** Place du Dr. Pierre Walter, Spezialitäten des Hauses sind ein mit Béchamelsauce überbackener Flammkuchen und Eis. Der Name „La Mosaïque" erinnert wohl an den Mosaikfußboden einer römischen Villa, den man in dem Ort fand. Heute ist er im Museum Unterlinden in Colmar zu sehen.

Unterkunft

- **Le Parc,** 14, Route du Vin, F-68750 Bergheim, Tel. 0389 736307, Fax 0389733429, EZ 35 Euro, DZ 52 Euro, Frühstück 6 Euro, Menü 12–25 Euro.
- **La Cour du Bailli,** 57, Grand-Rue, Tel. 0389737346, Fax 0389733881, Studio für 2-3 Personen 56–65 Euro, Menü 11–23 Euro, Restaurant Mi, Do geschlossen; Souvenirshop.

Ribeauvillé

Viele Touristen

Die alte Winzerstadt Ribeauvillé (Rappoltsweiler, elsässisch Rappschwihr) liegt oberhalb des Strengbachs. Sie besitzt einen malerischen Stadtkern mit alten Fachwerkhäusern, mit Holzskulpturen verzierten Erkern, blumengeschmückten Brunnen und kleinen Geschäften. Heute gehört der Ort zu den meistbesuchten Touristenzielen im Elsass. Die Ortsmitte ist autofrei. In Innenstadtnähe sind alle Parkplätze gebührenpflichtig.

(1), (2), (3) usw. siehe Stadtplan

Im 8. Jh. wurde Ribeauvillé erstmals als „Ratboldvilare im Besitz des Ratbold" erwähnt. 1290 zum Marktort erhoben, sicherte man es mit einer **Stadtmauer.** Dazu gehörten die beiden Tours de Cigogne, die **Storchentürme (1),** sowie der **Metzgerturm (2)** (im 16. Jh. verändert), der den Abschluss des Rathausplatzes bildet; früher trennte er die Mittel- von der Altstadt. Er wurde als Gefängnis und Wachturm genutzt. Der Name stammt vom Schlachthaus davor. Im einstigen Rappoltsteinischen Amtshof ist heute ein **Kulturzentrum** untergebracht. Am Place de la Sinne gibt es einen neugotischen Brunnen.

★ 1 Storchentürme (Tour des Cigognes)
★ 2 Metzgerturm
★ 3 "Pfifferhus"
4 St-Grégoire-le-Grand
• 5 Rathaus
6 Augustiner Klosterkirche (Église du Couvent des Augustins)

Restaurants
A Au Relais des Ménétriers
B Winstub zum Pfifferhus
C Au Cerf
D Winstub/ Brasserie de la Poste

Hotels
E Au Cheval Blanc
F Au Lion
G Hostel la Pépinière
H Trois Châteaux

Pfeiferkönigtum

Im Mittelalter gehörte Ribeauvillé zum Besitz der Grafen *von Rappoltstein,* die mit den bayerischen *Wittelsbachern* und preußischen *Hohenzollern* verwandt waren. Seit dem 14. Jh. waren sie Herr über das Pfeiferkönigtum, ein Reichslehen. Damit waren ihnen auch die **fahrenden Spielleute** und **Gaukler** am Oberrhein unterstellt. Das fahrende Volk zahlte dem Grafen an ihrem Festtag, Mariä Geburt, eine Abgabe für den Schutz; beim **Pfeifertag (Pfifferdaj)** feierten sie ihren „König". Das Zunfthaus, das „Pfifferhus", bildete den Mittelpunkt des Festes. Auch Zunft- und Rechtsangelegenheiten wurden hier geregelt. Ein **Festumzug** erinnert an die alte Tradition. Beim Umzug, der immer unter einem bestimmten Motto steht, geht es oft recht deftig zu. Manchmal erinnert das Spektakel etwas an Karneval. Im **Pfifferhus (3),** einem verzierten Fachwerkbau aus dem 17. Jh., ist heute ein **Restaurant** untergebracht.

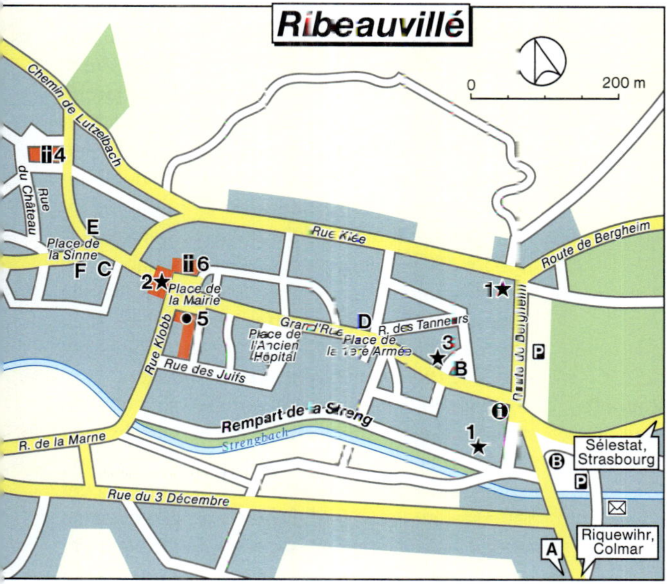

Pfarrkirche

In der katholischen Pfarrkirche **St-Grégoire-le-Grand (4)** steht eine gotische Madonna, die eine elsässische Haube trägt. Die typische Kopfbedeckung der Elsässerinnen soll sich davon abgeleitet haben. Die Orgel mit Rokokogehäuse gehört zu den **ältesten im Elsass.** Der Mammutbaum vor der Kirche wurde zum Gedenken an die Geburt des Kronprinzen *Eugène Louis Napoléon Bonaparte* gepflanzt.

Stoffmanufaktur

In der Stoffmanufaktur, die 1838 von *Charles Steiner* gegründet wurde, werden heute noch Muster nach alter Tradition auf Stoffe gedruckt. Der „Rote Saal" im barocken **Rathaus (5)** (1773) ist mit einer Wandbespannung aus „Steinerschem Rot" geschmückt. Hier ist der **Schatz der Herren von Rappoltstein** ausgestellt. Die Silberschmiedearbeiten aus Markircher Silber entstanden in einer Manufaktur in St-Louis. Sie wurden von den Feudalherren im 18. Jh. zur Begleichung ihrer Schulden den Bürgern übergeben.

Am Rathausplatz an der Grande Rue befindet sich ein Renaissancebrunnen aus dem 16. Jh.; aus dieser **Fontaine du Vin** fließt am Pfifferdaj Wein. Dem Rathaus gegenüber steht die **Klosterkirche (6),** 1412 bis 1452 vom Augustinerorden errichtet, heute den Sœurs de Congrégation de la Divine Providence, dem Orden der Schwestern der Göttlichen Vorhersehung, unterstellt. Der gotische Innenraum der Kirche wurde im 18. Jh. barockisiert und im 19. Jh. ein weiteres Mal umgestaltet. Auf einem neugotischen Altar im Seitenschiff fällt die **Schmerzhafte Mutter Gottes** ins Auge (15. Jh.).

In Ribeauvillé gibt es mit Kirchberg, Geisberg und Osterberg **drei Grand-Cru-Weinlagen.**

Rappoltsteiner Burgen

Oberhalb von Ribeauvillé erheben sich die Ruinen der Rappoltsteiner Burgen. Die **Ulrichsburg** (Château St-Ulrich) wurde Anfang des 12. Jh. errichtet und im 13. Jh. erweitert. Dabei entstand der Rittersaal im Palais. Möglicherweise gab es einen Vorgängerbau, von dem jedoch keine Reste mehr vorhanden sind. Das Gebiet war schon **seit prähis-**

torischer Zeit besiedelt. Vom romanischen Bergfried hat man einen schönen Ausblick. Die **Burg Girsberg** (Petit-Ribeaupierre, 13. Jh.) mit fünfeckigem Bergfried wurde anstelle eines römischen Kastells auf einem Felsen erbaut. Um die beiden Burgen rankt sich eine Sage, wonach dort zwei Brüder wohnten. Wer morgens als erstes aufstand, weckte den anderen mit einem Pfeilschuss an den Fensterladen. Als einmal beide gleichzeitig aufstanden und ihre Fenster öffneten, hatte das fatale Folgen, da ein Bruder durch den Pfeilschuss des anderen ums Leben kam. Von **Hochrappoltstein** (Haut-Ribeaupierre) sind noch ein runder Bergfried und Wohngebäude aus dem 13. Jh. erhalten. Die Zugbrücken und Mauern entstanden später. Von der Ulrichsburg gelangt man in einer halben Stunde zur neogotischen **Liebfrauen-Wallfahrtskapelle** Chapelle Notre-Dame de Dusenbach mit einer Holzpietà (1494). Die Wallfahrt geht auf eine wundertätige Madonna zurück, die Ritter *Egelolf von Rappoltstein* 1204 hierher brachte.

Quellen

In Ribeauvillé sprudeln auch die Quellen des **Mineralwassers Carola,** das als „rouge" (kräftig sprudelnd), „bleue" (still) oder „verte" (mit wenig Kohlensäure) angeboten wird. Der Betrieb (48, Route de Bergheim, Tel. 0389736005) kann nach Voranmeldung (5 Tage vorher) besichtigt werden.

Zauberwald

Lucien Rosfelder hat in seinem Zauberwald, dem einzigen in Europa, **Skulpturen aus lebenden Bäumen** geformt. Einen Vorgeschmack bekommt man beim Blick in den Garten seines Wohnhauses am Chemin du Rotenberg (gegenüber vom Campingplatz), wo man eine Schlange und andere seltsame Gebilde entdecken kann. Zur Besichtigung des Zauberwalds wendet man sich an Herrn *Rosfelder* und vereinbart mit ihm einen Termin, Tel. 0389736507.

Infos

- **Maison du Tourisme,** 1, Grande Rue, F-68150 Ribeauvillé, Tel. 0389736222, Fax 0389732362, www.ribeauville-riquewihr.com. Kostenlose Altstadtführungen Di–Fr, So 15 Uhr (ab Rathaus).

Museen

•Musée Municipal, Place de la Mairie, Tel. 0389732000, Mai bis Okt. Di bis Fr, So 10–12, 14–15 Uhr und auf Anfrage, ausgestellt ist der Silberschatz der Herren *von Rappoltstein.*

•Privates Wein- und Weinbaumuseum, 2, Rue de Colmar, Tel. 0389736180, im Keller der Cave Viticole de Ribeauvillé, Ausstellung von Werkzeugen und Geräten, Wissenswertes rund um den Weinbau, Erklärungstafeln auch in Blindenschrift, Mo–Fr 9–12, 14–18 sowie Sa, So, Fei 10–12.30, 14.30–19 Uhr, während der Weinlese geschlossen, Eintritt frei.

Bewirtung

•Au Relais des Ménétriers, 10, Avenue du Général de Gaulle, Tel. 0389736452, Fax 0389736994, Bæckeoffe und andere elsässische Spezialitäten.

•Winstub zum Pfifferhus, 14, Grande Rue, Tel. 0389 736228, Mi, Do geschlossen; im reich verzierten Zunfthaus der Pfeiffer werden elsässische Spezialitäten wie Choucroute und Blutwurst in Blätterteig serviert. Viele Touristen finden sich hier ein!

•Au Cerf, 81, Grande Rue, Tel. 0389736324, Fax 0389 737966, im Januar und montags geschlossen; in der Oberstadt etwas abseits der Touristenströme gelegen, schöne Terrasse; elsässische Spezialitäten.

•Winstub/Brasserie de la Poste, Place de l'Armée, Snacks, Menü; man kann draußen sitzen und das Treiben auf der Straße beobachten.

Unterkunft

•Au Cheval Blanc, 122, Grande Rue, Tel. 0389736138, Fax 0389733703, EZ 32–51 Euro, DZ 40–58 Euro, Frühstück 7 Euro, Menü 17–42 Euro, zentral gelegen.

•Au Lion, 6, Place de la Sinne, Tel. 0389736769, Fax 0389 738064, EZ 40–48 Euro, DZ 50–70 Euro, Frühstück 6 Euro, Menü 16 Euro.

•Hostel la Pépinière, 40, Route de Ste-Marie-aux-Mines, Tel. 0389736414, Fax 0389738878, EZ 42–62 Euro, DZ 46–69 Euro, Frühstück 9,50 Euro, Waldhotel.

•Trois Châteaux, Place de la République, Tel./Fax 0389 738222; kleines Hotel mit 4 Zimmern, DZ inkl. Frühstück 55 Euro, Menü 8–25 Euro.

Camping

•Campingplatz Pierre de Coubertin an der Route de Landau am östlichen Stadtrand, Tel. 0389736671.

Busse

•Bahnhof Ribeauvillé-Gare, an der D 106 in Richtung Sélestat, Busverbindungen nach Colmar, Place Général de Gaulle.

Der Pfeiferkönig
beim alljährlichen „Pfeiferfest" in Ribeauvillé

elsass_462 Foto: ti

Altstadtrundfahrt

- Ribeauvillé kann mit einer **Touristenbahn,** die durch die Hauptstraße fährt, besichtigt werden; Mai bis Sept. tgl 10–18 Uhr, April, Okt. Sa und So.

Einkaufen

- **Beauvillé,** 19, Route de Ste-Marie-aux-Mines, Direktverkauf von **Stoffen, Tischdecken,** alteingesessener Betrieb (seit 1839).

Events

- Das **Fête des Ménétriers,** das **„Pfeiferfest"** oder der **„Pfifferdaj",** gehört zu den **größten traditionellen elsässischen Festen.** Beim mittelalterlichen Fest der fahrenden Spielleute gibt es einen großen bunten Umzug mit Pfeifern, Spielmannszügen aus ganz Frankreich, dem Saarland, Rheinland-Pfalz, Baden-Württemberg und den Beneluxstaaten, Gauklern, Bürgern aus den vergangenen Epochen, Soldaten und Edelleuten. Neuerdings reihen sich auch Themen- und Prunkwagen in den Zug, die ein wenig an Karneval erinnern. Sing- und Spieldarbietungen kommen zur Aufführung. Aus dem Rathausbrunnen fließt **Gratiswein.** Der Pfifferdaj findet alljährlich am ersten Sonntag im September statt.
- **Kougelhopf-Fest** am ersten Juni-Sonntag.
- **Weinfest** am vorletzten Juli-Wochenende.
- **Wallfahrt** zur Liebfrauen-Kapelle am ersten September-Wochenende.

Hunawihr

Hunawihr liegt **inmitten von Weinbergen.** Alte Brunnen, blumengeschmückte Fachwerk- und Winzerhäuser, zum Teil noch aus der Renaissance, und steile Gassen prägen den Ort. Hier geht es beschaulicher zu als im benachbarten Ribeauvillé. In der berühmten **Grand-Cru-Weinlage Rosacker** werden Riesling und Gewürztraminer angebaut.

Historischer Rundgang

Durch das Winzerdorf führt ein historischer Rundgang. An der Grand'Rue an der Abzweigung zur Kirche liegt die ehemalige Kornhalle mit Wappen und Reichsbanner, gegenüber das barocke protestantische Presbyterium. In dem von *Heinrich Schickhard,* Hofbaumeister des Herzogs *von Württemberg,* entworfenen Renaissancehaus ist heute ein **Restaurant** untergebracht (Caveau du Vigneron). Auch einen Weinlehrpfad gibt es.

Wehrkirche

Auf einem Hügelvorsprung liegt die um 1500 entstandene gotische Wehrkirche, eine **Simultankirche** für Protestanten und Katholiken. Der Wehrturm entstand bereits hundert Jahre früher, die Fundamente stammen wohl noch aus staufischer Zeit. Im Untergeschoss des Turmes gibt es Fresken zur Nikolauslegende (1492). Die Kirche und der angrenzende Friedhof sind von einer Wehrmauer umgeben. Im Mittelalter war Hunawihr auch Wallfahrtsort. Die Legende erzählt, dass die *Hl. Huna,* die Namensgeberin des Ortes, in einem weinarmen Jahr Rebensaft aus dem Brunnen fließen ließ.

Infos

- **Mairie de Hunawihr,** Rathaus, F-68150 Hunawihr, Tel. 0389736042.
- **Führung** durch die Wehrkirche im Juli und August, Mi, Fr 18 Uhr.

Bewirtung

- **Winstub Suzel,** 2, Rue de l'Église, Tel./Fax 0389733085, Menü 7–23 Euro. Elsässische Küche, viele Salate und hausgemachtes Eis. 1. Jan. bis 31. März, 1. Juli bis 7. Juli und Di geschlossen; Gästezimmer (40 Euro).

Event

- **Fête de l'Ami Fritz** (Folklorefest), Mitte Juli.

Storchenstation

●Im Centre de Réintroduction des Cigognes et des Loutres (Zentrum zur Wiedereinführung der Störche und Fischotter) gibt es eine **Aufzuchtstation für Weißstörche** und ein Fischottergehege. Hier werden die Tiere aufgezogen und zur Auswilderung vorbereitet. Auch Enten, Gänse und Reiher werden hier gehalten. Im **Aquarium** schwimmen heimische Fische. Nachmittags werden **Vorführungen** mit Kormoranen, Pinguinen, Ottern und Robben geboten; geöffnet März bis Mitte Nov. tgl. 10–12, 14–17.30 Uhr, im Sommer bis 18 oder 19 Uhr, im Juni/Aug. auch über Mittag geöffnet, Tel. 0389737262.

Jardin des Papillons

●Im Jardin des Papillons (Schmetterlingsgarten), Tel. 0389738887, fliegen **exotische Schmetterlinge** in einem Glashaus frei herum; **Orchideenschau;** geöffnet April bis Sept. tgl. 10–18, Okt. bis 17 Uhr.

Rundwanderung

●Am westlichen Ortsende von Hunawihr führen blauer Punkt und später blaues Kreuz auf dem Claussmatte-Weg zur 500 m hoch gelegenen **Klosterruine Couvent de Sylo.** Von der versteckt im Wald liegenden kleinen Klosterkirche aus dem 13. Jh. sind nur noch wenige Mauerreste erhalten. Auf blauem Kreuz gelangt man weiter zur nahe gelegenen bewirtschafteten **Auberge de Claussmatte** (Mo geschlossen). Die geschotterte Zufahrtsstraße (blaues Kreuz) und später der mit einem roten Rechteck markierte, nach rechts abzweigende Wanderweg führen von dort nach Ribeauvillé. Auf blauem Kreuz können wir durch die Weinberge wieder zurück nach Hunawihr wandern. Die gesamte Rundwanderung ist 12 km lang (3½ Std.).

Blick auf Hunawihr (in der Mitte die Wehrkirche)

Zellenberg

Idyllischer Ort

Südöstlich von Hunawihr liegt das **von Weinbergen umschlossene Dorf** Zellenberg auf einem lang gestreckten Hügel. Nicht allzu viele Touristen finden den Weg in den idyllischen Ort, der allein schon wegen der Aussicht über die Elsässische Weinstraße zu den Vogesenbergen einen Besuch wert ist. Zwei runde Türme, ein blumengeschmückter Brunnen und **historische Gebäude** mit Erklärungstafeln erwarten den Besucher. Mitten im alten Ortskern kann man sich im **Hotel-Restaurant Le Schlossberg** abseits des Touristenrummels mit Elsässer Spezialitäten verwöhnen lassen und in schmucken Zimmern übernachten (59a, Rue de la Fontaine, Tel. 0389479385 oder 0389490089, Fax 0389478240; DZ 54–115 Euro, Frühstück 6–11 Euro, Menü 18–61 Euro). Im Unterdorf an der Weinstraße fällt die **bemalte Fassade des Kunstmalers** *Antoine Fuchs* auf. Im Garten seines Hauses kann man verschiedene Exponate – bemalte Holzschuhe oder eine mollige Elsässerin am Weinfass – entdecken. Natürlich freut sich der Künstler auch über einen Besuch in seinem Atelier.

Riquewihr

Perle der Weinstraße

Das alte Winzerstädtchen Riquewihr (Reichenweier), das zu den meistbesuchten Orten im Elsass zählt, weist ein gut erhaltenes mittelalterliches Stadtbild auf. Es besteht aus einem geschlossenen Ensemble von Häusern aus dem 16. Jh., Mauern und Tortürmen. Als „Perle der Weinstraße" bezeichnet sich Riquewihr selbst, der Wein brachte den Bürgern Reichtum. Anstelle eines römischen Lagers entstand im 6. Jh. „Richovilla", das Weingut eines reichen Franken.

Touristenhochburg Riquewihr (im Hintergrund: Dolder)

(1), (2), (3) usw. siehe Stadtplan

Die **Grande Rue** wird von **zahlreichen Sehenswürdigkeiten** gesäumt. Das ehemalige Schloss der Grafen, dann Herzöge *von Württemberg-Mömpelgard (Montbéliard)* entstand 1539, im 19. Jh. wurde es stark verändert. Ihnen unterstand vom 14. bis 19. Jh. die Herrschaft *Horbach-Reichenweier*. Das **Maison Schickardt (1)** (1606), Nr. 12, ist mit Renaissancegiebel, -erker und -portal geschmückt. Das **Haus Nr. 14 (2)** mit einer Höhe von 25 m und sechs Stockwerken gilt als das **höchste Fachwerkhaus im Elsass,** Nr. 16 wird **Jung Selig oder Nid de Cigognes (3)** (1535) genannt. Im Galerienhof des Maison Liebrich (1535) stehen ein Brunnen und eine Weinpresse (1817). Das Maison Irion (1606) besitzt einen zweigeschossigen Eckerker. Das Maison Dissler (1610) ist ein schönes Beispiel für einen rheinischen Renaissance-Bau.

Unser Tipp: 20 Künstler aus Riquewihr und Umgebung, die Schmuck, Kerzen, Töpfer- oder Lederwaren herstellen, haben sich zusammengeschlossen und verkaufen im **Caveau des Cigognes (10)**, dem Storchenkeller, ihre kunsthandwerklichen Produkte (Tel. 0389490250). Vielen kann man auch bei der Arbeit zusehen.

Der **Dolder (4)** (13. Jh.) ist der Wachturm der ersten Stadtbefestigung und gilt als **schönster Torturm des Elsass.** Er schmückte auch jahrelang eine der gebräuchlichsten französischen Briefmarken. Beim Dolder steht der **Sinnbrunnen** aus dem 16. Jh. mit einem Löwen, der das württembergische Wappen in den Klauen trägt. Das **Obertor**

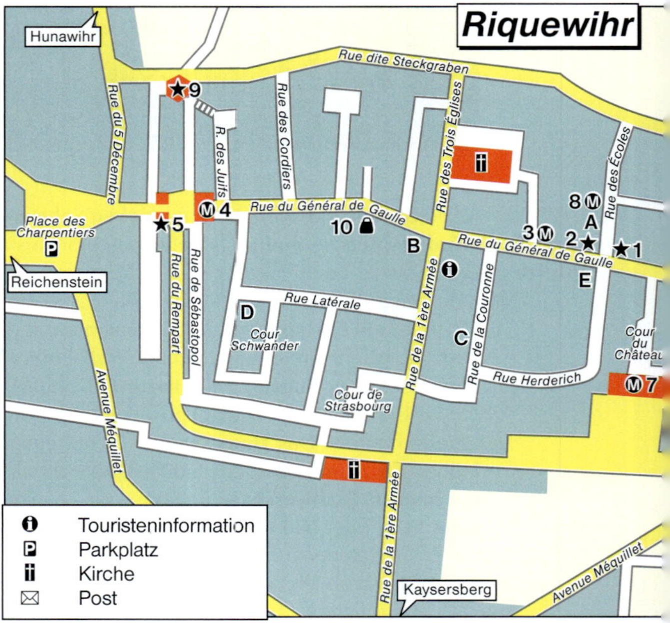

(5) mit Fallgatter, Pechnase und Schießscharte entstand ebenfalls im 16. Jh. Das neoklassizistische **Rathaus (6)** (1809) wurde anstelle des Untertors erbaut. Der Cour de Strasbourg (Hof, 15. Jh.) befand sich im Besitz der Straßburger Bischöfe. In der Rue du Général de Gaulle gibt es Weinhandlungen und Restaurants.

Infos

- **Maison du Tourisme,** 2, Rue de la Première Armée, F-68340 Riquewihr, Tel. 0389490840, Fax 0389490849, www.ribeauville-riquewihr.com.
- Der gesamte Ort ist **Fußgängerzone.** Besichtigungsfahrten mit dem **Touristenbähnchen** von März bis Nov. ab Rathaus. Bei der **Führung „Geschichte und Weinberge"** werden auch Erläuterungen auf Deutsch gegeben.

Museen

- **Musée de la Communication Alsace (8),** Tel. 0389 479380, im Schloss; in diesem Museum sind das ehemalige Post- und Fernmeldemuseum sowie das Postkutschenmuseum, Musée de la Diligence, vereint worden; im Erdgeschoss sind Postkutschen ausgestellt, im Obergeschoss kann man sich über die Geschichte der Post informieren; geöffnet 8. Apr.–5. Nov und 2.–17. Dez. Mi bis Mo 10–17.30 Uhr. Vor dem Schloss steht ein Freiheitsaltar von 1790.

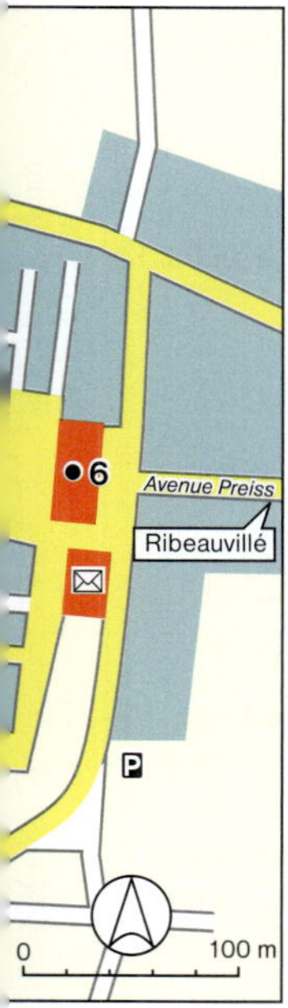

★	1	Maison Schickardt
★	2	Fachwerkhaus Nr. 14
Ⓜ	3	Jung Selig/Nid de Cigognes, Musée Hansi
Ⓜ	4	Dolder, Heimatmuseum, Winzerhaus mit Weinkeller
★	5	Obertor
•	6	Rathaus (Hôtel de Ville)
Ⓜ	7	Post- und Fernmeldemuseum im Schloss (Musée d'histoire des P.T.T. d'Alsace)
Ⓜ	8	Postkutschenmuseum (Musée de la Diligence)
★	9	Diebesturm (Tour des Voleurs)
	10	Caveau de Cigognes
		Restaurants
A		la Grappe d'Or
B		Au Tire-Bouchon
C		la Couronne
		Hotels
D		Saint-Nicolas
E		Au Cerf

•Im **Diebesturm, Tour des Voleurs (9),** Judengasse, ehemaliges Gefängnis, historische Wachräume, Verlies, Folterkammer; geöffnet Mitte April bis 1. Nov. tgl. 10.15–12.30, 14–18.30 Uhr.

•**Heimatmuseum, Musée du Dolder** und **Winzerhaus mit Weinkeller,** 14, Rue du Général de Gaulle, informiert über den Weinbau; geöffnet 13.04.–1.11. Sa, So, Fei 14–18.30 Uhr, Juli, Aug. tägl. 14–18.30 Uhr.

•Im **Musée Hansi,** im Jung Selig, Tel. 0389479700, 16, Rue du Général de Gaulle (s.o.), an der Hauptstraße, sind 150 Werke des Malers und Karikaturisten *Jean-Jacques Waltz,* genannt *Hansi,* zu sehen; geöffnet April bis Dez. Di bis So 10.30–18 Uhr, Jan. Sa, So 14–18 Uhr, Feb. bis März Di bis So 14–18 Uhr.

Bewirtung

•**La Grappe d'Or,** 1, Rue Écuries-Seigneuriales, Tel./Fax 0389478952, Menü 16,90–33 Euro.

•**Au Tire-Bouchon,** 29, Rue du Général de Gaulle, Tel. 0389479161, Fax 0389479939, Menü 16–40 Euro. Schöner Innenhof.

•**La Couronne,** 5, Rue de la Couronne, Tel. 0389490303, Fax 0389490101, Menü 10,50–19 Euro.

Unterkunft

•**Saint-Nicolas,** 2, Rue St-Nicolas, Tel. 0389490151, Fax 0389490436, EZ 49 Euro, DZ 56 Euro, Frühstück 7,50 Euro, Menü 14–45 Euro.

•**Au Cerf,** 5–7, Rue du Générale de Gaulle, Tel. 0389 479218, Fax 0389490458, EZ 38–50 Euro, DZ 38–55 Euro, Menü 13,50–64 Euro.

Camping

•**Campingplatz im Sembachtal,** Tel. 0389479008, Fax 0389490563; geöffnet Ostern bis Okt.

Events

•**Kunstfest** Anfang Juni.
•**Weinprobe** mit Musik Juni, Aug.
•**Ton- und Lichtspektakel** Juli bis Aug. Fr ab 22 Uhr.
•**Rieslingfest** Mitte Aug.

Mittelwihr

Die kleinen Weinorte Bennwihr, Mittelwihr, Beblenheim und Ostheim wurden beim verheerenden Kampf um Colmar 1944/45 fast völlig zerstört. Mittelwihr besitzt mit dem **Mandelberg** einen Grand-Cru-Weinberg in außerordentlicher Lage. Wie der Name schon andeutet, wachsen hier Mandelbäume.

Lehrpfad

Durch das **„goldene Dreieck der Grand Crus"** mit den Orten Riquewihr, Zellenberg, Beblenheim, Mittelwihr und Bennwihr führt ein 20 km langer Lehrpfad. Die Gesamtstrecke ist mit einem roten Ring markiert, ein gelber Ring kennzeichnet Teilstrecken. Nördlich von Mittelwihr gibt es im Sembachtal einen Campingplatz.

Sigolsheim

Pfarrkirche

Die Pfarrkirche **St. Peter und Paul** in dem alten Winzerdorf Sigolsheim entstand im 12. Jh. und wurde im 19. Jh. stark verändert. Die figurengeschmückte Fassade und das Säulenportal sind **sehenswerte Meisterwerke** der romanischen Baukunst. Bereits im 8. Jh. war Sigolsheim, das von den Merowingern gegründet wurde, für seinen **guten Wein** bekannt. Vom nördlich oberhalb des Orts liegenden **französischen Ehrenfriedhof** des Afrikacorps und vom benachbarten **amerikanischen Ehrenmal** haben wir einen schönen Ausblick über das Tal der Weiss.

Es gibt **zwei Klöster,** das Monastère des Clarisse de Sigolsheim und das Monastère des Capucines Mediatrice.

Bewirtung

• Im **Restaurant Au Petit bon Coin** werden frischer Fisch, Fleisch sowie ein Menü mit Foie Gras auf Bestellung angeboten.

Kientzheim

Kientzheim wurde 1303 zur Stadt erhoben und im 15./16. Jh. befestigt. Am nördlichen Ortsrand sind Teile der Stadtmauer mit dem runden Turm erhalten. Durch das **Schneckentor,** einem Fußgängertor aus dem 16. Jh., gelangen wir zum spätbarocken **Rathaus** (1775). Davor steht der **Winzerbrunnen** aus rötlichem Sandstein. Anstelle des 1875 zerstörten Obertors steht eine Linde. Darunter erinnert ein Panzer der französischen Armee an die Befreiung des Ortes 1944. Am **Untertor** ist eine Schießscharte in Form einer großen Fratze gestaltet. Hier streckte im 16. Jh. der „Lalli" den Angreifern seine bewegliche Eisenzunge heraus, um sie zu verspotten. Ein Weinlehrpfad führt durch die nördlich des Orts gelegene Weinlage Altenberg zum **Joseph Schwartz-Denkmal.** Es erinnert an den ehemaligen Bürgermeister (1906–1982) und die Befreiung des Ortes im 2. Weltkrieg. Westlich des Orts in Richtung Kaysersberg liegt die **Weinlage Schlossberg.** Sie war die erste Grand-Cru-Weinlage des Elsass.

Stefansbruderschaft

Der **Confrérie St-Etienne,** der Stefansbruderschaft, die im 14. Jh. in Kientzheim gegründet wurde, unterliegt die **Kontrolle der elsässischen Weine.** Sie hat ihren Sitz im **Château Schwendi.** Das Renaissance-Schloss aus dem 16. Jh. war die ehemalige Residenz des Hauses *Hohenlandsberg.* 1563 bis 1583 war *Lazarus von Schwendi* (1522–1583) Eigentümer der Seigneurie (Lehnsherrschaft) du Haut-Landsberg. Er residierte in Kientzheim. Sein Grab und das seines Sohnes *Wilhelm* befinden sich in der spätgotischen Pfarrkirche.

Museum

- **Musée du Vignoble et des Vins d'Alsace, elsässisches Weinmuseum** im Schloss, 1, Grand' Rue, Tel. 0389782384, geöffnet Juni bis Okt. 10–12, 14–18 Uhr. Darstellung des Weinkellers im Lauf der Jahrhunderte, antike Schraubenkelter, alter Erntewagen mit Fässern und Kübeln.

Unterkunft

- **Hotellerie Schwendi,** 2, Place Schwendi, Kientzheim, Tel. 0389473050, Fax 0389490449, DZ 78–95 Euro, Frühstück 8 Euro, Menü 22–55 Euro.
- **Horizons d'Alsace,** neben dem Schwendi, 7, Grande Rue, Tel. 0389782030, Gîte rurale (Zimmer), Organisation und Reservierung von Wandertouren, Hotelaufenthalten, Ski, Golf.

Event

- **Weinfest** Ende Juli mit Weinprobe.

Kaysersberg – Fachwerkhäuser an der Weiss

Kaysersberg

Der malerische Ort **an der Weiss** hat das ganze Jahr über viele Besucher. Er besitzt ein gut erhaltenes Stadtbild mit gotischen und Renaissance-Bürgerhäusern. Schon in der Römerzeit führte hier ein wichtiger Übergang durch das Weisstal von Gallien zum Rhein. Im Jahr 1293 wurde Kaysersberg freie Reichsstadt, 1354 trat es dem Zehn-Städtebund bei.

(1), (2), (3) usw. siehe Stadtplan

In Kaysersberg wurde **Albert Schweitzer** im **Pfarrhaus (1)** der evangelischen Gemeinde geboren (s.u.). Von hier stammen auch der Straßburger Münsterprediger *Johann Geiler* (1445–1510), genannt *Geiler von Kaysersberg*, und *Matthias Zell*, der erste Reformator von Strasbourg.

elsass_315 Foto: ti

Die **Kirche Ste-Croix (2),** die Heilig-Kreuz-Kirche, entstand 1227 und wurde in der Spätgotik umgebaut. Der Vierungsturm stammt aus dem 19. Jh. Das Westportal wird von sechs Säulen getragen, die mit Pflanzen, Tiermotiven und Menschenköpfen verziert sind. Der Innenraum der Kirche ist nur spärlich beleuchtet. Auffallend ist ein 4 m hohes Kruzifix (um 1500) unter der Vierung. Die vergoldeten Holzschnitzereien des prunkvoll gestalteten **Passionsflügelaltars** stellen die Leidensgeschichte und Auferstehung Christi dar. Der Hochaltar wurde 1518 nach einem Entwurf *Martin Schongauers* von *Hans Bongart* aus Colmar gestaltet. Das Heilige Grab im linken Seitenschiff stammt aus dem Jahr 1514. Im rechten Seitenschiff sind der Taufstein und die vergoldete Holzskulptur sehenswert, die *Jakobus den Älteren* mit Pilgerhut darstellt. Die Kirche ist täglich von 9 bis

- Ⓜ 1 Centre Culturel Albert Schweitzer, Albert Schweitzer-Museum
- ★ 2 Ste-Croix
- 3 Michaelskapelle (Chapelle St-Michel)
- • 4 Rathaus (Hôtel de Ville)
- ★ 5 Hexenturm (Tour des Sorcières)
- ★ 6 Befestigte Brücke (Pont fortifié) über die Weiss
- 7 Kaiserburg (Château Impérial)
- Ⓜ 8 Musée de la Ville, lokalhistorisches Museum
- ★ 9 ältestes Haus der Stadt (1460), 7, rue de l'Ancien Hôpital
- ★ 10 Kesslerturm (1407)
- ★ 11 Stadtturm

- Touristeninformation
- Parkplatz
- Krankenhaus
- Post

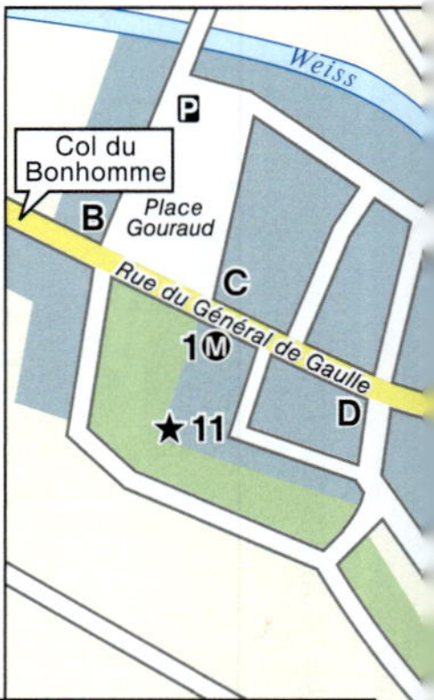

Restaurants
A Au Lion d'Or

Hotels
B Belle Promenade
C Hassenforder
D Château

16 Uhr geöffnet. Hinter der Kirche steht die **Michaelskapelle (3)** (1463) mit einem darunter liegenden Beinhaus. Dort steht auf einer Tafel: „So ist's recht. Da liegt der Meister bei seinem Knecht". Die Fresken der Kapelle stammen aus der Entstehungszeit. Daneben liegt der **Ehrenfriedhof**, der an die gefallenen Soldaten des Afrika-Corps erinnert.

Im **Renaissance-Rathaus (4)** (1604), verziert mit einem zweistöckigen Erker, finden **Kunstausstellungen** statt. Ein Wandbild im Innenhof zeigt, wie Kaysersberg 1293 von *Adolf von Nassau* der Titel „Reichsstadt" verliehen wurde. Beim **Stadtrundgang** trifft man auf historische Brunnen und die Reste der mittelalterlichen Stadtbefestigung mit Wehrtürmen wie dem **Hexenturm (Tour des Sorcières) (5)**. Die **Weiss-Brücke (6)** mit der kleinen Kapelle, der Brustwehr und den Schieß-

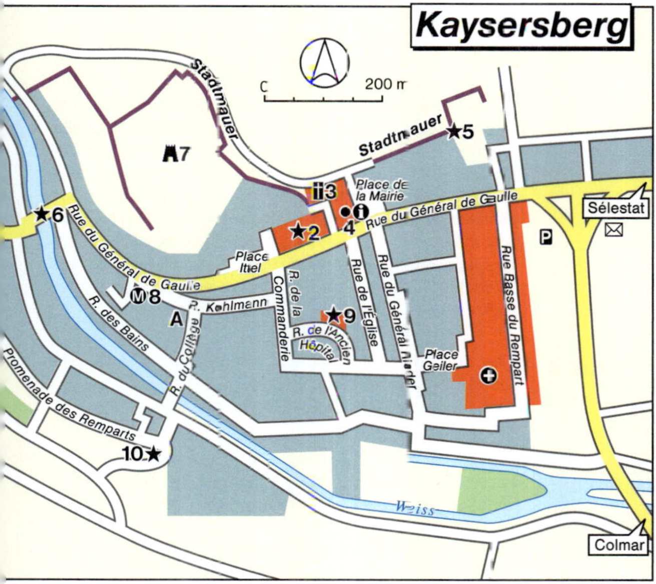

scharten ist die **einzige befestigte Brücke im Elsass.** Sie stammt aus dem Jahr 1514. Die Hauptstraße ist mit alten Bürgerhäusern gesäumt. Hier wird in der Cave Coopération, der Genossenschaftskellerei, Wein zum Verkauf angeboten.

Kaiserburg

Über dem Ort erheben sich die Überreste der **Kaiserburg (7)** (13. Jh.). Sie befand sich ab 1227 im Besitz von Stauferkaiser *Friedrich II.* Vom mächtigen Bergfried bietet sich ein guter Ausblick. Man geht vorbei an der Weissbrücke durch die Rue des Forgerons zur Porte des Pucelles (13. Jh.), dahinter führt rechts der Fußweg hinauf zur Burg.

Infos

- **Office de Tourisme,** 39, Rue du Général-de-Gaulle, F-68240 Kaysersberg, Tel. 0389782278, Fax 0389782744, www.kaysersberg.com. Im Juli und August werden Stadtführungen angeboten.

Museen

- Das **Centre Culturel Albert Schweitzer (1),** das **Albert-Schweitzer-Museum,** 126, Rue du Général-de-Gaulle, informiert über den Theologen, Philosophen, Musiker, Organist, Schriftsteller, Friedensnobelpreisträger (1952) und „Urwaldarzt" von Lambarene (Gabun) *Albert Schweitzer* (1875–1965). Die Gedenkstätte und Büste im angrenzenden Park erinnern an den berühmten Sohn der Stadt; geöffnet Ostern, 2.5. bis Okt. tgl. 10–12, 14–18 Uhr.
- **Lokalhistorisches Museum, Musée de la Ville (8),** in einem Patrizierhaus (1521), 64, Rue du Général-de-Gaulle, Tel. 0389782278; das Museum zeigt Kunstschätze, kirchliche Kunst und alte Wohnkultur; geöffnet Ostern, Juli, Aug. tgl., Mai, Juni, Sept., Okt. Sa, So 10–12, 14–18 Uhr.
- **Musée de Pays Welche,** 5 km nordwestlich von Kaysersberg in Fréland, volkskundliche Sammlung mit altem Inventar, Gerätschaften von Bauern und Handwerkern. In dem „Welschen Gebiet" hatte sich bis vor einigen Jahrzehnten noch eine alte romanische Sprache erhalten.

Bewirtung

- **Au Lion d'Or,** 66, Rue du Général de Gaulle, Tel. 0389471116, Fax 0389471902; Menü 14–42 Euro; gute Elsässische Küche, schöne Terrasse; geschlossen 1.1. bis 15.2. und Di, Mi.

Unterkunft

- **Belle Promenade,** 5, Place Gouraud, Tel. 0389471151, Fax 0389781340, EZ 55–59 Euro, DZ 59–70 Euro, Frühstück 7 Euro.
- **Hassenforder,** 129, Rue du Général-de-Gaulle, Tel. 0389 471354, Fax 0389782868, EZ 48–52 Euro, DZ 52–93 Euro,

Frühstück 6,50 Euro, Menü 8–42 Euro. Elsässische Spezialitäten und andere Gerichte. Unser Tipp zum Einkehren in Kaysersberg.

- **Château,** 38, Rue du Général-de-Gaulle, Tel. 0389782433, Fax 0389787550, EZ 36 Euro, DZ 44–50 Euro, Frühstück 6 Euro, Menü 16–36 Euro.

Camping

- **Campingplatz** im Ortsteil Mandelmuhl im Nordwesten des Orts, Rue des Acaias, Tel. 0389471447; geöffnet April bis Ende September.

Events

- **Beleuchtung der Burg, Feuerwerk** am 13. Juli.
- **Herbstfest** am ersten Oktober-Wochenende.
- Schöner und viel besuchter **Weihnachtsmarkt** an den Adventswochenenden.
- **Ostermarkt** während der zwei Wochen vor Ostern.
- **Sonnenwendfest** am 3. Juni-Wochenende.

Sonstiges

- **L'Espace nautique Arc en Ciel;** schönes Hallen- und Freibad, Nähe Campingplatz, Mo vormittags geschlossen.

Lapoutroie

Lapoutroie (Schnierlach) liegt nicht mehr an der Elsässischen Weinstraße, sondern bereits **in den nahen Vogesen.** Von Kaysersberg lohnt sich ein Abstecher dorthin, denn das Branntweinmuseum (Musée des Eaux-de-Vie) ist sehenswert. Es befindet sich in der alten **Poststation aus dem 18. Jh.** Die Wände der Innenräume sind mit Unmengen kleiner Schnaps- und Likörfläschchen französischer Herkunft vollgestellt. Alte Geräte und Tafeln zeigen, wie früher der Schnaps gebrannt wurde. Und natürlich kann man im ehemaligen Pferdestall die edlen Brände auch probieren und kaufen.

In der Dorfkirche sind noch Wandgemälde erhalten. Sehenswert ist auch die Tourist-Info im alten, orange angestrichenen Waggon der ehemaliger Kaysersberger Talbahn.

Museum

- **Branntweinmuseum,** 85, Rue du Général Dufieux, Tel. 0389475026, tgl. ganzjährig 9–12, 14–18 Uhr geöffnet, Obster-, Likör- und Etikettensammlung, Verkauf der Obstbrände im Museum sowie in Kaysersberg, 34, Rue du Géneral de Gaulle, Tel. 0389471605.

Ammerschwihr

In dem **vom Wein geprägten** ehemaligen Reichsstädtchen Ammerschwihr (Ammerschweier) sind noch Reste der Befestigungsmauern erhalten, für die die Bürger im 14./15. Jh. sogar selbst finanziell aufkamen. Die Porte Haute, das Obertor, besitzt ein Fachwerkobergeschoss und eine Sonnenuhr. Der Ort hat **mehrere gut erhaltene Türme** wie den Tour des Voleurs, den Diebesturm, den Tour des Fripons, den Schelmenturm und den Tour des Bourgeois, den Bürgerturm. Die Martinskirche stammt aus der Gotik, der restaurierte Renaissancebrunnen mit dem wilden Mann entstand ursprünglich im 16. Jh., von dem Renaissance-Rathaus (1552) steht nur eine Ruinenfassade. Sie erinnert daran, dass Ammerschwihr im 2. Weltkrieg stark zerstört wurde. Der „Kaefferkopf" ist die bekannteste Weinlage in Ammerschwihr. Im April findet eine **Weinmesse** statt.

Labaroche

Im westlich, schon in den Vogesen gelegenen Labaroche informiert das **Museum der Holzberufe** über dieses Handwerk.

Unterkunft

●**Aux Trois Merles,** 5, Rue de la 5ème D. B. (am östlichen Ortsanfang an der N 415 gelegen), Tel. 0389782435, Fax 0389781306, DZ 28–54 Euro, Frühstück 7 Euro, Menü 12–32,50 Euro, einfache Zimmer, ein günstiges Hotel vor Kaysersberg.

Übrigens: Eine Straße mit der Abkürzung D. B. gibt es nicht nur hier, sondern auch in Colmar und in Mulhouse. Ausgeschrieben heißt sie Rue de la 5ème Division Blindée. D. B. sind Panzerdivisionen, die auch an der Befreiung Frankreichs teilgenommen haben.

Katzenthal und Niedermorschwihr

Katzenthal versteckt sich ein wenig von Weinbergen und Wald umgeben im engen Tal des Dorfbachs. Westlich oberhalb des Orts liegt **Burg Wineck.** Sie wurde Ende des 12. Jh. erbaut und im

15. Jh. wieder aufgegeben. Auch das kleine Weindorf Niedermorschwihr mit seinen Fachwerkhäusern liegt etwas abgelegen inmitten der Reben. Der schlanke, weiße Kirchturm des Orts ist weithin sichtbar. Dass wohl nur wenige Besucher hierher kommen, verdeutlicht uns die **Winstub Caveau Morakopf** (Tel. 0389270510), da sie sonntags geschlossen ist. Doch die gut zubereiteten Elsässischen Gerichte und offenen Weine lohnen die Einkehr an einem Werktag. Dann hat auch der kleine Dorfladen „Au Relais des Trois Epis" geöffnet, in dem *Christine Ferber* ihre hausgemachten Marmeladen verkauft (Mo geschlossen).

Ingersheim

Am Fuß des Letzenbergs liegt Ingersheim. Die barocke Kirche im Ort hat romanische und gotische Teile. Der lang gezogene **Zwiebelturm** wird als **einmalig in Europa** bezeichnet. Noch einen weiteren Superlativ hat der kleine Ort aufzuweisen; in einem Weinkeller lagert mit 354 Hektolitern Inhalt das **größte elsässische Fass.** Der Hexenturm entstand im 12. Jh. Das ehemalige Renaissance-Rathaus wird von einem gotischen Glockentürmchen geziert.

Bewirtung

- **Taverne Alsacienne,** 99, Rue de la République, Tel. 0389 270841, Fax 0389808975, Gourmetküche, nicht allzu teuer, Menü 15–53 Euro, Mo, Do abends und So abends geschlossen.

Turckheim

Turckheim (Türkheim) an der Fecht ist **seit römischer Zeit besiedelt.** Das karolingische „Thorencohaime" bewachte die strategisch günstige Stelle am Eingang des Munstertals. Im Spätmittelalter wurde es zur freien Reichsstadt, 1354 trat es dem

Zehn-Städtebund bei. Teilweise umgibt Turckheim noch die Stadtmauer aus dem 14. Jh.

Place de Turenne

Durch die Porte de France, das Französische Tor, gelangen wir zum **Hauptplatz,** dem Place de Turenne. Hier stehen der Stockbrunnen und die Corps de Garde, die alte Wache, die auch als Zunftsitz und Rathaus diente. Der Platz ist ebenso wie die Grande Rue von historischen Fachwerkhäusern (17. Jh.) umgeben, in denen mehrere Weinstuben untergebracht sind. Das Haus Nr. 19, in dem sich das **Restaurant À l'Homme Sauvage** befindet, entstand 1609. Erhalten sind auch die Porte de Brand und die Porte de Munster.

Berühmte Gäste im **Hotel des Deux Clés** in der Rue du Conseil waren *Albert Schweitzer* und *Charles de Gaulle*. Das Haus ist mit einer Fachwerkfassade und einem Renaissanceerker geschmückt. 1540 entstanden, wurde es im 17. Jh. umgebaut. Gegenüber steht das **Rathaus** mit Renaissancefassade und gotischem Untergeschoss (16. Jh.), dahinter die spätklassische **Pfarrkirche Ste-Anne** (19. Jh.) mit angeschlossener Kapelle (10. Jh.). Der Sandsteinturm (11. bis 13. Jh.) besitzt einen romanischen Unterbau, ein gotisches Obergeschoss mit Zwillingsfenstern und ein buntes Ziegeldach.

Nachtwächter

Von Mai bis Oktober begibt sich der Nachtwächter auf seinen Rundgang. Er ist mit einem schwarzen Umhang bekleidet und mit Hellebarde, Horn und Laterne ausgerüstet. Er verkündet: „Die Clock hat zehn geschlagen. Jetzt stand ich auf der Wacht. Gott geb uns allen eine gute Nacht". **Treffpunkt für den Rundgang** ist um **22 Uhr** am Corps de Garde.

Infos

- **Office de Tourisme** im Corps de Garde, Place de Turenne, F-68230 Turckheim, Tel. 0389273844, Fax 0389 808322, www.turckheim.fr.
- Der aussichtsreiche **Weinlehrpfad** führt von der Porte du Brand 2 km durch die Grand-Cru-Weinlage „Le Brand".
- Im Ort gibt es einen **historischen Rundweg,** den Circuit historique.

Museum

- Das **Musée Mémorial des Combats de la Poche de Colmar** erinnert an die Schlacht 1944/45, in der Turckheim verschont blieb; 25, Rue du Conseil, Tel. 0385808666, geöffnet März bis Nov. Mi bis Sa 14–18 Uhr, So 10–12, 14–18 Uhr, Juli/Aug. auch Mo, Di.

Bewirtung

- **Auberge du Veilleur,** 12, Place de Turenne, Tel. 0389 273222, Fax 0389275556, Menü 9,10–29 Euro, Di, Mi geschlossen.

Unterkunft

- **Hotel des Deux Clefs**, 3, Rue du Conseil, Tel. 0389 270601, Fax 0389271807, EZ 55 Euro, DZ 69–114 Euro, Frühstück 11,50 Euro.
- **Les Portes de la Vallée,** 29, Rue Romaine, Tel. 0389 279550, Fax 0389274071, EZ 31–55 Euro, DZ 31–72 Euro, Frühstück 7 Euro. Menü 16 Euro.

Events

- **Weinfest** am ersten August-Wochenende.
- **Fest des Lichts:** Zu Ehren der *Heiligen Lucie* ziehen am Abend des 13. Dezember Kinder mit Kerzen, Laternen und Lichterkronen singend durch den Ort.

Der Marienwallfahrtsort Les Trois Epis

Von Ammerschwihr, Niedermorschwihr und Turckheim führen Straßen hinauf zum Marienwallfahrts- und **Höhenluftkurort** Les Trois Epis (Drei Ähren). Les Trois Epis wurde 1491 zum Wallfahrtsort, nachdem Maria hier einem Marschall erschienen sein soll. Sie hielt in der einen Hand ein Hagelkorn, in der anderen drei Ähren. Falls die Bevölkerung sich zum wahren Glauben bekennen würde, sollte es eine reiche Ernte (Ähren) geben, sonst würden Hagelstürme alles zerstören.

Die Wallfahrtskapelle Notre-Dame des Trois Epis (Maria mit den 3 Ähren) wurde um 1500 gebaut. Das benachbarte **Museum Notre-Dame** informiert über die Wallfahrt. Vorbei am Redemptoristenkloster gelangt man zur 1963 erbauten Église du Haut, der Oberen Kirche, einer modernen Betonkirche. Auf dem nahen **Gipfel des Galtz**

(731 m) stehen ein Aussichtsturm und eine **7 m hohe Christusstatue,** die auch von der Weinstraße aus gut zu erkennen ist.

Unterkunft

•**Hotel Trois Epis,** 10, Rue Thierry Schoeré, Tel. 0389 498161, Fax 0389789048, EZ 28–56 Euro, DZ 35– 179 Euro, Frühstück 8 Euro, Menü 15–45 Euro, schöne Aussicht.

Camping

•**Campingplatz Les Deux Hohnack** an der Straße D 11 zwischen Trois Epis und Labaroche.

Colmar

Drittgrößte Stadt des Elsass

Colmar ist **Haupt- und Verwaltungsstadt** des Département Haut-Rhin. Es zählt über 65.000 Einwohner, mit Außenbezirken rund 100.000 und ist damit nach Strasbourg und Mulhouse die drittgrößte Stadt des Elsass. Die Stadt an der Ill und an der Lauch liegt am Ausgang des Münstertals und des Kaysersbergtals. Sie ist **Handels- und Kulturzentrum** sowie Sitz von Museen, Theater, Verwaltungs- und Dienstleistungsunternehmen. Hier gibt es mehrere Weinwirtschaftsorganisationen, denn Colmar ist auch das **Zentrum des elsässischen Weinbaus.** Industrie hat sich vor allem in den Außenbezirken angesiedelt, wichtig sind Aluminiumwerke, Textil-, Kunststoff- und die Nahrungsmittelindustrie sowie Feinmechanik, aber auch Verlage. Der Canal de Colmar verbindet die Stadt mit dem Rhein und dem Rheinhafen bei Neuf-Brisach.

Geschichte

Colmar entstand aus einem **karolingischen Königsgut** am Wegekreuz zwischen Rhein und Rhône, dem Vogesenkamm und dem Jura. Es lag an der Handelsroute, die über Mulhouse nach Basel und in die Schweiz führte. 823 erwähnte Kaiser *Ludwig der Fromme* den königlichen Hof Colum-

Colmar – Stadtviertel Petite Venise an der Lauch

elsass_323 Foto: ti

barium, das „Taubenhaus". Daraus entwickelte sich der Name der Stadt. 884 tagte hier der Hoftag Kaiser *Karls III.* Anfang des 13. Jh. wurde der Ort von *Friedrich II. von Hohenstaufen* zur autonomen kaiserlichen Stadt erklärt. 1226 erhielt er das Marktrecht. Colmar wurde zum **wichtigen Handelsplatz** im Oberelsass, auch Kunst und Wissenschaft waren bedeutend. Die Stadt war **Anziehungspunkt für viele religiöse Orden.** 1278 erließ *Rudolf von Habsburg* eine Verfassung, in der die Rechte und Privilegien der Bürger festgelegt waren. Die Handwerker gewannen an Bedeutung gegenüber den Patriziern. Ab 1282 wurde die Stadt zu einer der **stärksten Festungen des Reichs** ausgebaut. 1354 schloss sich Colmar als reichsunmittelbare Stadt dem Zehn-Städtebund an, seit 1246 war die Stadt auch Mitglied des Oberrheinischen und seit 1255 des Rheinischen Städtebundes.

Handel und Humanismus

Vom 15. bis 17. Jh. hatte Colmar seine Blütezeit, der Handel mit **Wein** war schon seit dem 14. Jh. die Basis der Wirtschaft. Entscheidend war auch die Lage an wichtigen Handelsverbindungen.

1575 wurde die Stadt zur Hochburg des rheinischen Humanismus und bildete neben Strasbourg das **Zentrum der Reformation,** während der Renaissance des Handels und der Wissenschaften.

30-Jähriger Krieg

Ab 1618 verwüstete der 30-Jährige Krieg Europa, Handelsrouten waren blockiert, der kaiserliche Schutz entfiel. Bei Kriegsende gewann Frankreich die Oberhoheit, Colmar aber leistete Widerstand. Nach einem Angriff von *Ludwig XIV.* auf die Stadt (1673) kam sie fünf Jahre später **(Vertrag von Nimwegen)** unter französische Herrschaft. Festungen wurden zerstört, die Glaubensfreiheit aufgehoben. Colmar wurde wieder katholisch.

Ab 1698 war Colmar Verwaltungszentrum, Sitz des Conseil Souverain d'Alsace und der Präfektur Haut-Rhin. 1790 wurde es **Hauptstadt des Département Haut-Rhin.** Unter *Napoleon I.* bis *III.* siedelten sich während der industriellen Revolution Ende des 18. Jh. **Textilbetriebe** an. Der Bahnhof und der Rhein-Seitenkanal (Canal de Colmar) wurden gebaut.

Von 1871 gehörte das Elsass zum **Deutschen Reich,** Colmar war bis 1918 Hauptstadt des Bezirks Oberelsass im deutschen Reichsland Elsass-Lothringen. Im Zentrum des Widerstands entstanden die Karikaturen des Aquarellisten und Karikaturisten *Jean-Jacques Waltz* (1872–1951) alias *Hansi.* 1918 übernahmen die Franzosen wieder die Macht. Im Juni 1940 marschierten deutsche Truppen ein. 1945 wurde Colmar in der Bataille de la Poche de Colmar von den Franzosen zurückerobert. Der Stadtkern blieb dabei fast verschont. Colmar dehnte sich nach dem Krieg aus, der Flughafen, ein neuer Rheinhafen und ein Ausstellungsgelände (für die Weinmesse) entstanden.

Altstadtsanierung

Der mittelalterliche Altstadtkern aus dem 16./17. Jh. wurde gekonnt saniert. Colmar erhielt dafür die **Goldmedaille für den Denkmalschutz.** Fachwerk- und Renaissancehäuser prägen das Stadtbild im Gerber- und Fischerviertel, einem großen Anziehungspunkt für Touristen.

Auch in Colmar gibt es **soziale Probleme** in den Randbezirken. In den trostlosen Vorstädten im Westen wohnen Türken und Schwarzafrikaner.

Stadtrundgang

(1), (2), (3) usw. siehe Stadtplan

Ausgang unseres Stadtrundgangs ist das **Unterlindenmuseum (1).** Nicht weit davon entfernt steht das barocke **Katharinenkloster (2)** in der Rue Kléber. In der Rue des Têtes gibt es Feinkostläden, die Geschäftsschilder der Häuser Nr. 24 und 31 wurden von *Hansi* entworfen. Das **Maison des Têtes (3),** das Kopfhaus, 19, Rue des Têtes, ist ein prächtiger Renaissancebau (1609). Die Skulpturenfassade wird von **über 100 grotesken und fratzenhaften Köpfen und Masken** geziert, die dem Haus seinen Namen gaben. Ein Prachterker erstreckt sich über drei Stockwerke. Die Giebel sind mit Voluten (spiralförmige Bauornamente der Renaissance) und Obelisken reich geschmückt, die Fenster asymmetrisch verteilt. Seit 1902 thront eine Küferfigur von *Frédéric Auguste Bartholdi* auf der Giebelspitze und erinnert daran, dass hier Ende des 19. Jh. die Colmarer Weinbörse ihren Sitz hatte. Heute beherbergt das Kopfhaus ein teures Hotel mit Nobelrestaurant (Hotel Les Têtes, s.u.)

Am Place de l'École zwängt sich das **kleinste Fachwerkhaus** Colmars in eine Nische zwischen zwei Häusern. Nach der Renovierung entstand in dem Haus, von dem man einst sagte, dass die Möbel in dem winzigen Raum nur an die Wand gemalt, aber nicht darin aufgestellt werden könnten, ein 25 m² großer Wohnraum.

Das **Rathaus (5)** entstand im 18. Jh. im Stil des **französischen Klassizismus.** Die Rue des Clefs ist die Hauptgeschäftsstraße in der Altstadt.

Couvent des Dominicains

Das 1260 gegründete **ehemalige Dominikanerkloster (4),** das Couvent des Dominicains, liegt direkt um die Ecke in der Rue des Serruriers. Das Kloster wurde während der Französischen Revolution aufgehoben. Die Grundsteinlegung für die

1 Unterlindenmuseum
2 Katharinenkloster
3 Maison des Têtes, Kopfhaus
4 Couvent des Dominicains, ehem. Dominikanerkloster
5 Hôtel de Ville, Rathaus
6 Cour Molly
7 St-Martin
8 Hôtel Griffon
9 Ancien Corps de Garde, ehem. Wache
10 Maison Adolphe
11 Maison zum Kragen
12 Maison Pfister
13 Maison de la Viole
14 Maison au Cygne
15 Musée Bartholdi
16 Maison des Arcades
17 Ancien Hôpital
18 St-Matthieu
19 Koifhus Ancienne Douane
20 Schwendibrunnen
21 Palais du Conseil Souverain
22 Maison Kern
23 Johanniterhaus
24 Markthallen
25 Musée d'Histoire Naturelle, Naturhistorisches Museum
26 St-Pierre
27 Cour d'Appel
28 Bahnhof und Busbahnhof
29 Monument Bruat
30 Statue des General Rapp
Touristeninformation
Parkplatz
Kirche
Post
Restaurants
A Rendez-Vous de Chasse
B Aux Trois Poissons
C Chez Hansi
D Dolce Vita
E Winstub Flory
Hotels
F Hotel Les Têtes
G Turenne
H La Chaumière
I Formule 1
Rue Kléber
Place Rapp
Avenue de la République
CHAMP DE MARS
Avenue de la Marne
Bd. du Champs de Mars
Rue Bruat
Place de la Gare
Rue Messimy
Rue Camille Schlumberger
Bd. du Général Leclerc
Avenue Joffre

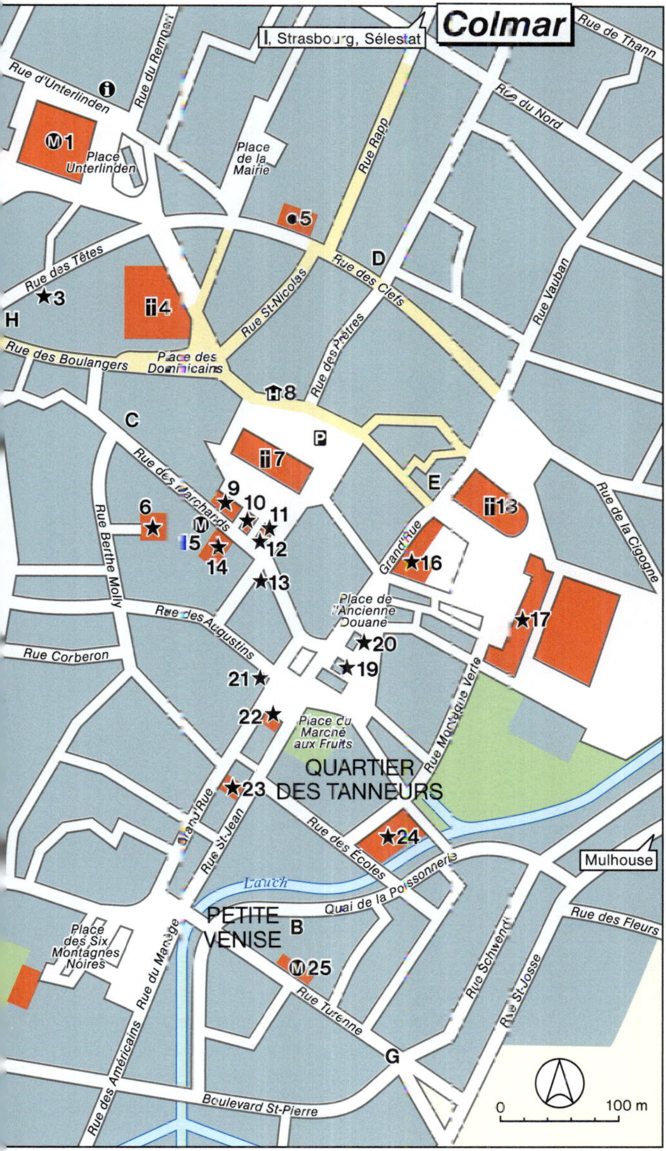
Colmar
I, Strasbourg, Sélestat
Rue de Thann
Rue d'Unterlinden
Rue du Rempart
Rue du Nord
M1
Place Unterlinden
Place de la Mairie
Rue Rapp
5
D
Rue des Têtes
3
H
4
Rue St-Nicolas
Rue des Clefs
Rue Vauban
Rue des Boulangers
Place des Dominicains
Rue des Prêtres
8
C
P
7
Rue des Marchands
E
13
Rue de la Cigogne
9
10
11
6
12
15
14
13
Rue Berthe Molly
Grand'Rue
16
Place de l'Ancienne Douane
17
Rue des Augustins
20
Rue Corberon
19
21
22
Place du Marché aux Fruits
Rue Montagne Verte
QUARTIER DES TANNEURS
23
Grand'Rue
Rue St-Jean
Rue des Écoles
24
Mulhouse
Lauch
Quai de la Poissonnerie
PETITE VENISE
B
Rue des Fleurs
Place des Six Montagnes Noires
Rue du Manège
M25
Rue Schwendi
Rue St-Josse
Rue Turenne
G
Rue des Américains
Boulevard St-Pierre
0
100 m

elsass_328 Foto: ti

Kirche erfolgte 1283 durch *Rudolf von Habsburg*, sie wurde im 13. bis 15. Jh. im Stil der rheinischen Gotik errichtet. Das Langhaus zeichnet sich durch hohe, schlanke Säulen aus. Bemerkenswert sind auch das Chorgestühl und Glasfenster aus der ersten Hälfte des 14. Jh.

Die **Madonna im Rosenhag,** das 1473 entstandene, früheste Gemälde von *Martin Schongauer,* ist gleichzeitig sein Hauptwerk. Früher befand es sich in der Kirche St. Martin, wurde dort aber 1972 geraubt und in Lyon wiedergefunden. Man brachte es dann in der Dominikanerkirche in einem nachträglich gefertigten Schrein unter. Der ursprüngliche Altar aus der Werkstatt *Schongauers* steht heute im Unterlindenmuseum.

Bibliothek

Im Kloster gibt es einen gotischen Kreuzgang (14. Jh.), der zu der 1803 gegründeten Bibliothek gehört. Mit mittelalterlichen Handschriften und zahlreichen Inkunabeln (Zeugnisse aus der Frühzeit des Buchdrucks vor 1500) zählt sie zu den **umfangreichsten Büchersammlungen Europas;** geöffnet ist die Bibliothek Ende März bis Dez. tgl. 10–13, 15–18 Uhr, im Kreuzgang finden Serenadenkonzerte statt.

Im **Cour Molly (6),** 8–12, Rue Berthe Molly, wohnte schon *Voltaire* bei seinem Besuch im Jahr 1753 in der Stadt.

Gotische Pfarrkirche

Die gotische Pfarrkirche **Collégiale St-Martin (7)** am Place de la Cathédrale liegt im Mittelpunkt der Altstadt. Sie zählt zu den bedeutendsten Kirchen der elsässischen Gotik und ist das **Wahrzeichen von Colmar.** Um 1170 wurde mit dem Bau auf den Resten von zwei im 11./12. Jh. erbauten Kirchen begonnen. Die Hauptbauzeit war nach 1234 bis zum Ende des 15. Jh. Die Bürger bezeichnen sie als Kathedrale, da Colmar aber keine Bischofsstadt ist, gibt es hier streng genommen keine Kathedrale. Die dreischiffige Basilika wurde in romanischem Baustil begonnen und gotisch vollendet. Der Baumeister *Humbret* hat sich am Südportal selbst verewigt. Beim Bau dienten ihm die nordfranzösischen Kathedralen als Vorbild.

Die Westfassade mit ihren drei Portalen ähnelt dem Straßburger Münster und wurde zu Anfang des 14. Jh. von dem Architekten *Wilhelm von Mar-*

Erwin Giessler als Straßenmusikant in Colmar

burg ebenso wie der Chor (1375 vollendet) errichtet. Wegen Geldmangels blieb der Nordturm unvollendet. Auf dem 72 m hohen Südturm traf man bis zu Beginn des 20. Jh. den **Nachtwächter** an, der die Bewohner zur Ruhe bat und nach Brandherden schaute. Als der gotische Turmhelm im 14. Jh. abbrannte, wurde er in der Renaissance durch ein Pagodendach mit filigraner Kupferhaube ersetzt. Im 18. Jh. wurde die Kirche weitgehend umgestaltet. Die Kirche besitzt ein reich verziertes Nikolausportal und noch weitere prachtvolle Portale. Auf dem Giebel über dem Hauptportal finden wir eine Replik des Reiterstandbilds vom Kirchenheiligen *St-Martin.* Das Original ist wie viele andere Originale wertvoller Statuen und Schmuck im Unterlindenmuseum zu sehen. Im gotischen Chor aus dem 14. Jh. gibt es **Glasmalereien** aus dieser Zeit.

Die barocke Orgel (1754) stammt von *Johann Silbermann* (1712–1783), Sohn des *Andreas Silbermann* (1678–1734). Das etwas düster wirkende **Kircheninnere** ist kostbar ausgestattet. Im Chor gibt es gleich mehrere Kapellen, die durch einen Gang miteinander verbunden sind; geöffnet Mo bis Sa 8–18.30, So 13–18.30 Uhr.

Das barocke **Hôtel Griffon (8)** besitzt ein eindrucksvolles Treppenhaus und einen Innenhof. Der **Ancien Corps de Garde (9),** die ehemalige Wache, stammt aus dem Jahr 1575 und ist ein besonders schönes Beispiel der rheinischen Renaissance. Teile der Mauern sind älter, da sie zur Jakobskapelle, dem alten Beinhaus (13. Jh.), gehörten. Von der Loggia mit holzgeschnitztem Balkon wurden früher die Bekanntmachungen des Magistrats verkündet. Am Kirchplatz daneben steht das **Maison Adolphe (10)** (1350); es gilt als **ältestes Wohnhaus der Stadt.** Von den gotischen Fenstern erinnert eines im 2. Stock an *St. Martin.* Das **Maison zum Kragen (11)** aus dem Jahr 1606 und das **Maison Pfister (12)** von 1537 an der Ecke der malerischen Rue Schongauer und Rue des Marchands gehen ineinander über. Das Maison Pfister entstand im Stil der Frührenaissance. Mit seinem Schmuckerker, Holzgalerien, Arkaden, einem geschnitzten Balkon und der Fassadenmalerei gehört es zu den schönsten Häusern der Altstadt. Im Haus des reichen Silberminenbesitzers *Ludwig Scherer* alias *Pfister* befindet sich heute ein Weingeschäft.

Gegenüber (Nr. 15) steht das **Maison de la Viole (13),** das Haus der Familie *Schongauer.* Im **Maison au Cygne (14),** dem Hus zum Schwan (Nr. 8), soll *Martin Schongauer* geboren sein. In der Rue des Marchands, die hier Fußgängerzone ist, gibt es typische, alte Häuser. Hier erinnert das **Musée Bartholdi (15),** das Geburtshaus des Bildhauers und Künstlers **Frédéric Auguste Bartholdi** (1834–1904), an den **Schöpfer der New Yorker Freiheitsstatue** und des „Löwens von Belfort".

Freiheitsstatue

Am 4. Juli 1880 schenkten die Franzosen den USA die Freiheitsstatue. Zum 100. Todestag ihres Schöpfers wurde am 4. Juli 2004 eine 12 m hohe **Nachbildung** der New Yorker Freiheitsstatue enthüllt. Sie steht am Kreisverkehr zur Straße D 83 nach Strasbourg im Norden Colmars. Auch eine 90-Cent-Briefmarke wurde aus diesem Anlass herausgebracht.

Das **Maison des Arcades (16),** 1609 erbaut, ist der protestantische Pfarrhof. Es ist ein mit Erkern geschmückter Arkadenbau und steht neben der Kirche. Gegenüber dem Maison des Arcades steht das **Ancien Hôpital (17),** das ehemalige Bürgerhospital. Heute gehört es zur Technischen Universität.

Temple St-Matthieu

Der gotische **Temple St-Matthieu (18)** am Place du 2 Février ist eine ehemalige Franziskanerkirche, 1292 bis Mitte des 14. Jh. erbaut. Von 1715 bis 1939 wurde sie als **Simultankirche** genutzt. Der für die Katholiken vorgesehene Chor war durch eine Mauer vom Kirchenschiff, das von den Protestanten genutzt wurde, abgetrennt. Jetzt ist es eine evangelische Kirche (*temple).* Der Bau wurde im 15. Jh. erneuert und diente nach der Pest von 1541 als Krankenhaus. Heute finden hier **internationale Musikfestspiele** statt. In der Kirche steht eine Silbermann-Orgel (1732). Eines der Buntglasfenster aus dem 14. und 15. Jh. stammt wohl von *Pierre von Andlau*. Sehenswert sind die achteckigen, 8 m hohen Mittelschiffpfeiler, die bemalte Holzbalkendecke und ein Gemäldezyklus (Anfang des 18. Jh.); geöffnet Mitte Juni bis Mitte Okt. tgl. 10–12, 15–17 Uhr oder auf Anfrage beim Verkehrsamt.

Die neoromanische **Synagoge** wurde im Jahr 1842 erbaut.

Zollgebäude

An der ehemaligen Hauptachse der Stadt, der Grande Rue, steht das spätgotische Zollgebäude **Ancienne Douane (19)** aus dem Jahr 1480 am Place du Marché aux Fruits (Obstmarkt). Es wird auch „Koifhus" (Kaufhaus) genannt. Im 16. Jh. wurden ein Renaissanceflügel und eine Treppe angebaut. Das Haus war einmal wirtschaftlicher und politischer Mittelpunkt der Stadt. Im Erdgeschoss gab es ein Warenlager und eine Zollhalle. Im ersten Stock trafen sich der Zehn-Städtebund und der Colmarer Schöffenrat. In den Fenstern sind Wappen der Reichsstädte abgebildet. Durch die Restaurierung im 19. Jh. blieb der Originalzustand weitgehend erhalten. Heute ist hier ein **Kongress- und Veranstaltungszentrum** untergebracht. Den Eingang zum Hauptbau schmückt der Doppeladler des römischen Reichs.

Schwendi-Brunnen

Der **Schwendi-Brunnen (20)** an der Ostseite des Platzes vor dem Koifhus erinnert an General *Lazarus von Schwendi* (1522–1583). Das Standbild (1897) schuf *Bartholdi. Schwendi* soll die Tokay-Rebe vom Türkenfeldzug mitgebracht haben. Es gibt aber keine Verbindung zwischen dem früher

Colmar – Eislaufbahn an Weihnachten

als Tokaier bezeichneten Pinot gris und dem ungarischen Tokaier. Von hier erstreckt sich in südlicher Richtung das ehemalige **Gerberviertel** (Quartier des Tanneurs).

Der klassizistische **Palais du Conseil Souverain (21)** entstand von 1769 bis 1771; er bildete das **Machtzentrum** des folgenden Jahrhunderts. In dem heutigen Justizpalast (Tribunal Civil) tagte das Provinzparlament, der Conseil Souverain d'Alsace. Das **Maison Kern (22)** mit seinem üppig verzierten Volutengiebel wurde 1594 von einem Kaufmann erbaut. Das **Johanniterhaus (23),** das Maison des Chevaliers de St-Jean, aus der Spätrenaissance (1608) ähnelt einem venezianischen Palazzo.

Petite Venise

Das **Altstadtviertel** Petite Venise ist der **romantischste Teil der Krutenau.** Die malerische Anordnung der alten Häuser, die in Barken zu erreichen sind, zeigt deutliche Parallelen zur Lagunenstadt in Italien. Von der Petersbrücke (Pont St-Pierre) hat man einen guten Blick auf die schmalen hohen Häuser, kleinen Gärten und den Turm der Martinskathedrale.

Gerber-Viertel

Das einstige Viertel der Gerber (Quartier des Tanneurs), **Fischer** und **Gemüsebauern,** das ehemalige **Krutenau-Viertel,** liegt an der Lauch nördlich der Markthalle zwischen Place du Marché aux Fruits und der Lauch am Boulevard St-Pierre, Quai de la Poissonnerie. Das Stadtviertel entstand im Andenken an *Martin Stockmeyer.* Der „Herkules von Colmar" genannte Flussschiffer trug 1791 zum Sieg der Revolution gegen die sich erhebende Adelspartei bei. Die Altstadt ist seit 1968 gut restauriert worden. Charakteristisch sind die spätmittelalterlichen, schmalen hohen Fachwerkhäuser – der Dachboden diente zum Trocknen von Leder – mit Gärten und Anlegern an der Lauch.

Durch die Rue des Écoles kommen wir zur Lauch und zu den **Markthallen (24)** aus dem Jahr 1855, die heute zu einem Parkhaus umfunktioniert wurden. An der nordwestlichen Ecke steht der Fontaine des Vignerons, der **Rebmännlein-Brunnen** (1869) von *Bartholdi.* Ein Winzerbub löscht hier seinen Durst. Am Lauchufer erstreckt sich der Quai de la Poissonerie, der nach einem Brand 1706 einheitlich wieder aufgebaut wurde. Hier zweigt die Rue Turenne ab mit dem **Naturhistorischen Museum (25),** dem Musée d'Histoire Naturelle.

Wir überqueren wieder die Lauch. Der **Place des Six Montagnes Noires** ist ein malerischer Platz, der von einer Bartholdi-Statue des Freiheitshelden *Roesselmann* geziert wird. Am Lauchufer stehen Fachwerkhäuser und Weiden. Von der Brücke am Platz und am Boulevard St-Pierre hat man einen schönen Blick auf Petite Venise. Über die Rue de Manège gelangt man zum Boulevard St-Pierre. Die **Kirche St-Pierre (26),** die Lyzeumskirche, wurde anstelle eines karolingischen Königshofs um 1750 als barocke Jesuitenkirche erbaut. In den Anlagen steht ein Bartholdi-Denkmal für den Colmarer Physiker *Hirn* (1815–1890).

Stadtauswärts erreicht man das Viertel der **Gründerzeit-Villen.** Der schönste Blick bietet sich von der Lauchbrücke. Entlang der Lauch führt ein Weg, der Zugang ist neben der Brücke.

Der wilhelminische **Cour d'Appel (27)** aus den Jahren 1902 bis 1906 steht an der parallel verlaufenden Avenue Raymond Poincaré, im Park daneben erhebt sich der älteste und mit 53 m **höchste Wasserturm des Elsass** (1884 bis 1886). Die Gerichtslaube ist mit Arkaden geschmückt.

Die Fassade des **Bahnhofs (28)** von 1906 bildet die Umrisse einer Dampflok, der Hauptturm ist der Schornstein. Das **Monument Bruat (29)** erinnert an den aus Colmar stammenden Flottenadmiral *Bruat* (1796–1855) unter *Napoleon III.* Er machte 1855 Polynesien zu einem französischen Protektorat. Das Denkmal steht zwischen **vier Bartholdi-Statuen** im Park St-Mars. **Champ du Mars,** einem früheren Exerzierplatz. Die Afrikaner-Statue ist ein Symbol für das Werk *Albert Schweitzers*. Um den Park findet man die Post, die Gendarmerie, die Banque de France, die Banque Nationale und die Préfecture (19. Jh.) an der Parksüdseite. Auf dem Place Rapp stellt die **Statue des General Rapp (30)** von 1854 ein Frühwerk von *Bartholdi* dar. Sie erinnert an den Colmarer *Jean Rapp* (1771–1821), der in der Schlacht von Austerlitz einen entscheidenden Angriff für den Kaiser führte.

Moderne Architektur

In Colmar stehen auch **spektakuläre moderne Bauten** wie der 1988 errichtete Bürotrakt in der Avenue Joffre mit kubistischen Glaswürfeln von *Emmanuel Lerys*. Das Gymnasium Lycée Camille Sée, Avenue de l'Europe, stammt von *Michel Spitz* und *Michel Jemming*. Villen von *Jacques Roques* stehen in den Rues Balzac, Baudelaire, de Verdun und Musset. Die neue Apitanerie am Canal de Colmar wurde von *Bruno Gaertner*, die neue Eislaufhalle von *Albert Delachaux* erbaut. Die Großkellerei stammt von *Wolfberger*, der Chemin de la Fecht von *Michel Leibengurth*.

Das Unterlindenmuseum (1)

Nonnen-kloster

Am Logelbach wurde **1230** das von Dominikanerinnen geführte Nonnenkloster Unterlinden gestiftet. Es bestand bis zur Französischen Revolution. Dort entstand das gleichnamige Museum mit seinem Kreuzgang, der als schönster im Elsass gilt, und Innenhof. Davor entdecken wir einen Renaissance-Bartholdibrunnen, den **Fortuna-Brunnen,** aus dem Weiß- und Rotwein fließen können. Im 14./15. Jh. bestand im Kloster ein Zentrum rheinischer Mystik. Nach seiner Auflösung wurden im 19. Jh. einige Gebäude abgerissen. Es entstanden das **Neobarock-Jugendstil-Theater** und die **Städtischen Bäder.** Mitte des 19. Jh. konnte der Archivar *Louis Hugot* das Kloster vor dem kompletten Abriss retten. 1853 wurde das Museum durch die **Schongauer Gesellschaft** gegründet. Ein römisches Mosaik aus Bergheim und religiöse Kunstwerke waren damals zu sehen. Später kamen archäologische Funde und Werke des 20. Jh. hinzu. Das Museum ist für seine Meisterwerke oberrheinischer Kunst des ausgehenden Mittelalters bekannt.

Die Kunstschätze sind im Konventsgebäude, Kapitelsaal und dem Refektorium ausgestellt, auch der Altar in der Kapelle gehört dazu. In der Eingangshalle stehen romanische und gotische Steinskulpturen, u.a. vom Figurenschmuck des Münsters St. Martin. In den Räumen um den Kreuzgang sind das Lapidarium, religiöse Kunst, Glasbilder, Goldschmiedearbeiten und Tafeln des Passionsaltars von *Capar Isenmann,* dem Lehrmeister von *Martin Schongauer,* zu sehen. Auch der Klosterkeller ist noch erhalten.

In der Kapelle sind die wertvollsten Stücke des Museums ausgestellt. Im Kirchenschiff entdeckt man Werke von *Martin Schongauer,* dem Meister der rheinischen Schule. Darunter ist auch der Altar mit zwei doppelseitig bemalten Altarflügeln, den *Schongauer* 1470 für den Antoniter-Abt *Jean d'Orlier* des ehemaligen Klosters Isenheim bei Guebwiller schuf. Vor dem Altarraum steht die von *Bartholdi* 1860 geschaffene Statue des Malers und Kupferstechers *Schongauer*.

Isenheimer Altar

Das **Prunkstück des Museums** ist der Isenheimer Altar von *Matthias Grünewald* und seinen Schülern (1510–1515). Er stand ursprünglich in der Kirche des 1300 gegründeten, nach der Französischen Revolution aufgelösten Antoniter-Klosters in Isenheim bei Guebwiller und wurde von Abt *Guido Guersi,* dem Nachfolger von *d'Orlier,* in Auftrag gegeben. Der Altar wurde 1794 entdeckt und nach Colmar gebracht. Es handelt sich um einen **Wandelaltar** mit zehn beidseitig bemalten Holztafeln in einem geschnitzten Altarschrein, die teilweise fest oder durch Scharniere beweglich sind.

Im Museum ist der Altar auseinander genommen, die Tafeln werden nur noch einzeln gezeigt. Ein Altarmodell ist mehrfach ausgestellt. Je nach Kirchenjahr waren verschiedene Szenen zu sehen. Die Altarflügel mit **drei Schauseiten** oder Wandlungen wurden anlässlich der verschiedenen Kirchenfeste nach dem Kirchenkalender geöffnet. Der **zentrale Teil** war außer am Antoniustag immer verschlossen. Zu sehen sind die Kreuzigung mit dem *Hl. Antonius* und dem *Hl. Sebastian,* die Geburt Christi mit dem Engelskonzert, die Versuchung des *Antonius* oder das Gespräch von *Antonius* und *Paulus.* Durch das Kunstwerk sollten Pilger vom Antoniusfeuer, einer Art Mutterkornvergiftung, geheilt werden. Zentrales Thema sind der „Schmerz" und die Kreuzigung. An den Seiten sind der *Hl. Antonius* und der *Pestheilige Sebastian,* im Sockel oder der Predella ist die Beweinung dargestellt.

Die **zweite Schauseite** thematisiert den „Jubel" und wird an Ostern, Weihnachten und an Marienfesttagen gezeigt. Es geht um Verkündigung, Inkarnation, das Engelskonzert und die Wiederauferstehung.

Die **dritte Wandlung** zeigt den bemalten und vergoldeten Lindenholzschrein, das Schnitzwerk stammt wohl von *Nicolas de Hagenau* und seinem Atelier (vor 1490). Zu sehen sind Szenen aus dem Leben des *Antonius,* in der Zentralpartie sind Skulpturen des *Antonius, Hieronymus* und *Augustinus* dargestellt, auf dem Sockel Christus und seine Jünger. Im Kreuzgang steht ein Modell des Altars, das seine Funktion erklärt.

Zu den Kunstschätzen im Museum gehören ferner Werke von *Hans Holbein d. Ä., Lucas Cranach d. Ä.* und *Albrecht Dürer.*

Untergeschoss

Im Untergeschoss, dem Klosterkeller, sind **Weinfässer,** Funde aus der **Vor- und Frühgeschichte,** aus gallo-römischer und Merowingerzeit und **moderne Kunst** von *Renoir, Picasso, Leger, Vasarely* und *Braque* zu sehen.

Obergeschoss

Im Obergeschoss gibt es eine **volkskundliche Sammlung,** ein Modell der Klosteranlage, die stadtgeschichtliche Abteilung, **Puppen** und Puppenstuben sowie **Aquarelle** von *Hansi.*

Geöffnet

- **Unterlindenmuseum (1),** 1, Rue d'Unterlinden, Tel. 0389201558, geöffnet Mai–Okt. tägl. 9–18 Uhr, Nov.–Apr. Mi–Mo 9–12, 14–17 Uhr, www.musee-unterlinden.com.

Weitere Museen

- **Bartholdi Museum (15),** 30, Rue des Marchands, Tel. 0389419060, www.musee-bartholdi.com; Modelle, Entwürfe, Möbel, persönlicher Besitz *Bartholdis,* Rekonstruktion seines Pariser Arbeitszimmers; geöffnet März bis Dez. Mi bis Mo 10–12, 14–18 Uhr.
- Das **Musée Animé du Jouet et des Petits Trains,** das **Spielzeug- und Modelleisenbahnmuseum,** 40, Rue Vauban, Tel. 0389419310, www.museejouet.com; zeigt automatisches Spielzeug, Puppen, eine Aschenbrödel-Kutsche, Flugzeugmodelle, Märchen von *Perrault,* eine Bahnanlage mit ca. zwanzig Zügen und berichtet über die Geschichte von Playmobil aus Zirndorf. Besondere Attraktion des Museums ist das Marionettentheater von *Christian Prévost* mit 35 computergesteuerten Motoren, das die Fabel „Der Fuchs und der Storch" von *Jean de la Fontaine* aufführt; geöffnet Mi bis Mo 10–12 und 14–18 Uhr, Juli und Aug. tgl. 10–19 Uhr, Dez. 10–18 Uhr.
- Das **naturhistorische und Völkerkundemuseum, Musée d'Histoire Naturelle (25),** 11, Rue Turenne, Krutenau, Tel. 0389238415, zeigt Tiere, Pflanzen, Volkstum, Minera-

lier, altägyptische Kunst, koptische Kultur, Geologie sowie Botanik des Oberrheingrabens und der Vogesen; geöffnet Feb. bis Dez. Mi bis Mo 10–12, 14–17 Uhr, So 14–18 Uhr.

• Das **Musée des Usines Municipales de Colmar** informiert über die Stadtwerke (Gas, Wasser, Elektrizität, Transport); im alten Wasserturm, Rue du Rudenwadelweg am Forêt de Neuland, Gruppenführung nach Anmeldung, Tel. 0389246007, www.musee-umc.fr.

Museumspass

• Den Oberrheinischen Museumspass erhält man in den Museen, in der Tourist-Info, bei FNAC (größtes Buchgeschäft Colmars) und bei Virgin Megastore, Infos im Internet unter: **www.museumspass.com** oder Tel. 0389339629.

Praktische Tipps

Infos

• **Touristinformation,** 4, Rue des Unterlinden, F-68000 Colmar, Tel. 0389206892, Fax 0389206914, www.ot-colmar.fr, E-Mail: info@ot-colmar.fr, Mo–Sa 9–12 und 14–18 Uhr, So 10–19 Uhr.

• Eine weitere **Tourist-Info** ist am Bahnhof.

Musik einmal anders

• **Erwin Giessler** ist Erfinder, Weltmann und hin und wieder Straßenmusikant. Dann kann der Passant zuhören, wie er auf seinem Alsaphon, Bimbaphon oder Lusophon spielt. Seine originellen „Musikapparate" sind auch im Guinness-Buch der Rekorde eingetragen (www.erwingiessler.com).

Rundfahrten

• Von der Brücke Pont St-Pierre fahren **Boote durch Klein-Venedig;** ein **Touristenbähnchen** verkehrt ab dem Quai de la Sinn gegenüber dem Unterlinden-Museum von Ostern bis Allerheiligen tgl. 9–12, 13.30–18 Uhr alle ½ Stunde.

Bewirtung

Gehobene Gastronomie:

• **Rendez-Vous de Chasse,** 7, Place de la Gare, Tel. 0389 231586, Fax 0389239226; Menü 42–75 Euro, gehört zum Hotel Bristol, regionale Küche, Wild, sehr gut.

• **Aux Trois Poissons,** 15, Quai de la Fissonerie, Tel. und Fax 0389412521; Fischgerichte, Menü 21–45 Euro.

Gut und günstig:

• **Chez Hansi,** 23, Rue des marchands, Tel. und Fax 0389 413784; regionale Küche, Sauerkraut, Menü 17–43 Euro, Personal in Elsässer Tracht.

• **Restaurant la Dolce Vita,** 36, Rue des Clefs, Tel. 0389 241724, Fax 0389244984, Menü 19 Euro.

• **Winstub Flory,** 1, Rue Mangold, Tel. 0389417880, Fax 0389233532, Menü 11–52 Euro.

Unterkunft

• **Hotel Les Têtes,** 19, Rue des Têtes, Tel. 0389244343, Fax 0389245834, EZ 91–230 Euro, DZ 105–230 Euro, Frühstück 13,50 Euro, Menü 29–60 Euro.

- **Turenne,** 10, Route de Bâle, Tel. 0389215858, Fax 0389 412764, EZ 46–68 Euro, DZ 59–70 Euro, Frühstück 7,50 Euro; in Fachwerkhaus, reichhaltiges Frühstück.
- **La Chaumière,** 74, Avenue de la République, Tel. 0389 410899, EZ 28 Euro, DZ 30–43 Euro, Frühstück, 5 Euro, für Colmar recht preisgünstig.
- **Formule 1,** 33, Route de Strasbourg, Tel. 0389705226, Fax 0389238627, Zimmer bis 3 Personen, 23,70–25,15 Euro, Frühstück 3,35 Euro; Billig-Hotel.
- **Jugendherberge Mittelhardt,** 2, Rue Pasteur, Tel. 0389 805739, Fax 0389807616, Nähe Zentrum.

Camping

- Ein **Campingplatz** befindet sich am Ufer der Ill im Stadtteil Horbourg, Tel. 0389411594.

Einkaufen

- Die **Grande Rue** ist die **zentrale Einkaufsstraße** Colmars mit Kaufhäusern, Textilketten und Boutiquen.
- In der **Rue St-Nicholas** gibt es alteingesessene **Einzelhandelsgeschäfte,** in der **Rue des Marchands** mit ihren hübschen Fachwerkfassaden kleine Läden, **Souvenirgeschäfte** und **Antiquitätenhändler.** Die Rue des Boulangers und die Rue des Serruriers sind Fußgängerzonen.
- Die großen **Supermärkte** liegen außerhalb von Colmar **bei Houssen.**
- **Wochenmarkt** Do auf dem Place de la Cathédrale, Sa um die St-Joseph-Kirche, Do auf dem Place de l'Ancienne Douane und Marché Couvert, Sa nachmittags auf dem Place Dominicains, Mi in der Avenue de Paris.
- Erster und dritter Fr im Monat **Antiquitätenmarkt** auf dem Place de l'Ancienne Douane.
- **Weihnachtsmärkte** werden von Ende Nov. bis Ende Dez. abgehalten: in Petite Venise speziell für Kinder, an der Dominikanerkirche, am Place de l'Ancienne Douane, im Koifhus, an der Eisbahn auf dem Place Rapp, am Place Jeanne d'Arc mit hauptsächlich einheimischen Produkten.

Events

- **Musikfestspiele** Ende Mai.
- **Internationales Musikfestival,** bedeutendes Klassikfestival in der ersten Juli-Hälfte.
- **Konzerte** St. Martin Di, St-Pierre Do Juli/August.
- **Regionale Weinmesse,** Foire aux Vins, zweite August-Hälfte, Qualitätsprüfung aller Sorten, auch Weinproben.
- **Musikalischer Sommer,** sechs Konzerte klassischer Musik Mitte August.
- **Jazzfestival** Mitte September.
- **Flussschifferfest** Mitte September.
- **Sauerkrautfest** Mitte Oktober.
- **Antiquitätenmesse** Anfang Oktober.

Eguisheim

Papst Leo IX.

Bruno Graf von Eguisheim (1002–1054) wurde im Jahre 1049 zum Papst gekrönt. Sechs Jahre lang hatte er als Papst *Leo IX.* das Papstamt in Rom inne. Nach seinem Tod wurde er heilig gesprochen. Ob er in Eguisheim oder in Dabo geboren wurde, war lange Zeit strittig, doch jetzt steht Eguisheim als sein Geburtsort fest (vgl. Dabo).

Mittelalterliches Stadtbild

Eguisheim besitzt ein gut erhaltenes mittelalterliches Stadtbild. Idyllische Gassen mit Brunnen und Fachwerkhäusern aus dem 16./17. Jh. ziehen sich in drei konzentrischen Kreisen entlang des früher dreifachen Mauerrings um die Burg. Die Zehnthöfe der Klöster dienten zur Weingutverwaltung und Weinlagerung. Eichberg und Pfersigberg sind die beiden **Grand-Cru-Lagen** des Weinortes.

Eine achteckige Staufer-Pfalz und Wasserburg wurden in der Ortsmitte im 8. Jh. von Graf *Eberhard* erbaut. Es stehen noch **Überreste einer Ringmauer** aus dieser Zeit. In karolingischer Zeit ist der Ort um die Burg der Grafen *von Dagsburg-Egisheim,* das Château des Comtes d'Eguisheim, herum entstanden. Nach deren Aussterben kam er in den Besitz der Bischöfe von Strasbourg, die ihn 1257 zur Stadt erhoben. Von der Stadtmauer aus dem 13. Jh. bestehen heute nur noch neoromanische Umbauten aus dem 19. Jh.

Im 17. Jh. begann das **goldene Zeitalter,** von dem viele bauliche Zeugnisse erhalten sind. Die ausgemalte Gedächtniskapelle mit bunten Glasfenstern entstand 1900 im neoromanisch-byzantinischen Stil. Auf dem Place du Château, wo die **Weinfeste** stattfinden, steht eine Brunnenstatue von *Bruno Graf von Eguisheim.*

Pfarrkirche

Das romanische Untergeschoss, der Turm und ein Figurenportal der klassizistischen Pfarrkirche **St-Pierre-et-St-Paul** stammen noch von der alten Basilika (11. bis 13. Jh.). Im Türsturz sind die zehn klugen und törichten Jungfrauen dargestellt. Im

Bogenfeld ist Christus als Weltenrichter zwischen *Petrus* und *Paulus* zu sehen. Die **Holzmadonna** (um 1300) besitzt eine Reliquienöffnung in der Brust. In den Glasfenstern sind Szenen aus dem Leben des *Bruno von Eguisheim* dargestellt.

Drei Egsen

Die drei Egsen - so werden die **drei Ruinen von Egisheim** (Trois Châteaux d'Eguisheim) auf dem nahen Schlossberg bezeichnet - ragen über Husseren-les-Châteaux westlich von Eguisheim auf. Sie waren im Besitz der Grafen *von Eguisheim-Dagsburg* und gehören wohl mit zu den **ältesten elsässischen Burgen.** Man geht von einer prähistorischen Besiedlung und einem römischen Wachturm im 3. Jh. aus. Die **Wahlenburg** ist die älteste der Burgen, sie wurde 1006 als Besitz von *Hugo IV. von Eguisheim* und *Helwig von Dagsburg,* den Eltern des späteren Papstes, erstmals erwähnt. Weckmund südlich davon und die Dagsburg im Norden entstanden um 1300. Die drei Burgen wurden im 15. Jh. zerstört; der quadratische Bergfried war von Wohn- und Wirtschaftsgebäuden sowie einer Ringmauer umgeben.

Fünf-Burgen-Straße

Die drei Egsen liegen an der 11 km langen Fünf-Burgen-Straße, die **von Husseren-les-Châteaux nach Wintzenheim** führt. An der Straße stehen auch die **Hohlandsbourg** (13. Jh.), eine der schönsten Aussichtsburgen des Elsass, sowie die 1446 zerstörte **Pflixbourg** (1220). Eine Sage erzählt, dass hier eine weiße Frau nachts weinend aus dem Schloss kommt und um ihren erschlagenen Ritter trauert.

Geöffnet

- **Château de Hohlandsbourg,** Tel. 0389301020, geöffnet Ostern bis Mai und 12. Okt. bis 11. Nov. Sa 14–18 Uhr, So 11–18 Uhr; Juni sowie Sept. bis Anf. Okt. tägl. 14–18, So ab 11 Uhr; Juli/Aug. tgl. 10–19 Uhr; Ausstellungen, Märkte und Feste während der Sommermonate.

Infos

- **Office de Tourisme,** 22 a, Grande Rue, F-68420 Eguisheim, Tel. 0389234033, Fax 0389418620, www.ot-eguisheim.fr.

Rundgang/-fahrt

- Ein **Touristenbähnchen** fährt mehrmals täglich durch die Straßen und in die nahen Weinberge.
- **Stadtmauerrundgang Circuit des Remparts.**

Bewirtung

- **Caveau d'Eguisheim,** 3, Place du Château St-Leon, Tel. 0389410889, Fax 0389237999; alter Zehnthof, mit Winstub und Restaurant, Menü 28–59 Euro.
- **Caveau Le Heuhaus,** 7, Rue Monseigneur Stumpf, Tel./Fax 0389418572, Menü 12 Euro.

Unterkunft

- **Auberge des Trois Châteaux,** 26, Grande Rue, Tel. 0389 231122, Fax 0389237288, EZ 45 Euro, DZ 49–75 Euro, Frühstück 7 Euro, Menü 15 Euro.

Camping

- **Städtischer Campingplatz Les Trois Châteaux,** 10, Rue du Bassin, Tel. 0389231939.

Events

- **Weinprobe, Winzerfest,** letztes Wochenende im Aug.

Gueberschwihr

Der Weinort Gueberschwihr (Geberschweier) besitzt einen **36 m hohen romanischen Kirchturm** (um 1120) mit Doppelbogenfenstern in den oberen drei Etagen. Der Turm gehört zur neoromanischen Pfarrkirche St-Pantaléon und war ursprünglich der Vierungsturm des romanischen Vorgängerbaus, der im 19. Jh. abgerissen wurde. Neben der Kirche stehen **merowingische Sarkophage.** Die stattlichen Winzerhöfe entlang der Hauptstraße stammen aus dem 16. und 17. Jh. Der Kopfstein gepflasterte **Place de la Mairie** (Rathausplatz) ist der zentrale Platz des Orts. Der Brunnen stammt aus dem 17. Jh. Im „Rosswäsch" wurden früher die Pferde getränkt.

Bewirtung

- **Taverne Médiévale,** 1, Rue Haute, Tel. 0389492079, Fax 0389492862; im Gewölbekeller von 1658 werden Elsässer Gerichte serviert; Di, Mi geschlossen.

Unterkunft

- **Relais du Vignoble,** 33, Rue des Forgerons, Tel. 0389 492222, Fax 0389492782, EZ 40–55 Euro, DZ 45–80 Euro, Frühstück 9 Euro, Menü 15–45 Euro.

Event

• Beim **Fest der Freundschaft** sind die Tore und Keller geöffnet (vorletztes August-Wochenende).

Pfaffenheim und die Wallfahrtskapelle Notre Dame de Schauenburg

In Pfaffenheim steht am Place Notre Dame ein Brunnen mit einem Drachen tötenden Engel. Dahinter gelangen wir zum blumengeschmückten Weingut Humbrecht, in dem wir einkehren können. Die große **St. Martins-Kirche** hat einen romanischen Chor aus dem 13. Jh.; das Kirchenschiff stammt aus dem Jahr 1894, der Kirchturm wurde 1976 wieder aufgebaut. Vom Rathausplatz (Place de la Mairie) führt rechts auf der Rue du Schauenberg ein markierter **Wanderweg** (blaues Kreuz) durch die Weinberge (Weinlehrpfad) zur Wallfahrtskapelle auf dem 412 m hohen Schauenberg. Kurz vor dem **Teufelsstein** (373 m) beginnt ein Kreuzweg. Vorbei an der Kreuzwegstation (1879), an der die Apostel Wache am Felsengrab des gekreuzigten Christus halten, gelangen wir zur Wallfahrtskapelle **Notre Dame de Schauenberg** (18. Jh.). Vom 15. bis 17. Jh. stand hier ein Franziskanerkloster, seit 1811 finden am Pfingstmontag Wallfahrten statt.

Bewirtung

• **Weingut Humbrecht,** 6–7, Place Notre Dame, Tel. 0389 496297, Fax 0389497794; **Gästezimmer** in der nahe gelegenen Rue de la Chapelle, Haus Nr. 23.

Die „Hexenstadt“ Rouffach

Weinbauschule

Das 5000 Einwohner zählende altertümliche Bauern- und Winzerstädtchen Rouffach (Rufach) ist Sitz einer staatlichen Weinbauschule. Der Ort entstand aus dem römischen Rubeacquum und befand sich bis zur Französischen Revolution im Besitz der Bischöfe von Strasbourg. Im 12. Jh. gab es

elsass 344 Foto: ti

hier während des Investiturstreits heftige Kämpfe zwischen Papst- und Kaisertreuen.

Hexenprozesse

Im Mittelalter war Rouffach Zentrum der Hexenprozesse. Der **Hexenturm,** der als Gefängnis diente, erinnert noch an diese Zeit. Die Turmbasis stammt aus dem 13. Jh., die Obergeschosse entstanden im Spätmittelalter. Der von einem Storchennest gekrönte Turm ist der einzige noch erhaltene Stadtmauerturm im Ort. Heute werden die „Hexen“ von Rouffach touristisch vermarktet. Es gibt hier „Sauerkraut nach Hexenart“ und „Hexenbier“.

Place de la République

Rouffach besitzt noch viele alte Patrizierhäuser und Zehnthöfe. Um den Place de la République

Rouffach (links der „Hexenturm“)

stehen **bemerkenswerte Gebäude,** fast alle aus der Zeit der Spätgotik und Renaissance. Das alte Renaissance-Rathaus, in dem die Tourist-Information untergebracht ist, besteht aus zwei Flügeln. Der rechte entstand im 15. Jh. und wurde umgestaltet, der linke stammt aus dem 16. Jh.

Im **Maison de l'Œuvre-Notre-Dame,** dem ehemaligen Atelierhaus der Steinmetze, befindet sich heute die **historische Gaststätte Caveau de Haxakessel,** in der deftige elsässische Kost angeboten wird. Im 15. Jh. wurde in dem Haus für den Kirchenbau gearbeitet. Rouffach ist der Geburtsort von General *Francois-Joseph Lefebvre* (1755–1820), Marschall von Frankreich und Herzog von Danzig. Auf dem Place Georges Clemenceau, der an den Place de la République angrenzt, erinnert ein Denkmal an ihn.

Kirchen

Die **Kirche Notre Dame de l'Assomption** (Mariä Himmelfahrt) entstand ab dem 11. Jh. während des Übergangs von der Romanik zur Gotik und wurde im 19. Jh. erneuert. Der überwiegende Teil der Kirche ist in gotischem Stil erbaut. Der Südturm aus dem 15. Jh. blieb unvollendet, der Nordturm entstand im 19. Jh. An der Westfassade ist die große Fensterrose sehenswert. Im Innern der Kirche sehen wir das Grab des 1330 gestorbenen Ritters *Werner Falke,* dessen Kettenhelmrüstung mit Schwert und Dolch detailgenau aus Stein gemeißelt ist. Neben der Sakristei zeigen zwei Konsolsteine einen jungen Mann und eine junge Frau mit dem „Sourire de Rouffach", dem **„Lächeln von Rouffach"**, auf dem Gesicht.

Schloss Isenburg

Oberhalb der Stadt erhebt sich Schloss Isenburg auf dem Rehberg. Hier wurde im 7. Jh. anstelle des Schlosses von König *Dagobert II.* eine Pfalz erbaut, die im 19. Jh. umgestaltet wurde. Vom ursprünglichen Gebäude ist nur noch der mittelalterliche Keller mit einem Tonnengewölbe erhalten. Heute ist in Schloss Isenburg in schöner Lage ein **Luxushotel und Gourmetrestaurant** untergebracht (**Château d'Isenbourg,** s.u.).

Bollenberg

Südwestlich von Rouffach liegt der etwa 300 m hohe Bollenberg mit der Bollenberg-Kapelle (Chapelle du Bollenberg) oberhalb der Weindörfer **Ohrschwihr** und **Bergholtz-Zell**. Um den Bollenberg herum führt ein **markierter Rundweg** (blauer Ring). Der Bollenberg ist wie der Kaiserstuhl bei Freiburg ein **einzigartiger Naturraum** mit Kalk-Magerrasen und seltenen Pflanzen (u.a. Orchideen!) und Insekten (vgl. im Kapitel zu Landschaft und Natur).

Infos

- **Office de Tourisme,** 8, Place de la République, F-68250 Rouffach, Tel. 0389785315, Fax 0389497530, www.ot-rouffach.com.

Rundgang

- Der **Stadtmauerrundgang,** die „Promenade des Remparts", folgt dem Verlauf der Stadtbefestigung, von der nur noch der Hexenturm und einige Reste stehen.

Museum

- Das **Musée Du Bailliage,** 6, Place de la République, geöffnet Juli, Aug. Mi–Mo 15–18 Uhr, informiert über die Stadtgeschichte. Es ist im Kornhaus (1569) untergebracht, das von einem Treppengiebel und einer doppelläufigen Treppe geziert wird.

Bewirtung

- **Winstub de la Poterne,** 7, Rue de la Poterne, Tel. 0389 785329, Fax 0389785028, Menü 8–23 Euro.
- **Caveau du Haxakessel,** 7, Place de la République, Tel. 0389497676, Fax 0389781444, große Terrasse, Mi geschlossen; Elsässer Spezialitäten nach „Hexenart".

Unterkunft

- **Château d'Isenbourg,** Tel. 0389785850, Fax 0389 785370, Luxushotel und Gourmetrestaurant, EZ 108–242 Euro, DZ 108–500 Euro, Menü 29–80 Euro, Frühstück 22 Euro.
- **Les Relais d'Alsace,** an der RN 83, Tel. 0389496632, Fax 0389497751, EZ 46 Euro, DZ 46 Euro, Frühstück 8 Euro, Menü 12–60 Euro.
- **Auberge du Bollenberg,** Domaine du Bollenberg, Rouffach, Tel. 0389496267, Fax 0389497765, Wohnmobil-Stellplätze, Hotel, Gaststätte und Weingut „Crus du Clos Sainte Apoline"; unser Tipp zum Übernachten und Essen.

Events

- **Hexenfest** mit Umzug Sa nach dem 14.7.
- **Ökobiologische Messe** am Himmelfahrtswochenende.
- **Musical-Festival:** Juli, Aug.
- **Rouffach-Fest:** Aug.

Soultzmatt

Heilquellen

In Soultzmatt wird auf 420 m ü. NN. der **höchstgelegene Weinberg des Elsass,** die Grand-Cru-Weinlage Zinkœpfle, kultiviert. Wegen der Heil- und Mineralquellen entstand hier ein früherer Kurort, der im Vallée des Nobles, im Tal der Adligen liegt. Der Name kommt daher, dass hier Edelleute einmal sieben Burgen erbaut haben. Davon blieb nur die Wa(n)genburg, ein Renaissance-Schloss, übrig. Reste der einstigen Befestigung wie ein Rundturm und ein Staffelgiebel sind noch erhalten geblieben. Am Ohmbach stehen alte Winzerhäuser. Es gibt mehrere alte Brunnen, einen ziert eine **Mondsichelmadonna** (17. Jh.). Die Pfarrkirche besaß früher einen befestigten Friedhof, der romanische Turm stammt noch von einem Vorgängerbau. Außer barocken Grabmälern gibt es auch ein spätgotisches Grab (1503) mit Überresten der farbigen Ausstattung.

Mineralwasser

Das Mineralwasser wird heute unter dem Namen **„Lisbeth"** verkauft. Die Abfüllanlagen können Mo bis Do 14 Uhr besichtigt werden.

Event

- **Fest der Grand Crus** des Zinnkœpfle am ersten Sa im August.

Westhalten

Lehrpfad

Vom östlichen Ortsrand von Westhalten führt der ausgeschilderte Wein- und Pflanzenlehrpfad **„Sentier botanique et viticole"** durch die steilen Rebhänge des **Strangenbergs.** Anfang Mai blühen hier Orchideen und der weiße Diptam, der ein nach Zimt und Zitrone duftendes ätherisches Öl absondert. Auf der Hochebene trägt der **Skulpturenstein** des Bildhauers *Hari Bannwarth* auf seiner Rückseite eine Inschrift *Goethes:* „Die Mundart ist doch eigentlich der Ort, wo die Seele ihren Atem schöpft".

Guebwiller

Florival

Guebwiller (Gebweiler oder elsässisch Gebwiller), eine Stadt mit 11.000 Einwohnern, liegt am Eingang des Florival, des **Blumen- oder Lauchtals,** wo dieses ins Ill-Tal einmündet. **Markierte Wanderwege** führen durch das Tal zur Lauchquelle und hinauf zum 360 m hoch gelegenen Croix de la Mission (Missionskreuz), von dem wir über den Ort bis zum Grand Ballon blicken können. Im nahe gelegenen **„Open-air Weinstockmuseum"** (Musée de la Vigne des Domaines Schlumberger) dokumentieren archäologische Ausgrabungen in den Weinbergterrassen den Weinbau seit 4000 v. Chr. Guebwiller verdankt seine Entstehung der römischen Villa Gebunvillare. Im 8. Jh. entstand hier das Verwaltungszentrum der romanischen Abtei von Murbach. Zuerst wurde die Stadt vom **Weinbau,** im 18. Jh. von der **Textil- und Maschinenbauindustrie** geprägt. Die Weine „Wadenbrecher" und „Kitterle" werden hier angebaut. Guebwiller ist auch der einzige Ort mit gleich **vier Grand-Cru-Weinlagen.** Die fünfschiffige Kirche St-Léger, die Leodegarkirche, mit drei Türmen wurde in spätromanischem Stil erbaut. Sie besitzt einen offenen Portalvorbau und reichen Figurenschmuck am Mittelportal.

Von der Kirche führt die Hauptstraße, die Rue de la République, zum Burgstall, der **mittelalterlichen Stadtburg** der Äbte, und zum Rathaus, einem im 16. Jh. errichteten Patrizierhaus in spätgotischem Flamboyant-Stil mit Erker. Unten ist die Tourist-Info untergebracht. Die ehemalige Dominikanerkirche besitzt gotische Fresken aus dem 14. und 15. Jh. sowie aus dem 18. Jh. Die Konventsbauten und der Kreuzgang werden heute als **Kulturzentrum** genutzt. Hier gibt es eine bekannte **Musikschule.** Die neoklassizistische Liebfrauenkirche Notre-Dame wurde als Ritterstiftskirche der Murbacher Fürstäbte erbaut, die in Guebwil-

elsass463 Foto: ti

ler residierten. Sie war der größte elsässische Kirchenbau des 18. Jh.

Château Hugstein

Die Ruinen des Château Hugstein, im 13. Jh. von Abt *Hugo von Rotenburg* zur Klostersicherung gebaut, liegen am Ortsausgang.

Théodore Deck

Im Florival-Museum kann man sich über die **Keramik** des *Théodore Deck* (1823–1891) informieren, der aus Guebwiller stammte. Er fand die Zusammensetzung von Glasuren wieder, die bis dahin verloren waren. Dabei entwickelte er ein Verfahren zur Herstellung des Türkis persischer Keramiken, Deckblau genannt. Außerdem schrieb er ein Standardwerk über Keramik.

Infos

- **Office de Tourisme,** 73, Rue de la République, F-68500 Guebwiller, Tel. 0389761063, Fax 0389765272, www.florival.net; im Rathaus mit kleiner Ausstellung über romanische Bildhauerei im Elsass.

Museum

- **Museum des Blumentals, Florival-Museum,** 1, Rue du 4 Février, Tel. 0389742289, im Stiftsgebäude aus dem Ancien Régime (18. Jh.) neben der Kirche Notre-Dame mit heimatkundlicher Sammlung. Es informiert über die Geschichte der Äbte und über *Théodore Deck* (s.o.); geöffnet

April bis Okt. Mi bis Mo 14–18 Uhr, Sa, So 10–12 und 14–18 Uhr, Nov. bis März nur Sa, So 14–17.30 Uhr.

Bewirtung

- **Taverne du Vigneron,** 7, Place St-Léger, Tel. 0389768189, Menü 8,50–23 Euro.

Unterkunft

- **De l'Ange,** 4, Rue de la Gare, Tel. 0389762211, Fax 0389765008, EZ 37–43 Euro, DZ 46–60 Euro, Menü 8–46 Euro, Frühstück 7 Euro.

Camping

- **Campingplatz Le Florival** in Issenheim östlich von Guebwiller, Tel. 0389730300; geöffnet Ostern bis 31.10.

Events

- **Konzerte** in der Dominikanerkirche von Juni bis Sept. jeweils am ersten Sa im Monat.
- **Weinmesse** an Himmelfahrt.

Murbach

Wir verlassen die Weinstraße zu einem kurzen Abstecher nach Murbach, das westlich von Guebwiller liegt. Von Buhl führt die Straße durch ein Seitental des Lauchtals nach Murbach. In der neoromanischen **Pfarrkirche von Buhl** gibt es einen **sieben Meter breiten Flügelaltar.** Das Altarbild (um 1500) stammt von einem unbekannten Meister aus der Schule *Martin Schongauers.* Es stellt die Leidensgeschichte Christi dar. Auf der Rückseite sind Szenen vom Jüngsten Gericht und aus Marias Leben zu sehen.

Kloster

Auf Veranlassung des Grafen *Eberhard* wurde hier um 727 eine **Benediktinerabtei** gegründet. Begründer war der *Hl. Pirmin,* ein irischer Missionar (vgl. Neuwiller-lès-Saverne). Die Abtei wurde dem *Hl. Leodegar* unterstellt, von ihr ging die Verehrung dieses Heiligen im ganzen Elsass aus. Es entstanden eine bedeutende Klosterschule und eine berühmte Bibliothek. Das Kloster war im 8. und

Blick über Guebwiller zum Großen Belchen

9. Jh. kultureller Mittelpunkt des Oberelsass und zählte mit drei Städten und dreißig Dörfern zu den mächtigsten Herrschaften am Oberrhein. Zum Kloster gehörten nur Mitglieder des hohen Reichsadels. Im 12./13. Jh. erlebte es eine weitere Blütezeit, als Abt *Hugo von Rotenburg* Fürst wurde. Durch seinen großen Landbesitz und gute Kontakte zum Kaiser konnte Murbach seinen Machtbereich ausdehnen. Kriege vom 14. bis 17. Jh. führten zum Untergang der einstigen fürstlichen Abtei, die zuletzt 1764 in ein weltliches Ritterstift mit Sitz in Guebwiller umgewandelt und im 18. Jh. von aufständischen Bauern zerstört wurde.

Abteikirche

Die romanische Abteikirche aus dem 12. Jh. gehört neben Marmoutier und Rosheim zu den ältesten und **bedeutendsten romanischen Bauwerken.** Es sind nur ein Barocktor, die gewaltige Ostpartie, das Querschiff und die beiden Türme erhalten. Die Fassade wird von ganz besonderem Relief- und Figurenschmuck geziert.

Event

- Ende Mai findet in Murbach eine **Weinmesse** statt.

Lautenbach

Kloster

Noch etwas weiter im Florival liegt Lautenbach. Die Abtei geht auf einen Vorgängerbau aus karolingischer Zeit zurück. Im 12. Jh. wurde sie dann als Chorherrenstift gegründet. Die romanische Klosterkirche ist *St. Gangolf* und dem Erzengel *Michael* geweiht. Das Langhaus aus dem 11. Jh. hat ein reich geschmücktes Westwerk, das Portal ist aus dem 12. Jh.

Der in Lautenbach geborene Journalist *Jean Egen* schrieb 1983 den Roman **„Die Linden von Lautenbach".** Er enthält autobiografische Erinnerungen aus Sicht eines Kindes zwischen den Weltkriegen. Der kleine *Schangala (Jean)* steigt hier am liebsten auf den Turm der Abteikirche und beobachtet die Welt von dort oben.

Vivarium

Im Ortsteil Zell kann man im Vivarium du Moulin **Spinnen** und **Insekten** beobachten.

Hinter Lautenbachzell mit Kühlrad an der Lauch führt ein schmales, teilweise nicht asphaltiertes Sträßchen hinauf zum 1267 m hohen Petit Ballon (Kleiner Belchen).

Bewirtung

• **Restaurant À la Truite,** 47, Grande Rue, Lautenbach-Zell, Tel. 0389740517; gebackene Karpfenfilets und fünf Arten gekochter Forelle, Froschschenkel, lebende Krebse, Wild, Sa mittags, So abends, Mo, Juli/Aug. nur Mo geschlossen; für die gute Küche angemessene Preise.

Unterkunft

• **Auberge de Lautenbach,** 68, Rue Principale, 68610 Lautenbach, Tel. 0389763203

Soultz-Haut-Rhin

Der Ort Soultz-Haut-Rhin liegt wieder an der Weinstraße. Er wurde bereits im 7. Jh. erstmals erwähnt. Der Name kommt von „Sulza“ (Salzwasserquelle). Am Hauptplatz stehen die **gotische Kirche St-Maurice** mit restaurierten Fresken, einer Renaissancekanzel und einer Silbermann-Orgel und das Renaissance-Rathaus. In der ehemaligen Commanderie St-Jean des Johanniterordens befindet sich heute ein kleines **Spielzeugmuseum.** Die Adelsfamilie der *Waldner von Freudenstein* wohnte im Château d'Anthès gegenüber, einem Adelspalais aus der Renaissance. Zu ihnen gehörte der Graf *d'Anthès,* der 1837 den russischen Dichter *Puschkin* im Duell in St. Petersburg erschoss.

Museen

• **Heimatmuseum, Musée du Bucheneck,** Rue Kageneck, Tel. 0389760222; geöffnet Mai bis Sept. Mi bis Mo 14–18 Uhr; im Château du Bucheneck, einer mittelalterlichen Wasserburg, die in der Renaissance umgebaut wurde.

• **Spielzeugmuseum, la Nef des Jouets,** 12, Rue Jean-Jaurès, in der Commanderie St-Jean, Tel. 0389743092; geöffnet Mi bis Mo 10–12 Uhr.

Unterkunft

- **Château d'Anthès,** 25, Rue de la Marne, Tel. 0389 622368, Fax 0389622370, EZ 65 Euro, DZ 75–210 Euro, Frühstück 11 Euro, Menü 16–80 Euro.

Thierenbach

Wallfahrt

Barockbaumeister *Peter Thumb* vollendete im Jahr 1731 die Wallfahrtskapelle in Thierenbach. Seit dem 12. Jh. führt eine stets viel besuchte Wallfahrt zu „Unserer Lieben Frau von Thierenbach". Davon zeugen viele alte Votivtafeln, die an naive Malerei erinnern. Die prunkvoll ausgestaltete Wallfahrtskirche ist von 12–14 Uhr geschlossen.

elsass_464 Foto: ti

Cernay

Cernay (Sennheim) liegt an der Route des Crêtes (Vogesengrenzkammstraße) und an der Route de la Truite (Forellenstraße). Von der **mittelalterlichen Stadtbefestigung** aus dem 13. Jh. bestehen noch Reste wie das Thanner Tor oder das Obertor, la Porte de Thann.

Infos

- **Office de Tourisme,** 1, Rue Latouche, F-68700 Cernay, Tel. 0389755035, Fax 0389754924, www.cernay.net.

Bahnfahrt

- Eine **nostalgische Dampfeisenbahn** fährt zum knapp 15 km entfernten Sentheim, Juli und Aug. tgl., Juni und Sept. nur So.

Museum

- **Heimatmuseum** in der Porte de Thann, das über den deutsch-französischen Krieg 1870/71 und die Weltkriege informiert. Am ersten Juli-Sonntag findet in dem Ort eine Gedenkfeier für die Gefallenen am Viel Armand statt.

Camping

- Campingplatz am südlichen Ortsanfang.

Thann

Tor der Elsässischen Weinstraße

Thann, das Tor der Elsässischen Weinstraße, liegt am **Eingang zum Thurtal** und zählt 8000 Einwohner. Im Jahr 1225 wurde der Ort erstmals erwähnt als Zollstelle der Pfirter Grafen am Handelsweg nach Lothringen. Der Tour des Sorcières, der Hexenturm, ist ein Überrest der Stadtbefestigung aus dem 15. Jh.

Theobaldusmünster

Das Theobaldusmünster (1320–1516) gehört zu der **bedeutendsten Bauwerken der Gotik.** Es wurde im Flamboyantstil errichtet und besitzt eine mit zahlreichen Skulpturen geschmückte Westfassade. In der Seitenkapelle fällt die farbig gefasste Winzermadonna aus dem 14. Jh. auf. Über die Reliquie des *Hl. Theobald* erzählt die Legende, dass *Theobald,* Bischof von Gubbio in Italien, seinen treuen Diener mit dem Bischofsring entlohnen wollte. Als er den Ring abzog, ging der Finger mit ab. Der Diener kehrte zurück ins Elsass und lehnte seinen Wanderstab mit der Reliquie an eine Tanne im Thurtal. Der Graf *von Pfirt* sah nun von der Engelsburg aus drei brennende, aber nicht verbrennende Tannen und erkannte das heilige Zeichen. Er ließ eine Kapelle bauen, daraus entstand das Münster. Seitdem erinnert die **Verbrennung der drei Tannen** (30. Juni) an die Entstehungslegende der Stadt, am 1. Juli wird das Fest des Kirchenpatrons gefeiert.

Schloss Engelburg

An der Thur liegt die Kornhalle (1519). Thann wird überragt von Schloss Engelburg. Es wurde 1224 von den Grafen *von Pfirt* errichtet und 1673 von *Ludwig XIV.* zerstört. Von der Kornhalle gelangt man dorthin. Vom Bergfried ist nur noch ein großer ringförmiger Stein, das **„Hexenauge",** übrig geblieben. Er steht aufrecht, die Öffnung ist zur Stadt hin gerichtet, daher kommt der Name.

Die **Grand-Cru-Weinlage Rangen** im Osten gilt als eine der steilsten des Elsass. Durch seinen vulkanischen Ursprung besitzt der Boden hier besonders **viele Mineralien,** dadurch erhält der Wein seinen ganz eigenen Geschmack.

Vieux-Thann

Vieux-Thann (Alt-Thann) ist der älteste Ortsteil von Thann mit der ehemaligen **Mutterkirche** des Thurtals. Die Église St-Dominique mit einem Heiligen Grab und einer hölzernen Pietà (Anfang des 14. Jh.) entstand im 15. Jh. Sehenswert sind auch die Kanzel und das Sakramentshaus.

Die alte Fabrik erinnert daran, dass es hier einen wichtigen Industriestandort für Eisen-, Stahl-, Textil- und chemische Industrie gab. Hier wurden auch Silber und Kupfer abgebaut.

Infos

- **Tourist-Information,** 1, Place Joffre, F-68800 Thann, Tel. 0389379620, Fax 0389370458, www.ot-thann.fr.

elsass_352 Foto: ti

Museen

- Das **kunst- und lokalgeschichtliche Museum** in der Kornhalle informiert über die Stadtgeschichte, die Theobaldslegende, die Textilindustrie und die Weltkriege; geöffnet 15.5. bis Sept. tgl. 10–12 und 14.30–18.30 Uhr außer Mo Vormittag.
- Im **Hexenturm,** Place Modeste Zussy, Ausstellung zum Wein und zur Geologie; geöffnet Mitte Juni bis Mitte Sept. 10–19 Uhr, Ostern bis Mitte Juni und Mitte Sept bis 1. Nov. 10–17.30 Uhr.

Bewirtung

- **Caveau St-Thiébaut,** 42, Rue de la 1ère Armée, Tel./Fax 0389370384, Menü 8–20 Euro.

Unterkunft

- **Moschenross,** 42, Rue du Général-de-Gaulle, Tel. 0389 370086, Fax 0389375281, DZ 35–49 Euro, Frühstück 6,10 Euro, Menü 11–46 Euro.

Events

- Im Frühjahr findet in Thann der größte **Ostereiermarkt** im Elsass statt.
- Sa **Markt.**
- **Weihnachtsmarkt** beim Münster.

Thann – Orgel im Münster St-Thiébaut (St. Theobald)

elsass_354 Foto: ti

Le Grand Ried und Umgebung

Grand Ried

Der Name „Grand Ried" (Großes Ried) stammt vom alemannischen Wort „rieth" ab, was „Schilfrohr" bedeutet. Das Grand Ried liegt **südöstlich von Sélestat.** Wir beschreiben in diesem Kapitel das Gebiet zwischen **Benfeld** im Norden und **Marckolsheim** im Süden.

Das Große Ried war früher ein großes **Überschwemmungsgebiet** zwischen Ill, Zembs und Rhein. Es wird von kleinen Bächen, Flüssen und den Seitenarmen des Rheins geprägt und reichte vom Rhein bis zu den Weinbergen. Kanalisation, Dämme und Trockenlegung haben dazu beigetragen, dass es großflächige Überschwemmungen heute nicht mehr gibt. Die Landschaft prägen **Feuchtbiotope,** dichte Laubwälder und ausgedehnte Felder. Ein Viertel der 200 km² großen Fläche ist von Wald bedeckt. Im feuchten Auwald gibt es urwaldartige Bauminseln mit Lianen und undurchdringlicher Vegetation. Im Großen Ried kommt eine **reiche Tier- und Pflanzenwelt** mit zahlreichen vom Aussterben bedrohten Arten vor. Auch die Sibirische Schwertlilie und die Sumpfgladiole finden sich hier. Wasservögel wie der Brachvogel, Reiher, Schwäne und Blässhühner können beobachtet werden. Zugvögel nützen das Ried als Rastplatz auf ihrem alljährlichen Weg zu den Überwinterungsplätzen im Süden. Sogar Biber konnten hier wieder angesiedelt werden.

Das Gebiet wird intensiv **landwirtschaftlich genutzt.** Es werden Gerste für die Bierproduktion, Tabak, Mais, Zuckerrüben und Kohl angebaut. Typische Speisen der Region sind Sauerkraut und die „Matelote", ein Fischragout aus Hecht, Aal, Zander und Barsch.

Infos

- Das **Maison de la Nature du Grand Ried** bei Muttersholtz informiert über den Naturraum Rheinaue und Ried. Weitere Auskünfte erteilen die örtlichen Tourist-Infos.

Benfeld

Figur des Stubenhansel

Benfeld liegt an der Straße N 83 und an der Route du Tabac, der „Tabakstraße". Größte Sehenswürdigkeit des Ortes ist die Figur des Stubenhansel am Treppenturm des 1531 erbauten gotischen Rathauses. Jeweils zur vollen Stunde lässt er seine Kinnlade fallen, genauso wie damals, als das Todesurteil über den Ratsdiener verkündet wurde. Im 100-jährigen Krieg soll er 1331 seine Stadt für einen Beutel Gold an die feindlichen Armagnaken verraten haben. Die Armagnaken, die auch als „arme Gecken" bezeichnet wurden, waren ein wildes Söldnerheer kriegerischer Bergbewohner aus Armagnac. Ein Ritter neben der Turmuhr läutet die Glocke, der Tod, dargestellt als Skelett mit Sense und Sanduhr, senkt seine Sense.

In den **Rathaus-Arkaden** haben früher die Händler ihre Waren angeboten. Hinter dem Rathaus gelangt man zum alten Hospital, einem Renaissancebau mit Volutengiebel, Vorhof und Arkaden. In der **Pfarrkirche St-Laurent** stehen um den Chor herum barocke Grabmäler mit dem damals verbreiteten Totenschädel. Ein Kornspeicher stammt noch aus dem Spätmittelalter.

Infos

- **Office de Tourisme,** 3, Rue de l'Eglise, F-67230 Benfeld, Tel. 0388740402, Fax 0388581045, www.grandried.fr.

Bewirtung

- **Au Petit Rempart,** 1, Rue du Petit Rempart, Tel. 0388 744226, Fax 0388741858, Menü 9–40 Euro, geschlossen Mo abends, Di abends und Mi, Fischspezialitäten.

Event

- Am 3. Augustwochenende wird in Benfeld das **Stubenhansel-Fest** gefeiert.

Rhinau

Rhinau (Rheinau) liegt direkt am Rhein. Am Rheinufer blickt eine **goldene Madonna** auf den mächtigen Fluss herab. Die Rhein-Fähre fährt von hier ganzjährig hinüber nach Kappel.

Infos

- **Office de Tourisme,** 35, Route du Rhin, F-67860 Gerstheim-Rhinau, Tel. 0388746896, Fax 0388748328, www.grandried.fr.

Fähre

- Die **Rheinfähre Rhinau – Kappel** verkehrt alle 15 Minuten, 1.7. bis 31.8. Mo bis Fr 5.30–22, Sa, So 6.30–22 Uhr; 1.4. bis 30.6. und 1.9. bis 31.10. Mo bis Fr nur bis 21 Uhr; 1.11. bis 31.3. Mo bis Fr 5.30–19, Sa, So 7–19 Uhr.

Unterkunft

- **Aux Bords du Rhin,** 10, Route du Rhin, Tel. 0388746036, Fax 0388746577, DZ 33–40 Euro, Frühstück 6 Euro, Menü 22–29 Euro, Wild- und Fischgerichte.

Camping

- **Campingplätze** in Rhinau und Boofzheim.

Diebolsheim und der Taubergießen

In **Diebolsheim** südlich von Rhinau steht im Kreisverkehr der **Schaukelbrunnen,** auf dem ein Mädchen und ein Junge in Elsässer Tracht wippen. Bei der großen Schleuse am Rheinkanal, dem Grand Canal d'Alsace, gelangt man zu Fuß oder mit dem Fahrrad auf eine lang gezogene Insel, die zwischen dem Kanal und dem Rhein liegt. Auf der deutschen Rheinseite liegt das **Naturschutzgebiet Taubergießen** (Zugang von Rhinau/Kappel). Sowohl auf der Rheininsel als auch im Taubergießen ist der Auwald am Rhein in seiner ursprünglichen Form erhalten. Im Taubergießen werden 170 ha Naturwald bewahrt. In dieser typischen Auenlandschaft findet keine forstliche Bewirtschaftung mehr statt. Rund 1100 ha Mischwald, von denen 600 ha zu Rhinau gehören, werden **naturnah bewirtschaftet.** Aus dem hier geschlagenen Holz von Eiche, Erle, Esche, Kirsche und Ahorn werden Möbel gefertigt. Im Wirtschaftswald werden neue Eichenwälder angelegt und die ehemaligen Pappelwälder in Laubmischwälder umgewandelt. **Markierte Wege,** die nicht verlassen werden dürfen, führen durch das Natur-

Schaukelbrunnenfiguren in Diebolsheim

elsass_465 Foto: ti

schutzgebiet Taubergießen. Wer die Rheininsel erwandern möchte, sollte die topografischen **Karten** 1:25.000 der Série Blue, die Blätter 3817 O „Benfeld" und 3818 O „Marckolsheim" dabeihaben, denn das Wegenetz ist nicht gut beschildert. An der Südspitze der Rheininsel gelangt man beim Stauwehr Rheinau hinüber ans deutsche Ufer. Der **Kiosk Rheinblick** lädt mit selbst gebackenem Apfelkuchen zu einer Rast ein.

Neunkirch

Wallfahrtskirche Notre-Dame

Der kleine Kirchenort Neunkirch liegt nordwestlich von Diebolsheim an der Straße D 803. Ein „Ave Maria" empfängt den Besucher, wenn er durch den Torbogen den Kirchenbezirk betritt. Die Wallfahrtskirche Notre-Dame wird eingerahmt von der Kirche Sainte-Anne und der Kapelle Sts-Auxiliaires, den Heiligen Nothelfern. In einer Nische an der Kirche Notre-Dame zeugen Votivtafeln vom Dank der Wallfahrer. Außerhalb des Kirchenbezirks laden **zwei nette Restaurants** zu Elsässer Küche ein.

Ebersmunster

Barockkirche

In Ebersmunster (Ebersmünster) war Herzog *Eticho,* der Vater der *Hl. Odilia,* Ende des 7. Jh. Stifter der späteren **Benediktinerabtei,** errichtet auf den Ruinen eines gallo-römischen Merkurtempels. Die spätbarocke **Stiftskirche St-Maurice** (1670–1725) entstand anstelle der im 30-Jährigen Krieg 1632 abgebrannten mittelalterlichen Anlage. Sie zählt zu den wenigen Barockkirchen im Elsass. Die Pläne stammen von dem berühmten Vorarlberger Architekten *Peter Thumb* (1709). 1717 gab es erneut einen Brand durch Blitzschlag. Unter *Thumbs* Leitung entstand das Lang- und Querhaus ganz neu im Stil des schwäbischen Barocks. Der Kirchenbau wird von zwei Zwiebeltürmen überragt. Das Chorgestühl, Stuckverzierungen und die Beichtstühle sind beachtenswert. Auffällig ist auch ein monumentaler Hochaltar (1728). In der Vierung ist die Himmelfahrt Mariä, über dem Portal ein Eber dargestellt. Die Legende erzählt, dass der Königssohn *Siegbert* von einem Eber verletzt wurde. Der *Hl. Arbogast* soll ihn gepflegt haben. Die Silbermann-Orgel (1732) gehört zu den letzten Werken des Orgelbauers. Die barocke Zehntscheuer gegenüber der Kirche gehörte ebenfalls zur Abtei.

Geöffnet

- Die **Kirche** ist geöffnet tgl. 9–12 und 14–18 Uhr. **Orgel- und Choralkonzerte** finden im Mai So 17 Uhr statt.

Bewirtung

- **Aux Deux Clefs,** Tel. 0388857155, gegenüber der Kirche, hier gibt es Elsässische „Matelote" (Fischragout, s.o.).

Muttersholtz und Ehnwihr

Tradition bewahrt

In **Muttersholtz** wird in der Tissage Gander, Rue de l'Etang, einem 250 Jahre alten Betrieb, noch die **„Kelsch"** gewebt. Es ist die letzte Weberei, die diese traditionellen Leinenstoffe mit Karomustern herstellt (geöffnet Mo bis Sa nachmittags). In Ehnwihr werden in einem der letzten Betriebe dieser Art Wetterhähne hergestellt. Nicht weit davon entfernt entstehen Bateliers, die traditionellen Boote.

Vom Naturschutzhaus, dem Maison de la Nature du Grand Ried, führen markierte **Wander- und Radwege** durch die weite Auenlandschaft der Ill.

Bootsfahrten

- **Von der Ill-Brücke bei Ehnwihr** östlich von Muttersholtz werden von April bis Okt. Bootsfahrten auf der Ill nach Ebersmunster angeboten. Tickets bei Le Batelier, Flussschiffer du Ried, *Patrick Unterstock*, Tel. 0388851048. Zur Fahrt für 4 bis 12 Teilnehmer gehören eine Diashow, eine Klosterbesichtigung in Ebersmunster und die Rückfahrt mit dem Kleinbus.

Sélestat

16.000 Einwohner zählt Sélestat (Schlettstadt) an der Grenze zwischen Ober- und Unterelsass. Es besitzt einen renovierten, historischen Altstadtkern. Spuren aus der Romanik, Gotik und Renaissance lassen sich entdecken. Industrie und Gewerbe haben sich in den Außenbezirken angesiedelt. Sélestat ist das **Zentrum des traditionellen Gemüseanbaus** im Ried und seit dem Mittelalter Sitz der Genossenschaft der Gemüsebauern.

Geschichte

737 wurde der Ort erstmals als fränkische Königsburg erwähnt. 775 war hier *Karl der Große* zu Gast. Aus dem merowingischen Königshof Scladistat, dem „Ort in den Sümpfen“, wurde erst Sélestag, dann Sélestat. Bereits im 11. Jh. war eine erste Blütezeit zu verzeichnen.

Hildegard von Büren, die Witwe *Friedrich von Bürens* und Stammmutter des staufischen Geschlechts, gründete 1087 eine Kapelle zu Ehren des *Hl. Grabes*. Daraus entstand in der zweiten Hälfte des 12. Jh. die Kirche Ste-Foy. Unter den *Staufern* wurde Sélestat 1217 freie Reichsstadt und blieb es bis zum Westfälischen Frieden 1648.

1354 trat es der Decapolis, dem Zehn-Städtebund, bei und wurde Sitz der Kanzlei. Die Stadt wurde in der Renaissance (15./16. Jh.) zu einer **Hochburg der Humanisten,** ausgehend von einer **Lateinschule** und einer **literarischen Gesellschaft.** *Erasmus von Rotterdam, Jakob Wimpfeling, Beatus Rhenanus* und der Reformator *Martin Bucer* waren hier die Vorreiter der deutschen Renaissance. Deren Ideen breiteten sich in ganz Europa aus. Sélestat war aber auch ein **Zentrum der Gegenreformation.**

Stadtrundgang

(1), (2), (3) siehe Stadtplan

Beginnen wir unseren Rundgang an den beiden **Stadttoren,** den Überresten von verschiedenen Stadtbefestigungen. Der **Hexenturm (1)** von 1216, der Tour des Sorcières, stammt noch von der ersten Stadtmauer. Hier wurden wegen angeblicher Hexerei angeklagte Frauen gefangen gehalten. Das barocke **Porte des Strasbourg (2),** das Straßburger Tor aus dem Jahr 1679 gehörte zur letzten der von Vauban errichteten Stadtbefestigungen. Der **Tour de l'Horloge (3)** oder Tour Neuve, der Uhrturm oder neue Turm (1280), liegt am südlichen Altstadtrand.

Pfarrkirche St-Georges

Die Pfarrkirche St-Georges, das **St. Georgsmünster (4),** gehört zu den **größten gotischen Kirchen im Elsass.** Mit dem Bau wurde im 13. Jh. begonnen, erst 200 Jahre später war er fertig gestellt. Der spätgotische, 60 m hohe, aber unvollendete Turm ist eines der Wahrzeichen von Sélestat. Sehenswert sind das Renaissance-Chorgestühl und die Kanzel mit vergoldeten Skulpturen (1619). Die wertvollen Glasfenster, die mehrere Heilige darstellen, stammen aus dem 15. Jh. Die Fresken entstanden im 14. Jh.

Geöffnet

- Die **Pfarrkirche** ist geöffnet Mo bis Fr 8–18, Sa 8–19 sowie So 8–18.30 Uhr.

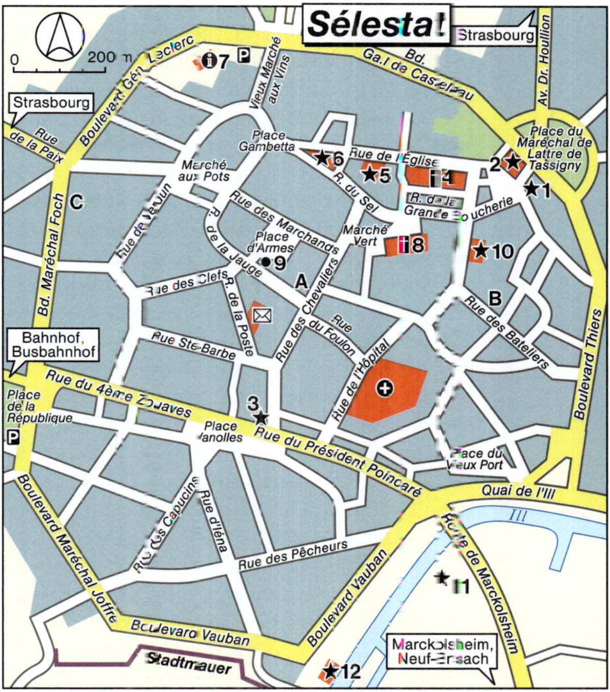

★ 1 Tour des Sorcières, Hexenturm
★ 2 Porte de Strasbourg, Straßburger Tor
★ 3 Tour de l'Horloge, Uhrturm
4 St-Georges
★ 5 Résidence d'Ebersmunster
★ 6 Humanistische Bibliothek
7 Commanderie St-Jean, Johanniterkomturei
8 Ste-Foy
● 9 Rathaus
★10 Maison Billex
★11 Mediathek
★12 Le Rêve

Parkplatz
Krankenhaus
Post

Hotels
A Auberge des Alliès
B L'Ill
C Hostellerie Abbaye La Pommeraie

Stadtpalais Die **Résidence d'Ebersmunster (5)**, 8, Rue de l'Église, entstand 1534 in der Renaissance. Hier wurde der „Zehnt" gelagert; die Äbte flohen zu Kriegszeiten in dieses Stadtpalais und auch den Benediktinern diente es als Unterkunft. Am Vorplatz beginnt der **Nachtwächter** seinen abendlichen Rundgang für Touristen.

Bibliothek

Die **Humanistische Bibliothek (6),** 1, Rue de la Bibliothèque, wurde 1452 gegründet und ist damit die **älteste öffentliche Bibliothek des Elsass.** Seit 1889 ist sie in der ehemaligen Kornhalle (1843) untergebracht. Im Lesesaal des 1. Stocks kann man die kostbarsten alten Werke bestaunen. 450 Manuskripte, 530 Inkunabeln und 2000 Druckschriften des 16. Jh. zeigen die **Entwicklung des Buches vom 7. bis 16. Jh.** Zur Weihnachtszeit werden die alten Dokumente ausgestellt, in denen die Stadt erstmals erwähnt wurde. Inkunabeln (Wiegendrucke) sind Druckerzeugnisse aus der Frühzeit des Buchdrucks (vor 1500). In der Bibliothek befinden sich seltenste Stücke und die ältesten Bücher des Elsass, z.B. ein merowingisches Lektionar und ein Epistelbuch aus dem 7. Jh., ein Kapitularbuch *Karls des Großen* (9. Jh.) oder ein Schulheft von *Beatus Rhenanus* (1499). Auch frühe Drucke von elsässischen Druckern wie *Johannes Mentel* (um 1410 in Sélestat geboren) werden hier aufbewahrt. Er war der erste elsässische Buchdrucker in Strasbourg. Im vergitterten Seitenraum sind die Inkunabeln aus der Mentelschen Bibliothek ausgestellt. Der Bücherschatz besteht aus mehreren Teilen wie der Sammlung der 1452 gegründeten Schlettstätter Lateinschule, wo Generationen von späteren Würdenträgern und Bürgern im humanistischen Geist erzogen wurden. Die Bücher stammen von der Pfarrkirche und aus Stiftungen von Humanisten, die größte ist der Nachlass von *Beatus Rhenanus* (1485–1547). Dazu zählen unter anderem Holzschnitte zur Illustration der Handdrucke von *Hans Holbein d. J.* und seines Bruders *Ambrosius.* Als *Erasmus von Rotterdam* seinen Freund *Rhenanus* besuchte, schwärmte er über Sélestat und das Elsass: „Glücklicher ist doch keine von all den Städten im Land ... Rebenprangende grüßende Hügel und die Fluten des Rheins siehst du rechts und links, milde weht die Luft." Seine Aufzeichnungen werden als Erstdruck von 1515 auch in der Humanistischen Bibliothek aufbewahrt. Des Weiteren sind Skulpturen, Altartafeln, Altar- und Glasfensterteile von St-Georges, Porzellan und archäologische Funde ausgestellt.

Geöffnet

● Die **Bibliothek,** Tel. 0388580720, www.bibliotheque-humaniste.eu, ist geöffnet Sept.–Juni Mo–Fr außer Di 9–12 und 14–18 Uhr, Sa 9–12 Uhr; Juli/Aug. auch Sa, So 14–17 Uhr. Im Erdgeschoss befindet sich die **Stadtbibliothek.**

Komturei

In der **Commanderie St-Jean (7),** der ehemaligen Johanniterkomturei aus dem 15./16. Jh., mit ihrem prächtigen Saal spätgotischem Treppenturm und Kreuzrippengewölbe, befindet sich heute die **Tourist-Info.**

Kirche

Die **Kirche Ste-Foy (8)** am Marché aux Poissons, die der *Heiligen Fides* geweiht ist, ist eine spätromanische, dreischiffige Benediktinerprobsteikirche. Sie besitzt einen achtkantigen Vierungsturm und zwei weitere Türme. Die Kirche entstand 1152 bis 1190 über der Krypta eines Vorgängerbaus aus dem 11. Jh., der von *Hildegard von Büren* gestifteten Kapelle (s.o.). Die Kirche wurde immer wieder umgebaut und im 18. Jh. von Jesuiten barockisiert; die Barockkanzel stammt aus dem Jahr 1733. Im nächsten Jahrhundert wurde diese Barockisierung rückgängig gemacht und der romanische Stil wiederhergestellt. Dabei entdeckte man den „Leichnam der unbekannten Dame". Die abgenommene Totenmaske zeigt die Kirchenstifterin *Hildegard* oder ihre Tochter *Adelheid*. Repliken sind auch in der Humanistenbibliothek und der Tourist-Info zu sehen.

Geöffnet

● Die **Kirche Ste-Foy** ist geöffnet Mo bis Fr 8–18 Uhr, Sa 8–19 sowie So 8–18.30 Uhr.

Das klassizistische **Rathaus (9)** von 1788 ist mit dorischen Säulen geschmückt. Im **Maison Billex (10)** aus dem Jahr 1615 empfing *Ludwig XIV.* 1681 den Stadtmagistrat. An der Ill gibt es ein mittelalterliches Gerberviertel. Am Ufer jenseits des Flusses liegen die Agence de la Culture und **Mediathek (11)** von zwölf Gemeinden (von Baldenheim bis Scherwiller). Die einzige interkommunale Mediathek in Frankreich wurde 1998 eröffnet; sie ist öffentlich zugänglich.

Geöffnet

- Die **Mediathek** ist geöffnet Di 16–21 Uhr, Mi 10–12 und 14–18 Uhr, Do bis Fr 12–18 Uhr, Sa 10–12 und 14–18 Uhr.

Am Ill-Ufer gelangt man zu einem Festungswall (17. Jh.). Zwischen diesem und dem Fluss erblicken wir **Le Rêve (12),** eine **Neon-Installation** von *Sarkis:* Aus Straßenschildern sind kurze Sätze gebildet. Die neoromanische Synagoge stammt aus dem Jahr 1890. Am Place de la Victoire steht das alte **Zeughaus** (1470), früher das städtische Lager- und Zollhaus. Heute ist darin der Salle Ste-Barbara untergebracht, der als Festsaal, Kongress- und Verwaltungszentrum dient. Außen ziert das Gebäude eine Statue der *Hl. Barbara.*

Altstadt

Das Altstadtviertel erstreckt sich um den **Place du Vieux Port,** den Ladhof und den Quai des Tanneurs mit Häusern aus dem 15. Jh. Der Boulevard-Ring verläuft dort, wo einmal die mittelalterlichen Befestigungen waren, die von *Ludwig XIV.* 1673 zerstört wurden. Der **gelbe Wasserturm** (1905) mit neoromanischem Schmuckfries ist ein weithin sichtbares „Wahrzeichen“.

Weihnachtsbaum

Aus Sélestat stammt der **„Weihnachtsmayen“,** der Vorgänger unseres Weihnachtsbaums. Seine erste schriftliche Erwähnung fand man im Rechnungsbuch der Stadt von 1521. Im 16. Jh. hatte jeder Elsässer das Recht, im städtischen Wald eine Tanne zu schlagen. Gegen 1870 wanderten viele Elsässer ins übrige Frankreich und in die Fremde aus, so verbreitete sich der Weihnachtsbaumbrauch über ganz Europa.

Blumencorso

Der Blumencorso, das **Fest der 500.000 Dahlien,** wird seit 1929 am zweiten Augustwochenende gefeiert. Es nehmen 500 Personen – Musiker, Tänzer, Spielmannszüge und Folkloregruppen – an dem Spektakel teil, das Besucher aus Nah und Fern anlockt. Besonders schön sind die **Umzugswagen** anzusehen, die von den Bewohnern liebevoll mit

Hunderttausenden von Dahlien geschmückt werden. Die Veranstaltung hat jedes Jahr ein Thema; So ging es 2003 um die nahe gelegene Haut-Kœnigsburg, die vor 100 Jahre restauriert wurde. Passend zum Burgenleben hatten sich die Teilnehmer des großen Umzugs, der sich am Samstagabend gegen 18 Uhr durch die Straßen schlängelt, kostümiert und ihre Wagen dekoriert. Ab 22 Uhr ziehen die Motivwagen noch einmal kunstvoll beleuchtet durch die Stadt. Es gibt ein umfangreiches Rahmenprogramm mit Auftritten von Musik- und Tanzgruppen sowie ein prächtiges Feuerwerk zum Abschluss der Veranstaltung.

Infos

- **Office de la Culture,** Tel. 0388585575, www.corso-selestat.fr.

Praktische Tipps

Infos

- **Office de Tourisme,** Boulevard du Général Leclerc, in der Commanderie St-Jean, F-67600 Sélestat, Tel. 0388 588720, Fax 0388928863, www.selestat-tourisme.com.

Unterkunft

- **Auberge des Alliés,** 39, Rue des Chevaliers, Tel. 0388 920934, Fax 0388921288, EZ 48 Euro, DZ 58–65 Euro, Frühstück 7,50 Euro, Menü 15–36 Euro; in einem alten Haus aus dem 14. Jh., gemütliches Restaurant mit Butzenglasscheiben, Kachelofen.

● **L'Ill,** 13, Rue des Bateliers, Tel./Fax 0388929109, EZ 22,90 Euro, DZ 36,60 Euro, Frühstück 4,60 Euro, Menü 7–12 Euro.
● **Hostellerie Abbaye La Pommeraie,** 8, Avenue du Maréchal Foch, Tel. 0388920784, exquisites Hotel in der ehemaligen Zisterzienserabtei am Rand der Altstadt mit den Restaurants *Apfelstrudel* und *La Prieuré,* DZ ab 170 Euro.

Camping

● **Campingplatz Les Cigognes,** Sélestat, Tel. 0388920398, geöffnet Mai bis 15.10. Viel Wissenswertes über Sélestat und das Elsass erfährt man beim Campingwart *Christophe Kammerer,* der sehr gut deutsch spricht und zusammen mit *Juergen Thelen* kaum einen Wunsch beim Camper offen lässt.

Transport

● **Bahnhof,** Place de la République, Info-Tel. 0836353535.
● **Busbahnhof,** Boulevard Vauban, Busse nach St-Dié, Châtenois, Ste-Marie-aux-Mines.

Events

● **Sélest'Art** zeigt alle zwei Jahre (2009, 2011) moderne Kunst aus ganz Europa.
● Jeden Dienstagmorgen findet seit dem 15. Jh. der **Wochenmarkt** statt.
● Auch der **Weihnachtsmarkt** ist sehenswert.
● Im **Maison du Pain d'Alsace,** das Bäckerei und Brotmuseum in einem ist, neben St-Georges demonstrieren **Bäcker** ihr Können; die süßen Sachen können in der Probierstube getestet werden.

Illhaeusern

Illhaeusern liegt südlich von Sélestat an der Ill. Bekannt geworden ist der kleine Ort nicht nur als Ausgangspunkt für Touren in den **Ill-Wald,** sondern vor allem durch sein **weltbekanntes Gourmet-Restaurant Auberge de l'Ill,** das malerisch am Ufer der Ill liegt. Im schattigen Garten kann man direkt am Ufer ein Glas kühlen Elsässer Grand Cru trinken. Legendär ist die Küche von *Marc Häberlin.* Zum Restaurant gehört das Hôtel des Berges, ein nobles Vier-Sterne-Hotel.

Bewirtung

● **À la Truite,** 17, Rue du 25 Janvier, Tel. 0389718351, Fax 0389718815, Menü 17–38 Euro.
● **Auberge de l'Ill,** 2, Rue de Collonges au Mont d'Or, Tel. 0389718900, Fax 0389718283, Hauptgericht ab 20 Euro.

Unterkunft

- **Hôtel des Berges,** 4, Rue de Collonges au Mont d'Or, Tel. 0389718787, Fax 0389718788, DZ 252–287 Euro, Frühstück 27 Euro.
- **Les Hirondelles,** 33, Rue du 25. Janvier, Tel. 0389718376, Fax 0389718640, DZ 70–74,90 Euro, Frühstück incl.

Event

- **Flussfischerfest** am ersten Juli-Wochenende.

Marckolsheim

Marckolsheim wurde **im 2. Weltkrieg fast gänzlich zerstört** und danach neu erbaut. Nur das klassizistische Rathaus und einige wilhelminische Bauten sind erhalten. Am Rheinseitenkanal (Canal d'Alsace) liegen eine große Schleusenanlage und eine Staustufe. Die Straße D 424 führt hier über den Rhein nach Sasbach im Breisgau.

Wasserkraftwerk

Das Wasserkraftwerk **(Usine Hydroélectrique Vogelgrün)** besitzt zwei Wandbilder bedeutender Künstler der Moderne: von *Courvègne* „Sirène" (1956), von *Dyminski* „Nixes bleues" (1996). Die Staumauer ist frei zugänglich. Ausgediente Turbinen und Maschinenteile wurden im „Nixengarten" zu Skulpturen. Im Landschaftsgarten sind Überschwemmungszonen zu erkennen, der Deich wird abends von optischen Fasern erleuchtet.

Führung

- Führung durch den **Maschinensaal** und die **Schleusenanlage im Wasserkraftwerk** nach Voranmeldung bei EDF, Tel. 0389352000.

Infos

- **Office du Tourisme,** 13, Rue du Maréchal Foch, F-67390 Marckolsheim, Tel. 0388925698, Fax 0388925607, www.grandried.fr.

Museum

- **Mémorial,** Musée de la Ligne Maginot du Rhin (Gedenkstätte Maginot-Linie an der Rheinbrücke), Route du Rhin, Tel. 0388925779, Kasematten des 2. Weltkriegs, Ausstellung zu den Schlachten 1940 bis 1945; geöffnet Mitte Juni bis Mitte Sept. tgl. 9–12 und 14–18 Uhr; Sept. bis Mitte Nov. nur So.

Unterkunft

- **Les Loges du Ried,** 21, Avenue de l'Europe, Tel. 0388582500, Fax 0388582505, EZ 30–46 Euro, DZ 46–73 Euro.
- **Campingplatz Au Châtelet du Rhin,** Nähe Schleuse.

elsass_466 Foto: ti

Mulhouse und Umgebung

Biesheim

Die alte römische Garnisons- und Handelsstadt Biesheim liegt nördlich von Neuf-Brisach.

Museen

- Das **Musée Gallo-Romain,** das **Gallo-römische Museum,** zeigt Fundstücke der römischen Militärsiedlung, Keramiken, Münzen und Kultgegenstände. 1999 fand man die Fundamente einer antiken Befestigung, die neben Strasbourg und Basel als eine der wichtigsten römischen Befestigungsanlagen gilt.
- Das **Musée de l'Instrumentation Optique** zeigt optische Geräte, Nautik, Astronomie, Vermessung und die Entwicklung der optischen Technik während der letzten Jahrhunderte.

Beide Museen befinden sich im **Haus Le Capitole** am Place de la Mairie, Tel. 0389720158; geöffnet Mi, Fr bis So 14–18 Uhr, Do 9–13 Uhr.

Neuf-Brisach

Achteckige Festungsstadt

Ludwig XIV. musste sich 1697 aus dem rechtsrheinischen, gegenüberliegenden Breisach zurückziehen. Auf der anderen Rheinseite ließ er – vier Kilometer Luftlinie von Breisach entfernt – von seinem **Festungsbaumeiser Vauban** eine neue Stadt bauen. Sie sollte ein Gegengewicht zum habsburgischen Breisach bilden. *Sébastien Le Prestre, Seigneur de Vauban* (1633–1707), realisierte eine streng geometrisch angelegte, achteckige Festungsstadt. Der 40 km lange, im 2. Weltkrieg zerstörte **Canal Vauban** diente als Transportweg für Granit aus den Vogesen und Sandstein aus Guebwiller für den Festungsbau.

(1), (2), (3) usw. siehe Stadtplan

Die Bürgerhäuser stammen aus dem 17./18. Jh. Am **Place d'Armes (1),** dem Mittelpunkt der Stadt und einstigen Paradeplatz, stehen die **barocke Garnisonskirche St-Louis (2)** (1731), das prächtige **Rathaus (3)** und vier Brunnen. Die barocke **Porte de Colmar (4)** 1707 stammt vom Baumeister *Mansart*. Die **Porte de Belfort (5)** ist von insgesamt vier Toren der 2,5 km langen, begehbaren

Festungsmauer erhalten. Über beide Stadttore erreicht man die Mauern, ein 2,5 km langer **Rundgang** ist ausgeschildert.

Insel

Am Rhein liegt zwischen der Schleuse über den Canal d'Alsace und der Rheinbrücke eine Insel, die sich 15 km weit nach Süden bis Fessenheim erstreckt. Die nördliche Landzunge ist das **Naherholungsgebiet** der Breisacher. Auf dem Freizeitgelände gibt es einen Campingplatz, eine große

★	1	Place d'Armes		**Restaurant**
	2	St-Louis, Garnisonskirche	A	Les Remparts
●	3	Rathaus (Hôtel de Ville)		**Hotel**
★	4	Porte de Colmar	B	Aux Deux Roses
	5	Porte de Belfort, Museum		Touristeninfo
				Post

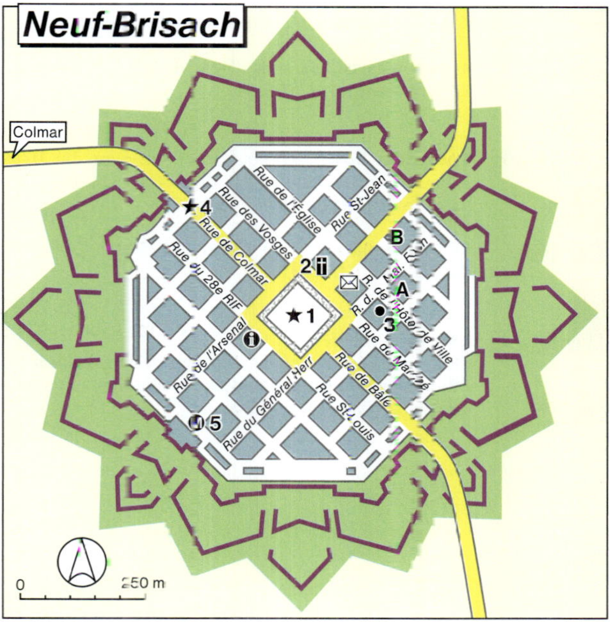

Liegewiese am Rheinufer und ein Schwimmbad. Von der Insel hat man den besten Blick auf das St. Stephansmünster in Breisach. In Richtung Süden ist die Insel bewaldet (Forêt de Brisach). Eine **Wanderung entlang des alten Rheins** bis zur Segelschule (oder auch noch etwas weiter) und zurück entlang des Canal d'Alsace (8 km) kann empfohlen werden.

Infos

- **Office de Tourisme,** 6, Place des Armes, F-68600 Neuf-Brisach, Tel. 0389725666, Fax 0389729173, www.tourisme-rhin.com.

Museum

- Vauban-Museum, **Musée Vauban,** in der Porte de Belfort, 7, Place de la Porte de Belfort, Tel. 0389725666, Modell von Neuf-Brisach, Dokumente über die Stadt und ihren Baumeister, Stadtmodell von 1706; geöffnet April bis Okt. Mi bis Mo 10–12, 14–17 Uhr.

Bahnfahrt

- Chemin de Fer Touristique du Rhin CFTR 26, Rue des Cordeliers, Tel. 0389715142; eine **Dampfeisenbahn** fährt vom Rheinhafen am Rhein entlang nach Marckolsheim. Kombinierbar mit einer Bootsfahrt nach Breisach.

Bewirtung

- **Les Remparts,** 9, Rue de l'Hôtel de Ville, Tel./Fax 0389 727647, Menü 10–27,50 Euro.

Unterkunft

- **Aux deux Roses,** 11, Route de Strasbourg, Tel. 0389 725603, Fax 0389729029, EZ 30–35 Euro, DZ 39–42 Euro, Frühstück 5 Euro, Menü 10 Euro.

Camping

- **Campingplatz Vauban,** Tel. 0389725425; geöffnet in der Zeit vom 1.4. bis 31.10.

Events

- **Maiglöckchenfest** am 1. Mai.
- Roue Scénique et Chemin des Etoiles, **Klangskulptur** aus Ton in einer Kasematte, 8 m hohe Radbühne mit Klangspiel; Tickets in der Tourist-Info.

Wohnturm im Ecomusée in Ungersheim

Das Elsässische Freilichtmuseum

Ungersheim

Machen wir jetzt einen Sprung nach Süden und besuchen das Elsässische Freilichtmuseum (**Ecomusée d'Alsace**) in Ungersheim nördlich von Mulhouse.

Traditionelle Häuser

Die Association Maisons Paysans d'Alsace suchte Ende der 1970er Jahre ein Gebiet, um traditionelle Häuser wieder aufzubauen. Grundstücke an der Weinstraße waren zu teuer. 1980 wurde ein 100 ha großes Gelände einer ehemaligen Kaligrube bei Ungersheim erworben. Zwei Jahre später wurde das Ecomusée d'Alsace eröffnet, 1989 standen hier bereits fünfzig Bauten.

elsass_375 Foto: ti

Größtes Freilichtmuseum Frankreichs

Heute besitzt das größte Freilichtmuseum Frankreichs **über siebzig Gebäude,** die hier originalgetreu wieder aufgebaut wurden: Bauernhöfe, Winzerhäuser, eine Mühle, einen mittelalterlichen Garten, einen burgähnlichen, steinernen Wohnturm aus dem 12./13. Jh., der von einem mittelalterlichen Lustgarten umgeben ist, und sogar eine Schule, in der Unterricht wie anno dazumal stattfindet. Natürlich gehören auch ein Hotel, Restaurants, Picknickplätze und Tiere zu einem solchen Freilichtmuseum. In Werkstätten arbeiten Töpfer, Bäcker, Holzschuhmacher, Schmiede oder Köhler. Die benachbarte Kalimine St-Rodolphe, in der bis 1976 1500 Personen arbeiteten, wurde saniert und ins Museum miteinbezogen.

Im Museum können wir auch in die paradiesische Welt des 1922 geborenen Textilarbeiters **André Bindler** eintauchen. Blau ist seine Farbe, fröhlich und ausdrucksstark sind seine Figuren. Aus mit Zement umhüllten Drahtgeflechten, aus Pappe oder Holz formte er die Häuser seines Dorfs, die Kirchen seines Tals, berühmte Männer der Geschichte, Tiere und Gebrauchsgegenstände.

1989 ging der vom Europarat verliehene Europapreis für das „Museum des Jahres" an das Ecomusée. In der Nähe des Museums befindet sich seit 2006 der 6,5 ha große naturwissenschaftliche Themenpark **„Bioscope",** der unter anderem aufzeigen soll, wie unsere Umwelt in Zukunft aussehen könnte, und wie der Mensch darin lebt.

Geöffnet

- Das **Ecomusée d'Alsace,** Chemin de Grosswald, Tel. 0389744474, www.ecomusee-alsace.fr, ist tgl. geöffnet Okt. bis Dez. 10.30–16.30 Uhr, März bis Juni, Sept. 10–18 Uhr und Juli/Aug. 9.30–19 Uhr.
- Besichtigung der **Zeche Rudolphe** mit dem „Grubenzug"; Abfahrt im Museum 29.5. bis 30.6., 1.9. bis 12.10. nur sonntags, 1.7. bis 31.8. tgl.

Unterkunft

- **Les Loges de l'Ecomusée,** Tel. 0389744495, Fax 0389744468; das familienfreundliche Hotel des Museums verteilt sich auf mehrere Häuser; DZ 64–126 Euro inklusive Frühstück.

Kalibergbau in Ensisheim

Pays de la Potasse

Ensisheim ist der bedeutendste Ort im Pays de la Potasse, dem **Land der Kali-Gruben,** zwischen dem Unterlauf von Thur und Ill. Von hier beherrschten die *Habsburger* bis 1648 (Westfälischer Frieden) fast das ganze Oberelsass. In dieser Blütezeit entstanden Prachtbauten. Das **Rathaus** (1535) ist im ehemaligen Regentschaftshaus untergebracht, dem Palais de la Régence, in dem auch die „Österreichische Regierung“ einmal ihren Sitz hatte. In dem frühen Renaissancebau auf einer spätgotischen Arkadenhalle waren schon fast alle Kaiser einmal zu Besuch. Im Gebäude gibt es einen Saal und ein **kleines Museum** (s.u.). Das Hotel de la Couronne (1610) ist ein Renaissancebau. Teile der alten Stadtmauer sind erhalten geblieben.

Die Kaligruben im Elsass

Kalisalz (Kaliumcarbonat, Pottasche) wurde von **1904 bis 2002** in der Region um Mulhouse abgebaut. 2002 wurde die letzte Grube Amélie bei Wittelsheim stillgelegt, nachdem infolge eines Brandes von Industriemüll auf der benachbarten Mine Joseph Else giftige Gase in das weit verzweigte unterirdische Schachtsystem eindrangen. Die Kalisalze dienten hauptsächlich in der Landwirtschaft als **Düngemittel.**

In den 1950er Jahren waren noch bis zu 15.000 Menschen in den florierenden 18 elsässischen Kaliminen (MDPA – Mines de Potasse d'Alsace) beschäftigt. Bis zu 500 m tief unter der Erde war die Arbeit in den nur 1,1 m hohen Schächten eine Plackerei. Schweißtreibend war sie außerdem: herrschten dort unten doch Temperaturen zwischen 40 und 50 °C. Und es war feucht. Die Arbeitsplätze waren aber begehrt, denn das Staatsunternehmen sorgte sich um seine Arbeiter. Die Löhne waren höher als anderswo, für die Bergwerksarbeiter und ihre Familien wurden ganze Siedlungen gebaut, und in guten Zeiten brauchten sie für Strom und Wasser nichts zu bezahlen.

Der Abbau hat die Region geprägt. Wie Kunstberge sehen die weißen Salzhalden von Natriumchlorid aus, einem nicht verwertbaren Nebenprodukt der Pottaschegewinnung. Das Salz wird weiterhin vom Regen aufgelöst und gelangt so ins Grundwasser und in den Rhein.

elsass_378 Foto: ti

Kali-Ebene

Östlich von Ensisheim erstreckt sich die 200 km² große Kali-Ebene. 1904 begann hier der Kaliabbau auf Initiative der Industriellentochter *Amélie Zurcher.* Als Großbäuerin hatte sie keinen Erfolg. Sie hoffte aber zu Beginn des letzten Jahrhunderts auf reiche Kohle- oder Ölvorkommen in der Region und veranlasste eine 625 m tiefe Probebohrung, die zwar kein schwarzes, aber das „weiße Gold" des damals gefragten Kalisalzes zu Tage förderte.

Museum

● **Musée de la Régence,** Place de l'Église, Tel. 0389264954; mit einer historischen und archäologischen Abteilung. Infos zum Kaliabbau und dem Meteoriten, der 1492 in der Nähe niederging; geöffnet Jan. bis März Mo bis Mi, Fr 14–17.30 Uhr, Do 10–12 Uhr, April bis Dez. Mo bis Fr 14–17.30 Uhr sowie jedes zweite Wochenende.

Alter Jutesack für Kaliumchlorid

Mulhouse

Zweitgrößte Stadt im Elsass

Mulhouse (Mülhausen) ist mit **111.000 Einwohnern** nach Strasbourg die zweitgrößte Stadt im Elsass. Mit ihren Außenbezirken zählt sie fast eine Viertel Million Einwohner. Nach Paris ist sie auch die **zweitgrößte Museumsstadt Frankreichs.** Das **Wirtschafts- und Industriezentrum** wird „Manchester Frankreichs" oder „Stadt der 100 Schornsteine" genannt. Die Peugeot-Citroën-Werke produzieren im Forst Harth-Süd. Auch viele Zulieferebetriebe der Automobilindustrie haben sich angesiedelt. Die 1903 entdeckten Kalivorkommen in der Umgebung gehörten zu den weltweit größten. Damit wurde Dünger produziert für die Landwirtschaft. Viele Menschen siedelten sich wegen der damals entstandenen Arbeitsplätze an. Inzwischen sind alle Minen geschlossen. Infolge der **Fluss- und Grundwasserbelastung** durch den **Kaliabbau** bekam Mulhouse einen schlechten Ruf bei den rheinabwärts gelegenen Gemeinden. Auch traten Probleme wegen der Beseitigung der Salzrückstände auf.

Heute werden in Mulhouse Teile der europäischen **Ariane-Trägerrakete** produziert. Es bestehen enge wirtschaftliche Verbindungen zu Freiburg und Basel.

Verkehrsknotenpunkt

Die Stadt ist ein wichtiger Verkehrsknotenpunkt im Drei-Länder-Eck mit einem dichten Schnellstraßen- und Autobahnennetz. In St. Louis vor den Toren Basels liegt der internationale Flughafen Mulhouse-Basel. Von Bedeutung sind auch der Rhône-Rhein-Kanal und der Hafen.

Hochschulen

Mulhouse ist eine Universitätsstadt. Spezialgebiete sind Chemie und Textilforschung. 1975 wurde die Université de Haute-Alsace gegründet, etwa 6000 Studenten gibt es hier. Eine der ältesten Handelsschulen Europas entstand in Mulhouse. 1822 wurde der Grundstein für die Chemie-Hochschule gelegt; die 1825 entstandene Société Industrielle setzte sich für eine Interessenvertretung, wissenschaftliche Forschung und ein Austauschprogramm ein. Bedeutend ist auch die École Nationale Supérieure des Industries Textiles, die Hochschule der Textilherstellung. Mulhouse hat auch eine **Technische Universität** für Umwelt und mehrere Fachhochschulen.

Geschichte

Seinen Name hat Mulhouse von einer im **8. Jh. entstandenen Mühle** an der Mündung von Ill und Doller. Bis heute ziert ein Schaufelrad das Stadtwappen. Daraus entstand „Mulinhuson", Mühlhaus. 803 wurde es erstmals urkundlich erwähnt. Kaiser *Friedrich Barbarossa* und *Friedrich II.* erteilten dem Ort im 12. Jh. Privilegien, ein erster Aufschwung stellte sich ein. 1246 kam der Ort in den Besitz der Straßburger Bischöfe und erhielt 1293 die Stadtrechte. Unter den *Habsburgern* wurde die Stadt 1308 eine freie Reichsstadt, was weitgehende **Unabhängigkeit** und Selbstverwaltung mit sich brachte. 1354 erfolgte der Eintritt in die Decapolis. 1444 marschierten die Armagnaken in die Stadt ein (siehe bei Benfeld). Zwei Jahre später ging die Stadt ein Bündnis mit Bern und Solothurn und 1506 mit Basel ein.

Nachdem 1466 ein Edelmann einem Müller einen halben Silbergroschen („Plappert") zu wenig bezahlt hatte, begann der vierjährige **„Sechs-Plappert-Krieg".** Seit dem 16. Jh. regierte ein gewählter Zwölferrat die Bürgerrepublik „Mühlhausen". Von 1515 bis 1648 war sie als Bündniskanton der schweizerischen Eidgenossenschaft anerkannt und dadurch **vom übrigen Elsass isoliert.** Sie schloss sich *Zwinglis* Reformation an (siehe Exkurs unten). Nach dem 30-Jährigen Krieg übernahm Frankreich 1648 durch den Westfälischen Frieden wieder die Vorherrschaft, eine Selbstbestimmung der Stadt war aber garantiert. Nach der

Mulhouse – Bürgerhäuser in der Rue du Raisin

Reformation und Aufhebung des Edikts von Nantes wurde Mulhouse 1685 zur **Hochburg der Calvinisten.** Ein erneuter **wirtschaftlicher Aufschwung** und ein starker Bevölkerungsanstieg stellten sich ein. 1746 wurde die Stoffdruckmanufaktur gegründet (s.u.). 1798 beschlossen die Bewohner den freiwilligen Anschluss an Frankreich. Dadurch wurden der nationale und später auch der internationale Stoffmarkt erschlossen.

Im 18. Jh. gab es bereits ein **fortschrittliches Sozialwesen** mit Arbeitersparkassen und Lebensversicherungen. Mulhouse bekam 1834 durch den Rhein-Rhône-Kanal einen Anschluss an den Rhein. Eine der **ersten Eisenbahnlinien Europas** wurde 1839 von Mulhouse nach Thann eröffnet. 1877 gab es schon ein Telefonnetz in Mulhouse, das Strasbourg und Colmar in der technischen Entwicklung weit voraus war. Nach einer Krise der alten Industrien kamen neue Investoren wie Peugeot. Der **Tourismussektor** gewann durch die Technikmuseen an Gewicht.

elsass_381 Foto: ti

Der Reformator Ulrich Zwingli

Zwingli (1484–1531) war ein Zeitgenosse *Erasmus von Rotterdams.* Er schloss sich dessen Auffassung eines von Moral und Vernunft bestimmten Christentums an. Geprägt durch persönliche Erfahrungen entwickelte *Zwingli* unabhängig von *Luther* ein eigenes kirchliches Reformprogramm. Dieses wurde 1523 in Zürich durchgesetzt. Von hier breitete sich die Reformation Zwinglis als eigenständiger Zweig der Reformation in der deutschsprachigen Schweiz aus.

Industriegeschichte

Textilmanufaktur

Schon im 17. Jh. war Mulhouse eine Industriestadt. 1746 wurde die Textilmanufaktur von *Samuel Kœchlin, Jean-Jacques Schmaltzer, Jean-Jacques Feer* und *Jean-Henri Dollfus* gegründet. Hier wurden „Indiennes", mit farbkräftigen, orientalischen Mustern bedruckte Baumwollstoffe, in einer uralten Technik hergestellt.

Im 19. Jh. begann das Zeitalter der Textilindustrie, das bis heute noch andauert. Große Spinnereien, Webereien, Färbereien und Druckwalzengravieranstalten entstanden. Die Produktion wurde zunehmend mechanisiert, künstliche Farbstoffe kamen zum Einsatz. Das **„französische Manchester"** war der britischen Konkurrenz voraus. In der **größten elsässischen Industriestadt** sind heute Chemie-, Dienstleistungs-, Maschinen-, Elektro-, Textil-, Nahrungsmittel-, die mechanische (Eisenbahnbau) und die Papierindustrie, Automobilwerke, Brauereien, Verlage sowie der Hightech-Bereich von Bedeutung.

Stadtrundgang

Place de la Réunion

Heute herrscht in Mulhouse ein modernes Stadtbild vor, nur wenige Relikte aus der langen Geschichte sind geblieben. **Zentraler Punkt** ist der Place de la Réunion. Der Name „Einheitsplatz" erinnert daran, dass hier 1798 der Zusammenschluss mit Frankreich vollzogen wurde. Einen guten Überblick über den Platz, der von Bürgerhäusern aus dem 15. und 16. Jahrhundert gesäumt ist, hat man von der Rathaustreppe aus. Die **Rue des Clefs** ist die **Hauptgeschäftsstraße** in der Altstadt. Auch verschiedene Einkaufspassagen wie die „Cour des maréchaux" laden zum Bummeln ein. Um den Marktplatz gruppieren sich das Rathaus, die Stephanskirche und Bürgerhäuser aus dem 19. Jh. Die nördlich gelegene Rue du Sauvage ist eine weitere schöne Einkaufsstraße der Stadt.

Rathaus

Das **Renaissance-Rathaus (1)** aus dem Jahr 1552 schmücken eine auffällige Fassadenmalerei, allegorische Figuren und illusionistische Elemente sowie eine überdachte Doppeltreppe. Zwei Löwen halten das Stadtwappen. Im Innern gibt es einen pompösen Ratssaal, ein mit Renaissance-Möbeln eingerichtetes Vorzimmer mit einer barocken Holzbalkendecke und das **Historische Museum** (s.u.). An der Seitenfassade des Rathauses hängt die Replik des schweren Klappersteins (Original im historischen Museum), der Klatschmäulern und Verleumdern umgehängt wurde, wenn man sie an Markttagen durch die Straßen trieb. Die Glasfenster aus dem 17. Jh. mit den **Wappen der Schweizer Kantone** erinnern an die Zugehörigkeit zur Eidgenossenschaft.

Stephanskirche

Die **romanische** Stephanskirche, der **Temple St. Etienne (2)**, wurde im 19. Jh. abgerissen und 1866 im neugotischen Stil wieder aufgebaut. Die Glasfenster (1330), das Renaissance-Chorgestühl und die Silbermann-Orgel stammen noch von dem ursprünglichen Bau. Die Kirche dient heute auch als **Ausstellungsraum.**

Das **Maison Mieg (3)**, das Haus zur Sonne, von 1560 besitzt eine bemalte Fassade und einen Erkerturm. In den ehemaligen Sitz der Schneiderzunft nebenan ist eine Sparkasse eingezogen. Die Pharmacie du Lys ist eine Apotheke von 1649. An der Ecke zur Rue des Boulangers gab es früher Stoffdruckmanufakturen. Erhalten sind auch Über-

- ● 1 Rathaus
- ⛪ 2 St-Etienne
- ★ 3 Maison Mieg
- ★ 4 Tour du Bollwerk
- ★ 5 Europaturm
- ★ 6 Maison Lœwenfels
- ★ 7 Cour des Chaînes, Kettenhof
- Ⓜ 8 St-Jean, Musée Lapidaire
- ★ 9 Tour Nessel
- ★ 10 Tour de Diable, Teufelsturm
- ★ 11 Bâtiment Annulaire
- ★ 12 Square de la Bourse
- Ⓜ 13 Musée de la Impression sur Etoffes, Stoffdruckmuseum
- ★ 14 "Schweißdissi"
- 🎭 15 Theater
- Ⓜ 16 Musée des Beaux-Arts
- ℹ Touristeninformation
- 🅿 Parkplatz
- ⛪ Kirche
- ✉ Post

reste der im 19. Jh. abgetragenen **Stadtbefestigung** mit drei modernisierten Türmen.

Als nächstes kommen wir zum **Tour du Bollwerk** (4) aus dem 14. Jh. Der **100 m hohe Europaturm** (5), der Tour de l'Europe, wurde 1966 vom Mulhouser Architekten *François Spoerry* erbaut. Im 13. Stock befindet sich ein **Panorama-Drehrestaurant.** Von hier bietet sich eine gute Aussicht auf die Stadt, bei klarem Wetter sogar bis

elsass_386 Foto: ti

zu den Alpen. Der **Place de l'Europe** ist mit den Wappen europäischer Großstädte gepflastert.

Rue des Franciscains

In der Rue des Franciscains, der Barfuessergass, residierte einst der Adel. Die **Straßen** in diesem Viertel sind **zweisprachig beschriftet;** die wörtliche französische Übersetzung entspricht hierbei oft nicht der elsässischen Bezeichnung. Hier wurden im 18. Jh. Manufakturen und Bürgerhäuser erbaut. Nr. 42, das **Maison Loewenfels (6),** ist ein Rokoko-Palais aus dem 18. Jh.; hier wohnte einer der Begründer der Textilmanufaktur, *Jacques Feer.* Den **Cour des Chaînes (7),** den Kettenhof aus dem 16. Jh., ziert ein modernes Wandgemälde zur Stadtgeschichte.

St-Jean-Kapelle

Das **Musée Lapidaire (8)** zeigt Skulpturen und romanische Baukunst in der gotischen St-Jean-Kapelle, der Johanneskapelle. Sie wurde 1269 vom Johanniterorden erbaut, seit Ende des 19. Jh. steht sie unter Denkmalschutz. In der Kapelle stellen Fresken aus dem 16. Jh. *Johannes den Täufer* dar.

Der **Tour Nessel (9)** und der **Tour de Diable (10),** der Nessel- und Teufelsturm (13. Jh.), sind Überreste der Stadtbefestigung. Das **Bâtiment Annulaire (11)** in der Avenue Clémenceau, erhielt 1955 den Architekturpreis von Rom. Am **Square de la Bourse (12)** erstrecken sich Arkadengänge. Vorbei am **Musée de l'Impression sur Etoffes (13)** erreichen wir den Parc du Tivoli. Hier erhebt sich eine mächtige, über 5 m hohe Statue eines Mulhausener Arbeiters, der **„Schweißdissi" (14)** von *Fritz Beer,* der ursprünglich für die Place de la Réunion gedacht war. Am Rebberg stehen die Villen der einstigen Industriebarone aus dem 19. Jh. Von hier aus geht es auf dem Boulevard Gambetta zum Parc Zoologique et Botanique, dem Zoologischen und Botanischen Garten. Vorbei am **Thea-**

Wilhelm Tell erinnert daran, dass Mulhouse einst Schweizer Bündniskanton war

ter (15), im Stil des Second Empire erbaut, und am **Musée des Beaux-Arts (16)** kehren wir zu unserem Ausgangspunkt zurück.

Nouveau Quartier

Zu Beginn des 19. Jh. entstand das Nouveau Quartier, das erste Viertel außerhalb der Mauern am Rhein-Rhône-Kanal. Am Umgehungskanal der Ill liegt die frühere Gartensiedlung der Arbeiter (Mitte 19. Jh.). Um die neogotische Josephskirche, die nach dem Arbeiterschutzpatron benannt ist, gab es schon früh **sozialen Wohnungsbau.** Dieser konzentrierte sich vor allem in der Rue des Oiseaux und in der Cité. Arbeiter konnten so zu Eigentümern eines Häuschens werden. Es bestanden damals auch schon öffentliche Gemeinschaftseinrichtungen. Große Unternehmer wie *DeDietrich, Hartmann, Kœchlin* oder *Schlumberger* versorgten ihre Arbeiter gut.

Marché du Canal Couvert

Multikulturell geht es heute zu am Marché du Canal Couvert, wo die Nachfahren der Mulhousener Arbeiter der erster Generation von spanischer, italienischer und nordafrikanischer Abstammung harmonisch miteinander leben.

Fernsehturm

Vom **165 m hohen** Fernsehturm von Mulhouse hat man eine tolle Aussicht über die Stadt, die Rheinebene, die Vogesen und die schneebedeckten Schweizer Alpen. Schön ist auch der Blick vom Aussichtsturm Belvédère beim Zoo (siehe dort).

Museen

Die vielen Museen in Mulhouse werden jährlich von einer halben Million Menschen besucht.

Automuseum

Fast 400 Automobile, Rennwagen und Limousinen von 1878 bis heute sind in der 17.000 m² großen Halle einer ehemaligen Kammgarnspinnerei ausgestellt, darunter einhundert Bugatti. Der Bugatti Royale Coupé Napoléon (1930) war der Privatwagen des Firmengründers *Ettore Bugatti.* Das Museum wurde zur Jahrtausendwende runderneuert. Es gibt tgl. von 10 bis 18 Uhr eine **Multi-**

Media-Show mit Auto-Rennsimulator, Trickfilmen und Erlebniswelt.

Zum Herbst 2006 wurde das Museum grundlegend neugestaltet und heißt jetzt **Cité de l'Automobile.** Die Eingangshalle ziert ein meterhohes Atrium mit einer durchsichtigen Glasfront und davor aufgehängten Automodellen. Vom Parkplatz gelangt man auf einem Holzsteg dorthin. Filme informieren über die Geschichte des Automobils. Seine Entwicklung und Entstehung sowie die Geschichte der Autorennen sind neben den fahrbaren Untersätzen das Hauptthema des neu gestalteten Museums.

Fritz Schlumpf sammelte Autos und hatte eine eigene Restaurierungswerkstatt. Er gründete das Museum in einer stillgelegten Spinnerei. Als das Textilunternehmen der Gebrüder wirtschaftlich bedroht war, besetzten Arbeiter 1976 das Museum. Die Brüder flohen nach Basel. 1977 bis 1979 bestand das Musée de l'Ouvrier, das Arbeitermuseum, dann wurde es staatlich. 1988 ging daraus das heutige Museum hervor.

Geöffnet

•**Nationales Automuseum** der Gebrüder *Hans* und *Fritz Schlumpf* mit einer einzigartigen Bugatti-Sammlung, 192, Avenue de Colmar, Tel. 0389332323; geöffnet April bis Okt. tägl. 10–18 Uhr, Nov., Dez., Feb., März 10–17 Uhr; 25.12., 1.1. geschlossen; Jan. Mo–Fr 13–17, Sa, So 10–17 Uhr.

Stoffdruckmuseum

Das Museum zeigt **kostbare, alte Stoffe** aus allen Ländern. Alte **Druckstempel, Web- und Druckmaschinen** dokumentieren die Entwicklung des Stoffdrucks seit dem 18. Jh. Verdeutlicht wird die Entwicklung vom Holzdruck zum computergesteuerten Fotodruck. Die **weltweit einmalige Sammlung** besitzt über vier Millionen Muster und Entwürfe. 1833 begann die Société Industrielle Entwürfe aus aller Welt zu sammeln. Das Museum wurde dann von den „Baumwollbaronen" gegründet. Von 1857 bis 1939 war das Musée du Dessin Industriel nur für Fachbesucher zugänglich, 1955 zog es an seinen heutigen Standort, in einen neobarocken Bau aus dem Jahr 1880. Es finden **wechselnde Sonderausstellungen,** z.B. von Stoffdesignern, statt.

Geöffnet

• **Stoffdruckmuseum, Musée de l'Impression sur Etoffe,** 14, Rue Jean-Jacques Henner, Tel. 0389468300; geöffnet Di–So 10–12 u. 14–18 Uhr, außer 1.1., 1.5., 25.12. Druckvorführungen Mo, Mi, Fr, So 15 Uhr.

Eisenbahnmuseum

Das Museum ist die **wichtigste Retrospektive Europas** mit einhundert Lokomotiven, Triebwagen, Schlaf-, Speise-, Salon- und Luxuswaggons. Es gibt eine Experimentiersammlung im pädagogischen Express-Museum, die Grundlagen der Eisenbahntechnik werden hier vermittelt. Hinzu kommen Filmvorführungen, Miniatureisenbahnen, eine Bahnhofsbuchhandlung der 1920er Jahre, Schilder und Signale. In der Eingangshalle steht die 1846 von *Stephenson* in Newcastle gebaute Lok „L'Aigle". Weitere 24 Dampfloks, die älteste von 1844, auf 860 m Gleis locken unzählige Eisenbahnfreunde an.

Geöffnet

• **Eisenbahnmuseum, Musée Français du Chemin de Fer,** 2, Rue Alfred de Glehn, in einem ehemaligen Bahnhof im Vorort Dornach, Tel. 0389428333; geöffnet April bis Okt. 10–18 Uhr, Nov. bis März 10–17 Uhr, Jan. 10–14, Sa, So 10–17 Uhr.

Feuerwehrmuseum

Das angeschlossene Feuerwehrmuseum zeigt Feuerwehrgeräte ab 1780, Fahrzeuge, Pumpen, Ausrüstung und Uniformen aus vielen Ländern (Öffnungszeiten siehe Eisenbahnmuseum).

Museum für elektr. Energie

Gezeigt wird das „Abenteuer Elektrizität" von der Erzeugung über den Transport bis zum Einsatz in Musik, Elektronik und Informatik. Mit der Elektrizität können **eigene Versuche** durchgeführt werden, oder die Grande Machine, eine Dampfgeneratoranlage von 1901, wird in Betrieb gesetzt.

„Klapperstein" am reich verzierten Rathaus von Mulhouse

elsass_391 Foto:

Im Jardin Technologique (Technologiegarten) sind Generatoren, Turbinen und Modelle von Kraftwerken ausgestellt. Das Maison de l'Électricité gibt auch einen Ausblick in die Zukunft.

Geöffnet

- **Museum für elektrische Energie, Électropolis, Musée de l'Énergie Électrique,** neben dem Eisenbahnmuseum, 55, Rue du Pâturage, Tel. 0389324850; geöffnet Di–So 10–18 Uhr.

Historisches Museum

Illustriert wird die **Stadtgeschichte vom 16. bis 19. Jh.,** zu sehen sind Salons, Renaissance-Mobiliar, regionale Archäologie, Volkskunde, Volkskunst, Trachten, bürgerliche Einrichtungen wie das Arbeitszimmer des Lokalhistorikers *Matthieu Mieg* (1756–1846) und eine Spielzeugsammlung.

Geöffnet

- **Historisches Museum,** 4, Rue des Archives, Tel. 0389 337817, im Rathaus und dem damit verbundenen Bau dahinter, dem ehemaligen Speicher, Place de la Réunion; geöffnet Mi bis Mo 10–12 und 14–18 Uhr, Juli/Aug. 10–12 und 14–18.30 Uhr, Eintritt frei.

Museum der Schönen Künste

Gemälde und Skulpturen des 15. bis 20. Jh. Schwerpunkte sind die holländisch-flämischen Meister aus dem 17. Jh., wie *Pieter Breughel der*

Jüngere und *Jacob van Ruisdael,* sowie die elsässischen Maler des 19. Jh., wie *Gustave Brion, Gustave Jundt, Camille-Alfred Pabst* und *Joseph Wencker.* Das Museum zeigt Bilder des 1718 in Mulhouse geborenen *Jean Gaspard Hellman* und die Sammlung des Sundgauer Malers *Jean-Jacques Henner.* Dem Museum wurden zahlreiche private Sammlungen von Industriellen vermacht.

Geöffnet

• **Museum der schönen Künste, Musée des Beaux-Arts,** Villa Steinbach, 4, Place Guillaume (beim Rathaus), Tel. 0389337810; geöffnet Mi bis Mo 10–12 und 14–18 Uhr, Juli/Aug. bis 18.30 Uhr, Eintritt frei.

Keramikmuseum

Das Keramikmuseum in einer renovierten Ziegelei vermittelt einen Eindruck der zeitgenössischen Keramikkunst.

Geöffnet

• **Maison de la Céramique, Keramikmuseum,** 25, Rue Josue Hofer, Tel. 0389433255; geöffnet Di bis Sa 10–12 und 14–18 Uhr, So 14–18 Uhr.

Tapetenmuseum

Im 6 km entfernten **Rixheim** befindet sich in der Kommanderie der Deutschordensritter das Tapetenmuseum, Musée du Papier Peint. Die Ende des 18. Jh. von *Jean Zuber* gegründete Tapetenfabrik produziert bis heute. Die barocke Anlage von 1735 zeigt die **Geschichte der Tapete seit 1790,** die Technik des Tapetendrucks, eine Sammlung von **160.000 Tapeten** (chinesische Paradiesvögel, Panoramatapeten), darunter auch das Firmenarchiv der Fa. Zuber.

Geöffnet

• **Tapetenmuseum, Musée du Papier Peint,** Rixheim, 28, Rue Zuber, Tel. 0389642456; geöffnet Juni bis Sept. tgl. 10–12, 14–18 Uhr, Okt. bis Mai Di geschlossen; Tapetendruckvorführungen Juni bis Sept. Di, Do, Sa 15.30 Uhr.

In Riedisheim veranschaulicht das **„Naas-Ensemble“,** acht Gebäude von 1688 bis in die Zeit der Belle Epoque, die Wandlung des Ortsteils vom Bauerndorf zum Unternehmersitz.

Zoologischer und Botanischer Garten

25 ha mit 1000 Tieren; Geschenk der Industriebarone Ende des 19. Jh. an die Bevölkerung; einer der **ältesten und größten Zoos in Europa.** Herrliche Aussicht auf Mulhouse vom 300 m südwestlich gelegenen **Aussichtsturm Belvédère** am Moenchsberg.

Geöffnet

- **Zoologischer und Botanischer Garten, Jardin Zoologique et Botanique,** 111, Avenue de la 1ère D. B. (Erklärung D. B. siehe bei Ammerschwihr), Tel. 0389318510, im südöstlich gelegenen Stadtteil Tannenwald, geöffnet tgl., im Mai, Juni, Juli, Aug. 9–19 Uhr, Apr., Sept. 9–18, März, Okt., Nov. 9–17 Uhr, Dez–Feb. 10–16 Uhr.

Praktische Tipps

Infos

- **Office de Tourisme,** 9, Avenue Foch, F-68100 Mulhouse, Tel. 0389354848, Fax 0389456616, www.tourisme-mulhouse.com
- Ein weiteres **Info-Büro** befindet sich an der Place de la République (im alten Rathaus), Tel. 0389669313.

Rundgang

- Der **Sentier de Vieux Mulhouse** ist ein 45-minütiger Stadtrundgang durch „Alt-Mulhouse“; Erklärungstafeln beschreiben die Sehenswürdigkeiten.

Bewirtung

In Mulhouse gibt es sehr viele Restaurants und Lokale. Generell ist das Preisniveau nicht ganz so hoch wie in Strasbourg oder in den viel besuchten Weinorten an der Weinstraße. Dafür findet man in Mulhouse schon das typisch französische „savoire vivre“, die **französische Lebensart,**

Sozialer Brennpunkt

Wie die anderen großen Städte im Elsass hat auch Mulhouse soziale Probleme. Nach dem Krieg breitete sich die Industrie schnell aus, viele Arbeitskräfte kamen aus dem Ausland. 26.000 Türken und viele Nordafrikaner wohnen heute im Großraum Mulhouse. Durch die nachlassende Bedeutung der Textilindustrie, das Schließen der Kaligruben und die allgemein schlechte wirtschaftliche Lage gibt es immer mehr Unzufriedene und Arbeitslose. In den **Vorstädten** haben sich soziale Ghettos gebildet, die „quartiers chauds“ („heiße Viertel“) mit **steigender Kriminalität** und Wahlerfolgen der Front Nationale.

und die französische Küche konkurriert mit der deftigen elsässischen Hausmannskost.

- **Zum Saüwadala,** 13, Rue de l'Arsenal, Tel. 0389451819, Fax 0389461609, Menü 10–28 Euro, So, Mo mittags geschlossen; alte Traditionsweinstube mit typisch elsässischen Gerichten.
- **Winstub Henriette,** 9, Rue Henriette, Tel. 0389462783; alte Weinstube beim Rathaus, So, Mo geschlossen, Menü 8–20 Euro.
- **Auberge Au Vieux Mulhouse,** 1, Place de la Réunion, Tel. 0389458418, Fax 0389452980, Menü 11–25 Euro.
- **Auberge des Franciscains,** 46, Rue des Franciscains, Tel./Fax 0389453277, Menü 10–28 Euro, So abends und Di abends geschlossen.
- **Le Petit Zinc,** 15, Rue des Bons-Enfants, Tel. 0389463678, Menü 8–34 Euro; Künstlerbistro mit deftigen Speisen bis 23 Uhr, geschlossen So und 30.7. bis 23.8. sowie in der Zeit vom 24.12. bis 4.1.
- **Crêperie Crampous Mad,** 14, Impasse des Tondeurs, Tel. 0389457943, So geschlossen; Crêpes in allen Variationen!

Unterkunft

Bedingt durch die Lage im Drei-Länder-Eck gibt es in der Industriestadt Mulhouse und Umgebung viele preisgünstige Übernachtungsmöglichkeiten. Hier die günstigsten, die aber häufig am Stadtrand oder in den Vororten liegen:

- **Formule 1,** Île Napoléon, 20, Rue des Trois-Frontières, 68110 Ilzach, Tel. 0391705330, Fax 0389618496; Zimmer bis 3 Personen 26 Euro, Frühstück 3,40 Euro, einfache Zimmer; Billig-Hotel! Ein weiteres Hotel Formule 1 gibt es in St. Louis beim Internationalen Flughafen (siehe dort).

elsass_467 Foto: ti

• **Arcotel,** 1, Avenue du Général-de-Gaulle, 68390 Sausheim, Tel. 0389617161, Fax 0389618267, DZ 32 Euro, Frühstück 5 Euro, Menü 11–13 Euro; steriler, moderner Hotelbau, einfache Zimmer.

• **Roi Soleil,** 136, Rue de la Grotte, 68260 Kingersheim, Tel. 0389502030, Fax 0389522732, DZ 33 Euro, Frühstück 5,50 Euro, Menü 6,50–14,50 Euro; einfache Zimmer in einem wohnhausähnlichen Gebäude.

• **Ibis Gare Central,** 53, Rue de Bâle, Mulhouse, Tel. 0389 464141, Fax 0389562426, EZ 48–59 Euro, DZ 50–74 Euro, Frühstück 6,50 Euro.

Camping

• **Camping de l'Ill,** 1, Rue Pierre de Coubertin, Tel. 0389 062066; geöffnet April bis Sept.; der Campingplatz liegt beim Sportplatz am südwestlichen Stadtrand.

Transport

• **Internationaler Flughafen** Euro-Airport Basel-Mulhouse-Freiburg, 30 km südlich in **St. Louis** bei Basel, Tel. 0389903111. Gute Parkmöglichkeiten am Flughafen, Hotel Formule 1 in der Nähe in St. Louis (einfache Zimmer bis 3 Personen 26 Euro, Frühstück 3,40 Euro).

• **Bahnhof,** 10, Avenue du Général Leclerc, Tel. 0389 455050.

• **Busverbindungen** ab Bahnhof, Tel. 0389421704.

Events

• **Festliche Sommerwochen** Mitte Juni bis Mitte Juli, Sommerkonzerte im Salvatorpark Mi und Sa abends.

• **Konzerte** in der Kapelle St-Jean Ende Mai bis Mitte Juli.

• **Parfüm-Markt** im Februar.

• **Stoff-Markt** im April und Sept.

• Große **Oldtimer-Autoparade** Mitte Juli bis Mitte Aug.

• **Rockfestspiele** in der zweiten und dritten Juli-Woche.

• **Jazzfestival** in der zweiten Augusthälfte.

• **Bachfestival,** historisches Kellner-Wettrennen am ersten September-Wochenende.

• **Weihnachtsmarkt** auf dem Place de la Réunion.

• **Alemannische Fastnacht** mit Guggemusik beweist die Nähe zu Basel.

Kultur

• Stadttheater, Symphonie-Orchester, Ballet du Rhin; interkommunale Opéra du Rhin (Rheinoper) unter gemeinsamer Regie mit Strasbourg und Colmar; Kulturzentrum la Filature (Spinnerei) im postmodernen Bau von *Claude Vasconi*, 1993 eröffnet, in dem Musik, Theater, Tanz und Ausstellungen geboten werden – der Konzertsaal besitzt eine der größten Bühnen in Europa; Filmerlebniswelt Kinépolis.

Einkaufen

• **Haupteinkaufsstraße** ist die Rue du Sauvage.

• **Marché du Canal Couvert:** Am Boulevard du Président Roosevelt wird Di und Do bis 15 Uhr sowie Sa ganztags ein großer, etwas afrikanisch anmutender Markt abgehalten. Kleidung, Haushaltswaren, Obst, Gemüse und Gewürze werden auf dem Platz im Freien angeboten. In der Markthalle gibt es vor allem Fleisch, Fisch und Spezialitäten aus aller Welt.

● **Spezialitäten-Geschäft Maurer Frères,** 42, Rue du Sauvage.

Der Hardt-Wald

Zweitgrößter Wald des Elsass

Der staatliche Hardt-Wald (Forêt Domaniale de la Hardt, auch als Harth-Wald bezeichnet) ist nach dem Wald von Haguenau mit einer Fläche von 13.113 ha der zweitgrößte zusammenhängende Wald des Elsass. Er liegt östlich von Mulhouse und ist 30 km lang und bis zu 10 km breit. Ein Seitenarm des Rhône-Rhein-Kanals trennt ihn in einen nördlichen und einen südlichen Teil. Seinen Namen erhielt der Wald nach der „roten Harth", einem Gemisch aus Sand und Kies, das im Pleistozän vor rund einer Million Jahren vom Rhein angeschwemmt wurde.

Naherholungsgebiet

Der große Wald ist das Naherholungsgebiet von Mulhouse. Im Nordwesten liegt ein militärisches Sperrgebiet; südlich davon breiten sich das große Peugeot-Werk und der kleine Flugplatz bei Habsheim aus. Der Wald wird **forstwirtschaftlich genutzt.** Die jährliche Holzernte beträgt 35.000 m³. Jedes Jahr werden aber auch 300.000 Bäume neu angepflanzt.

Wildreichtum

Der Mischwald war **früher** ein **königliches Jagdrevier.** Von den Habsburgern ging er 1648 an das französische Königreich über. Gut 1000 Grenzsteine mit königlichem Wappen markierten einst seine Grenzen. Heute sind nur noch wenige dieser sehenswerten Steine erhalten. Der Wald ist aber auch heute noch reich an Wild. Für die Rehe, Hirsche und Wildschweine wurden eigens Übergänge *(Passage faune)* angelegt, auf denen die Tiere die Autobahn A 35, die den südlichen Hardt-Wald durchzieht, überqueren können.

Grunhütte

Bei der Grunhütte („Grünhütte") an der D 39 werden im Parc à gibier (Wildpark) Hirsche gehalten. Auch einen 2 km langen **Botanischen Lehrpfad** gibt es hier. Ein Gedenkstein erinnert an die Gefechte, die sich französische und deutsche Truppen im Gebiet zwischen der 4 km südlich am Rhône-Rhein-Kanal gelegenen Brücke Pont du Bouc und der Grunhütte vom 28.11. bis 4.12.1944 lieferten. Bei der Grunhütte gibt es zwei Forsthäuser, einen Waldparkplatz und einen schönen Rastplatz mit einer Schutzhütte. Einkehrmöglichkeiten sucht man im Hardt-Wald aber vergebens. Ein größeres Waldstück nördlich der Grunhütte ist eine **„Zone de Silence“**, ein Bannwald, in dem der Wald nicht mehr forstwirtschaftlich genutzt wird und auch umgestürzte Bäume liegen bleiben.

Radfahren

Der Wald eignet sich gut zum Radfahren. Er wird von vielen überwiegend asphaltierten, schnurgeraden und ebenen Wegen durchzogen, die für den öffentlichen Verkehr gesperrt sind. Der **„Dreiländer-Radweg“** ist markiert. Um sich in dem großen Wald nicht zu verfahren, empfehlen wir die Mitnahme der topografischen Karte 1:25.000 Blatt 3720 ET „Mulhouse“. Leicht kann man hier auch Lust auf eine ganz große Radtour bekommen, wenn man auf einem kleinen blauen Schild liest, das es hier „vers la mer“ – zum Meer – geht. Damit ist der Fernradweg Strasbourg – Mittelmeer gemeint.

Ottmarsheim

St-Pierre-et-St-Paul

Die frühromanische, ottonische Abteikirche St-Pierre-et-St-Paul im Ortszentrum von Ottmarsheim ist eine **Oktogonkirche,** ein Nachbau der Pfalzkapelle im Aachener Dom. Das Gotteshaus zählt zu den ältesten im Elsass. Um 1030 gründete der Habsburger Graf *Rudolf von Altenburg* ein Benediktinerinnenkloster in dem im 9. Jh. erstmals erwähnten Dorf. 1049 wurde es von Papst *Leo IX.* geweiht. Nach einem Brand wurde die Kirche im Jahr 1991 restauriert. Der achteckige Zentralbau ist klar gegliedert, er besitzt einen zweigeschossigen Innenraum. Durchmesser und Höhe betragen jeweils 20 m. Vor der Sakristei und an der Empore entdeckt man alte **gotische Wandmalereien.** Ursprünglich war das ganze Kircheninnere ausgemalt. Die Kapellenanbauten stammen aus dem 15./16. Jh.

Ottmarsheim ist eine **kleine Industriestadt** am Rheinseitenkanal mit Hafenanlagen, Agrarindustrie-Fabriken und Chemie-Werken.

Südlich von Ottmarsheim liegt hinter Hombourg direkt an der Straße D 468 eine auf den ersten Blick recht wehrhaft anmutende **„Burg"** mit Zinnentürmen und blau-gelben Fensterläden. Bei näherem Hinsehen fällt auf, dass als Baumaterial **grauer Beton** verwendet wurde – bei der Burg handelt es sich um das **Silo** eines nahe gelegenen Gutshofes.

Infos

- **Office de Tourisme,** Porte de Bienvenue, F-68490 Ottmarsheim, Tel. 0389260026.

Kembs

Wander- und Radweg

Zur Zeit der Römer gab es in Kembs eine Rheinbrücke. Heute können Autofahrer den Rhein nur nördlicher bei Ottmarsheim oder südlicher bei Basel überqueren. Für Fußgänger und Radfahrer gibt es dafür einen herrlichen Wander- und Radweg, der südlich bei der Staustufe Kembs (Elektrizitätswerk) bei Loechle auf die Île du Rhin, eine Rheininsel, führt, die zwischen dem Canal d'Alsace und dem Rhein liegt. Ein 12 km langer, markierter Rundweg führt entlang des Rheinseitenkanals nach Süden bis zur Barrage de Kembs (Wehr) und entlang des Rheins wieder zurück. Der Rhein strömt auf diesem Abschnitt zwischen Felsen und kleinen Inseln hindurch.

In Kembs führt eine **alte Ziehbrücke** über den **Canal de Huningue.** Nördlich davon liegt der

Bad im Rhein bei Huningue

Jachthafen, in Richtung Süden ist der Kanal nicht mehr mit Booten befahrbar. Dafür führt ein toller Radweg am Kanal entlang nach Huningue (s.u., Exkurs zum Radfahren).

Kembs-Niffer

In Kembs-Niffer mündet der Canal du Rhône au Rhin in den Grand Canal d'Alsace. Die **Schleuse** am Rhône-Rhein-Kanal wurde 1961 fertig gestellt. Den Leitstand der Schleuse entwarf der berühmte französische Architekt *Le Corbusier*.

Huningue

Aus dem Fischerdorf Huningue (Hüningen), das fast mit Basel zusammengewachsen ist, entstand 1679 bis 1691 durch *Vauban* eine **mächtige Rheinfestung,** um das südliche Tor Frankreichs abzusichern. Die Bewohner mussten umziehen und gründeten etwas nördlich Village-Neuf, das „neue Dorf". Die Garnisonskirche von 1685 und die Intendantur am Exerzierplatz sind noch erhalten. In der Intendantur ist heute ein kleines **Museum** (s.u.) eingerichtet.

Wildwasserpark

Der Wildwasserpark am **Canal de Huningue,** der Parc des Eaux Vives, ist eine Übungsstrecke für Kajak- und Kanufahrer (Anmeldung für „Selbstfahrer", Tel. 0389897020). Auf den Äckern um Huningue wird Spargel angebaut.

elsass_399 Foto: ti

Mulhouse und Umgebung

Fußgängerbrücke

Seit Juli 2007 verbindet die **längste frei schwingende Fußgängerbrücke der Welt** Huningue im Elsass mit dem deutschen Weil am Rhein. Die bogenförmige, 250 m lange und 5 m breite Brücke führt ohne einen Pfeiler über den Rhein und wurde von dem in Paris lebenden österreichischen Architekten *Dietmar Feichtinger* konstruiert.

Infos

- **Office de Tourisme,** 6, Rue des Boulangers, F-68330 Huningue, Tel. 0389700449, Fax 0389673080, www.ville-huningue.fr.
- Im August werden **Bootsfahrten auf dem Rhein** angeboten.

Museum

- In der Rue des Boulangers ist im **militärhistorischen Museum** am Exerzierplatz beim Obelisken (Tel. 0389961780) ein Modell der einstigen Befestigungsanlage zu sehen; geöffnet am ersten und dritten So im Monat, 14–17.30 Uhr, im August geschlossen.

Camping

- **Campingplatz Au Petit Port,** 8, Allée des Marronniers, Huningue, Tel. 03899690525; geöffnet 1.5. bis 15.10.

St-Louis

St-Louis schmückt sich mit der französischen Bourbonenlilie und nennt sich **„Tor Frankreichs".** Die kleine Industriestadt ist mit Basel zusammengewachsen. Nordwestlich davon liegt der **interna-**

Radfahren auf der „Straße der Planeten"

In **Rosenau** nördlich von Huningue beginnt bei der Schleuse am Canal de Huningue ein schöner Radweg. In Richtung Süden können wir auf der 6 km langen „Straße der Planeten" nach Huningue radeln. Am Radweg entlang des Kanals wurde der Lauf der Planeten unseres Sonnensystems maßstabsgerecht durch Tafeln markiert. In Rosenau treffen wir auf Pluto, den von der Sonne entferntesten Planeten. Die Abstände zwischen den Planeten, die anfangs einige Kilometer betragen, lassen uns die Weite des Weltraums erahnen. Die Tafeln von Erde und Mond hingehen berühren sich fast, und auch der Mars liegt vergleichsweise nahe bei der Erde. Vor dem Wildwasserpark markiert ein gelber Sonnenball das Ende der Planetenstraße.

tionale Flughafen Basel-Mulhouse-Freiburg (siehe bei Mulhouse).

Die Kleine Camargue

Erstes Elsässer Naturschutzgebiet

Die Kleine Elsässer Camargue (La Petite Camargue Alsacienne) nördlich von St-Louis-la-Chaussée ist das erste Elsässer Naturschutzgebiet. **1882** sind 120 ha Rheinauen-Landschaft unter Schutz gestellt worden. Bis 1978 wurde auf 104 ha Fischzucht betrieben. Bereits **1852** war hier an einem toten Rheinarm die **erste Fischfarm Europas** entstanden. Die gezüchteten Lachse wurden im Rhein ausgesetzt, um den Fischbestand für die Rheinfischer zu sichern. Die damals gebauten Häuser sind renoviert worden und beherbergen heute die Verwaltung des Schutzgebiets. Die ehemaligen Fischweiher fügen sich harmonisch in die geschützten Auen, Sümpfe und Tümpel ein. Aus Rheinkiesablagerungen entstanden zudem ausgediente Trockengebiete, in denen **Orchideen** vorkommen.

Rundwege

Die Besucher können zwischen vier mit Symbolen ausgeschilderten Rundwegen wählen: Der „Eisvogel" markiert den Rundgang zu den Fischteichen; der „Laubfrosch" führt durch das Große Ried, ein sumpfiges Feuchtgebiet (während der Brutzeit der Vögel vom 15. März bis 1. Juli ist der Zutritt verboten); die „Orchidee" erschließt den Rundweg um den Kirchener Kopf. Ein **Botanischer Lehrpfad** ist als vierter Rundweg markiert. Das Naturschutzzentrum CINA (Centre d'Initiation à la Nature de l'Au) bietet **geführte Exkursionen** an und gibt Erklärungen zu Tieren, Pflanzen und Landschaftsformen. Das benachbarte Maison de la Nature, das **Haus der Natur,** ist So 13.30–17.30 geöffnet (kleines Naturkundemuseum). Bei den Häusern wurde ein Lehrpfad mit Tümpeln angelegt; Tafeln erläutern die Fauna und Flora des Feuchtgebiets.

elsass_468 Foto: ti

Die Vogesen südlich von Ste-Marie-aux-Mines

Vogesen In diesem Kapitel beschreiben wir die Vogesen **südlich des Tals der Lièpvrette.** Hauptort im Norden ist Ste-Marie-aux-Mines; die nächste größere Stadt St-Dié liegt bereits in Lothringen. Über die Pässe Col des Bagenelles, Col du Bonhomme und Col de la Schlucht reisen wir nach Süden zu den Vogesentausendern. Vom Col de la Schlucht machen wir einen Abstecher in Richtung Osten nach Munster und in Richtung Westen nach Gérardmer in Lothringen, das am schönsten Vogesen-See, dem Lac de Gérardmer, liegt. Die Vogesengrenzkammstraße, die Route des Crêtes, führt vom Col de la Schlucht weiter über die Kammlagen der **Hochvogesen** nach Süden bis ins Tal der Thur. Wir reisen durch das Thur-Tal nach Westen bis St-Maurice. Über den Ballon d'Alsace und Masevaux kommen wir schließlich in den **südlichsten Teil des Elsass,** den **Sundgau.**

Naturpark Der **300 km²** große Naturpark der **Vogesen-Belchen,** Parc Naturel Régional des Ballons des Vosges, wurde 1989 gegründet. In dem Park liegen über zweihundert Gemeinden mit fast einer Viertel Million Menschen. Die französische Bezeichnung „Ballon" entspricht wohl am ehesten der Gestalt der von **eiszeitlichen Gletschern** kuppelförmig gerundeten Berge. Andererseits besteht auch eine Verbindung zum keltischen Gott *Belenus,* von dem sich der alemannische Name „Belchen" abgeleitet haben dürfte. Den **Kelten** diente der Belchen als Grundlage für die Berechnung der Laufbahnen der Gestirne, möglicherweise war er sogar ein keltischer Sonnenkalender. Der **höchste Berg der Vogesen** ist mit **1424 m** der **Grand Ballon,** der Große Belchen. Über 1000 m hoch sind Hohneck (1362 m), Petit Ballon (1267 m), Ballon d'Alsace (1250 m) und Brézouard (1228 m).

Vogesen – Petite Cascade de Tendon bei Gérardmer

Hoher Freizeitwert

Die Vogesen locken vor allem **Wanderer** und **Naturliebhaber** an, denn die Landschaft ist abwechslungsreicher und ursprünglicher als im nahen Schwarzwald. Verkehrstechnisch sind die Vogesen gut durch Straßen erschlossen, aber nicht alle Ziele sind mit dem Auto erreichbar. Für den Tourismus wird viel getan. Es gibt **Erlebnis- und Abenteuerparks,** markierte Wege für Wanderer und Mountain-Biker, Seen und klare Bäche für Angler und Wassersportler, gespurte Loipen und alpine Abfahrtspisten für die Wintersportler. Und selbst in kleinen Dörfern, wo nicht so viele Besucher hinkommen, findet man die typisch **elsässische Gastlichkeit.**

Infos

• **Hauptsitz des Naturparks** ist das Maison du Parc 1, Cour de l'Abbaye, F-68140 Munster, Tel. 0389779020. Eine **Dauerausstellung** auf 600 m² Fläche informiert ausführlich über die Natur der Vogesen. Das Centre d'Initiation à la Nature, das **Naturkundezentrum,** befindet sich in Rothenbach an der Route des Crêtes.

elsass_405 Foto: ti

Ste-Marie-aux-Mines

Bergbau und Industrie

Ste-Marie-aux-Mines (Markirch) ist ein alter, bedeutender Bergbau- und Industrieort. Im Lièpvrette-Tal, dem **Val d'Argent** (Silbertal), wurde über Jahrhunderte Silber abgebaut. Nach etwa 150 Mineralien und Metallen hat man hier gegraben, Blei, Kupfer, Zink, Nickel, Kobalt und Arsen waren darunter. Im 10. Jh. hatten Mönche die Vorkommen entdeckt, mehr als dreihundert **Minen** mit über **300 km Stollen** entstanden.

Seit 1399 war die **Stadt geteilt.** Die protestantischen Grafen *von Rappoltstein* besaßen den rechten Uferteil, die katholischen *Lothringer* den linken. Im 16. Jh. kamen deutsche und Tiroler Arbeiter nach Ste-Marie-aux-Mines, da hier Aussicht auf Arbeit bestand. Im 17. Jh. folgten strenggläubige, aus der Schweiz ausgewanderte **Mennoniten** und forderten eine Rückbesinnung auf das einfache Leben. Viele dieser Mennoniten wanderten später nach **Pennsylvania/USA** aus, woraus dort die Religionsgemeinschaft der **„Amish People"** entstand. Diese brachten die **Quilts,** prachtvolle Patchwork-Arbeiten, nach Ste-Marie-aux-Mines. Im 18. Jh. verlief bei Ste-Marie-aux-Mines die deutsch-französische Sprachgrenze.

Textilindustrie

Nachdem die Bergbauindustrie im 17./18. Jh. an Bedeutung verlor, folgte die Textilindustrie, die bis heute einen wichtigen Stellenwert für die Stadt hat. Doch neuerdings sind auch viele dieser Arbeitsplätze bedroht.

Die Hauptverkehrsstraße N 59 verschwindet vor Ste-Marie-aux-Mines in einem mautpflichtigen Tunnel. So bleiben der Ort und seine 5800 Einwohner vom Durchgangsverkehr verschont.

Im 16. Jh., während der Blütezeit des Bergbaus im Val d'Argent, entstanden im Ortskern zahlreiche **Renaissance-Bürgerhäuser.** Sie zeichnen sich durch Treppengiebel, halbrunde Ecktürme und schöne Portale aus. Man trifft auch immer wieder auf ehemalige Industriebauten. Die Häuser der Bergmänner besitzen charakteristische Ecktürmchen. Im Ort ist ein **Jugendstiltheater** angesiedelt, das Rathaus ist neoklassizistisch. Im alten Rathaus ist die Pharmacie de la Tour, Turmapotheke, aus dem 16. Jh. untergebracht.

Im südöstlich gelegenen Ort **Echery** diente der Tour de l'Horloge, **Uhrenturm,** im 17. Jh. als Wache, Gericht und Gefängnis. Anfang des 16. Jh. entstand die **Bergmannskirche von St-Pierre-sur-l'Hâte,** ihr Turm stammt sogar aus dem 13. Jh. (Schlüssel im Haus Nr. 12). Hier finden von Mai bis August beim Festival aux Chandelles, **Kerzenfest,** Kammermusik-Sommerkonzerte statt (Tel. 0389588050).

Bleimine

Eine Stichstraße führt von St-Pierre-sur-l'Hâte zu einer alten Bleimine beim 5 km entfernten **Zilhardthof.** Vom Parkplatz kommt man auf einem schmalen Sträßchen in westlicher Richtung zur Auberge Chauffour.

Infos

- **Office de Tourisme du Val d'Argent,** 86, Rue Wilson, F-68160 Sainte-Maire-aux-Mines, Tel. 0389588050, Fax 0389586792, www.valdargent.com; erhältlich sind **Broschüren** zu Themenrouten zu den Gruben im Val d'Argent, zu Kirchen, Kapellen und Kalvarienbergen. Zu **Grubenführungen** kann man sich hier anmelden.

Museen

- Im **Maison du Pays,** 47, Rue Wilson, dem **Heimatmuseum,** Place Frensureux, sind auf drei Stockwerken das **Mineralien-, Textil- und Silberbergwerksmuseum** untergebracht. Im Textilmuseum gibt es **Webvorführungen,** alte Webstühle werden demonstriert. Über die einzelnen Schritte der Stofffabrikation erfährt man etwas in einer Werkstatt vom Beginn des 20. Jh. Im Silberbergwerksmuseum ist eine **rekonstruierte Silbergrube** aus dem 16. Jh. zu sehen. Das Heimatmuseum ist geöffnet Juni bis Sept. tgl. 10–13 und 14–18 Uhr, Tel. 0389585667, Eintritt 5 Euro pro Pers., Kinder unter 8 Jahren frei.
- **Schulmuseum,** 8, Rue Echery, mit einem Klassenzimmer aus dem Jahr 1930 und Schulexponaten; Besichtigung auf Anfrage (Tourist-Info).
- **Historisches Sägewerk Vincent (Scierie-Musée),** Rue Maurice-Burrus, Ste-Croix-aux-Mines, Tel. 0389587818; geöffnet Juni bis Sept. tgl. 9–19 Uhr.

Drei **Silberminen** können besichtigt werden:

- **Mine St-Barthélémy** mit **Naturkundemuseum,** Rue St-Luis, Tel. 0389587228; geöffnet Juli/Aug. tgl. 9.30–12 und 14–18 Uhr sowie an den letzten beiden Sonntagen im Juni. In der Mine aus dem 16. Jh. ist ein 250 m langer Stollen begehbar. Die Führung dauert ca. 45 Min.
- **Mine St-Louis-Eisenthür,** diese Mine ist nur nach Vereinbarung (Tourist-Info oder Tel. 0389586211) zu besichtigen. Sie besteht noch unverändert wie im 16. Jh., es gibt keine Elektrizität. Treffpunkt der Minenbesucher ist das ASEPAM-Büro (Association Spéléologique pour l'Étude et la Protection des Anciennes Mines, Tel. 0389586211), 4, Rue Weisgerber. Dort beginnt die etwa 3-stündige Führung (warme Kleidung, feste Schuhe). Mit dem Privat-Pkw fährt man in den 5 km westlich gelegenen Ortsteil Echery. Eine 45-minütige Wanderung auf dem teilweise steilen Waldweg führt rund 150 Höhenmeter hinauf auf den Neuenberg zum Bergwerk. Unter Tage werden etwa 1 km Stollen begangen (ca. 1 Std.); der Führer erklärt dabei die alten Bergbautechniken. Den ausgeschilderten **Minenlehrpfad** von Echery aus kann man auf eigene Faust erkunden. Der Weg beginnt hinter der Brücke über die Lièpvrette. Es gibt einen kurzen (1 Std.) und einen langen Rundweg (3 Std.). Im ASEPAM-Büro ist eine Broschüre mit Erklärungen erhältlich.

elsass_408 Foto: ti

▸In der **Mine „Gabe Gottes“** bauten die Arbeiter vom 16. Jh. bis 1940 silber- und arsenhaltige Erze ab. Vom 1.7. bis 30.9. werden mehrmals täglich 2-stündige Führungen (keine Voranmeldung erforderlich) ab dem Maison du Pays angeboten. In dieser Zeit gibt es ein Kombinationsticket für die „Gabe Gottes“ und das Maison du Pays. www.asepam.org.

Da es in den Bergwerken das ganze Jahr über gleichmäßig 8–10 °C kalt und feucht ist, wird warme Kleidung und trockene zum Wechseln empfohlen. Für den Weg zur Mine St-Louis-Eisenthür sind Wanderschuhe angeraten.

Bewirtung

▸**À la Ville de Strasbourg,** 41, Rue Wilson, Tel. 0389 587254, Fax 0389588984, Menü 7–25 Euro, Nov. geschlossen, Dez. bis April nur Fr bis So.

Unterkunft

▸**Auberge Les Bagenelles,** 15, La Petite Lièpvre, Tel. 0389 587077, Fax 0389586769, EZ 45 Euro, DZ 55 Euro, Frühstück 8 Euro, Menü 10–25 Euro, Dez. bis April nur Fr bis So geöffnet, Nov. geschlossen.

▸**La Canardière,** 29, La Petite Lièpvre, Tel. und Fax 0389 587613, DZ 27 Euro, Frühstück 5 Euro, Menü 9–16 Euro, Mi abends geschlossen.

Camping

▸**Campingplätze Les Reflets du Val d'Argent** am Sportplatz bei Echery, Route d'Untergrombach, Tel. 0389 586493, Fax 0389586131, und in Fenarupt nördlich der D 459.

Einkaufen

▸**Tissage des Chaumes de France,** am Theater; geöffnet Di, Mi, Do 14–18 Uhr; die **Weberei** der Fam. *Picard* beliefert Dior, St-Laurent, Werksverkauf von Stoffen, Accessoires mit kleinen Fehlern, Reste.

Events

▸**Carrefour Européen du Patchwork,** Europäisches Patchwork-Forum; Mitte September, weltgrößte Ausstellung von Quilts.

▸**Stofffest Fête du Tissu,** Modenschau, Modelwettbewerb letztes Wochenende im März und September; großer Ausverkauf von Stoffen der örtlichen Webereien.

▸Große **Mineralienbörse** am letzten Juni-Wochenende.

Lehrpfade

▸**Bergbaulehrpfad** und **Botanischer Lehrpfad** im nördlich gelegenen Forêt de St. Pierremont.

St-Dié

Moderne Stadt

Die lothringische Stadt an der Meurthe hat 23.000 Einwohner. Nachdem sie im Krieg größtenteils zerstört wurde, entstand eine moderne Stadt mit einheitlichen Bauten und rechtwinkliger Straßenführung. **Textil- und Holzindustrie** sind hier vorherrschend.

Humanistische Gelehrte veröffentlichten **1507** in St-Dié die **„Cosmographiae Inductio",** eine geografische Einführung, in der der Name „America" zum ersten Mal auftauchte.

Kirchen

Die romanisch-gotische Stiftskirche (12. bis 14. Jh.) wurde im 18. Jh. zur **Kathedrale,** denn St-Dié ist Bischofssitz. Im 18. Jh. entstand auch die Zweiturmfassade. Nach der Beschädigung 1944 wurde die Kirche originalgetreu renoviert, die modernen Glasfenster stammen aus dem Jahr 1987. Zwischen der Kathedrale und der gegenüberliegenden **Liebfrauenkirche,** Notre-Dame de Galilée, besteht ein **unvollendeter gotischer Kreuzgang** aus rotem Vogesensandstein. Notre-Dame de Galilée entstand im 12. Jh. in rheinisch-romanischem Stil.

Freiheitsturm

Zwischen Rathaus und Meurthe steht die 26 m hohe **Tour de la Liberté,** der Freiheitsturm. Er wurde zur 200-Jahr-Feier der Französischen Revolution errichtet und befand sich ursprünglich in den Pariser Tuilerien; 1990 wurde er nach St-Dié gebracht. Der Turm stellt den „Freiheitsvogel" dar. Auf halber Höhe lädt eine **Gold- und Edelsteinsammlung** zum Besuch ein. Von der oberen Plattform bietet sich ein guter Ausblick.

Infos

- **Office de Tourisme,** 8, Quai Maréchal de Lattre de Tassigny, F-88100 Saint-Dié, Tel. 0329422222, Fax 0329 422223, www.ville-saintdie.fr.

Museum

- Direkt bei der Kathedrale liegt das **städtische Museum,** das **Musée Pierre Noël** oder **Musée de la Vie dans les Hautes Vosges,** mit den Bereichen Archäologie, Kunst, Naturwissenschaften und Völkerkunde. Dazu zählt auch die Sammlung von *Claire* und *Ivan Goll* mit Werken von *Chagall, Miro* oder *Moore*. Ein Raum erinnert an den Minister *Jules Ferry*, der im 19. Jh. die kosten- und konfessionsfreie Grundschule begründete; geöffnet Mai bis Sept. Di bis Sa 10–12, 14–19 Uhr, So 14–18 Uhr, Okt. bis April Di, Do bis So 14–18 Uhr, Mi 10–12, 14–18 Uhr.

Südlich von Ste-Marie-aux-Mines führt die Straße D 48 durch das Lièpvrette-Tal hinauf zum 904 m hohen **Col de Bagenelles.** Östlich vom Pass liegt der 1228 m hohe **Brézouard** (Großer Birschberg), ein Aussichtsberg. Die D 148 führt weiter zum 949 m hohen **Col du Bonhomme** an der Straße N 415. Eine lange Abfahrt (Abstecher) führt vom Pass in westlicher Richtung nach Fraize. Von der Haarnadelkurve oberhalb des Orts bei La Fer au Cheval („das Hufeisen") hat man einen guten Blick ins Tal der Meurthe und auf die beiden Orte Plainfaing und Fraize. Nördlich von Fraize führt die Straße D 23 zum **Col de Mandray** (694 m), dem Ziel unseres Abstechers. Auf der Passhöhe hat der Orkan „Lothar" an Weihnachten 1999 besonders schlimm gewütet. Kaum ein Baum hat den Sturm unbeschadet überstanden.

Col de Mandray

Aktionskünstler haben hier ein Mahnmal nicht nur für den Frieden, sondern auch für die Orkanschäden und die Zerstörung unserer Natur errichtet. Die **„Baumkunst"** ist sehenswert. Gestalten aus dickem Eisendraht stehen wie Racheengel mit Flügeln und Speer auf den abgebrochenen Baumkronen. Eine Hexe mit feurigem Kleid erklimmt einen kahlen Baumstamm. Beim Monument des Americains stehen ein **Freiheitsbaum,** der anlässlich des 50. Jahrestags der Befreiung gepflanzt wurde (1994) und ein **Friedensbaum** (1995). Daneben sind Tiere aus bemalten Holzbrettern aufgestellt.

Tête des Faux

Südöstlich des Col de Bonhomme steht auf dem 1220 m hohen Tête des Faux, dem Buchenkopf, eine **Felsenfestung** aus dem 1. Weltkrieg. Am Pass beginnt auch die Panoramastraße Route des Crêtes.

Die Route des Crêtes

Panoramastraße

Die aussichtsreiche Route des Crêtes, die Vogesengrenzkammstraße, ist eine der bekanntesten Panoramastraßen Europas (Straßen D 148, D 61, D 430, D 431). Sie verläuft entlang des Hauptkamms der Südvogesen fast durchweg **auf 1200 m Höhe.** Ihr Verlauf folgt in etwa der Grenze zwischen Elsass und Lothringen. Ursprünglich wurde sie im 1. Weltkrieg von französischen Truppen als Versorgungsstraße angelegt. Heute ist sie eine gut ausgebaute Touristikstraße. Sie führt auf **75 km Länge** vom Col du Bonhomme im Norden über den Col de la Schlucht, Hohneck, Markstein, Grand Ballon und Cernay bis Thann im Süden.

Im Winter

Die Straße zwischen Hohneck und Grand Ballon kann von Mitte November bis Ende April zugeschneit sein und ist dann gesperrt. Dann wird sie zu einer beliebten **Langlaufloipe.** Für Alpin-Skiläufer gibt es **14 Abfahrten** aller Schwierigkeitsgrade. Die besten Skigebiete sind am Col de la Schlucht und bei Le Hohneck.

Im Sommer

Im Sommer sind hier Autotouristen, Motorradfahrer, Radrennfahrer und Wanderer unterwegs. Der Fernwanderweg GR 5 verläuft parallel zum Kamm; **200 km Wanderwege** sind markiert. Von der Weinstraße führen viele Zufahrtsstraßen zur Route des Crêtes, einige sind kurvenreich und schmal. Zahlreiche Fermes (Bauernhöfe) betreiben **Milch- und Käsewirtschaft.** Teilweise bieten sie auch Vesperstuben und Übernachtungsmöglichkeiten an (Fermes-Auberges, siehe „Unterkunft"). Zu ihren Spezialitäten gehört neben dem Käse auch Heidelbeerkuchen.

Pendelbus

- An **Sonn- und Feiertagen** pendelt von Mitte Mai bis Mitte Okt. der **Bus „La Navette des Crêtes"** auf der Route des Crêtes (10–18 Uhr, halbstündlich). Entlang der Straße gibt es 15 Haltepunkte. Von den Talorten fahren Zubringerbusse dorthin. Für Strecken-Wanderungen auf dem Vogesenkamm ist diese Busverbindung ideal.

elsass_413 Foto: ti

Die Bergseen

Zwischen dem Col du Bonhomme und Le Hohneck liegen mehrere idyllische Bergseen: Lac Blanc, Lac Noir, Lac des Truites ou du Forlet, Lac Vert ou de Soultzeren. Lac de Schiessrothried, Lac de Fischbœdle, Lac de la Lande, Lac de Blanchemer und Lac d'Altenweiher erstrecken sich südlich von Le Hohneck. Die meisten Seen liegen auf der Ostseite der Vogesen, unterhalb des Bergkamms, in einer von **eiszeitlichen Gletschern** geformten Wanne.

Lac de la Lande, einer der Bergseen

Lac Blanc, Lac Noir, Hautes Chaumes

Lac Blanc

Der Weiße See ist ein 72 m tiefer **eiszeitlicher Karsee,** der seine Entstehung den Gletschern verdankt. Der quarzhaltige helle Stein lässt den See weiß erscheinen. Am Südufer erhebt sich der **Rocher Château Hans,** auf dem einmal das **sagenumwobene Schloss** des *Hans von Felsenstein* gestanden haben soll. Der Sage nach verschwand er wegen seiner Untaten samt Schloss für alle Zeit von der Erde. Auf dem Felsen hoch über dem See steht eine **Skulptur der Hl. Jungfrau.**

Lac Noir

Südlich vom Lac Blanc liegt der kleinere Lac Noir, der Schwarze See. Auch er ist ein eiszeitlicher Karsee, der seine dunkle Farbe vom moorigen Untergrund hat.

Zwischen den beiden Seen ragt der 1272 m hohe **Aussichtsfelsen Belmont** mit der Statue der Hl. Jungfrau empor. Vom Aussichtspunkt ist der Blick auf die beiden Seen durch die hohen Bäume versperrt. Auf dem Belmont befindet sich ein **Observatorium.** Beide Seen werden durch eine Staumauer gestaut und zur Energiegewinnung genutzt. Die Straße D 48III, die am **Col du Calvaire** von der Route des Crêtes abzweigt, verbindet die beiden Seen.

Hautes Chaumes

Im Westen oberhalb der Seen liegen die Hautes Chaumes, die kahlen Hochweiden der Vogesen. Das moorige Gebiet mit dem Gazon du Faing und dem Gazon de Faîte (Gazon bedeutet „Rasen“) ist ein **Naturschutzgebiet** (Réserve Naturelle de Tanet Gazon Faing). Der **Fernwanderweg GR 5** verläuft zwischen den Seen und den Chaumes; vom Col du Calvaire hat man einen guten Zugang. Von der Route des Crêtes zweigt nach dem Roche des Fées beim Parkplatz „Gazon du Faing“ (1225 m) ein **markierter Fußweg zum Taubenklangfelsen** (1229 m) am GR 5 ab, der die Chaumes quert. Unterhalb der senkrecht abstürzenden Felswand aus Granit liegt der **Lac des Truites** ou du Forlet (Forellensee oder See von Forlet). Der Tauben-

Klangfelsen gilt als einer der schönsten Aussichtspunkte auf dem Vogesenkamm; eine Orientierungstafel erläutert das Panorama. Am südlichen Ende der Chaumes etwas unterhalb des Parkplatzes (Wanderweg roter Punkt) liegt der **Lac Vert** ou de Soultzeren (Grüner See oder See von Soultzeren). Im Grünen See, dessen Farbe von Algen verursacht wird, soll einst ein Schloss des Teufels gestanden haben.

Bewirtung

- **Auberge Gazong du Faing,** direkt an der Grenzkammstraße gelegen, Tel. 0329634244; im Sommer wird wöchentlich eine Führung durch das Naturschutzgebiet angeboten.

Col de la Schlucht und Le Hohneck

Col de la Schlucht

Der Col de la Schlucht (1139 m) war von jeher ein **wichtiger Passübergang** auf dem Kamm der Hochvogesen. Hier kreuzen sich die Route des Crêtes (D 61) und die D 417 Colmar – Gérardmer. Bis 1919 verlief hier die deutsch-französische Grenze. Am Pass gibt es mehrere Hotels und Restaurants. Hier steht die Kapelle Notre-Dames-des-Chaumes. Die Gegend ist ein ideales **Wandergebiet,** im Winter ein beliebter **Wintersportort.** Im Sommer führt ein Sessellift nach **Montabey** in 1246 m Höhe; mit dem „Schlitten" kann man auf der Sommerrodelbahn *(Luge d'été)* wieder hinunterbrausen. In einer guten halben Stunde gelangt man zur **Martinswand,** einer 1258 m hoch gelegenen, lang gezogenen Felsreihe vor Le Hohneck. Nordwestlich davon hat die Universität Nancy zu Studienzwecken in 1228 m Höhe einen **Botanischen Alpengarten** (Jardin d'Altitude du Chitelet) bei einem Hochmoor und der Vologne-Quelle angelegt. Auf 10 ha wachsen hier über **3500 Gebirgspflanzen.** Daran schließt sich ein geschütztes Torfmoorgebiet an; geöffnet von Juni bis Sept. 10–18 Uhr.

Wanderweg

Der **Sentier des Roches** (Felsenweg) ist ein 10 km langer (4 Std.) anspruchsvoller Rundwanderweg (blauer Strich), dessen Steige teilweise in den Felsen gehauen sind. Er führt über insgesamt **400 Höhenmeter** vom Col de la Schlucht in Richtung Trois Fours (Einkehrmöglichkeit, kurzer Abstecher dorthin) und weiter zur Auberge Frankenthal (Einkehrmöglichkeit). Vorbei an der Grotte Dagobert („Hexenloch") führt dann blaues Dreieck in Serpentinen über den Col de Schaeferthal auf den Aussichtsberg Le Hohneck. Roter Strich leitet uns von dort entlang der Martinswand und an der Quelle Source de la Vologne vorbei in Richtung Montabey zurück zum Col de la Schlucht.

Le Hohneck

Le Hohneck (Höhenrestaurant) gleicht an manchen Wochenenden im Sommer einem Großparkplatz. Viele Ausflügler wollen den herrlichen Alpenblick von **einem der schönsten Aussichtsberge der Vogesen** genießen. Die windgepeitschte Hochfläche ist ein weites, baumloses Grasland. Von den steilen Abbruchkanten geht es jäh hinunter in die weiten Täler – ein ideales Gebiet also für **Gleitschirmflieger.**

Unterkunft

- **Du Chalet,** Col de la Schlucht, Tel. 0389770406, Fax 0389770611, DZ 46–49 Euro, Frühstück 6 Euro, Menü 11–22,50 Euro.
- **Le Relais des Roches,** Col de la Schlucht, Tel. 0389 773323, Fax 0389771654, DZ 38 Euro, Frühstück 5,50 Euro, Menü 12 Euro.
- **Le Tétras,** Col de la Schlucht, Tel. 0329631137, Fax 0329 631314, DZ 25–43 Euro, Frühstück 5,50 Euro.
- **Chaume de Schargult,** Col de la Schlucht, Tel. 0329 631149, Fax 0329609147, DZ 38–40 Euro, Frühstück 5,50 Euro, Menü 14,50–21 Euro; Restaurant nur im Sommer und im Winter während der Skisaison geöffnet.

Auf dem Hohneck (oben: Blick über den Großen Belchen auf die Schweizer Alpen)

Gérardmer

Vom Col de la Schlucht machen wir einen Abstecher nach Gérardmer. Die Straße D 417 führt in westlicher Richtung durch den **Teufelsfelsen** (Roche du Diable) hindurch, von dessen **Aussichtskanzel** man einen guten Blick auf den **Lac de Retournemer** hat. Vorbei am lang gezogenen **Lac de Longmer,** an dessen Südufer mehrere Campingplätze liegen, erreichen wir Gérardmer.

elsass 415a Foto: ti

elsass 415b Foto: ti

Luftkurort

„Perle der Vogesen" nennt sich der größte Vogesenluftkurort. Auch hier gibt es ein Skigebiet. Die umliegenden Wälder waren das Jagdgebiet *Karls des Großen.* Bereits 1875 wurde in Gérardmer ein Tourismusbüro gegründet, das älteste in Frankreich. Der Fremdenverkehr ist bis heute von großer Bedeutung. Der Ort ist aber auch eines der wichtigsten Zentren der **Textilindustrie,** ein Drittel der Baumwollstoffe für das ganze Land wird hier hergestellt.

Lac de Gérardmer

Im 2. Weltkrieg wurde Gérardmer größtenteils zerstört. Eine parkartige Uferpromenade, die am Lac de Gérardmer entlangführt, ein Kasino und ein altes Karussell laden heute wieder zum Flanieren ein. Mit 2,2 km Länge, 750 m Breite und 38 m

elsass_416 Foto: ti

Tiefe ist der Lac de Gérardmer der **größte Vogesensee** und ein beliebtes Ziel für Wassersportler. Auch Tretboote werden vermietet. Eine Uferstraße führt um den See herum. Im Süden und Westen des Sees gibt es Campingplätze.

Wasserfälle 15 km westlich von Gérardmer liegen südlich der Straße D 11 die sehenswerten Wasserfälle Grande Cascade und Petite Cascade de Tendon.

Infos

- **Office du Tourisme,** 4, Place des Déportés, F-88400 Gérardmer, Tel. 0329272727, Fax 0329272325, www.gerardmer.net.

Events

- **Osterglockenfest** Mitte April.
- **Seefeuerwerk** im Juli/August.
- Das **Narzissenfest, Fête des Jonquilles,** lockt in jedem Frühjahr Mitte April unzählige Besucher an. An vielen Stellen in der Stadt sind dann Tiere, Körbe und Figuren aus kleinen gelben Osterglocken aufgestellt. Hauptattraktion ist der große Umzug mit den blumengeschmückten Motivwagen.

Munster und Umgebung

Wieder zurück am Col de la Schlucht führt die Straße D 417 in Richtung Osten nach Munster.

Munster Munster (Münster) ist der **Hauptort des Vallée de Munster,** des Münstertals, das von der Fecht durchflossen wird. Die Stadt geht auf ein um 630 gegründetes Benediktinerkloster zurück, woher auch ihr Name stammt (Monasterium bedeutet Kloster). Munster wurde im 13. Jh. zur freien Reichsstadt und trat 1354 der Decapolis, dem Zehn-Städtebund, bei. 1536 erfolgte hier die Reformation. Da der Ort im 1. Weltkrieg an der Frontlinie lag, wurde er stark zerstört. Wichtiger Industriezweig ist die **Textilindustrie,** es gibt auch **Thermalbadeinrichtungen.**

Hexen-Prunkwagen auf dem Fête des Jonquilles in Gérardmer

Der **Place du Marché** (Marktplatz) ist das Zentrum des Orts. Dienstag und Samstag vormittags findet hier ein Markt statt. Südlich davon stehen die Überreste der **Benediktinerabtei St-Grégoire.** Jahrhundertelang beherrschte das Kloster das Tal, erhob Steuern von den Bewohnern und hielt Gericht. „Gregoriental" nannte man deshalb früher das Tal. Das Kloster wurde in der Französischen Revolution aufgelöst. Von der einstigen Abtei sind ein Teil des Kreuzgangs (17. Jh.) mit Rundbogen-Arkaden und gotischem Portal, ein Torhaus und ein Flügel des ehemaligen Abtpalasts (18. Jh.) erhalten. Das **Rathaus** entstand 1555. Den **Löwenbrunnen** errichteten die Bewohner 1576 als Ausdruck ihrer erstarkten Macht, nachdem sie dem Kloster in zähen Verhandlungen Religionsfreiheit abgerungen hatten. Das **Maison du Parc** ist das Verwaltungsgebäude des Parc Régional des Ballons d'Alsace. Eine Ausstellung informiert über den Naturpark, die Geologie, Wirtschaft, Kultur und den Lebensraum Vogesen. Zur Ausstellung gehören 5 Dioramen und ein großes Landschaftsmodell. Die „Musikanten" an der Hauptstraße sind eine moderne Skulpturengruppe. Auf dem **Tour de la Cigogne,** dem Storchenturm (19. Jh.), und auf dem Abtpalast nisten zahlreiche Störche. Wer sie einmal aus der Nähe beobachten möchte, begibt sich zum Storchengehege am Nordrand des Orts.

elsass_421 Foto: ti

Münsterkäse

Eine bekannte Spezialität der Region ist der aromatische, stark riechende Münsterkäse mit gelb-oranger Rinde. Der **Weichkäse aus Kuhmilch** wird auf den umliegenden Höfen hergestellt, das Rezept stammt angeblich von schottischen Mönchen aus dem 9. Jh. Zum Käse wird Gewürztraminer und auch Kirsch getrunken. Hohes Qualitätskriterium ist die Ursprungsgarantie „Appellation d'origine contrôlée", wonach der „Munster Fermier" aus Rohmilch *(lait cru)* hergestellt sein muss. Nur 10 % der Produktion erfüllen diese strenge Bestimmung.

Infos

- **Office de Tourisme,** Maison du Parc, 1, Rue du Couvent, F-68140 Munster, Tel. 0389773180, Fax 0389770717, www.la-vallee-de-munster.com; im Juli und August werden abends Führungen durch die Stadt angeboten.

Bewirtung

- **Auberge du Wasen,** 40, Grande Rue, Tel. 0389772877, Fax 0389772630, Menü 8–27 Euro.
- **À l'Alsacienne,** 1, Rue du Dôme, Tel. 0389774349, Fax 0389775852, Menü 8–25 Euro.
- **La Dolce Vita,** 9, Grande Rue, Tel./Fax 0389771251, Menü 10,50 Euro; Pizza, Flammkuchen.
- **Salon de Thé Gilg,** 11, Grande Rue, leckere Kuchen und Torten!

Unterkunft

- **La Cigogne,** 4, Place du Marché, Tel. 0389773227, Fax 0389775450, EZ 50 Euro, DZ 65 Euro, Frühstück 9 Euro, Menü 20–42 Euro; zentral gelegen.
- **Des Vosges,** 58, Grande Rue, Tel. 0389773141, Fax 0389 775986, DZ 47–49 Euro, Frühstück 6,50–9 Euro.

Camping

- **„Parc de la Fecht",** Tel. 0389773108, geöffnet Mai bis Mitte Sept.; in der Nähe liegt ein großes Hallen- und Freizeitbad.

Museen

- **Maison du Parc,** geöffnet 1.5. bis 15.9., Di bis So 9–12 Uhr, 14–18 Uhr, 16.9. bis 30.4. Mo bis Fr nachmittags. Eintritt frei.

Die südlichen Vogesen

Bergkäse aus den Vogesen

Einkaufen

- **Linvosges in Stosswihr, Textilien** aus Leinen und Baumwolle; geöffnet Mo bis Sa 9–12 und 14–18 Uhr außer Mi nachm., Sa nachm. 14–17 Uhr.
- Viele **Bauern** vermarkten die Erzeugnisse ihres Hofes direkt. Besonders schmackhaft sind die **naturtrüben Fruchtsäfte,** die aus dem Obst des Tals hergestellt werden. Uns schmeckt besonders gut ein Saft aus Äpfeln und Quitten.

Event

- Ende August ist das **Pastetenfest.**

Muhlbach-sur-Munster

Muhlbach-sur-Munster liegt südwestlich von Munster in einem Seitental. In den **Caves d'Affinage de Munster,** Tel. 0389776164, wird seit dem 19. Jh. klassischer Münsterkäse (La Vache Favorite, Val Martin und St-Grégoire) hergestellt.

Museen

- Das **Musée du Schlitte** veranschaulicht das Leben der Waldarbeiter, die bis 1965 die Holzstämme auf Schlitten ins Tal befördern mussten. Geöffnet Juli, Aug. 10–12 Uhr, 14–18 Uhr, Tel. 0389776108. 30-minütige Führung mit Erklärungen auf Deutsch und Französisch.
- **Holzschuh-Werkstatt** von *André Haeberlé* in Luttenbach, Rue Principale, Tel. 0389774638; geöffnet Juli und August Di bis So 9–12 Uhr, 14–18 Uhr. Am Nachmittag erlebt man, wie früher Holzschuhe hergestellt wurden.
- Beim **Mémorial du Linge** informiert ein Museum über das Leben der Soldaten im 1. Weltkrieg.

Gunsbach

Albert Schweitzer

Das Dorf Gunsbach östlich von Munster ist eng mit Albert Schweitzer verbunden. Hier hat er seine Kindheit verbracht, denn sein Vater war in Gunsbach Pfarrer. 1928 baute er sich ein Haus. Von seinen Afrika-Reisen kehrte er immer wieder hierher zurück. Es gibt noch Personen im Ort, die sich daran erinnern können, wie die Bewohner bei seiner Ankunft aus Afrika auf dem Bahnhof bereitstanden, ihn zu empfangen. Dabei mochte er es gar nicht, dass um seine Person so viel Aufhebens gemacht wurde. Heute ist in dem Haus ein nettes kleines **Museum** mit persönlichen Dingen, wie dem Arbeitszimmer des Urwaldarztes, eingerichtet. Auch das **Albert-Schweitzer-Archiv** hat hier seinen Sitz. Auf einem **Albert-Schweitzer-Rundweg** (Sentier Albert Schweitzer) kann man sich auf seine Spuren begeben. Dabei kommt man zu seinem Lieblingsplatz hoch über dem Dorf, wo ihm zu Ehren eine Sandsteinstatue aufgestellt wurde, die *Schweitzer* über ein Buch gebeugt zeigt. Im **Rathaus** (1570) ist im **Musée d'Art Africaine** eine Sammlung afrikanischen Kunsthandwerks zu sehen, die *Schweitzers* Mitarbeiterin zusammengestellt hat.

Museen

- **Musée Albert Schweitzer,** 8, Rue de Munster, Tel./Fax 0389773142; geöffnet Di bis Sa 9–11.30, 14–16.30 Uhr, Juli und Aug. auch So geöffnet, nur geführte Besichtigungen, dafür wird eine Spende von 3,50 Euro pro Pers. erwartet.
- **Musée d'Art Africaine** im Rathaus; geöffnet Juli und Aug. Mo bis Sa 14–17 Uhr.

Bewirtung

- **Saint-Hubert,** 6, Rue de Wihr-au-Val, Tel. 0389774734, Fax 0389770401, Menü 7–17 Euro.

Camping

- **Camping Beau Rivage,** Gunsbach, Tel. 0389771251.

Soultzbach-les-Bains

Quellen

Die eisenhaltigen Mineralquellen brachten Soultzbach den Zusatz „les Bains" (Bad) ein. Berühmtester Kurgast soll *Casanova* gewesen sein.

Alte Grabmale einer adligen Dame (1351) sowie des Ehepaars *Jakob von Hattstatt* und *Margarethe von Rathsamhausen* (Anfang 16. Jh.) finden wir in der Kirche. Ein spätgotisches **Sakramentshäuschen** entstand Ende des 15. Jh. Die Burg derer *von Hattstatt-Schauenburg* stammt aus der Renaissance, heute ist darin ein Altenheim eingerichtet. Ein **historischer Rundgang** führt durch die malerischen alten Gassen in der einst befestigten Stadt östlich von Munster.

Der Große Belchen

Nach den Abstechern, die nach Gérardmer und Munster führten, geht es vom Col de la Schlucht und Le Hohneck südwärts weiter auf der Route des Crêtes.

Le Markstein

Le Markstein ist ebenfalls ein beliebter **Ausgangspunkt für Wanderungen** und ein Wintersportplatz. Östlich an der D 430 liegt der **Lac de la Lauch.** Der See wurde 1894 aufgestaut, von der Staumauer hat man einen guten Blick auf die Oberrheinebene.

Lac du Ballon

Die D 431 führt von Le Markstein weiter als Route des Crêtes. Festungsbaumeister *Vauban* ließ den Lac du Ballon künstlich aufstauen. Er liegt nördlich am Fuß des Großen Belchen.

Grand Ballon

Der Grand Ballon, der **Große Belchen,** ist mit **1424 m** der **höchste Vogesengipfel.** Er wird auch Großer, Gebweiler oder Sulzer Belchen genannt. Von hier hat man vor allem an klaren Tagen im Herbst eine fantastische Alpensicht bis zum Montblanc. Die Infrastruktur umfasst Gipfelhotels, Restaurants, Skilifte, Loipen, Wanderwege und eine Sommerrodelbahn. Der Gipfelbereich ist **Naturschutzgebiet** (auf den Wegen bleiben!). In frühgeschichtlichen Zeiten gab es hier eine Kultstätte des keltischen Sonnengottes Belenus.

Das **Hotel du Grand Ballon** wurde auf einem Terrain von 54.530 ha erbaut, einem Geschenk von *Pauline Doll* geb. *Schlumberger* (1924). Im Sommer ist hier ein Informationszentrum des Vogesenclubs eingerichtet (direkt neben dem Hotel).

Berggipfel

In 20 Minuten gelangt man vom Parkplatz an der Straße auf den Gipfel. Der steinige Fußweg führt an den Resten des alten Belchenhotels vorbei. Auf dem Belchengipfel steht ein **Denkmal** für die „Diables bleus", die französischen Gebirgsjäger im 1. Weltkrieg 1917. Außerdem gibt es eine **Wetterstation** und eine **Radarstation** zur Flugbeobachtung.

Unterkunft

- **Hotel du Grand Ballon**, an der Route des Crêtes, Tel. 0389487799, Fax 0389627808; deftige Elsässer Küche für hungrige Wanderer und gute Menüs; holzgetäfelte kleine Zimmer, eine Unterkunft zum Wohlfühlen; DZ 50 Euro, Frühstück 7,50 Euro – unser Tipp!

Ruine Freundstein

Höchste Burg im Elsass

Die Burgruine Freundstein (948 m) ist die höchstgelegene Burg des Elsass. Sie entstand im 13. Jh. und ist bis heute im Besitz der Familie *Waldner-Freundstein.*

Vieil Armand

Umkämpfter Berg

Der Vieil Armand (Hartmannswillerkopf) wurde **in den Weltkriegen** hart umkämpft. Eine der blutigsten Schlachten des 1. Weltkriegs fand hier statt. Vier Jahre lang kämpften die französischen Soldaten, die „Diables rouges", gegen die preußischen Gebirgsjäger. Zehntausende Soldaten fanden den Tod. Seit 1921 steht der Ort unter **Denkmalschutz.** Ein Kriegerehrenmal, ein Monument National, am **Col du Silberloch** erinnert an die Gräuel: Ein 60 mal 60 m großer Bronzeblock erhebt sich über einer Krypta mit den Gebeinen von 12.000 Soldaten. Ein **kleines Museum** zeigt Waffen und Ausrüstungsgegenstände. Die ehemaligen Stellungen können besichtigt werden. Vom Denkmal gelangt man über den französischen **Soldatenfriedhof Silberloch** auf den 956 m hohen Vieil Armand, der mit einem 22 m hohen Gipfelkreuz markiert ist. Von hier hat man einen guten Fernblick. Das Kreuz steht auch als Denkmal für den Frieden und soll die Erinnerung an die Gefallenen wach halten.

St-Amarin im Tal der Thur

St-Amarin liegt ein paar Kilometer westlich von Thann im Tal der Thur. Ein Museum dokumentiert die Vogesenfront des 1. Weltkriegs und zeigt sakrales Kunsthandwerk, Münzen und Wappen.

Museum

• **Musée Serret,** 7, Rue Clémenceau; gezeigt werden ein Schulzimmer aus dem Jahr 1900, historische Wintersportgeräte und alte Werkstätten. Geöffnet Mai bis Sept. Mi bis Mo 14–18 Uhr.

Husseren-Wesserling

Textilindustrie

Vor über zweihundert Jahren schon hat sich in Husseren-Wesserling Textilindustrie angesiedelt; 1762 entstanden im Schloss von Wesserling die ersten Stoffe. Um das Schloss aus dem 18. Jahrhundert, das einmal Sommerresidenz des Klosters Murbach war, erstreckt sich ein zehn Hektar großer Park.

Museum

• Das oberelsässische **Textilmuseum,** Rue du Parc, Tel. 0389382808, das **Musée du Textile et des Costumes de Haute Alsace,** informiert über die Geschichte der Spinnerei, Weberei und des Stoffdrucks. Es zeigt alte Kleidungsstücke von 1850 bis 1930; Parc de Wesseling, in der ehemaligen Textilfabrik von 1819; geöffnet tgl. außer Mo April bis Juni 10–12 und 14–18 Uhr, Juli bis Sept. tgl. 10–18 Uhr, Okt. bis März Di–So 10–12 und 14–17 Uhr, im Jan. geschlossen.

Wildenstein

Stausee

Wildenstein liegt rund 15 km nordwestlich des Grand Ballon im obersten Thurtal. Talabwärts erstreckt sich der Stausee **Kruth-Wildenstein,** über dem sich der 666 m hohe **Schlossberg** mit wenigen Überresten der im 17. Jh. zerstörten Burg Wildenstein erhebt.

Bussang und die Moselquelle

Théâtre du Peuple

Das Théâtre du Peuple, das Volkstheater, wurde 1895 in Bussang gegründet und ist die **älteste Volksbühne Frankreichs.** Im ganz aus Holz gebauten Theater wird bis heute gespielt.

Am östlichen Ortsanfang, wo die D 89 von der N 66 abbiegt, entspringt die **Mosel.** Ein Relief zeigt den Verlauf des Flusses bis zu Mündung in den Rhein.

Infos

- **Office de Tourisme,** Tel. 0329615037, Fax 0329615827.

Theater

- **Théâtre du Peuple,** Rue du Théâtre (oberhalb des Orts); Vorstellungen Ende Juli bis Ende Aug., Informationen und Reservierung unter Tel. 0329615043.

Der Ballon d'Alsace

Der 1247 m hohe Ballon d'Alsace (Elsässischer Belchen) liegt am Schnittpunkt von Haut-Rhin und anderen Präfekturen. **1871 bis 1919** verlief hier die **französisch-deutsche Grenze.** Am Parkplatz erinnert ein Denkmal an die Opfer beim Minenentschärfen. Ein Rundweg führt in Richtung Gipfel zum Jeanne-d'Arc-Denkmal und zur Marienstatue Notre-Dame-de-Ballon. Der **„Entdeckungspfad"** Sentier de Découverte verläuft stellenweise nahe an der Abbruchkante des Bergmassivs. Wie viele der Vogesentausender ist auch der Ballon d'Alsace ein beliebter Startplatz für Gleitschirmflieger. An der Straße liegen zwei Hotels.

Lac d'Alfeld

Südwestlich unterhalb des Ballon d'Alsace verläuft das tief eingeschnittene Tal der Doller. Der Lac d'Alfeld ist ein **10 ha großer Stausee.** Er liegt 600 m ü.NN. Bemerkenswert ist die 22,1 m hohe und **337 m lange Staumauer,** die 1884 bis 1887 erbaut wurde. Ein Denkmal erinnert an die Einweihung, die am 10. Juli 1888 durch den kaiserlichen Statthalter Fürst *Chlodwig zu Hohenlohe-Schillingsfürst* vorgenommen wurde.

Masevaux

Masevaux (Masmünster) ist das größte Städtchen im Dollertal und ein beliebter **Passionsspielort.** Fürst *Maso* gründete hier 728 ein Kloster, Masonis Monasterium. Im 18. Jh. war die Benediktinerinnenabtei eine angesehene Bildungsanstalt für junge Frauen aus dem Hochadel. Dazu zählte *Katharina Anhalt-Zerbst,* die spätere Zarin *Katharina II.*

Es gibt eine kleine Fußgängerzone, die Rue Foch, und viele blumenverzierte Brunnen. Die **klassizistische Kirche St-Martin** (18. Jh.) wurde nach einem Brand 1966 nach altem Vorbild wieder aufgebaut. Die Orgel (1976) stammt aus der Werkstatt Kern in Strasbourg. Die Bürgerhäuser entstanden im 16./17. Jh. Östlich des Orts führt eine schöne Holzbrücke über die Doller.

elsass_425 Foto: ti

Infos

- **Office de Tourisme de Masevaux et de la Vallée de la Doller,** 36, Fossé des Flagellants, F-68290 Masevaux, Tel. 0389824199, Fax 0389824944, www.ot-masevaux-doller.fr.

Unterkunft

- **Hostellerie Alsacienne,** 16, Rue Maréchal-Foche, Tel./Fax 0389824525, EZ 44 Euro, DZ 53 Euro, Frühstück 7 Euro, Menü 14–30 Euro.

Events

- **Passionsspiele** an den fünf Sonntagen vor Ostern (auf Deutsch). Zweihundert Akteure stehen 5 Stunden lang auf der Bühne.
- **Internationale Orgelwochen** im Spätsommer.

Sentheim

In der Nähe des Orts verläuft der **Sentier Géologique de Wolfloch,** ein geologischer Rundweg von 3 Std. Dauer. Geführte Touren mit Erläuterungen durch Mitarbeiter des Museums (s.u.) kosten 4,50 Euro.

Museum

- In Sentheim befindet sich gegenüber der Kirche das **Maison de la Géologie,** Place de l'Église, Tel. 0389825555; geöffnet Juni bis Sept. Sa, So 14–18 Uhr, Eintritt 1,50 Euro, Kinder unter 15 Jahren frei. Das schöne **Geologische Museum** informiert über den Aufbau der Vogesen und die dort vorkommenden Gesteine und Mineralien.

Bahnfahrt

- Im Juni und Sept. (So) und im Juli/Aug. (Mi bis So) fährt ein **Touristikzug** (Dampf- und Dieselloks) auf der 14 km langen Strecke **von Cernay nach Sentheim** und zurück (2½ Stunden).

„Flaschenkunst" beim Lac d'Alfeld am Ballon d'Alsace

elsass_428 Foto: ti

Der Sundgau

Sundgau

Der Sundgau bildete den **Südgau des ehemaligen Herzogtums Elsass.** Er erstreckt sich zwischen den südlichen Vogesenausläufern und der Franche-Comté im Westen, den Höhen des Schweizer Jura im Süden, dem Rhein im Osten und Mulhouse im Norden. 750 wurde er erstmals erwähnt. Ab dem 12. Jh. dehnten die Grafen *von Pfirt* (Ferrette), die wichtigsten Herrscher im Süden des Elsass, ihre Macht mit einer Reihe von Burgen aus und erweckten damit den Argwohn der *Staufer*.

Die Region gehörte über 300 Jahre lang **bis zum Westfälischen Frieden (1648) zu Österreich.** Danach kam sie zu Frankreich. Bereits im Mittelalter wurden die Flüsse und Bäche für die **Fischzucht** zu Weihern gestaut. So entstanden vor allem im Westen des Sundgaus unzählige Teiche zur **Zucht von Karpfen** und Hechten. Traditionell wird hier **Carpe frite,** frittierter Karpfen, serviert. Es gibt sogar mehrere **Routes de la Carpe frite,** Straßen, an denen die Spezialität angeboten wird. Sie verlaufen vor allem in den Tälern der drei Hauptflüsse Largue, Ill und Thalbach.

Das **Larguetal** zeichnet sich durch eine schöne Landschaft, malerische Fachwerkdörfer und Karpfenteiche aus. Das Gebiet erstreckt sich auf einer Höhe von etwa 450 m, im Jura bei Ferrette erreicht es eine Höhe bis 800 m. Der Lössboden im Osten ist ideal für den Ackerbau, im Westen sind Viehweiden und Wälder vorherrschend. Der Sundgau gehört zu den regenreichsten Regionen des Elsass.

Altkirch

Hauptstadt des Sundgaus

Die Burg, die einmal auf dem Schlossberg stand (1345 abgerissen), und die namensgebende Kirche, die von Benediktinern aus Cluny 1105 als Hauptkirche des Sundgaus erbaut wurde, sind heute nicht mehr erhalten. Nur eine **Madonnenstatue** aus dem 16. Jh. blieb übrig, die heute einen Brunnen ziert (s.u.). Ab dem 13. Jh. entstand der Ort um die Burg herum.

Altkirch ist die **südlichste elsässische Kreisstadt** und mit 6000 Einwohnern die einzige Stadt mit mehr als 5000 Einwohnern im Sundgau. Sie liegt auf einem Hügel über der Ill und teilt sich in eine Unter- und Oberstadt. Enge Gassen steigen um den Schlossberg hinauf an. Am Marktplatz, der Place de la République, stehen das vom späteren General *Kléber* entworfene **spätbarocke Rathaus** und der **Brunnen** mit der neogotischen Madonnenstatue. Die Église Notre-Dame am Schlossgarten (19. Jh.) erhebt sich auf dem ehemaligen Burggelände. Sie entstand nach romanischem Vorbild, im Innern sind eine **Ölberggruppe** (16. Jh.) und eine **Pietà** (17. Jh.) zu sehen.

St. Morands-Tal

Von der Stadt blickt man auf das St. Morands-Tal. Hier lebte im 11. Jh. der *Hl. Morand* (1075–1115), der Patron des Sundgaus. In der Wallfahrtskirche St-Morand (etwas außerhalb) steht sein Sarkophag, hier sind auch Fresken aus dem 18. Jh. erhalten.

Infos

- **Office de Tourisme,** 5, Place Xavier Jourdain, F-68130 Altkirch, Tel./Fax 0389400290, www.ot-altkirch.com.

Museum

- Das **Heimat- und Geschichtsmuseum, Musée Sundgauvien,** ist in der ehemaligen Vogtei untergebracht. In dem Spätrenaissance-Gebäude regierte wohl auch schon der Landvogt *Peter von Hagenbach*. Das Museum zeigt Burgmodelle, Trachten, Volkskunst sowie Bilder, darunter Frauenporträts des Altkircher Malers *Jean-Jacques Henner* (1829–1905) und Werke des Künstlers *Léon Lehmann* (1873–1953).

Unterkunft

- **Auberge Sundgovienne,** Route de Belfort, im Ortsteil Carsbach, Tel. 0389409718, Fax 0389406773, www.auberge-sundgovienne.fr; EZ 40–65 Euro, DZ 50–62 Euro, Frühstück 6,50 Euro, Menü 12–44 Euro, geschlossen Mo, Di mittags, 23.12. bis 1.2., Restaurant So abends; Landhotel mit großem Anbau und Terrasse, gute Sundgauer Küche.

Hirtzbach

Hirtzbach ist aufgeteilt in ein Ober- und Unterdorf, in Hirtzbach-le-Haut und Hirtzbach-le-Bas. Beim Wettbewerb „Villages fleuris" erhielt das Dorf schon mehrmals Auszeichnungen für seinen **Blumenschmuck.** Neben dem klassizistischen Schloss der Barone *von Reinach* liegt ein **Park,** den man besichtigen kann. In dem weitläufigen Park steht ein alter erdgedeckter Eisspeicher, der früher als Kühlraum diente. In der **Pfarrkirche St-Maurice** ist der Fürstbischof von Basel beigesetzt, der aus dieser Familie stammte. Im Oberdorf sind eine Heilquelle und eine Kapelle nach der *Hl. Afra,* der Patronin der Prostituierten, benannt.

Manspach

Manspach liegt westlich von Altkirch. In den **alten Fachwerkhöfen** sind Wohnung, Stall, Scheune und Dienstbotenunterkünfte gemeinsam unter einem Dach untergebracht. Diese für den Sundgau typische Bauweise unterscheidet sich von der im übrigen Elsass. Von einem alten **Eisenbahnviadukt** ragen noch die steinerne Pfeiler auf.

Ferrette, das Tor zum Jura

Die Burgruinen und die Altstadt von Ferrette (Pfirt) erheben sich auf einem 613 m hohen Felsen. Die Bürgerhäuser in der Rue du Château entstanden im 16./17. Jh. Dazu gehören auch die Vogtei und das **Renaissance-Rathaus,** das ursprünglich einmal mit Ochsenblut gestrichen war, sowie das Ancien Tribunal, das ehemalige Gericht. Die **Kirche** (13./14. Jh.) entstand teilweise in gotischem Stil. Sehenswert sind der Chor und die farbigen Glasfenster (19. Jh.). In der Kirche steht auch die **Madonnenskulptur mit dem dreiarmigen Jesuskind.**

Burg Hohenpfirt

Die Burg Hohenpfirt **(Haut-Ferrette),** 1105 erstmals erwähnt und damals von zwei Ringmauern umgeben, war Stammsitz und Residenz der mächtigen Grafen *von Pfirt*. *Ulrich II.* war der letzte Graf *von Pfirt*, er starb 1324. Durch die Heirat seiner Tochter mit dem Erzherzog von Österreich wurde die Grafschaft von Pfirt im 14. Jh. habsburgisch. Die *Habsburger* und die Schweizer Eidgenossen hatten lang das Sagen im Sundgau.

Durch zwei Tore gelangt man zuerst zu den Ruinen der **Unterburg** aus dem 14. Jh. Von den *Fuggern*, den damaligen Herrschern auf Pfirt, wurde sie Anfang des 16. Jh. ausgebaut und 1789 während der Französischen Revolution von aufständischen Bauern zerstört. Die Reste eines viereckigen Turms wurden 1975 freigelegt. An der **Katharinenkapelle** vorbei erreicht man die **Oberburg,** die 1125 erstmals erwähnt und 1633 im 30-Jährigen Krieg zerstört wurde. Von den zwischen 500 und 620 m hoch gelegenen Burgen bietet sich eine gute Aussicht über den Jura.

Grotte des Nains

Zwergengrotte

Von der Burg führt ein **markierter Wanderweg** (blauer Punkt) über den Loechlefels und die Aussichtskanzel auf dem 640 m hohen **Heidenfluh** zur Grotte des Nains, der Zwergengrotte (hin und zurück 2–3 Std.), die ein enger Felsspalt ist.

Um die Höhle dreht sich die **Legende de la Gorge aux Loups** (Wolfsschlucht): Die Zwerge, Erdwiebele genannt, die den Bewohnern einige Arbeit abnahmen, trugen lange Gewänder, unter denen die Füße nicht zu erkennen waren. Um ihre Neugierde zu befriedigen, streuten junge Mädchen Sand aus, auf denen sie die Fußspuren der Erdwiebele erkennen konnten. Als sie Ziegenspuren erblickten, lachten sie laut. Das hörten die Zwerge, worauf sie in der Schlucht verschwanden und nie mehr gesehen wurden.

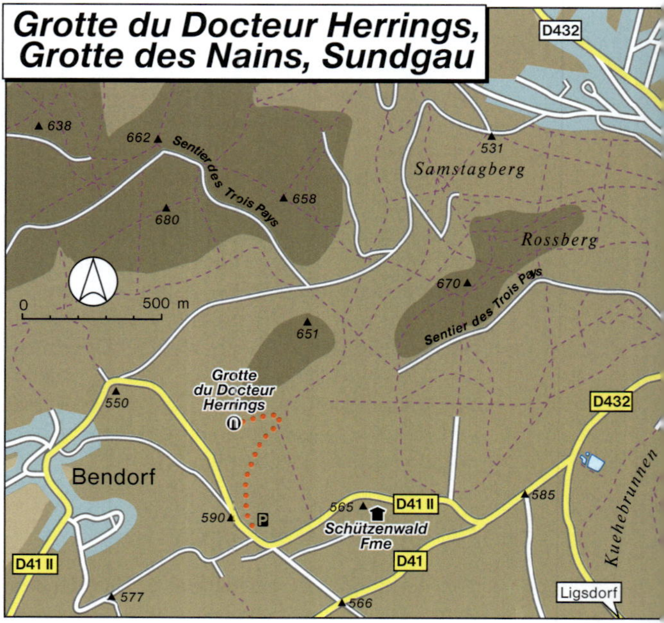

Grotte du Docteur Herrings

Bei Bendorf südwestlich von Ferrette liegt eine weitere Höhle, die Grotte du Docteur Herrings. Vom Parkplatz an der Straße D 41II 1 km östlich von Bendorf führt ein mit blauem Kreuz markierter Weg in Richtung der Höhle (ca. 800 m). Bevor der Wald beginnt, müssen wir den markierten Wanderweg verlassen und das große Feld etwa in der Mitte in westlicher Richtung überqueren. Die Höhle liegt am Ende des Felds hinter dem Zaun im steilen Waldhang. Wer eine **Taschenlampe** dabei hat, kann ein gutes Stück weit in die enge Höhle hineinklettern. Der Boden ist sehr stufig.

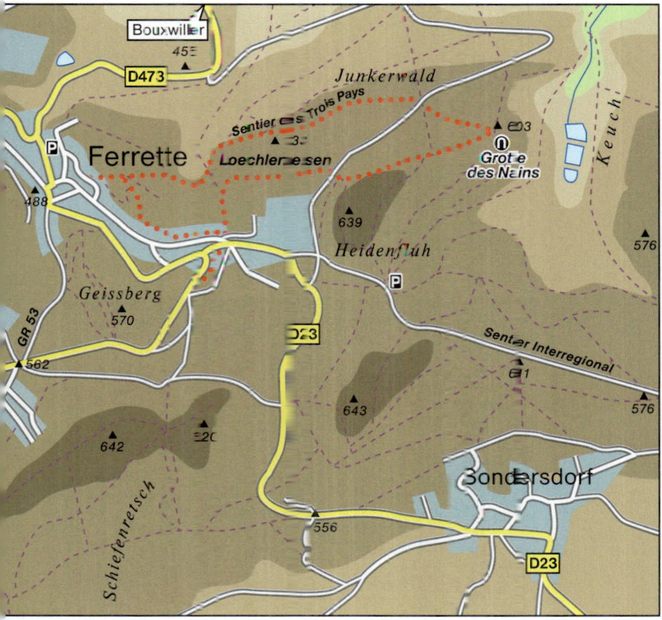

Infos

•**Office de Tourisme du Jura Alsacien in der Galerie Mazarin,** Route de Lucelle, F-68480 Ferrette, Tel. 0389082388, Fax 0389403384, www.jura-alsacien.net.

Unterkunft

•**Collin,** 4, Rue du Château, Tel. 0389404072, Fax 0389 403826, EZ 40 Euro, DZ 48 Euro, Frühstück 6,50 Euro, Menü 9–35 Euro, geschlossen 16.1. bis 1.2. und 29.8. bis 20.9.; rotes Haus vor der Kirche, gute Küche (Carpe frite, Zander, Kaninchenkeule) und guter Elsässer Wein, einfache Zimmer; unser Tipp im Sundgau!

Vieux-Ferrette

Durch die Hauptstraße von Vieux-Ferrette (Alt-Ferrette) mit seinen schönen Fachwerkhäusern verläuft in der Mitte ein kanalisierter Bach. In der Rue de la Montagne bietet *Bernard Antony* im weithin bekannten Käskeller **Käsespezialitäten** an, die er auch an Feinschmeckerrestaurants verkauft. Besonders bekannt ist er für seinen Rohmilchkäse.

Einkaufen

•**Käskeller,** 5, Rue de la Montagne, Tel. 0389404222, geöffnet Mo bis Do 10–12.30, 14–18 Uhr, Fr 9–12.30, 14–18 Uhr, Sa 9–18 Uhr, Käseprobe auf Voranmeldung.

elsass_436a Foto: ti

Feldbach

Kloster

Von dem Kloster, das einmal zu den wichtigsten im Sundgau gehörte, ist heute nicht mehr viel zu erkennen. Nur noch das **Schlössle** (1542), das frühere Priorat, mit halbrundem Treppenturm blieb erhalten sowie die romanische **Basilika,** die vielleicht einmal als Grabstätte der Gründerfamilie gedacht war. Das Kloster wurde 1144 von Graf *Friedrich I. von Pfirt,* seiner Gemahlin *Stephania von Eguisheim* und dem Sohn *Ludwig* zu Ehren der Jungfrau Maria und des Apostels *Jakobus* gestiftet. In das Benediktinerinnenkloster kamen vor allem die Töchter aus Sundgauer Adelsgeschlechtern. In der Kirche gibt es Bereiche für Kloster und Pfarrei, die durch eine Mauer getrennt sind. 1966 gründete sich eine Bürgerinitiative, die dafür sorgte, dass die Kirche nach altem Vorbild des Baus aus dem 12. Jh. vollständig renoviert wurde. Seitdem gehört sie zu den Kleinoden der Romanischen Straße im Elsass, die hier beginnt/endet.

Ruine Landskron

Bei Leymen

Direkt an der Schweizer Grenze bei Leymen erhebt sich die mächtige Ruine Landskron. Aus dem einstigen Adelssitz entstand eine Grenzfestung. Von der mittelalterlichen Burg aus dem 13. Jh. blieb nur der quadratische Donjon erhalten. 1312 wurden die Burg und der Besitzer Ritter *Münch von Lantzkron* erstmals erwähnt. Die heutigen Bauten stammen vor allem aus der Zeit zu Beginn des 16. Jh. Kaiser *Maximilian* ließ die Burg erstmalig ausbauen. Nach dem Verkauf an Frankreich wurde sie von *Vauban* noch einmal zu einer Artilleriefestung verstärkt. Die „Krone des Landes“, daher der Name Landskron, und das Symbol des

Angelwettbewerb an einem Weiher in Ferrette

Dreiländerecks befand sich ursprünglich im Besitz der Grafen *von Pfirt,* später gehörte sie den Markgrafen *von Baden-Durlach.* Schließlich kam sie zu Frankreich und wurde 1814 im Kampf gegen *Napoleon* durch die Alliierten zerstört. Die Ruine verfiel, bis sich 1984 der französisch-schweizerische Verein „Pro Landskron" gründete. Außer dem Erhalt der Burg gehört auch die Völkerverständigung zu seinen Zielen. Heute ist die Ruine ein beliebtes Ausflugsziel.

Der **Bahnhof** von Leymen wird von der Straßenbahn aus Basel angefahren, die hier ein Stück durch Frankreich fährt.

Abstecher in die Schweiz

Vom Parkplatz unterhalb der Burgruine führt eine schmale Straße (für Kfz gesperrt) über die nahe Schweizer Grenze. Dahinter sind große weiße Buchstaben (M/S) auf den Asphalt gemalt, und ein Pfeil weist nach rechts. Wir folgen dieser Markierung zur **St. Anna-Kapelle** und dem **Kloster Mariastein.** Eine Legende berichtet, dass einst das Kind einer Bäuerin die steile Felswand hinabstürzte, auf der heute das Kloster steht. Das Kind wurde jedoch durch die Gottesmutter Maria gerettet und überlebte den Sturz. Die unterirdische **Felsengrotte mit dem Gnadenbild der lächelnden Madonna** ist seither das Ziel von Wallfahrern, von Menschen, die „auch den Halt verloren haben, und die hoffen dürfen, dass sie nicht fallen gelassen werden". 1648 legten Benediktinermönche den Grundstein für den Klosterbau, dessen gotische Kirche 1655 geweiht wurde. Die klassizistische Fassade ist neueren Datums, sie entstand 1830–1833. 1890–1936 wurde die Basilika neubarock umgestaltet; die prächtigen Wand- und Deckenbilder schuf der Basler Maler *Lothar Albert.*

St.-Martins-Kapelle bei Oltingue – freigelegte Steingräber

elsass_439 Foto: ti

Oltingue

Vor allem an der Hauptstraße von Oltingue stehen **alte Fachwerkhäuser.** In einem besonders schönen, aus Fachwerk und Stein erbauten ehemaligen Gasthaus aus dem 16./17. Jh. lädt das **Bauernmuseum,** Maison du Sundgau oder Musée Paysan, zu einem Besuch ein. Besichtigt werden können Einrichtungsgegenstände aus alten Zeiten, eine Originalküche aus dem 16. Jh., Ausgrabungsfunde und ein Kachelofen aus dem 17. Jh. Der **Ofenbau** hat in Oltingue Tradition. Ofenbauer und Holzschuhmacher demonstrieren im Museum immer wieder ihr Handwerk. *Jeannette Willig* betreut das Museum und schreibt Gedichte; in der **St.-Martins-Kapelle** wurde ihre Mitternachtsmesse aus dem Jahr 1000 aufgeführt (Messe de Minuit de l'an 1000). Die Kapelle liegt etwas außerhalb des Ortes inmitten des Friedhofs. In der Kirche wurden **Steingräber** aus dem 7. und 8. Jh. entdeckt; die Wände sind mit verblassten Fresken bemalt. In der ebenfalls außerhalb gelegenen **St.-Brice-Kapelle** gibt es einen **Barockaltar.**

Museum

• **Musée Paysan,** 10, Rue Principale, Tel. 0389407924; geöffnet 15.6. bis 1.10. Di, Do, Sa 15–18 Uhr, So 11–12 und 15–18 Uhr, 2.10. bis 14.06. So 14–17 Uhr; kleines Café im Keller des Museums.

Bewirtung

• **Restaurant Le Caveau du Musée,** beim Museum, verschiedene Fondues auf Bestellung.

Kohlberg

Der **Petit Kohlberg,** der Kleine Kohlberg, ist eine **Trainingsstrecke** für die Radrennfahrer der **Tour de France.**

Unterkunft

• **Hotel-Restaurant Petit Kohlberg,** Tel. 0389408530, Fax 0389408940, www.petitkohlberg.com, EZ 38– 43,50 Euro, DZ 46,50–51 Euro, Frühstück 9,20 Euro, Menü 15–48 Euro, Restaurant Mo geschlossen; großzügig gebautes modernes Hotel mit parkähnlich angelegtem Garten und „Schweizblick", von außen allerdings wirkt es wie ein steriles Business-Hotel; die Zimmer und die Küche sind aber gut; Spezialität des Hauses sind Sundgauer Knoepfle und Schinken aus dem Ofen.

Ruine Liebenstein

Bei Liebsdorf

Vom Friedhof in Liebsdorf führt ein 1 km langer Fahrweg zu einem Bauernhof, auf dessen Gelände die ziemlich baufällige Ruine Liebenstein liegt. Den Turm soll einst ein Edelmann für seine Geliebte gebaut haben.

Ruine Morimont

Südlich von Liebsdorf liegt die Burgruine Morimont. Hier verläuft die Wasserscheide Rhein-Rhône. Vom **Ausflugslokal,** der Auberge du Morimont, in der man günstig essen kann (Pizza), erreicht man die etwa 400 m entfernte Ruine zu Fuß (roter Ring) auf der **Allée des Seigneurs.** Diesen Weg haben wohl auch schon die früheren Burgbewohner benutzt. Die ziemlich große Burg befand sich einmal im Besitz der Pfirter Grafen. Sie wurde im 30-Jährigen Krieg zerstört. Die Ruine ist eingezäunt und kann nicht betreten werden, da viele Teile baufällig sind. Ein **Fußweg** führt um die Burganlage herum.

Oberlarg

Wohnhöhle 1876 wurde bei Oberlarg eine prähistorische Wohnhöhle entdeckt, die **Grotte du Mannlefelsen.** Archäologische Untersuchungen in den Jahren 1971–1982 ergaben, dass die Höhle schon vor 10.000 Jahren von nomadisierenden Jägern bewohnt war.

Lucelle

Lucelle liegt im südlichsten Ende des Sundgaus direkt an der Schweizer Grenze. Von der 1123 gegründeten **Zisterzienserabtei** sind einige Gebäude, Teile der Abteimauer und ein Tor erhalten. Am Fluss Lucelle entlang verläuft eine Grüne Straße.

Bewirtung

- **Le Relais de l'Abbaye,** Maison St-Bernard, Tel. 0389 081313, Fax 0389081083, Menü 8–20 Euro, großes Haus in der ehemaligen Abtei.

Camping

- In Neuhof nördlich von Lucelle liegt der **Campingplatz Les Bouleaux**.

elsass_442 Foto: ti

Anhang

Sprachhilfe Deutsch/Französisch

Begrüßung/Floskeln

Guten Morgen, guten Tag	bonjour
Guten Abend	bonsoir
Gute Nacht	bonne nuit
Auf Wiedersehen	au revoir
bitte	s'il vous plaît
danke	merci
Entschuldigung	excusez-moi, pardon
Herr, auch Herr Ober	Monsieur
Frau, auch Bedienung	Madame
Ich spreche kein Franz.	Je ne parle pas français
Ich verstehe nicht	Je ne comprends pas
Sprechen Sie Deutsch/Englisch?	Parlez-vous allemand/anglais?

Essen

Frühstück	Petit déjeuner
Kaffee	café
Milchkaffee	café au lait
Koffeinfrei	décaféiné
Tee	thé
Zitrone	citron
Schokolade	chocolat
Milch	lait
Zucker	sucre
Käse	fromage
Honig	miel
Marmelade	confiture
Wurst	charcuterie
Ei	œuf
Butter	beurre
Brot, Brötchen	pain, petit pain
Weißbrot	baguette, flûte
Mittagessen	déjeuner
Abendessen	dîner
Tagesessen	plat du jour
Vorspeise	entrée
Suppe	soupe
Nachspeise	dessert
Gänseleberpastete	pâte de foie gras
Kleine, scharfe Würste	merguez
Flammkuchen	tarte flambée
Rind	bœuf
Schwein	porc
Lamm	agneau
Kalb	veau
Kotlett	entrecôte
Schnitzel	escalope
Fisch	poisson
Krabben	crevettes
Forelle	truite
(gebackener) Karpfen	carpe (frite)
Ente	canard
Hähnchen	poulet rôti
Sauerkraut	choucroute
Zwiebeln	oignons
Kartoffeln	pommes de terre
Pommes frites	les (pommes) frites
Reis	riz

Nudeln	nouilles
gekocht	cuit
roh	cru
gebraten	rôti
Ziegenkäse	fromage de chèvre
Salz	sel
Pfeffer	poivre
Essig	vinaigre
Öl	huile
Pudding	flan
Eis	glace
Kuchen	gâteau
Getränk	boisson
Wein	vin
Bier	bière
alkoholfrei	sans alcool
(Mineral-) Wasser	eau minérale
Sprudel	eau gazeuse
Limonade	limonade
Fruchtsaft	jus de fruits
Schnaps	eau de vie
Obst	fruits
Gemüse	légumes
(grüner) Salat	salade vert
Apfel	pomme
Birne	poire
Himbeere	framboise
Erdbeere	fraise
Kirsche	cerise
Pfirsich	pêche
Traube	raisin
Heidelbeere	myrtille

Einkaufen

Supermarkt	supermarche
Geld	argent
Kleingeld	monnaie
Bäckerei	boulangerie
Metzgerei	boucherie
Metzgerei (Wurst)	charcuterie
Laden	magasin

Farben	couleurs
weiß	blanc
schwarz	noir
rot	rouge
blau	bleu
grün	vert
gelb	jaune

Ländernamen

Frankreich	France
Elsass	Alsace
Lothringen	Lorraine
Deutschland	Allemagne
Schweiz	Suisse
Österreich	Autriche

Monate	mois
Januar	janvier
Februar	février
März	mars
April	avril
Mai	mai
Juni	juin
Juli	juillet
August	août
September	septembre
Oktober	octobre
November	novembre
Dezember	décembre

Notfall

Feuerwehr	pompiers
Polizei	police
Krankenhaus	hôpital
Arzt	médecin
Apotheke	pharmacie
Unfall	accident
Hilfe!	Au secours! À l'aide!
Achtung!	Attention!
Schutzhütte	abri

Transport

Auto	voiture
Mein Auto hat eine Panne	Ma voiture est en panne
Benzin	essence
Diesel	gasoil
bleifrei	sans plomb
Autobahn	autoroute (A)
Landstraße	route nationale (RN)
Bezirksstraße	route départementale (D)
Zoll	douane
Maut	péage
Fahrrad	vélo, bicyclette
Personalausweis	carte d'identité

Reisepass	passeport
Führerschein	permis de conduire
Versicherung	assurance
Flughafen	aéroport
Flugzeug	avion
Bahnhof	gare
Zug	train
Bus	autobus
Haltestelle	arrêt
(Rast-)Platz	aire (de piquenique)
Umleitung	déviation
Parken mit Parkscheibe (blaue Zone)	zone bleu

Unterkunft/Restaurant

Gasthof	auberge
Hotel	hôtel
Bad	salle de bains
Restaurant	restaurant
Weinkeller	cave, caveau
Speisekarte	carte
Gedeck	couverture
Besteck	couverts
Messer	couteau
Gabel	fourchette
Löffel	cuillère
Teller	plat
Glas	verre
Bezahlen bitte!	L'addition s'il vous plaît
Campingplatz	camping
Bett	lit
Tourist-Info	office de tourisme

Wochentage

Montag	lundi
Dienstag	mardi
Mittwoch	mercredi
Donnerstag	jeudi
Freitag	vendredi
Samstag	samedi
Sonntag	dimanche

Zahlen

Zahlen	numéros
Null	zéro
eins	un, une
zwei	deux
drei	trois
vier	quatre
fünf	cinq
sechs	six
sieben	sept
acht	huit
neun	neuf
zehn	dix
elf	onze
zwölf	douze
dreizehn	treize
vierzehn	quatorze
fünfzehn	quinze
sechzehn	seize
siebzehn	dix-sept
achtzehn	dix-huit
neunzehn	dix-neuf
zwanzig	vingt
dreißig	trente
vierzig	quarante
fünfzig	cinquante
sechzig	soixante
siebzig	soixante-dix
achtzig	quatre-vingts
neunzig	quatre-vingt-dix
hundert	cent
tausend	mille

Sonstige Begriffe

Abend	soir
Achtung!	Attention!
Ausgang	sortie
Berg	mont
billig	pas cher
Boot	bateau
Brief	lettre
Briefmarke	timbre (de poste)
Brücke	pont
Buch	livre
Burg, Schloss	château
Das ist zu teuer	C'est trop cher
(Der) Morgen	matin
Dorf	village
ein wenig	un peu
Eingang	entrée
Felsen	roche
geradeaus	tout droit
geschlossen	fermé
gestern	hier
Hauptstraße	rue principale
Haus	maison
heute	aujourd'hui
Höhle, Grotte	caveau, grotte

Ich möchte telefonieren	Je voudrais téléphoner
Kirche	église
Mehrzweckhalle	salle polyvalente
Mittag	midi
morgen	demain
Museum	musée
nach links	à gauche
nach rechts	à droite
offen	ouvert
öffentlich	public
Pass	col
Postkarte	carte postale
privat	privé
Rathaus	hôtel de ville, mairie
Reiseführer	guide
See	lac
Sommerurlaubsort	station d'été
Stadt	ville
Stadtmauer	rempart
Staumauer	barrage
Straße	rue
Tal	vallée
Telefon	téléphone
Turm	tour
verboten	interdit
Wald	forêt
Wann?	quand?
Was kostet das?	Ça coûte combien?
Wasserfall	cascade
Weg	chemin
Wetterbericht	météo
Wie spät ist es?	Quelle heure est-il?
Wintersportort	station d'hiver
Wo ist ...?	Où est ...?
Wörterbuch	dictionnaire
Zeitung	journal
Zutritt verboten	accès interdit

Register

Anhang

Die Autoren

Barbara C. und *Jörg-Thomas Titz* beschäftigen sich seit mehreren Jahren intensiv mit dem Elsass. Sie haben bereits einen Wander- und einen Fahrradführer über die Region geschrieben und zahlreiche weitere Bücher veröffentlicht. Im Reise Know-How Verlag ist bisher ihr Reiseführer über Island und die Färöer-Inseln erschienen.

Barbara Christine Titz, Jahrgang 1960, studierte Sozialwesen. Seit 1995 ist sie als freiberufliche Fotojournalistin tätig und leitet ihre Firma TIPHO Bildarchiv (Internet: www.tipho.de). Die Autorin arbeitet auch für die Presse und hält Diavorträge.

Jörg-Thomas Titz, geboren 1956, ist promovierter Naturwissenschaftler. Er arbeitet ebenfalls als Fotojournalist.

elsass_469 Foto: ti